地方院校德育研究

——谭仁杰　题

中国梦与高校德育

——地方院校德育研究

（第八辑）

主　　编　谭仁杰
编委会主任　谭仁杰
编委会成员　谭仁杰　李腊生　刘明钢　刘建新
　　　　　　龚　萱　张莉清　朱春燕　朱志刚
　　　　　　闵　杰　舒　新　王晓云

WUHAN UNIVERSITY PRESS
武汉大学出版社

图书在版编目(CIP)数据

中国梦与高校德育/谭仁杰主编. —武汉：武汉大学出版社,2016.7
(地方院校德育研究;第八辑)
ISBN 978-7-307-18227-1

Ⅰ.中… Ⅱ.谭… Ⅲ.高等学校—德育—中国—文集
Ⅳ.G641-53

中国版本图书馆CIP数据核字(2016)第151081号

责任编辑:胡 荣 田红恩 责任校对:李孟潇 版式设计:马 佳

出版发行：武汉大学出版社 (430072 武昌 珞珈山)
(电子邮件：cbs22@whu.edu.cn 网址：www.wdp.com.cn)
印刷:虎彩印艺股份有限公司
开本：720×1000 1/16 印张:31 字数:445千字 插页:2
版次：2016年7月第1版 2016年7月第1次印刷
ISBN 978-7-307-18227-1 定价:68.00元

在中国伦理学会地方高校德育专业委员会2015年年会暨学术研讨会上的讲话（代序）

中国伦理学会地方高校德育专业委员会理事长、
江汉大学党委书记　谭仁杰教授

2014年7月18、19号，我们在湛江成功召开了中国伦理学会地方高校德育专业委员会2014年年会暨学术研讨会。那次报到时正赶上超强台风“威马逊”登陆，宾馆的大门都用铁板包起来了。一年后的今天，我们在江城武汉召开中国伦理学会地方高校德育专业委员会2015年年会暨学术研讨会。昨天报到时又是滂沱大雨。这都是好“气象”，说明我们地方高校德育专业委员会要风得风、要雨得雨。这个好“气象”体现在今年年会上，有几个特点：一是会议代表规模大。今年的会议代表来自全国四十多所高校，共125名代表。其中，武汉地区以外的代表有81位。二是会议代表所处地理区域齐全，包括北京、新疆、东北、华南、华东、西南等地，东西南北中分布广泛。三是会议代表中有一批从事思想政治教育的一线教授，而且有更多相关专业技术岗位代表参加了会议，125名正式代表中有35位教授。这是很不容易的。四是代表们提交的论文成果比较多，会上一共收到论文70余篇。

刚才李腊生副会长公布了论文评选结果，在这里我要说明一点，江汉大学老师们的论文没有参与今年的评选，不是学校和老师不在意、无所谓，其实是很在意的。因为优秀证书只有30个，今年参评论文又很多。同时，江汉大学作为承办单位有瓜田李下之嫌。

昨天上午举行了一个简短的开幕式，江畅教授作为中国伦理学会副会长代表学会对学会工作提出了自己的考虑和工作要求。武汉大学沈壮海教授就“中国梦与高校德育”这个主题给大家作了一个很好的报告。大家很认同，认为讲得很好。沈教授作为国内年轻学者，在这个领域有一定的影响力。他的报告对我们深化理解会议主题起到了很好的指导作用，对下一步进行思想政治理论课教学改革具有很好的指导意义。

昨天下午，一百多名代表进行了分组讨论。刚才各讨论组代表在大会上进行了交流发言。因为时间关系，大家的发言都没有办法展开。福建江夏学院的郭老师第一个发言，讲了很多很好的问题。事实上，一年一度的学术年会，无论是对地方高校，还是对参加会议、从事思想政治教育这项工作的同志们，都是一个很好的借鉴和交流平台。

我参加过许多全国性学术会议。我有一个观点，就哲学社会科学研究来说，一方面你的研究要能把既有的先进的理论还原成社会现实或社会实践，另一方面你又能通过对现实的认识和把握上升到新的理论，以指导新的社会实践和发展。从路径上来说，比如我们看书、看杂志、看报纸、调查研究等。从时效性来说，看书不如看杂志，看杂志不如看报纸，看报纸不如参加学术讨论会，特别是分组讨论，因为讨论获取的知识最新、最快、最具有启发性。过去出版图书跟现在不一样，图书出版周期很长，等资料收集起来，成稿、成书需要花费两三年的时间。当看到书的时候，很多已是昨日黄花，很多数据、观点已是时过境迁了。社会发展很快，人们的观点、认识进步、变化很大。在这种情况下，学术讨论会是我们及时沟通、交流的重要平台，是我们产生共鸣，产生新思想、新观点、新认识的重要场所。所以，我们地方高校德育专业委员会一年一度的学术讨论会是很好的。今年这次会议，无论是从参会代表人数、层次、规模，还是论文，都创下新高。我代表地方高校德育专业委员会，感谢各位代表积极的参与，也感谢大家对这次会议所作出的支持和贡献。借这个机会，我想就这次会议主题，谈谈自己的一些思考，供大家参考。

一、中国梦要融入思想政治教育和思想政治理论课

这次会议的主题是中国梦与高校德育。第一个问题就是，思想政治理论课和思想政治教育一定要融入中国梦。或者是说，要把中国梦融入到思想政治教育和思想政治理论课教学之中。关于中国梦外延和内涵的问题，我就不再重复了，这里有确切的定义和各位专家精辟的理论阐述，包括沈壮海教授也旁征博引地对中国梦进行了说明。我想从思想政治理论课和思想政治教育的角度，在把握中国梦的问题上，有几个重要内容或是切入点是需要把握的。一是要通过中国历史教育来融入中国梦，二是要通过对中国现实的把握来融入中国梦，三是要通过对中国未来发展趋势和格局的认识判断来融入中国梦。

为什么要提这三个方面呢？我想这是很容易理解的。中国梦是什么？中国梦是一个民族的大梦，是全国各族人民整体之梦。当一个民族要讨论自己梦想的时候，必须要了解自己的历史，就像我们常说的，要了解人是怎么来的？从哪里来？到哪里去？现在我们的问题在哪里？青少年的历史观、历史知识是很薄弱的。香港回归以后，香港特区政府推进的对青少年的中国历史和国情教育，就受到香港一些人士的激烈反对。我们知道，在西方国家，包括美国，中国留学生到那里留学，无论就读什么专业、学习什么课程，但是要求的课程必须学习，必须考试，比如美国文化、美国历史。这是给留学生灌输美国的价值观、美国的历史和文化。从现在来看，现代大学生的历史观、历史教育与过去大学乃至中小学的历史教育薄弱有关系。因此，中国文化教育可以在独立的维度去讨论，也可以放在中国历史和全球化现实的维度去讨论，必须要重新认识和把握中国历史和文化教育的重要性。

改革开放 37 年以来，中国的现实、现状，中国与世界的联系，中国所处的地位、格局，如果我们不去讨论，如果我们不把中国现实发展状况融入中国梦，就缺少了对客观事物认识的现实依据。

中国梦一定是未来的梦。因此，还必须认识中国未来发展趋势

和全球格局，并融入中国梦。

所以，就中国梦融入思想政治教育和思想政治理论课而言，这几个方面需要我们重新审视和认识，还要有新的结合点和切入点。这对于马克思主义学院或思想政治理论课部从事思想政治教育工作的同志们，包括教材、教学组织部门都应该给予很好的重视。

二、思想政治理论课及其教学改革

去年在湛江的会议上，当时讨论的主题就是思想政治理论课的改革与创新。今天我们再次提出这个问题，还是那句话，思想政治理论课必须改革。为什么要提出改革的问题？为什么必须改革？

第一，从中国高等教育改革大趋势来看，人才培养的根本目标没有改变，但是人才培养规格和模式发生了变化。培养社会主义合格建设者和可靠接班人这个根本目标不可能改变，但是如何培养？选择怎样的路径？这在不同历史时期、不同社会需求面前，有改革的要求。人才培养规格和模式发生改变的同时，也要求思想政治理论课同步进行改革。

第二，思想政治理论课是要解决人的问题，既要解决人的认识问题、世界观问题，又要解决人的方法论问题，还要解决人的态度和行为问题。活生生的现实要求思想政治理论课改革，包括课程内容、教学方法、教学组织模式等方面的改革。

第三，在现今社会思想文化多元化、了解认识事物渠道多元化的情况下，思想政治理论课必须适应这种多元化的趋势，改革传统的、单一的、模式化的方式方法，加强思想政治理论课的针对性、应用性。这是显而易见的。前年会议的主题涉及了互联网与高校思想政治教育。大家想想，95后身上有一个绝对的标签，就是互联网青年。他们不是生活在“+互联网”的状态下，就是生活在“互联网+”的方式中，一切都与互联网相联系。这一代及以后的人，在互联网无孔不入的环境条件下，无论生产方式还是生活方式，都发生了改变。首先是生产方式发生改变，其次是生活方式发生改变，继而改变着思维方式乃至思想和行为。

这里有几个问题。一是思想政治理论课和思想政治教育的定位。这个问题好像是解决了，但实际上没有完全解决。一方面，不能把什么问题都装到思想政治教育领域，都装到思想政治理论课里面。思想政治理论课和思想政治教育也不是解决一切问题的妙方。它没有办法包打天下，也没办法从生管到死。即使现在管正了，也有可能慢慢走偏。不然，就不会有贪官污吏、作奸犯科的了。另一方面，思想政治理论课和思想政治教育必须与人的思想、道德、情感、品格等方面的塑造相结合。思想政治教育的政治性是思想政治教育的方向层面。思想政治理论课和思想政治教育绝对是一个人发展的良方。应该这样来讨论和看待思想政治理论课的作用。既然思想政治理论课和思想政治教育不能解决一切问题，那么我们就要抓住重点，抓住核心。但是，又要跟学生的思想、情感、道德、品格相结合，不能“两张皮”、“多张皮”，不能各顾各的，不能只讲课，还包括专业教育的协调性和配合性。中国梦要实现，还需要真本事。个人梦要实现，也需要有能力有行动。因此，专业培养、专业成才、专业引导与思想政治理论课的结合也是很有必要的。这是改革的第一个方面，就是要科学界定和认识思想政治教育专业学科和思想政治教育工作。

改革的第二个方面，就是队伍自身建设，首先就是队伍建设的内生动力及其强化。这是什么意思呢？我们都是从当学生过来的，以前是听老师讲，现在要讲给我们的学生听。很重要的一点，就是要成为一名什么样的老师？思想政治理论课老师毫无疑问地首先自己在政治上要有信仰，没有信仰哪能做得好呢？就跟爱好一样，没有爱好就无法坚持下去，没有信仰就做不深入，就不会主动去做。换句话说，如果不信马列，不信思想政治教育，就不可能成为一名好的思想政治理论课老师。

在有信仰、愿意做的基础上，队伍建设一是要练内功。要能讲，就是理论基础扎实，学养很深厚，知识面很宽，博览群书，学贯中西。要懂得多，知道得多，本专业基础理论及相关专业知识一定要很丰富。要能讲，还要会讲，有讲课的方式方法和讲课的艺术。不是每一位老师都会讲，也不是每一位老师讲的学生都会听。老师之间的知识有差距，老师之间的授课水平有差距，老师之间的人格魅力也有差距。因此，这支队伍的建设，首先要练内功。刘莉教授所讲的《国际关系》是湖北省精品课程。这学期期末之前，她跟我说今年是世界反法西斯战争胜利70周年，她要自费去波兰看看奥斯维辛集中营。这种活动单位出钱也是应该的，我支持她去。老师给学生讲课就要了解历史。奥斯维辛一号集中营关押的主要是犹太人，后来清理的犹太女囚的头发就有7吨之重，用人皮做灯罩惨绝人寰。苏联红军打过去的时候，根本不知道这还是个集中营，以为是个军营。刚才李腊生院长就说，这些年在严格执行中央八项规定，在不违反政策规定的前提下，江汉大学支持马克思主义学院老师利用寒暑假到全国各地去进行社会考察。活生生的现实，如果老师不能了解掌握，怎么在课堂上跟学生讲授？不到国外，怎么知道国外好不好？当然，去了可能也是走马观花，但是毕竟有感性的认识。沈壮海教授的报告为什么能这样讲？中央政治局为什么请他去讲文化？他是学思想政治专业的，留校的时候是做辅导员的，很用功、很刻苦。昨天，沈教授的PPT中每一个材料都是仔细去琢磨，按照自己的逻辑思维、观点来找材料，来证明、说明自己的观点和思路。所以，一名思想政治理论课老师要有说服力，需要自身的素养，需要很好的讲课方法，需要占有大量的信息和材料，而且还要善于表达。不要认为老师们会自然成为好老师，反过来说，虽然有人说思想政治理论课很枯燥，但仍然有一些受欢迎的老师。因此，在改革的层面上，队伍建设必须要勤练内功。

其次是各级党组织，特别是学校党委对队伍建设要重视。在这个问题上，中央虽然有政策，但各地方落实层次有差异，落地程度有不同。有的学校就做得很好，有的就做得不够好。有的就是在上级部门检查的时候，应付检查，突击做工作。我很同意刚才李腊生院长说的，思想政治理论课不受重视的现状很能说明问题，这就是对思想政治理论课重要性的认识问题。这确实存在。在专业建设领域、学科建设领域，思想政治理论课在学校里的定位容易被边缘化、被弱化，这支队伍的建设也容易被边缘化、被弱化。所以，在队伍建设上，要分两方面来抓，一是抓自身内生动力建设，二是学校对这支队伍的重视。湖北省在今年上半年，专门出台了省委

《关于进一步加强党对高校领导的若干意见》（简称“十条意见”）。其中有一条，就是对大学生思想政治教育和从事思想政治教育的教师队伍的刚性要求，高校学生辅导员双重身份、双线晋升。过去，有些高校辅导员是双线，有些是单线，就是要么是干部，要么是教师，是干部就不能评职称，是教师就不能进入干部序列。湖北省委这次明确了高校辅导员双重身份、双线晋升，同时具有干部和教师身份。既可以当院长，也可以当系主任，既可以提处长，也可以评教授。对思想政治理论课教师收入也有刚性要求，必须要高于学校教职工收入平均水平。下半年，学校党委会要研究省委“十条意见”的贯彻落实方案。不同省份对这个问题的认识是有差异的，因此，在这个问题上的政策是不同的。这是在改革上，关于队伍建设的两个方面。

改革的第三个方面，就是思想政治理论课教学方法、教学组织模式。现在思想政治理论课大课教学比较多，课堂教授比较多，老师讲课比较多。当然，刚才也介绍了一些教学的方式。但是，怎样把学生对思想政治理论课的认识、兴趣和学习积极性与教学组织方式结合起来，从而增强这个课的针对性和有效性？这里谈到了一个问题，就是关于教学实践环节。上周，我刚在荷兰、波兰、奥地利考察了六所学校，很有感触。其中一个印象很深，就是为学生的专业学习和个性培养，学校不遗余力、不惜花钱，创造的条件和购买的设备、装备都是一流的。比如，在荷兰一所高校的体育学院，我去参观了各种体育设施。他们这些设施不仅仅针对专业技术训练的学生，还包括全校学生健身条件的提供，都是海军、空军训练用的专业设备，比如心理测试、耐力测试、反应度测试。我去参观的时候，有1名女学生全身连接了很多数据传感装置，在1个独立的运动空间，有5部摄像机进行拍摄，有4名教练进行指导。我开始以为这是一名运动员，结果却不是。这是这名学生选择的一个运动项目，这些教练和检测设备是为了通过测试来确定这项运动是否适合这名学生。这是一种怎样的投入？我们是做不到的。在刚刚结束的2015年第19届美国国际大学生龙舟锦标赛暨长堤龙舟节中，江汉大学龙舟队代表中国大学生出战并获得了该赛事公开组200米、

500米，混合组500米和大学生组500米四项冠军，获得大满贯。这也是中国大学生代表队参加该项赛事九年以来首次获得大满贯。我们的龙舟队这两年在全国各项赛事中都是冠军。尽管如此，我们也只能在学校旁三角湖湖面提供一个简易的场地、三条龙舟进行常规训练，做不到别人的这种方式。因此，我们在教学改革、教学方法改革方面，首先要有一种理念和认识，一定要更新理念，要有新的理念。思想政治理论课的实践环节要如何加强？一是要看，二是要体验。所以，关于思想政治理论课改革的问题，虽然在去年的会议上已经讨论过，但我认为这应该作为一个长期的命题去研究、探讨。当然，关于改革的问题还有很多，这里不能一一列举。

三、思想政治理论课的政治性

思想政治理论课要把握好政治层面的东西，解决思想问题，解决思想上的政治性问题，解决政治中的方向性问题，解决方向上的正确性问题。这是思想政治理论课的根本。就像习近平总书记所说，要系好人生的“第一粒纽扣”。在这个问题上，我们的回答是什么？

一是谁来系“扣子”？小孩子刚学系扣子肯定不是自己扣的，是父母、老人帮忙扣的，而且大部分是母亲扣的。习总书记说的系好人生的“第一粒纽扣”，讲的是方向正确的重要性。扣好扣子就是要让衣服两边对应起来，第一颗扣子扣错了，那就整个都错了。我们有时候慌慌张张起床，急急忙忙扣了扣子就出门了，结果发现扣错了。这是自然的情况。而习总书记谈的，是人生。那么，谁来给孩子的人生系“扣子”？

二是什么时间系“扣子”？从教育的层面来说，从小学、初中、高中到大学，从人生的自然年龄、生理年龄及社会年龄来看，大学生包括他的高中阶段，无疑是要正确系“扣子”的年龄段。当然，有时候我们说生物的“扣子”要早系，社会的“扣子”也要早系。科学研究表明，5岁以前是孩子奠定一生生活习惯的年龄段。这是什么意思呢？比方说，北方的孩子在北方生活到5岁，再到南方来，他仍然会是北方的生活习惯，习惯吃面食，不喜欢吃米饭。反过来，半岁的孩子到南方生活到5岁，再回到北方，他就喜欢吃米饭，不喜欢吃面食。这是生物的扣子，包括生活习惯的养成。社会的“扣子”其实也要早系。我在美国遇到过华人的两个孩子，一个是在美国出生并生长到10岁的女孩子，回到中国后，所有的东西都认为美国的好。10岁的孩子把美国的文化、生活习惯全盘吸收，不留死角，怎样诱导、引导都不行。我与她进行过很长时间的直接对话，都不行。另外一个是在中国上了3年小学，再到美国去。在美国的语言环境中，普通话已经不会说了，英语说得很好。从这个层面上来说，我们对学生人生的“扣子”，方向性的“扣子”还得从基础上去做。但是，大学是人生定盘的地方。大家想一想，在香港“占中”事件里，走到前台的大多是学生。一看这些大学生的年龄，就是只有18岁左右，但是西方人给他们系了第一颗“扣子”。美国国家民主基金会在香港回归后不久，就开始关注这一批年青人。在大学里进行渗透，在大学里讨论怎样搞学潮，怎样成为政府反对派，就开始给他们系“扣子”。结果这些“扣子”都钉准了，都钉到位了，就有了香港“占中”事件，至今还是顽固不化。我们必须从这里吸取教训。

三是系什么“扣子”？这在思想政治理论课层面，是摆在第一位的。它的核心问题是思想中的政治性、政治性里的方向性、方向性里的正确性。我们对大学生进行了年度思想状况滚动调查，调查结果表明，大学生思想的整体素质是健康向上的，主流是好的。但是问题在于，仍然有20%到25%的学生在政治上至少是模糊的，这里没有说是有问题的，至少是模糊的、认识不清的，这需要我们给他们理清，给他们系好“扣子”。所以，在思想政治理论课领域，我们必须坚守它的主流、正确和根本。意识形态领域在思想政治理论课中必须占有绝对的地位和拥有绝对的意识。

四、思想政治理论课与中国梦的结合以及对个人梦的教育引导

这里涉及对学生进行就业、创业、创新教育的问题。为什么要提这个问题呢？这基于两个方面的考虑。

一是创业创新一定是国家未来发展的主流，是国家实现中国梦的关键。这一点，无论是从一个民族、一个国家、一个地方或是一个行业的角度，都是如此，必须强调创新。昨天，我看了一个新闻，美国一个18岁的高中生，制作了一架无人飞机，可以开枪并且开了4枪。美国联邦调查局调查他的动机，他说我就是把课堂上学的东西拿来应用而已，不仅做了无人机，还可以进行射击。他的动手性非常强。从学生的层面，从一个民族未来发展来说，就是要创新。不创新，就没有马云，没有雷军，很多行业和产业都不可能存在。因此，从创新创业的角度来说，要融入到中国梦与思想政治理论课的教育之中。

二是我们作为地方高校，学生对象有自身的特点。我们与北大、清华没有办法比较，与他们不在一个竞争的起跑线上，未来发展的终点也不在一条线上。我们有我们的特点，一方面是我们的职业技术特色和应用型培养的特点，另一方面是我们学生入口水平参差不齐，而且地方高校生源来源还具有本地化和低层化特点，很多家庭都很困难，很多学生是平民家庭。在这种情况下，我们的对象性出来后，就有就业和职业发展的问题。我们把中国梦讲得再高，跟学生个人职业发展不接地气，就没有办法融入。从年青人来说，好高骛远是年青人的天性。所以，我们一方面要使得这些青年人有理想；另一方面还要接地气，接地气就是要接学生对象的实际。不能不分青红皂白地对不同对象讲道理、用同一种方法讲道理，这样是没有办法取得效果的。所谓因材施教就是这样。跟一个英语口语、听力很好的人讲英语，这没有问题。但是跟一个根本不知道英语是什么的人讲大量的英语，他当然不知道是什么。一样的道理，思想政治理论课教学在学生对象上一定要接地气。要帮助学生树立远大的理想，要有正面的、励志的东西。今天早上，我看了中央电视台《走基层》栏目，讲的是重庆的一所初中，一名团支书在初中毕业班上一段激动的、鼓舞人心的讲话，就是让孩子谈未来，一个孩子说10年以后希望能当上县领导，还有一个孩子说希望当上一个饲养场老板，另一个女孩子说10年后要在一个公司上班，每月工资5万以上。孩子们一定要有自己的梦想。这些农村的孩子，是在他现有的视野里想的问题。怎么引导这些问题呢？一定要根据每个孩子的实际情况，也就是要接地气。

我感觉到，我们在这几个方面，从事思想政治教育工作，从课程教学、教师管理上来说，应该更多地琢磨一下。这是我想就这次会议的主题，在大家讨论的基础上，提出了这四个问题，结合我自己的学习和认识，与大家一起讨论。这也算是这次会议的小结。

目　　录

中国梦视阈中的高校德育篇

大学生思想政治工作篇

思想政治理论课教学改革篇

中国梦视阈中的高校德育篇

中国梦主题教育与高校思想政治工作

文建龙

十八大以来，习近平总书记提出了一系列重要思想和执政理念，中国梦就是其中之一。中国梦正式提出于2012年11月29日习近平总书记参观中国国家博物馆《复兴之路》展览的时候，他在讲话中把“中国梦”定义为“实现中华民族伟大复兴，就是中华民族近代以来最伟大梦想”，并且还把“中国梦”的核心目标概括为“一定能实现”的“两个100年”目标，即：“到中国共产党成立100年时全面建成小康社会的目标一定能实现，到新中国成立100年时建成富强民主文明和谐的社会主义现代化国家的目标一定能实现。”2013年3月17日，习近平在十二届全国人大一次会议闭幕会上，向全国人大代表发表自己的就任宣言。在将近25分钟的讲话中，他9次提及“中国梦”，有关“中国梦”的论述更一度被热烈的掌声打断。从此，“中国梦”这个概念迅速在中国大地上流传开来，中国梦的宣传教育活动也随之深入开展了起来。如何让中国梦深入人心，如何以中国梦凝聚中国力量实现中华民族伟大复兴，已经成为新形势下的一个迫切要求。本文拟就中国梦主题教育与高校思想政治工作做一些粗浅的探讨。

一、中国梦主题教育对于高校思想政治工作的现实意义

中国梦主题教育是指围绕实现中华民族伟大复兴的中国梦这个主题设计一系列的专题活动对人们进行教育的过程。中国梦被习近平总书记提出后，点燃了亿万中国人的爱国热情和梦想希望。“中

国梦凝结着无数仁人志士的不懈努力，承载着全体中华儿女的共同向往，昭示着国家富强、民族振兴、人民幸福的美好前景。”“中国梦是国家的、民族的，也是每一个中国人的。”因此，开展中国梦学习、宣传、教育，是当前和今后一个时期的一项重要政治任务。高校思想政治工作将中国梦的学习、宣传并大力开展中国梦的主题教育，具有十分重要的现实意义。

（一）中国梦主题教育在高校思想政治工作中的重要性

青年是国家和民族的未来和希望。任何国家和民族要兴旺发达，就不能忽视青年。青年最富有朝气、最富有梦想，青年兴则国家兴，青年强则国家强。只有赢得青年，才能赢得未来。毛泽东说：“青年是整个社会力量中的一部分最积极最有生气的力量。他们最肯学习，最少保守思想，在社会主义时代尤其是这样。”习近平指出，历史和现实都告诉我们，青年一代有理想、有担当，国家就有前途，民族就有希望，实现我们的发展目标就有源源不断的强大力量。中国梦是历史的、现实的，也是未来的；是国家的、民族的，也是每一个中国人的；是我们的，更是青年一代的，中华民族伟大复兴终将在广大青年的接力奋斗中变为现实。大学生是十分宝贵的人才资源，是国家未来的建设者和接班人。他们的思想道德素质、科学文化素质和身心健康素质直接关系到党和国家的前途和命运，关系到中国特色社会主义伟大事业的兴衰成败，更关系到全面建成小康社会和中华民族伟大复兴中国梦能否如期实现。因此，切实加强和改进大学生思想政治教育，用中国梦引领大学生树立崇高的理想信念，引导他们为实现中华民族伟大复兴的中国梦而努力奋斗，这是确保党和国家事业兴旺发达的希望工程。所以，中国梦主题教育在高校思想政治工作中显得非常重要。

（二）中国梦主题教育在高校思想政治工作中的紧迫性

多年来，我国高校思想政治工作取得了很大成绩，为我国改革、发展和稳定作出了巨大的贡献。当前，我国高校大学生思想政治状况积极、健康、向上，主流是好的。但同时，我们也应该清醒地认识到，当前大学生思想政治教育面临着许多新情况、新问题和新挑战。随着世界多极化、经济全球化、文化多元化趋势不断发展，各种思想文化相互激荡，各种腐朽势力也纷纷登场，面对中国的迅速崛起，境内外一些反华势力内引外联、相互勾结、狼狈为奸，企图实现对中国的和平演变。他们的一个重要手段就是与我们争夺青年。如何用马克思主义武装青年学生，引导青年学生吸收人类优秀文明成果，同时批判、抵御西方腐朽落后思想文化以及防止和平演变；如何弘扬中国特色社会主义主旋律，广泛深入地进行爱国主义、集体主义和社会主义教育，引导青年学生坚定中国特色社会主义的理想信念；如何积极主动地适应现代科技的发展，依靠科技手段让马克思主义和社会主义先进文化占领网络阵地；如何准确把握当前大学生思想、生活、学习的特点，有针对性地对之加强思想政治教育等，这些都是高校大学生思想政治教育所面临的新课题、新问题和新挑战。事实上，在高校大学生中积极开展中国梦主题教育活动，用中国梦激励广大青年学生为中华之崛起而学习而奋斗，使之树立起崇高的理想信念并决心为实现中华民族的伟大复兴而奋斗，不失为一个应对高校大学生思想政治教育所面临的新课题、新问题和新挑战的有效办法。现在距离建党 100 周年仅有 6 年时间，距离建国 100 周年也只有 34 年，因此，就目前的情况看，中国梦主题教育在高校思想政治工作中显得尤其紧迫。

（三）中国梦主题教育能够丰富和创新高校思想政治工作内容

伟大的事业源于伟大的梦想。环顾世界，很少有民族能像中华民族那样历经苦难与辉煌，也很少有国家在持续奋斗中始终坚持同一个梦想。“现在，大家都在讨论中国梦，我以为，实现中华民族伟大复兴，就是中华民族近代以来最伟大的梦想。”习近平总书记的深情阐述，揭示了中华民族内心深处的集体意识，道出了中国梦最本质的核心内容。这个梦想，凝聚了近代以来无数仁人志士的探索奋斗，蕴含着中华民族固有的家国情怀，更包含了中国走向未来的道路自信、理论自信、制度自信。中国梦既是强国梦，又是富民梦。要把中国梦变成活生生的现实，还有很长的路要走，需要付出长期而艰巨的努力。所有这些有关中国梦的理念，都需要让广大青年尤其是高校大学生知道、理解并为之付出努力。中国梦是中华民族和全体中国人的共同理想，也是中华民族和全体中国人的强大的精神力量。高校思想政治工作应该抓住时下的有利契机，科学设计中国梦主题教育，充分发挥其激励、引导、教育等功能，使高校的思想政治教育更加丰富多彩和具有实效。中国梦作为国家治国理政的一种指导思想和执政理念，本身就具有创新性特征，蕴含着丰富的思想政治教育资源，因此，开展中国梦主题教育，必然会丰富和创新高校思想政治工作的内容，能够对高校思想政治工作起到推进作用。

二、将中国梦主题教育纳入高校思想政治工作的原则、方法与途径

（一）将中国梦主题教育纳入高校思想政治工作需要坚持党性原则

思想政治工作历来就需要讲党性。党性原则是党性的主要表现和坚持党性的基本要求。中国共产党的党性，是中国工人阶级和中国各族人民根本利益的集中体现。主要表现在如下方面：坚定共产主义的理想信念，以马列主义毛泽东思想以及中国特色社会主义理论体系指导自己的思想和工作。将中国梦主题教育纳入高校思想政治工作，是高校领导和思想政治工作者的职责所在，但是必须首先讲党性原则。不讲党性原则，将中国梦主题教育纳入高校思想政治工作中这种事情，一定做不好。现在社会上存在这样的现象：一些好的事物，在一些不讲党性原则的党员、干部那里马上就变味。比如，“中国梦”这个概念，本来是一个很好的充满正能量的概念，但是经某些不讲党性原则的党员、干部用轻蔑的口气一调侃，立即就变成了类似“幻想”、“白日梦”、“南柯梦”之类的贬义词。在中国梦主题教育方面，应该避免类似的消极事情发生。只有坚持党性原则，将中国梦主题教育纳入高校思想政治工作，才能发挥其育人作用。

（二）将中国梦主题教育纳入高校思想政治工作需要讲究科学方法

科学方法是人们在认识和改造世界中遵循或运用的、符合科学一般原则的各种途径和手段，包括在理论研究、应用研究、开发推广等科学活动过程中采用的思路、程序、规则、技巧和模式。简单地说，科学方法就是人类在认识和实践活动中所运用的正确方法。如何将中国梦主题教育纳入高校思想政治工作，除了有工作态度问题，还有方法问题。现在大家都明白应该将中国梦主题教育纳入到高校思想政治工作中去，问题是怎么做才更具有科学性，这其实是很值得探讨的问题。比如，将中国梦主题教育纳入到高校思想政治工作中，这意味着以中国梦为主题的宣传教育活动会成为思想政治工作的一个重要内容。如果就这个问题继续深入思考下去，就能发现很多问题需要从科学方法的角度进行考虑。比如，遴选中国梦主题教育题材，是否要考虑其典型性？用什么方法遴选更能够体现出其典型性？再比如，将中国梦主题教育纳入高校思想政治工作，势必离不开有关中国梦主题的案例，利用和宣讲这些案例的时候，是否需要考虑艺术性和科学性？等等。所有这些，其实都离不开方法问题。在具体将中国梦主题教育纳入高校思想政治工作并实施的时候，要具体问题具体分析，才会使中国梦主题教育活动更有效果。

（三）将中国梦主题教育纳入高校思想政治工作需要探索正确途径

中国古代有一个基本的观点是“知易行难”说，即认为认识事情的道理较易，实行其事比较难。该观点从春秋战国时期一直到明末清初的王夫之，坚持其正确并为其辩护者大有人在。中国近代革命家、思想家孙中山从资产阶级民主革命的角度出发，认为这种传统旧说不能激励人们的进取精神，反而会助长人们畏难苟安的心理。为了破除这种旧的传统观念，鼓舞人们的革命勇气，他提出了与“知易行难”说完全对立的“行易知难”说，他认为，只要破除“知易行难”的迷信，努力以赴，夺取革命胜利就易如反掌。

从认识论上讲，不论是中国古代的“知易行难”说还是孙中山的“行易知难”说，都有绝对化的局限和片面之处。就如何将中国梦主题教育纳入高校思想政治工作中这件事来说，最给人困惑的可能还是“行难”。这或许可以解释目前许多单位或部门大力开展中国梦宣传教育活动但效果并不显著的现象。因此，将中国梦主题教育纳入高校思想政治工作需要探索正确途径：只有路子对了，才有可能走到目的地。否则，就会南辕北辙、永远都无法到达目的地。

三、以中国梦主题教育推动高校思想政治工作不断走向深入

中宣部、教育部、共青团中央 2013 年 4 月在京召开深化中国梦宣传教育座谈会上，中央政治局常委刘云山指出：深化中国梦的宣传教育，要同中国特色社会主义宣传教育结合起来，同社会主义核心价值体系建设结合起来，同做好当前各项工作结合起来，引导人们坚定理想信念、构筑精神支柱，积极投身实现中国梦的生动实践；要把中国梦的宣传教育融入各级各类学校教育教学之中，融入未成年人思想道德建设和大学生思想政治教育之中，融入校园文化建设之中，做到进教材、进课堂、进学生头脑。对于高校思想政治工作者来说，以中国梦主题教育推动高校思想政治工作可谓正逢其时，完全可以大有作为。

（一）抓好中国梦主题教育的设计环节

以中国梦主题教育推动高校思想政治工作，首先需要抓好中国梦主题的设计这个环节。中国梦是一个含义丰富的概念，但它最基本的内涵是实现国家富强、民族复兴、人民幸福、社会和谐。抓好中国梦主题的设计，就应该紧扣这四个基本的方面或维度进行，精心选取那些历史感、现实感都很强烈的素材，挖掘其深刻的教育因素，然后进行周详的设计，使之主题突出、鲜明。抓好中国梦主题设计，需要思想政治工作者既具有良好的政治素养，又具有较强的工作能力。具体地说，需要具有共产主义的崇高信仰，需要坚持中国特色社会主义的政治方向，在思想上政治上与党中央保持一致，

需要有很强的党性观念和群众观念，需要有强烈的公仆意识和民主意识；同时，还需要具有较强的工作能力，这些能力包括组织能力、社交能力、协调能力、调查研究能力、分析判断能力、随机应变能力等。总之，要保证中国梦主题的设计环节不走偏、不变味。

（二）搞好中国梦主题教育的宣讲环节

以中国梦主题教育推动高校思想政治工作，中国梦主题教育的宣讲环节非常关键。这个环节可以是理论的宣讲和灌输，可以是春风化雨、循循善诱的引导；可以是危险情景中的棒喝或大声疾呼，也可以是长辈对晚辈似的平心静气的劝导，还可以是彼此的平等互动、交流探讨。不可否认，中国梦主题教育形式可以多种多样，但是，必须重视中国梦主题教育的宣讲环节。这就对宣讲者提出了很高的要求。当然，中国梦主题教育的宣讲者可以是从事高校思想政治工作者，也可以是请来的对中国梦和思想政治工作有深入研究的专家学者。这个环节是教育者与受教育者思想碰撞的环节，是教育者将中国梦理念向受教育者传播的环节，也是直接体现思想政治工作实效的环节。这个环节如果抓好了，受教育者将会终生受用。在这里，就要求中国梦主题教育的宣讲者不仅具有高深的政治理论水平，还需要他们具有高超的组织教学的能力和艺术，否则，教育效果就会打折扣。

（三）重视中国梦主题教育的质量评估环节

以中国梦主题教育推动高校思想政治工作的过程是一个长期的教育管理过程。既然是教育管理过程，自然就不能缺少“控制”这个要素。职能管理理论认为管理有五大要素，即：计划、组织、指挥、协调、控制。在管理学中，控制是指按照一定的条件和预定的目标，对一个过程或一系列事件施加影响，使其达到预定目标的一种有组织的行动。中国梦主题教育中的质量评估环节，其实就是管理学中的控制环节：纠正组织管理过程中的出现的偏差，使其沿着正确的方向和轨道运行，保证组织的行为最后达到预定的目标。以中国梦主题教育推动高校思想政治工作，决不会只是一朝一夕的事情。当某一次中国梦主题教育进行到一定阶段后，高校思想政治工作者就应该对其全过程进行质量评估。质量评估的目的就是要发现中国梦主题教育过程中的不足或缺陷，并适时改正，以便以后继续开展时避免已经发现的不足或缺陷。以中国梦主题教育推动高校思想政治工作，重视中国梦主题教育的质量评估环节无疑也是非常有必要的。

综上所述，中国梦作为我们国家、民族以及全体中国人的梦想，必须纳入高校思想政治工作中，这是国家发展的需要，是培养中国特色社会主义事业接班人的需要，也是中国人民实现民族伟大复兴的需要。将中国梦主题教育纳入高校思想政治工作，需要坚持党性原则、不断创新科学方法、探索正确途径。

（作者单位：同济大学）

论中国梦对高校思想政治理论课教学的引领作用

李腊生

习近平总书记在参观“复兴之路”展览时明确提出了中国梦的伟大构想。中国梦集中体现了中国人民的强烈愿望和共同期盼。中国梦的实现离不开全国各族人民的共同努力，全国人民只有心往一处想、力往一处使，将个人利益与国家利益相结合，将自己的“个人梦”与国家的“民族梦”相统一，将自己的人生理想充分融入为实现中华民族伟大复兴的中国梦的奋斗历程中，才能将中国特色社会主义事业不断推向前进，最终实现中国梦。新形势下，大学生是实现中国梦的重要生力军，正如习近平总书记所指出的：“全国广大青少年，要志存高远，增长知识，锤炼意志，让青春在时代进步中焕发出绚丽的光彩。”因此，大学生要自觉地肩负起实现中国梦的责任。高校思想政治理论课是开展大学生思想政治教育的主要途径，而将中国梦融入高校思想政治理论课，能够让大学生更好地从内心深处感知和认同中国梦，并用中国梦来引领自己的思想和行为。

一、以中国梦引领高校思想政治理论课教学的意义

高校思想政治理论课承担着对大学生进行系统的马克思主义理论教育的重要任务，是对其开展思想政治教育的主要途径。当前，用中国梦鼓舞大学生为实现中华民族伟大复兴而努力学习，是高校思想政治理论课教学所面临的新任务，具有重要的现实意义。

一是有利于凝聚大学生强大的精神动力。要实现中华民族伟大

复兴的中国梦，就必须凝聚中国力量。首先，中国梦的提出，能够起到凝心聚力的作用，为大学生自觉承担起建设祖国的社会责任提供精神动力和信念支撑。“国家兴亡，匹夫有责”，大学生的前途命运与中国梦是密切相连的，只有祖国强大，个人的理想才能顺利实现；当代大学生要心系国家、心系人民、勇担大任，将以爱国主义为核心的民族精神和以改革创新为核心的时代精神发扬光大。其次，中国梦是一种价值追求，是一种共同的理想和信念，其只有得到大学生的感知和认同后，才会激发出他们内心的热情和勇气，进而努力学习、健康成长。再次，把中国梦融入高校思想政治理论课教学过程中，不仅可以使大学生明确建设祖国的责任担当，为他们提供前进的精神动力，而且可以使大学生群体凝心聚力，向着实现中华民族伟大复兴中国梦的目标奋勇前进。

二是有利于推进马克思主义理论的发展。马克思主义理论是我们开展各项工作的指导思想，其只有不断进行内容创新、注入新鲜血液，才能永葆青春和活力。中国梦是在马克思主义理论指导下提出来的，蕴含了马克思主义理论的精髓，其与毛泽东思想、邓小平理论、“三个代表”重要思想、科学发展观是一脉相承的。中国梦为马克思主义中国化理论增添了丰富的内容，充分体现了马克思主义理论与时俱进的优良品质，彰显了中国梦强有力的感染力，而把中国梦融入高校思想政治理论课，必将有利于推进马克思主义理论的发展。

三是有利于改进高校思想政治理论课教学工作。高校思想政治理论课教学必须与时俱进，更好地适应和服务于现实的需要。随着中国梦的提出，实现中华民族伟大复兴的中国梦成为新形势下全国人民的新任务。实践中，高校思想政治理论课教师要围绕中国梦来组织教学，这既是高校思想政治教育学科发展的需要，也是提升高校思想政治理论课自身价值的需要。另外，高校把中国梦融入思想政治理论课教学中，不仅可以使其更具时代性，而且能够进一步提升高校思想政治理论课的影响力。同时，中国梦的提出也为高校思想政治理论课教学提供了新内容、指明了新方向，有利于改进高校思想政治理论课教学工作。

二、中国梦引领作用在高校思想政治理论课教学中的体现

纵观历史，中华民族伟大复兴的梦想从1840年以来就从未间断，发展到新中国成立初毛泽东“长夜难明赤县天，百年魔怪舞翩跹”直到今天清晰的“中国梦”由习近平总书记首提。中国梦作为高校思想政治理论课教学的核心和主线，表现为五个引领：

一是目标性引领。习总书记提出的“中国梦”之所以引起强烈而广泛的共鸣，是因为实现国家富强、民族振兴、人民幸福和社会和谐是明确而伟大的目标。这一目标既有很强的包容性，它包容了从孙中山、毛泽东、周恩来、朱德、邓小平等老一辈革命家和江泽民、胡锦涛和习近平等现代领导人的伟大抱负，也包容了世世代代中华民族各族儿女的奋斗志向；又有层次性，表现在建党一百年时全面建成小康社会、在新中国成立一百年时建成富强民主文明和谐的社会主义现代化国家的两个百年奋斗目标上。其不仅仅是中国共产党人的梦，更是全体中华儿女的梦，既体现了中华民族和中国人民的整体利益，又是每一个中华儿女共同的期盼，它既充满着厚重的历史底蕴，又洋溢着豪迈的现代自信，为团结凝聚中国人民创造美好未来指明了前进方向。

二是实践性引领。习近平总书记反复强调实现中国梦必须走中国道路即要坚持走中国特色社会主义道路。他指出：“道路决定命运，找到一条正确道路是多么不容易。中国特色社会主义不是从天上掉下来的，是党和人民历尽千辛万苦、付出各种代价取得的根本成就。”一个世界大国、一个有悠久历史的民族，在外敌侵略的情况下，经过特定历史阶段，形成了中国梦。在实践中国梦的未来征途中，不走歪路，不走邪路，走各族人民共同富裕和中华民族繁荣富强之路，只有走好这条路，才能使伟大的中国梦成为光辉的现实。

三是功能性引领。中国梦具有凝聚万众一心形成无坚不摧的中国力量的强大功能。众人一心其利断金，只要全国人民团结一心，就会众志成城。例如无与伦比的奥运会在中国举办、面对汶川地震

动员全国力量抗震救灾、神州上天、蛟龙入海，实现了敢上九天揽月，敢下五洋捉鳖梦想。这都是中国梦激发的中国力量。历史证明实现梦想之路不会鲜花铺就，但是无论面对多少挑战、多大困难，纵有千难万险，中国梦时时刻刻会释放出体制的力量，发挥最大限度凝聚人心，集中力量办大事的政治优势，给人以破除荆棘、跨越坎坷、躲避暗礁险滩的希望、信心和力量。

四是文化性引领。中国梦彰显的是中国精神。中国精神表现在文化中，在我国传统文化中自古就有对理想社会追求之梦，如老子的无为梦、孔子的大同梦、陶渊明的世外桃源梦等。在中国社会主义现代文化中根本的是以马克思主义理论为指导思想，强调每个人自由而又全面发展，强调社会主义目标和共产主义理想；中国梦的文化引领会使我们在经济全球化进程中不断通过文化创新来增强国家软实力即对内增强凝聚力、对外增强吸引力影响力。

五是价值性引领。中国梦价值在于实现人民梦个人梦的辩证统一。中国梦不同于美国梦，美国梦的价值观基础是物质个人主义，突出表现为个人财富创造与积累，以最大的个人自由去挣更多的钱，而金钱是通向个人成功的途径；也不同于欧洲梦，欧洲梦的价值观基础是精神个人主义追求而非物质个人主义，注重个体的生活质量，主观幸福感，并把个人伦理应用到更广泛的生命共同体中。中国梦价值观基础是集体主义包括国家的富强，民族的振兴，人民的幸福、社会和谐。但它不是纯粹的集体梦，它同时也追求个人的发展，像黑格尔所说离开了个体细胞整体也难以为继，中国梦正是将个人的发展融入到国家的发展之中，做到个人利益和共同利益有机结合，一福与万福一致。

三、中国梦引领高校思想政治理论课教学的有效路径

深化中国梦教育已经成为当前高校思想政治理论课的新任务，其既是改进和创新高校思想政治理论课教学的必由之路，也是为实现中国梦培养高素质综合型人才的必然要求。高校在把中国梦融入思想政治理论课的教学过程中，还面临着各种新问题、新挑战，因此，高校必须采取有针对性的对策措施，以期把中国梦真正融入思

想政治理论课教学中。

一是要提高教师的人格魅力。高校思想政治理论课教学工作是一种“人性化”特点很强的工作，要求教师不仅要具有很高的道德素质，而且要有自己独特的人格魅力，通过自己的言谈举止来影响学生的思想和行为，以切实增强思想政治理论课对大学生的吸引力。第一，教师要有深厚的理论功底。思想政治理论课具有很强的理论性，作为教师首先必须正确掌握马克思主义基本原理、毛泽东思想、中国特色社会主义理论体系等，对中国梦、社会主义核心价值观等深刻内涵也要准确把握，只有这样，才能在深化中国梦教学中将理论讲得透彻，使学生信服、从心底认同中国梦。第二，教师要有丰富的知识体系。高校思政课教师不仅要理论功底深厚，而且要视野开阔，熟练掌握本学科专业知识和其他相关学科的知识，其只有具备丰富的知识体系，才能全方位、多角度地解读中国梦。第三，教师要有幽默风趣的语言表达能力。高校思想政治理论课教师要具有驾驭语言文字的能力，能够将教材上生硬、枯燥的文字通过自己幽默的语言表达出来，让大学生在潜移默化中感受到理论课的趣味性和新鲜感。总之，高校要提高教师的人格魅力，用其人格的力量来感化学生，使中国梦通过教师的人格魅力让大学生的心灵受到强烈的震撼。

二是要合理设置教材内容。高校思想政治理论课教材是教师组织课堂教学的主要依据和基本内容，其内容的选取与设置直接关系到教学的实际效果。笔者以《毛泽东思想和中国特色社会主义理论体系概论》教材为例进行分析。该教材在第六章“社会主义本质和建设中国特色社会主义总任务”中设置了中国梦的内容，并且讲述了中国梦提出的过程，介绍了中国梦的思想内涵，提出了中国梦的实现途径。其为高校思政课教师深化中国梦教学提供了理论依据，但该教材对中国梦的阐述较为简单，只有几个具体的概念和原则，而缺乏具体的事例，没有把当前社会上与中国梦相关的先进典型人物事迹融入教材内容中，这就使得一些教师在讲授中国梦时只能照本宣科。因此，高校在深化中国梦教学时，需要对思想政治理论课教材内容进行适当修改和完善，既要有理论阐述和概念归纳，还要有鲜活的事例作为支撑，只有这样，才能使高校思政课教材不枯燥乏味，课堂充满生机和活力。

三是教学内容要具有生活化气息。思想来源于生活，脱离了现实生活的思想政治教育也只能是一种空洞的说教，难以让人从内心深处信服。因此，深化中国梦教学一定要贴近生活、贴近实际、贴近学生。高校教师在把中国梦融入思想政治理论课的教学过程中，一定要紧扣大学生的日常生活，了解他们的心理需求，将其所关心的问题和话题有选择性地充实到教学内容中来。首先，要让大学生知道中国梦并不是一个空洞的概念，而是包含了美丽中国梦、公平正义梦、安居乐业梦、和谐社会梦、平安中国梦等实实在在的内容。其次，要让大学生树立正确的成才观、爱情观、就业观，努力学习、健康成长，这是当代大学生为实现中国梦所需要做的事情。再次，高校思政课教师在组织教学内容时要充分融入当前社会上的一些先进典型事迹，如可以将“感动中国”中的人物事迹融入中国梦的教学过程中，让学生们感受到社会上各行各业的人们都在为实现中国梦而奋斗、奉献自己的力量。总之，高校教师要通过身边发生的鲜活案例，让大学生充分感受到中国梦课堂教学内容的生活化气息，从而自觉地将中国梦内化于心、外化于行。

四是要将理论与实践相结合。理论与实践相结合是开展好各项工作的重要前提。高校在开展思想政治理论课教学时既要抓好理论教学，也要抓好实践教学。因此，教师在深化中国梦的教学过程中也要做到理论与实践相结合，既要在课堂上阐述中国梦的理论，又要组织大学生参与一些与中国梦相关的社会实践活动，让他们在日常生活实践中感知中国梦、感悟到“个人梦”与中国梦的联系，从而将自己的个人理想融入社会的共同理想中，进而增强其为实现中国梦而奋斗的精神动力。高校可以组织大学生围绕中国梦主题自导自演话剧，让他们在表演过程中感知中国梦；可以组织大学生参观革命遗址和革命纪念馆，让他们在参观过程中感悟革命先辈们高尚的革命气节和无私奉献的精神，引导他们深刻领会中国梦的实质；可以开展各种以中国梦为主题的社会实践活动，让大学生在实践中接受思想政治教育，在实实在在的生活中提升个人道德修养、树立中国特色社会主义理想信念，为实现中国梦而努力学习、健康成长。

五是要创新教学方法。当前高校思想政治理论课教学之所以缺乏足够的吸引力，在很大程度上与单调呆板的教学方法有很大的关系。创新高校思想政治理论课教学方法不仅是增强教学实效性、改变传统填鸭式教学方法的有效途径，而且是实现高校思政课自身价值、深化中国梦教学的必然选择。教师只有创新教学方法，才能让大学生真正热爱思想政治理论课，真正从内心深处认同中国梦。首先，要通过开展互动式教学营造活跃的课堂氛围。教师要围绕中国梦选取热点问题作为案例，让大学生分小组进行讨论，在交流与互动中深化对中国梦的理解，如将 PBL 教学法、TBL 教学法充分运用到深化中国梦的教学中，让学生获得一种生动鲜活、真实可信的感受。其次，要运用网络技术增强中国梦教学的吸引力。高校思政课教师可以充分运用校园网、短信、QQ、微信、微博等新媒体开展中国梦教育；在课堂教学中适当利用图片、音频、视频资料等，让大学生在声、光、电的视听环境中感受到思政课的魅力，从内心深处真正认同中国梦。此外，高校教师还要深入挖掘信息资源，及时了解学术界关于中国梦研究的新动向。

六是要激发情感体验。高校思想政治理论课教学是一种知情意行的全面体验过程，教师和学生都必须投入自己的真情实感，否则其难以取得实效。同样，高校在把中国梦融入思想政治理论课过程中也要充分激发学生的情感体验。首先，要建立友好的师生关系。思想政治理论课的教学过程是师生之间的心灵对话，必须要有友好的师生关系作为情景交流与对话的基础，教师只有与学生成为平等交流的主体，才能赢得学生的信任，使他们愉快地接受中国梦教育。其次，要建立良好的同学关系。同学之间是一种平等关系，朋辈教育更具有隐蔽性和非目的性，朋辈教育者的言行更易于被其他同学所接受。因此，高校要推动和谐同学关系的建立，让同学之间的朋辈教育在深化中国梦教学过程中发挥应有的作用。

（作者单位：江汉大学）

高校思想政治教育应把握好“时、度、效”

宋雪霞

习近平同志在2013年全国宣传思想工作会议讲话（以下简称《讲话》）中强调，“宣传思想工作一定要把围绕中心、服务大局作为基本职责，胸怀大局、把握大势、着眼大事，找准工作切入点和着力点，做到因势而谋、应势而动、顺势而为”，强调“关键是要提高质量和水平，把握好时、度、效，增强吸引力和感染力”。作为宣传思想工作的组成部分，高校思想政治教育要始终围绕“立德树人”的根本任务，胸怀党和国家事业“大局”、把握宣传思想工作“大势”、着眼教育改革发展“大事”，努力把握好“时、度、效”，不断增强吸引力和感染力。

一、高校思想政治教育要把握好“时”

“时”者，“时代、时期”或“时机、时候”也，包括一些关键“时刻”，强调的是时间节点、与时俱进、因时制宜，是一个量的概念，是宣传思想工作的一个变量。高校思想政治教育需要首先把握好的“时间观”、“时局意识”。

我们党和国家正在进行建设中国特色社会主义的事业，这是一项承前启后、继往开来的伟大事业，需要一代又一代中国共产党人传递“接力棒”，带领广大人民群众持续奋斗，需要培养和造就一代又一代社会主义事业的合格建设者和可靠接班人。《讲话》强调，党的十一届三中全会以来，我们党始终坚持以经济建设为中心，集中精力把经济建设搞上去、把人民生活搞上去。只要国内外大势没有发生根本变化，坚持以经济建设为中心就不能也不应该改变。这是坚持党的基本路线100年不动摇的根本要求，也是解决当代中国一切问题的根本要求。同时，只有物质文明建设和精神文明建设都搞好，国家物质力量和精神力量都增强，全国各族人民物质生活和精神生活都改善，中国特色社会主义事业才能顺利向前推进。高校的根本任务是培养人才，培养数以千万计的专门人才和一大批拔尖创新人才，在推进科教兴国和人才强国战略中发挥更大的作用。高校培养出来的大学生，首要要求思想政治素质合格。加强和改进高校思想政治教育，帮助和引导大学生牢固树立党的观念、祖国观念、人民观念、社会主义观念、改革开放观念，提高大学生的思想政治素质，才能培养出社会主义合格建设者和可靠接班人。

党的十八大报告明确指出，教育是民族振兴和社会进步的基石，重申坚持教育优先发展，充分体现党和人民对教育的殷切期望。大力推进科教兴国战略，加快国家创新体系建设，必须深化教育综合改革，率先实现教育现代化，充分发挥教育在社会主义现代化建设中的基础性、先导性、全局性作用。教育的重要地位和作用与党和国家事业大局息息相关，我们要在2020年进入人才强国和人才资源强国行列，迫切需要高校更好地围绕中心，服务全党全国工作大局，更好地承担着人才培养、知识创新、社会服务和文化传承的重任，迫切需要高校思想政治教育为培养和造就社会主义合格建设者和可靠接班人，更好地发挥导向、动力、载体和保证作用。

目前我国处在改革开放的“深水区”和“攻坚期”，处在经济社会发展的转型期。从国际格局和竞争看，综合国力的竞争包括经济实力、科技实力、文化实力等各个方面，说到底是人才实力的竞争。而人才实力的竞争，实质上是人才素质，包括人才的思想道德素质、科学文化素质等综合素质的竞争，关键在于文化高度上、精神境界上的核心价值、思想灵魂的竞争。这正是思想政治教育的核心任务。从国内形势和任务看，全面建成小康社会、加快推进社会主义现代化和实现中华民族伟大复兴的中国梦，要求我们坚持以人为本，促进经济社会和人的全面发展，加快转变经济发展方式，彻底改变经济整体素质不高和竞争力不强等状况，迫切需要立足当前，胸怀大局，放眼未来，提高人才培养的质量和水平。大学生是十分宝贵的人才资源，是民族的希望、国家的未来。大学生的思想政治素质，大学生的综合素质，不仅关系到这一代人的成长，更关系到全面建成小康社会的发展大局，关系到社会主义现代化目标和中国梦的实现，关系到党和国家工作全局。把握这样的“时”，胸怀如此大局，高校思想政治教育才能因时而谋、因势而谋，增强时代感、使命感和针对性、现实性。

二、高校思想政治教育要把握好“度”

“度”者，“程度、适度”或“热度、温度”也，包含适宜有度、综合平衡、恰到好处之意，是宣传思想工作质量统一的临界点。高校思想政治教育工作力求掌握的适宜火候，力求切准的鲜活脉搏，力求达到的精确状态。

《讲话》指出，要深入开展中国特色社会主义宣传教育，把全国各族人民团结和凝聚在中国特色社会主义伟大旗帜之下。要加强社会主义核心价值体系建设，积极培育和践行社会主义核心价值观，全面提高公民道德素质，培育知荣辱、讲正气、作奉献、促和谐的良好风尚。宣传思想工作就是要巩固马克思主义在意识形态领域的指导地位，巩固全党全国人民团结奋斗的共同思想基础。新干部、年轻干部尤其要抓好理论学习，通过坚持不懈学习，学会运用马克思主义立场、观点、方法观察和解决问题，坚定理想信念。长期以来，理想信念教育、世界观、人生观价值观“三观”教育始终是高校思想政治教育的首要任务，必须坚持把社会主义核心价值体系教育，贯穿于高校教育教学全过程和各个环节、各个方面。

高校思想政治教育要把握大势，应势而动，就必须坚持和巩固马克思主义在意识形态领域的指导地位，推进社会主义核心价值体系学习教育。社会主义核心价值观是人们对社会主义价值的性质、构成和评价的根本看法和态度，是对社会主义价值体系内容的高度凝练和概括。社会主义核心价值观，集中体现在十八大报告的“三个倡导”上，即“倡导富强、民主、文明、和谐，倡导自由、平等、公正、法治，倡导爱国、敬业、诚信、友善”。对于大学生全面发展而言，爱国是旗帜，敬业是路径，诚信是根本，友善是保障，在社会主义核心价值体系的引领下，沿着正确的方向踏上人生旅途，理想才能变成现实。在当今世界，文化与经济、政治相互交融，在综合国力竞争中的地位和作用越来越突出。文化的力量，深深熔铸在民族的生命力、创造力和凝聚力之中。在当代中国，发展先进文化，就是发展面向现代化、面向世界、面向未来的，民族的、科学的、大众的社会主义文化。先进文化包括先进的思想道德和先进的科学文化。高校思想政治教育所担负的重要任务，正是促进大学生在思想道德素质和科学文化素质方面都得到提高。

高校思想政治教育力求真实可信、切实有效，关键在把握好“度”，即努力使思想政治教育不偏不倚，不脱离实际，造成假大空，要防“左”防右，不胡闹、不折腾。把握好“度”关键是做到“两点论”与“重点论”的统一，把握好思想政治教育实践中难免要遇到的一系列对应关系，比如虚与实的关系，所谓“虚功实做”，既要有“三主义”（爱国主义、集体主义、社会主义思想)、“三观”（世界观、人生观、价值观)，又要有现实。比如大与小的关系，所谓“从大处着眼”、“从小处着手”，既要有十八大报告的“三个自信”（理论、制度、道路)、“三个倡导”（国家、社会、公民)，培育和践行社会主义核心价值观、“三个热爱”（永远热爱我们伟大的祖国，永远热爱我们伟大的人民，永远热爱我们伟大的中华民族）这样的“大”要求，也要有灵活多样、可操作性、应对各种具体情况的过细措施这样的“小”要求；再比如远与近的关系（“看得远”与“看得见”）、旧与新的关系（继承与创新)、中与外的关系（民族传统与世界眼光)、高与低的关系（“仰望星空”与“脚踏实地”）、雅与俗的关系（“高雅旨趣”与“平凡本色”）、知与行的关系（“认知”与“行为”）等，处理好诸如此类的辩证统一关系，把握好一系列对应关系的“度”，才能使思想政治教育分层次、分类别，区分不同对象，提出不同对策，要求明确，内容适宜，方法得当，措施有力，张弛有度，做得更实、更细、更到位，做到要害处和点子上。

三、高校思想政治教育要把握好“效”

“效”者，“效果、效益”或“效率、效用”也，主要指工作的质量、品质和水平。强调的求真务实、实干实效，是一个质的概念，是高校思想政治教育工作做得好不好的最终检验依据和衡量标准。

我国教育改革取得了巨大成就，高等教育大众化水平进一步提高，从业人员中有高等教育学历的人数已位居世界前列。据教育部《2012年全国教育事业发展统计公报》，全国各类高等教育总规模达到3325万人，高等教育毛入学率达到30%。国民经济和社会发展对高等教育提出了新的更高的要求，人民群众对高等教育的关心、关切、关注程度越来越高，迫切需要高校进行新的战略思考、科学定位、办出特色、提高质量。当前，在高校改革发展稳定的总体形势比较好的前提下，也面临着一些新情况、新问题。社会思想文化的多样性和复杂性，互联网功能的全方位拓展，特别是微博微信、智能手机等新兴传播手段的突飞猛进，使高校成为各种思潮、价值观念和道德观念激烈交锋的重要阵地。当代大学生思想政治状况的主流是积极、健康、向上的，但也有一些大学生不同程度地存在政治信仰迷茫、理想信念模糊、价值取向扭曲、诚信意识淡薄、社会责任感缺乏、艰苦奋斗精神淡化、团结协作观念较差、心理素质欠佳等问题。

高等教育要着眼于全面贯彻党的教育方针，全面实施素质教育，就要坚持育人为本、德育为先，把“立德树人”作为根本任务，把思想政治教育摆在首要位置，促进大学生全面发展。围绕促进大学生全面发展这一目标，需要哲学社会科学的指导和支撑，推进马克思主义理论研究与建设工程，在哲学社会科学研究和教学中充分体现马克思主义中国化的最新理论成果，用科学理论武装大学生，持续推动中国特色社会主义理论体系进教材、进课堂、进头脑工作，发扬理论联系实际的优良学风，发挥哲学社会科学的优势，紧密围绕大学生普遍关心的、改革开放和现代化建设中的重大问题，做好释疑解惑和教育引导工作。

把握好“效”，就要树立和落实正确的首位观，避免越位、缺位、错位，真正把思想政治教育落实到位。过去带“左”的思想色彩的“政治挂帅”，往往简单地把思想政治教育等同于政治，凌驾于其他诸育之上，片面强调“统帅”、“指导”，非但突出不了德育，反而大大破坏德育的形象，损害德育的良好声誉，使德育陷入“写起来首要、说起来重要、做起来次要、忙起来不要”的尴尬境地。树立的一些过于绝对化的先进典型往往使人感觉得离现实太远，不亲切、不可学，可望不可及，只能“敬而远之”。教育的一切工作都是为了学生的成人、成才，成人、成才二者不可分割，但首先要教会学生如何做人、成人。德才兼备，“德”是放在第一位置的。第一不是唯一，首位而不越位，不凌驾，也不替代，不从一个极端走向另一个极端。落实首位，绝不是盲目的、无限上纲上线的拔高、越位。如果德智体美等方面教育不形成有机整体，德育的“首位”就无从谈起。要从根本上扭转片面的教育观、质量观、成才观，包括政府、社会对教育、对学校、对学生的评价标准，都要改变。思想政治教育如果不能精确量化，这就容易给人以“看不见摸不着”、“假大空”的感觉，实践中常常被简单化、脸谱化、片面化或绝对化，甚至被丑化、妖魔化。或者“认认真真说假话、轰轰烈烈走过场”，搞形式主义；或者“德育工作是个框，什么都往里面装”，人为造成错位。高校思想政治教育是一项系统工程，涉及学校工作的方方面面，因此“人人都是德育工作者”，即全员育人、全程育人、全面育人。

要加强对高校思想政治教育工作的领导。高校思想政治教育要适应新形势，不断与时俱进、开拓创新，着眼大事、顺势而为，变防范为建设，变堵截为疏导，变被动说服为前瞻引领。坚持弘扬主旋律，传播正能量，在事关大是大非和政治原则问题上，增强主动性、掌握主动权、打好主动仗，帮助大学生划清是非界限、澄清模糊认识。牢固树立育人为本、以学生为本的工作导向，把思想工作与人文关怀结合起来，把服务学生同教育引导学生结合起来，把满足需求同提高素养结合起来，丰富学生精神世界，增强学生精神力量，满足学生精神需求。高校思想政治教育工作队伍要坚持正确政治方向，站稳政治立场，坚定宣传党的理论和路线方针政策，坚定宣传中央重大工作部署，坚定宣传中央关于形势的重大分析判断，坚决同党中央保持高度一致，坚决维护中央权威。要从根本上改变思想政治教育工作者是维稳“消防队”、打杂“万金油”的错误认识，确立思想政治教育工作队伍是育人“工程队”、成长“领路人”的理性观念，不断提高思想政治教育工作队伍职业化、专业化水平，这也是把握好“效”、增强工作实效的必然要求。

总之，高校思想政治教育要找准工作切入点和着力点，把握好“时、度、效”，把马克思主义哲学的辩证统一关系，灵活运用于工作实际，进而达到不断增强针对性、实效性和吸引力、感染力，不断提高质量和水平，促进大学生全面发展的预期效果。

（作者单位：福建工程学院）

以中国梦引领新疆高职学生的理想信念教育

詹春燕

党的十八大报告指出：坚定理想信念，坚守共产党人精神追求。对马克思主义的信仰，对社会主义和共产主义的信念，是共产党人的政治灵魂，是共产党人经受住任何考验的精神支柱。习近平总书记在十八大精神报告中指出：在中国梦的指引下，我们实现了小康社会，实现了民族的伟大复兴，实现了国家富强、民族振兴和人民幸福。而在未来的道路上，我们必须走中国道路，弘扬中国精神，凝聚中国力量，为实现中华民族的伟大复兴再接再厉。习总书记关于中国梦的讲解正是我们今天大学生追求的人生目标，新时期的大学生要认识自己担负的使命和责任，为实现中华民族的伟大复兴而不懈奋斗。新疆高职学生，是新疆地方民族与经济的希望，他们的思想道德素质、科学文化素质和身心健康素质如何，特别是他们的人生理想状况如何，将直接关系到新疆社会主义现代化事业的兴衰成败。

一、新疆高职学生的人生理想状况

理想作为一种精神现象，是人类社会实践的产物。人们在改造客观世界和主观世界的实践活动中，既追求眼前的生产生活目标，渴望满足眼前的物质和精神需求，又憧憬未来的生产生活目标，期盼满足未来的物质和精神需求。对现状永不满足、对未来不懈追求，是理想行程的动力源泉。在一定意义上讲，理想是人们在实践中形成的、有可能实现的、对未来社会和自身发展的向往与追求，是人们的世界观、人生观、价值观在奋斗目标上的集中体现。理想，在我国古代也被称为“志”，古人认为即使到了贫无立锥之地，也要恪守“人穷志不穷”的信念，既“穷且益坚，不坠青云之志”，认为“三军可夺帅也，匹夫不可夺志”，讲求“古之立大事者，不惟有超世之才，亦必有坚忍不拔之志”。理想是人们最基本的思想观念，理想是人生不可或缺的精神动力，理想是青年走向成功的心灵支柱，一个人若没有理想就等于没有灵魂。同时，理想是反映真善美的心灵的眼睛，理想是寻觅目标的思维脉络。

人生理想，就是理想的人生，是人们在生命实践中基于对现实及其发展规律的认识而形成的对未来社会和生活的有实现可能性的构想、设计、希望和想象，它是人生的最高准则。

毛泽东早在1957年《关于正确处理人民内部矛盾的问题》中指出要将理想信念教育列为思想政治教育的重点和核心，要求知识分子、广大青年学生和全国6亿人民树立崇高的、进步的、正确的理想，脚踏实地努力奋斗，为实现理想境界付出辛勤的劳动。邓小平多次强调要加强理想信念教育，把理想信念看成是“最根本的”东西，是我们的“精神支柱”。他说：“社会主义的精神文明，最根本的是要使广大人民有共产主义的理想，有道德，有文化，守纪律。”胡锦涛同志在《纪念中国共产主义青年团成立90周年大会上的讲话》中也明确指出：希望广大青年坚持远大理想。理想是指引人生的灯塔。青年时期牢固树立远大理想，人生道路就会越走越宽广，无论遇到怎样的艰难险阻，都能义无反顾、勇往直前。2012年11月29日，中共中央总书记习近平带领新一届中央领导集体参观中国国家博物馆“复兴之路”展览时首次提出了中国梦。中国梦的本质内涵是实现国家富强、民族复兴、人民幸福、社会和谐。中国梦就是当今时代中国人的共同社会理想。近期习近平同志也强调指出：每个人都有理想和追求，都有自己的梦想。现在，大家都在讨论中国梦，我以为，实现中华民族伟大复兴，就是中华民族近代以来最伟大的梦想。

可见，无论是思想政治教育、道德教育还是文化教育，都不能脱离理想教育，无论是战争年代还是和平时期，都不能放弃理想信念。

从2008年开始，我们对新疆职业大学、乌鲁木齐职业大学、新疆轻工职业技术学院、新疆建设职业技术学院等五所学校的学生进行了调查，着重调查了他们的求职的要求以及人生理想等情况。

当我们在调查问卷中问道涉及职业理想的问题时，如“您求职的要求是：(1) 工作环境好，待遇高；(2) 工作稳定，生活规律；(3) 处于大都市，社会声望高；(4) 不论地域如何，发展空间大，能发挥自己特长。”38.3%的学生选择“不论地域如何，发展空间大，能发挥自己特长”；31.6%的学生选择“工作稳定，生活规律”；26.2%的学生选择“工作环境好，待遇高”；从中可见大多数高职学生对职业理想的追求集中体现在个人特长的发挥和职业环境的稳定上，也有部分高职学生比较在意“工作环境和工作待遇”，极少数的高职学生比较在乎“工作的地点和社会声望”。

当我们在调查问卷中问到：“理想对人生的意义，您的理解是：①人不能没有理想，否则生活就失去意义；②理想是一个人进步的动力，前进的目标；③理想是空中楼阁，可望不可及，永远达不到；④理想不同现实，应多考虑现实，有没有理想无所谓。”57.2%的学生选择“理想是一个人进步的动力，前进的目标”；34.5%的学生选择“人不能没有理想，否则生活就失去意义”；可以看出，绝大多数高职学生对理想对于人生的意义和作用认识比较清楚，大多数高职学生认同理想是人生的动力、前进的目标；多数高职学生认为人不能没有理想，否则生活就没有意义。

在我们问到：“关于人生的目的，您认为：①实现自我价值；②为国家、集体多做些贡献；③及时行乐，追求安逸；④追求名利。”71.8%的学生选择“实现自我价值”；21.8%的学生选择“为国家、集体多做些贡献”；从中我们可以看出，与以往不同的是，目前大多数高职学生更加关注自我价值的实现，当然，也有一部分同学比较注重社会价值的实现。

二、新疆高职学生的人生理想状况成因分析

高职院校大学生的理想现状有正面肯定的一面，同时又有不足

的方面。对于高职院校大学生理想的不足之处，主要原因有社会的负面影响，大学理想教育的缺失，大学生成长中的原因。高职院校大学生生源构成复杂化，学生处于成长的关键时期，面临着抉择和竞争的压力也日趋激烈。面对新的形势，高职院校大学生理想教育在教育的内容和方式、方法等方面也存在一定的缺失。因此，对高职院校大学生理想教育显得更为迫切。一些高职学生在理想信念方面出现的问题，我们认为主要有以下几个方面的原因。

第一，人生理想现实化。

当代高职院校的学生在思想观念、价值观念和心理素质方面呈现出新的特点。在思想观念上，他们向往和平发展的环境，渴望国富民强的状态，憧憬幸福自由的生活，要求深化改革，却又害怕社会竞争；有强烈的参与意识，却又逃避应该承担的社会责任；喜欢实习实践，却又对学习理论、掌握技能有厌倦情绪。在价值观上，则表现为人生理想趋向现实化，价值标准注重实效性，人生幸福追求更加实在，择业观念偏重实惠，职业理想更加务实。当我们在调查问卷中问道涉及职业理想的问题时，31.6%的学生选择“工作稳定，生活规律”；26.2%的学生选择“工作环境好，待遇高”；当老师在课题上让学生说出自己的理想时，有的学生直接就回答“数钱数到手抽筋，睡觉睡到自然醒”。

第二，价值观念个性化。

由于市场竞争的日趋激烈，就业压力的不断加剧，促使高职院校的学生对自己的职业和未来越来越担忧，高职院校的学生对自我发展有了更多的思考，追求利益，注重实际成为许多学生更加关注自己的学业、自己的专业技能和综合素质的提升和自我价值的实现，因此，在调查中我们发现71.8%的高职学生认为人生的目的是“实现自我价值”，他们更加关注个人在集体中的价值，更加注重自我价值的实现，当集体利益与个人利益一致时，还能先顾及集体利益再考虑个人利益，当集体利益与个人利益发生矛盾时，往往首先选择的是个人利益。

第三，家庭环境单一化。

现在的高职学生很多是独生子女，他们是在家庭照顾过多的情况下长大的，有很强的优越感，在某种程度上，可以说，他们从小生活在人为的“理想单一”的环境中，很多人在家中是小皇帝、小太阳，基本上过着衣来伸手饭来张口的舒适生活，缺乏人际交往的训练和现实环境的磨炼。由于这种情况的出现，原来比较直接生硬的“理想信念”的灌输教育，就严重地脱离了生活、脱离了现实，已经不适应对现实了解不深而又自我感觉良好的这一代高职学生了。

第四，学校教育简单化。

尽管高职院校都开设了《基础》课程，在“追求远大理想　坚定崇高信念”部分也讲到了理想信念，但一些高职院校理想教育的实效性不强，理想信念教育与高职学生的思想实际结合不紧，思想政治理论课的教材和教学内容繁杂，缺乏应有的吸引力和说服力。更由于缺乏统一的高职高专教材，一些教师往往是按照本科的教材和教学课件照本宣科或者是照屏宣课，讲理论的多，讲践行的少，分析典型案例多，联系现实生活少，以至于部分学生总是认为“理想很丰满，现实很骨感”，甚至还有个别学生错误地认为“理想理想，有利就想，前途前途，有钱就图”。

第五，信息渠道网络化。

随着现在传播技术了迅速发展，媒体、网络的膨胀使我们的高职学生感到新鲜好奇可又手足无措，而部分高职学生又不能很好地对这些新鲜文化新奇知识进行比较、鉴别和选择，更不可能通过他们自己的独立思考，形成自己的观念，树立自己的理想，确立自己的信念，加之学校家庭又没能及时作正确的引导，因而不少高职学生不能作出正确判断或者判断方向有误，就会偏离正途，误入迷途，更有甚者整日沉迷于虚拟的网络空间，耽误了自己的学业。

第六，社会思潮多样化。

随着改革开放和社会主义市场经济的不断深入，各种社会思潮不断涌现，我国的社会社会也发生了深刻的变化，高职院校学生的思想观念也发生了相应的变化。从国际上看，新自由主义、民主社会主义、历史虚无主义、社会普世价值等社会思潮迭出不穷；从国内来看，自由化、新僵化思想仍然存在，这些都对部分高职学生的思想状况和理想的树立也有一定程度的影响，从疆内来看，民族分裂主义、极端宗教主义、恐怖主义势力“西化”、“分化”的图谋一天也没有停止，他们宣传的所谓泛伊斯兰主义、泛突厥主义思想等对少数民族高职学生的思想状况和崇高理想的树立也有一定程度的影响。同时，社会环境也越来越复杂，全社会关心高职学生理想信念教育的合力还尚未形成。

三、以中国梦为引领加强高职学生理想信念教育

作为高职院校，只有牢牢抓住理想信念这个根本，以中国梦为指引，教育引导学生矢志不渝地为中国特色社会主义事业而奋斗，才能把学生培养成为对国家、对社会有用的高质量应用型人才。对高职学生进行理想信念教育，我们应该贴近高职学生的实际需要，避免理想教育偏于政治化的教育弊端。要从理想理论教育，理想价值教育，理想选择教育，理想形象教育，理想实践教育等方面进行对高职院校的学生进行系统全面的理想教育。

第一，通过思想品德课程，加强理想理论教育。

基础理论是理想教育的根基，必须加强理论教育，夯实理想教育的理论基础。理论来源于实践，理想教育的基础理论应当随着实践的发展而不断发展，基础理论的教育应当根据新的实践拓展新的途径，澄清思想理论上的是非界限。高职院校可以利用“思想道德修养与法律基础”课程，加强对学生理想理论方面的教育。要求教师在课堂上讲清楚理想信念的含义与特征，说明白理想信念对大学生成长成才的重要意义，要求大学生通过学习确立马克思主义的科学信仰，树立中国特色社会主义的共同理想，立志高远、始于足下，认清实现理想的长期性、艰巨性和曲折性，在实践中化理想为现实。让理想之花开得更加灿烂，让理想之果结得更加甘美。同时，高职院校可以积极开展“思想道德修养与法律基础”课程的教学改革，通过理论灌输、专题教学、任务驱动、活动导向、问题探究等方式，调动学生对理想信念理论问题的学习和探索的积极性和主动性，提高理想信念理论教育的针对性和实效性。

第二，通过专题教育讲座，加强理想的价值教育。

理想的价值在于它能够指引人们前进的方向，点燃人们奋斗的激情。如果说社会是大海，人生是小舟，那么理想就是引航的灯塔。没有科学的理想的人生，就像失去了方向和动力的小舟，在生活的波浪中随处漂泊，甚至会沉没。每个学期，高职院校可以根据学生的实际需要，通过开设专题教育讲座，加强理想价值教育，讲清楚理想信念对于大学生成长成才的重要意义和作用。教师选择讲座内容要针对高职学生不同阶段的不同需要，结合高职学生的专业情况，有针对性和计划性地进行教育。如在开学之初，应引导学生认识适应新的环境，对自己的专业有清楚地认识，从而扫清其自卑或自负的心理；在学期中，应该强化职业理想的教育，为学生择业就业奠定基础。

第三，通过主题演讲辩论，加强理想的选择教育。

理想对人的激励与鼓舞作用，与理想的性质和层次密切相关。只有科学的、崇高的理想，才能够给人们提供终身不竭的精神动力。因此，我们必须对高职学生进行理想的选择教育，让学生树立科学理想、崇高理想，远离非科学理想和庸俗理想。高职院校可以积极倡导启发式、参与式、研究式等教学方式，针对不同类型、不同年级大学生的特点，可采取课堂讲授、课堂讨论、专题讲座、专题演讲、辩论等方法，提高大学生理解能力和反应能力，增强大学生的思维能力和选择能力。例如，在一年级学生中可以通过开展“中国梦·教育梦·学习梦”、“我的未来不是梦”、“我的世界我做主”等专题演讲活动，加强高职院校大学生的理想选择教育；在二年级的学生中可以通过开展“保尔·柯察金和比尔·盖茨谁是英雄”、“大学生可不可以做船娘”、“大学生应不应该做掏粪工”等辩论活动，加强高职院校大学生的职业理想选择教育。

第四，通过专场报告交流，加强理想的形象教育。

榜样的力量是无穷的。有崇高理想的人往往离成功更近一些，也因此成为许多大学生竞相模范学习的榜样。战争年代有董存瑞、黄继光，和平时期有焦裕禄、孔繁森，当今时代的郭明义、孔繁瑞、杨善洲、罗阳、沈浩、洪战辉、阿里木等这些典型人物的事例都能够鼓舞人心，教育学生，尤其是最近涌现出来的最美教师张丽莉、最美军官沈星、最美卫士高铁成、最美大学生孟佩杰、最美司机吴斌、最美妈妈吴菊萍、最美奶奶柴小女等鲜活的形象都能够很好地教育学生为实现人生理想而刻苦学习、努力奋斗。高职院校可以通过开展英模报告会等形式，从企业、事业、机关和部队等单位请来英雄和劳模，为学生作报告，加强理想的形象教育。高职院校还可以从行业、企业聘请一些劳动模范、技术能手，结合他们成功的经验，为学生做专场报告；也可以邀请一些毕业生重返校园，用他们的成功事例激励学生，特别是可以精心挑一些出身贫苦的打工者或是学姐、学长成功的例子，使学生相比之后，对自己的理想和前途更有信心，从而为之付出更多的努力。

第五，通过实习实训活动，加强理想的实践教育。

有人说现实是此岸，理想是彼岸，只有实践才是联系两者的桥梁。要想使高职院校的大学生实现自己的人生理想，通往理想的彼岸，必须加强实践环节，加大动手能力的培养，使学生学有所用，学有所长，毕业进入社会后能够马上适应岗位的需求、环境的变化。例如，一年级可以开展社会实践活动，让学生通过参观爱国主义教育基地、深入大型国有企业、走访社区困难群众等，体恤民情、了解区情、认识社会；二年级可以开展专业实习活动，让学生通过专业实训，了解专业、熟悉专业、热爱专业；三年级可以通过顶岗实习，让学生通过真实的工作实习，进入岗位、适应角色。还可以利用学生组织和学生社团的力量，在学生中积极开展理想的实践教育，其中学生党组织、共青团组织和学生会组织在学生中有很强的号召力和影响力，对于强化大学生理想信念教育具有积极意义。学生组织和学生社团以其丰富多彩的活动与活跃自由的氛围，让大学生内心深处的梦想萌芽，为他们提供一个实现理想的宽广平台。高职院校应该将理想信念教育渗透到学生组织和社团发展过程中，充实学生课余生活，拓展他们的发展空间，为他们实现理想搭建平台。通过实践能力的培养和锻炼，真正增强高职学生的自信心和责任感，激发他们追求崇高理想、实现人生目标的动力和干劲。

第六，通过校园网络，加强理想的网络教育。

在网络信息快速发展的今天，高职学生的思想观念、思维方式、价值取向、情感交流等诸多方面越来越多地依赖于网络，高职院校在加强舆论引导和网络监控的同时，要教育学生正确认识网络的力量，提高网络信息的辨别力，选择科学、正确、积极、健康的网络信息。高职院校开展理想信念教育可以充分利用校园网络这一新的媒介形式，积极拓展理想信念教育的网络空间，营造浓烈的理想教育氛围，坚定大学生的理想信念，让社会主义共同理想在校园网上唱响，让共产主义远大理想在互联网上高扬。高职院校可以采取以下对策帮助大学生树立远大而坚定的理想信念，如建立专门的理想信念教育的工作网站，加强对校园 BBS 的舆论引导和监管，利用现代网络技术完善大学生理想信念教育的主渠道和主阵地，加强网络教育队伍建设，培养一批高素质的理想信念教育者。

第七，通过职业指导，加强职业理想教育。

高职院校可以通过职业指导教育，对高职院校学生进行职业理想教育，使他们树立爱岗敬业的专业精神，产生提高职业职能的原动力，成为敬业爱业乐业的高素质劳动者。高职院校开展职业理想教育，就是要让学生认识自己、了解职业，使他们的职业理想逐步科学化、系统化，并开展为实现自己的职业理想而奋斗。高职院校开展职业理想教育可以围绕职业认知教育、职业情感教育、职业目标教育进行，引导学生热爱所学专业，树立正确的职业理想；高职院校可以通过开设职业生涯规划和就业与创业指导等课程，对学生进行职业理想的教育，也可以通过对学生进行性格气质、职业兴趣和职业能力倾向、职业价值观的测试，引导学生将来选择适合自己性格特点的职业，并提前进行学业上的准备。

注：本文系新疆教育规划项目《提高新疆高等职业院校思想道德建设实效性研究》（项目批号：HXDY-2008-018）的阶段性成果。

（作者单位：乌鲁木齐职业大学）

中国梦与公民责任教育

杨　珉

中国梦，是中国共产党召开第十八次全国代表大会以来，习近平总书记所提出的重要指导思想和重要执政理念，其基本内涵是到2021年中国共产党成立100周年和2049年中华人民共和国成立100周年时，逐步并最终顺利实现中华民族的伟大复兴，具体表现是国家富强、民族振兴、人民幸福，社会和谐。中国梦的实现，需要中国所有人的积极努力，中国公民的理想和行动，能否在当今社会发展中真正承担起自己的责任，对中国梦能否实现有至关重要的影响。

一、中国梦与公民责任

责任是人的本质规定。所谓责任，简而言之，便是做自己应做之事，并承担自己行为之后果。人是社会化的人，无论个体生活在何种时空条件下，都必定是与他人相互联系和相互依赖，这种共生性便规定了人在社会中得以存在和发展所必须承担的责任，责任是人之为人的本质规定，是人的本质要求。

人之所以为人，是因为人能够超越自我的本能，为自己的行为负责，这是人的道德特性所在，人的完美和崇高也由此获得展现。人的责任感是道德主体发展的动力基础，责任感可以激发人们对社会负责和不断创新的激情，当外在道德要求升华为道德主体的自我责任感时，人就会自觉地承担社会义务，一个人的行为只有当他是出于对社会和他人的责任时，才具有道德价值，责任是道德核心所在。

人在社会中，作为社会成员，并不自然就是社会公民，只有体现了人作为社会人的本质规定和满足了道德核心要求的人，才是社会公民。所谓社会公民，是那些以责任为核心，认同、参与、支持、忠诚于社会，承担维护公共生活义务的人，他们共同支撑起社会共同生活，促进社会和谐发展。换言之，社会性个体之间的关系与社会的良性发展离不开个人角色的担当，而人的角色担当是以责任意识和责任能力为前提的，社会之所以能稳定和谐，就是因为社会成员能够全面、自愿地履行自己的责任。

现代社会公民，在面对社会事务，面临公共利益时，要具有公共意识和公共责任，要能够超越个人的利益，有所担当，如果仅仅是一个个占有性的、自利性的个人占据我们的社会，我们的社会就会变得异常脆弱、一点点的风波都经受不起，更谈不上发展了。

在中国梦的理想追求中，中国公民只有凭借自我道德心和责任感作出判断和采取行动，不只是计较个人利害，以公民责任为自己行为准则，积极参与公共事务，追求公共善，坚守宽容、公正价值等，把国家、社会和个人的价值诉求统一起来，中国梦才能尽快实现。

中国梦的实现，需要中国公民从微观与宏观承担两个层面的责任。从微观上讲，公民需对自我负责，即自我要对其个体发展承担主体责任，著名学者叶澜教授指出，“负责是对每个人在人生各阶段承担的多重角色的共通性道德要求”，个体对自我人生承担的多重角色负责，是其为中国梦实现贡献力量的能力基础；从宏观上讲，公民需承担社会责任，即个人对祖国、对民族、对人类的繁荣与进步所承担的职责与使命，每个中国公民对社会责任的承担，是中国梦实现的基本保障；中国公民对这两个层面的责任的担当，是实现中国梦的必备要件。

公民对责任的承担不是自然产生的，它需要社会的培育，其中最重要的途径便是学校德育教育，通过学校教育的提升，人可以由一个自然意义上的人变成一个体现道德核心要求的社会公民，学校教育的意义也正是体现在此。

二、中国梦与公民自我责任的培育

责任是主体自由选择的结果，在本质上是自律的，是道德主体性的高度体现。自我的责任源于道德主体的理性、自觉、自为、自由的主体意识，在道德生活中，自主和责任是相互联系的两个方面，人们越是意识到自我行为的自主性，责任感也就越强。而没有主体意识的人，是盲目从众和循规蹈矩的人，是不能承担责任的。因此，促进学生主体意识的生成是学校德育的首要任务。

学生主体意识的培育首先必须建基在学校对每个学生的自主、独立和人格尊严的尊重上，建基在民主、平等的师生关系之上，在此基础上，激发学生的主体意识，将学生带入精神充实，勇于接受挑战的境界。心理学研究表明，处于个体自我意识发展阶段的学生，十分关注自我的发展，独立意识相当明显，出现强烈的“成人意识”，学校德育应以此为契机，通过学习活动和实践活动，唤醒学生成长的内在动机，激发学生的自主需要，培养学生主体意识升成。

学会选择，是主体意识生成的必须能力，在学生面临重要选择关头，即学校学生在职业、情感、生活道路等方面要作出选择时，引导学生了解选择的意义，学会自由、审慎地决定，并为选择承担责任，是自我责任教育的必须内容，也是其责任能力发展的有效途径。以往的德育教育忽略了学生的自由选择，在教育方面缺乏引导，这将不利于他们责任能力的发展，在现代教育体系中，必须有所修正，在课程设置上，应增加学生人生选择能力教育的内容。

自尊，是主体意识的心理基础。自尊是对个人价值选择和实现能力的自信，对自己道德行为的自信，它是与尊重他人、宽容他人并存的美德。自尊能够使人有信心为自己选择的值得奋斗的目标而付出努力。具有较强自尊心的人，在履行自己的责任和义务时，不会轻视自己，而会体验到一种成就感。一个自尊的人，也是一个对自己行为负责的人。所以学校方面要积极地去促进学生的自尊，使学生了解关于人怎样成为他们所成就的人的知识，帮助学生理解社会生活，理解成就和成功；学校德育还要以种种方式使学生明白，他们要有值得奋斗的目标和实现这些目标的必要的素质和能力，并且使学生相信他们是具有能力和品质来完成摆在他们面前的任务，成长为自己所希望的人。

每个人的生命质量，直接影响着他所能承担责任的水平，一个人在自我发展过程中，能否有效地统合各种经验，获得高质量的人生，这就依赖于他的生涯发展。学校学生正处于生涯发展的一个重要时期——探索期，在这个时期，学校学生确立人生理想目标，学会与人交往和竞争，选择适合自己生存、发展的职业，创造实现自身价值的条件。这时，为学生发展提供指导，帮助学生获得在心理上、职业上以及社会方面的平衡，使每一位学生能够成为自我认识、自我实现和自觉有用的公民，使之创造高质量的人生是非常必要的，这种教育就是生涯教育。所谓生涯教育，实质上就是使学生关注自我的生命质量，创造高质量的人生，使他们更好地承担自我责任。

生涯教育有两层含义，一是引导学生创建有目标的人生，即引导学生在客观分析自我的基础上，联系社会需要，设计和规划人生奋斗目标，并付诸行动，二是教育学生学会发展，即引导学生了解自己潜能，兴趣和事业发展的关系，寻找个人在社会中的最佳位置，最大限度地发展自我。在如今的学校教育体系中，生涯教育依然有所忽略，这不能不说是一个很大的缺憾。正是由于生涯教育的上述意义，生涯教育应该纳入学校的德育体系中，成为公民责任教育的重要组成部分。

中国梦是中华民族的伟大复兴，但是这个复兴不是回到过去，而是在现有文化基础上新的更新和发展，其实现的途径靠什么？靠改革创新。尤其在现代知识社会，创新是国家富强的灵魂，创新能力是社会发展的根本动力。学校公民责任教育应把创新意识教育作为其重要组成部分，一定要使学生深切了解到，我们的民族如果没有创新精神，发展就会严重受限，一个没有创造力的民族，只能跟在别人后面拾人牙慧，激发学生要把创新作为自我追求的目标，创新能力构建作为自我发展的责任。学校教育本身也要进行改革，无论从教育内容的安排，还是教学手段的设计，以及教学效果的评估，都应该把促进学生创新能力作为重要目标，唯如此，才能培育出有创造力的人才，我们的民族才能实现伟大复兴。

三、中国梦与公民社会责任的培育

中国社会要实现中国梦，需要全体国民去实实在在地工作，为中国梦的实现打造坚实的社会基础。作为社会公民，其社会责任一个重要的落脚点就是他的工作领域，尤其对受过高等教育的学生而言，他们是作为专业人才进入职务领域的，在不同的工作领域中担当其职责，在专业领域，除了需要一般职业道德以外，还需要更加明确和更加严格的专业工作伦理规范，需要更高的道德素质和更好的自律，换言之，需要更深沉的道德责任。因此，高等学校应该开设专业伦理课程，通过讨论、讲座等形式，培养学生的专业伦理意识，同时开展专业伦理实践，这些就需要把德育教育渗透到专业教学活动中去，在今天的众多高等学校教育中，专业伦理教育是缺乏的，这应成为高校德育工作拓展的一个新的空间。

学校德育还要注重学生对国家和民族的敬重感的教育，使其认识自己在国家领域和个人领域的公共角色和地位。中国梦的实现，需要中国人建立一种普遍的对国家和民族的敬重感，以及在此基础上所形成的奋斗精神，而这无疑需要个人的精神能力，它构成了中国梦的题中应有之意。成长中的学生，是我们国家和民族的未来，引导他们树立超越功利条件之上的对国家和民族的热爱和敬重，并使之成为信念，这种信念，将会成为他们奋斗不息的精神力量，同时使他们产生强烈的社会责任感，从而把国家和民族利益作为自己个人利益的一部分，并由此产生强盛国家之心，燃起为祖国争取光明未来的激情之火，使自我行动的动力更加强大。

对国家和民族的敬重感的确立，需要通过优秀的民族文化传统来培养、中国人民创造了自己的文化，这种文化传统又哺育了一代又一代的中国人。中华文化传统有许多珍贵的思想文化遗产，有许多具有普世性的思想内容，所有这些，无论是过去、现在、还是未来，对个体、国家和社会都起到了巨大的维系与调节作用。这些优秀的思想文化遗产支撑着我们这个民族从过去走到现在，走向未来，构成了中华民族精神的核心，中华民族的伟大复兴，就是将这些积极的优秀的思想文化遗产经过现代创新和转换。

学校德育的课程设计，要增添系统性的、有层级的介绍中国文化传统的课程，塑造当代学生的民族自信心、自豪感和强烈的历史责任感，使同学了解到，文化传统是中华民族的身份和象征，灿烂悠久的文化传统影响着本民族的思维方式、民族心理、审美情趣和行为习惯。越是民族的就越是世界的。在民族复兴过程中，保持一个民族文化传统的独立性，寻找到自己民族的文化之源，才能切实把握中华民族的命运，才能真正实现中华民族的伟大复兴。

中国文化传统的精神特质，首先表现在文化的开放性上，这是中国文化传统能够发展到今天并且在现代世界依然有重要影响的一个基本前提。中国文化传统主张每一个体对于他所生活于其中世界的开放性，即在自己本土文化的基础上，虚心向各国各民族学习，海纳百川，有容乃大。中国儒家传统还强调个人对社会国家的参与感，这种参与感的特点积极入世，孜孜不倦地努力工作，为社会作贡献，这可以说是中国几千年来发展的重要文化动力。就人生生活来说，中国文化传统所关注的是人与自然、人与社会、人与人、人与自我的心灵世界的和谐关系，注重的是生命的存在问题，个人的德行问题、是要在纷繁多变的世界中寻找精神家园，它追求的不是一种有限的、狭隘的功利之用，而是一种人生之妙用、这种人生智慧，对于现代人有重要启示。此外，中国文化传统中的诗歌、绘画、文学艺术、风俗习惯等，形成了独特的审美体系和生活情趣，它是我们文化对世界的重要贡献，应该珍惜珍爱。

学校德育应该使学生领会到上述中国文化传统的精神特质，使之渗透到自己的生命中去，并在未来加以发扬光大，唯有如此，我们的民族才能以骄傲的姿态屹立于世界之林中，民族复兴也才真正能由此实现。

总之，中国梦的实现依赖于中国全体社会成员的努力，学校德育教育应该把责任公民教育作为核心主线，培育出富有责任感、具有高水平责任能力的社会公民，为中国梦的实现奠定人才基础。

（作者单位：南京农业大学）

新媒体时代多元社会思潮对大学生中国梦思想树立的影响

闫　朦　杨昭辉

习近平总书记在新的历史条件下提出中国梦的思想，是当今时代条件下的最新理论成果，具有重大的理论意义和实践意义。它的提出实际上是对中国特色社会主义共同理想以及社会主义现代化建设目标形象生动的理论概括，而从实践上说，中国梦思想则具体地指出了其实现的途径：那就是习近平总书记指出的，实现中国梦必须走中国道路，必须弘扬中国精神，必须凝聚中国力量。他在参观《复兴之路》的展览中这样说："实现中华民族伟大复兴是一项光荣而艰巨的事业，需要一代又一代中国人共同为之努力。空谈误国，实干兴邦。"

中国梦的实现需要一代又一代人的努力，而大学生作为祖国的未来，民族的希望，他们身上肩负着其他群体所不具有的责任感和使命感，他们是新一代中华儿女中的佼佼者，他们要用自己所学所想所思来建设未来的中国，他们是实现中国梦的中坚力量。而要让他们肩负起这样的责任和使命，就必须将中国梦的思想深深地根植在他们的心中，生根发芽。但是，在新媒体时代，青年大学生极易受到各种多元社会思潮的影响，他们通过新媒体很容易受到各种思想的腐蚀，这为我们的思想政治工作的开展提出了巨大挑战。

一、多元社会思潮对大学生中国梦思想树立的影响

习近平总书记在参观《复兴之路》时这样阐述了中国梦的内涵："每个人都有理想和追求，都有自己的梦想。现在，大家都在

讨论中国梦，我以为，实现中华民族伟大复兴，就是中华民族近代以来最伟大的梦想。这个梦想，凝聚了几代中国人的夙愿，体现了中华民族和中国人民的整体利益，是每一个中华儿女的共同期盼。历史告诉我们，每个人的前途命运都与国家和民族的前途命运紧密相连。国家好，民族好，大家才会好。实现中华民族伟大复兴是一项光荣而艰巨的事业，需要一代又一代中国人共同为之努力。空谈误国，实干兴邦。我们这一代共产党人一定要承前启后、继往开来，把我们的党建设好，团结全体中华儿女把我们国家建设好，把我们民族发展好，继续朝着中华民族伟大复兴的目标奋勇前进。”

社会思潮，是一定时期广大群众或某些群体，对涉及全社会或群体共同利益的突出社会问题，从心理层次和观念层次两方面作出的综合反应。大学生尚处在青年时期，生理和心理都在发生剧烈的变化，是世界观、人生观、价值观形成的关键时期，他们的思想具有自主能动性强，高度可塑性的特点，使得大学生的思想极易受到各种社会思潮的影响。这些社会思潮中有些对我们的改革开放认识有歧义，而我们认为改革开放是实现中国梦的必由之路；有些反对中国共产党，有些不认同中国特色社会主义道路并对其进行攻击。与此同时，新媒体提供了新型平台，为各种社会思潮传播提供了有利土壤，大学生在这种复杂的意识形态斗争中如何明辨各种社会思潮，树立中国梦思想并深入内心就成为我们研究的重要课题。民主社会主义、新自由主义等社会思潮在大学生当中影响较大，但这些思想能否真正实现中国的民族复兴、国家富强，大学生并没有系统的认识，只是对这些社会思潮有一些片面零碎的认识。但这些粗浅的认识却容易影响社会主义核心价值观在大学生心中的树立，对中国梦思想宣传非常不利。

二、新媒体的特点加剧多元社会思潮对大学生中国梦思想树立的影响

1. 影响因素的复杂性

这里的影响因素主要是指各种各样的社会思潮。现有的主要社会思潮包括民主主义社会思潮、自由主义社会思潮（包括新自由

主义和古典自由主义)、公共知识分子主义思潮、后现代主义思潮、西方马克思主义思潮、历史虚无主义思潮、无政府主义思潮、实用主义思潮、民粹主义思潮、消费主义思潮等。这些社会思潮相互影响，甚至相互结合，在新媒体传播的过程中以各种各样的形态对大学生的思想形成重大影响。

1978年改革开放以后，各种西方的思想流派涌入中国，加之社会主义市场经济体制建立后，人们思想解放不断深入，我国在思想意识形态领域的斗争也愈加激烈。针对大学生而言，作为青春期的学生群体，对外界的思想充满好奇心，一些新型的思想流派对这个群体有很大吸引力，另一方面，大学生对社会思潮的性质缺乏深刻的了解，容易被表面的一些宣传所蛊惑。就社会思潮本身而言，先进的和落后的社会思潮并存，积极的和消极的社会思潮混杂，社会思潮内部流派纷呈，一些思潮在新媒体传播的过程中发生了变化，出现了培根所说的“市场假象”，在思想流派传递的过程中既有可能由于语义学和语言哲学的影响而使得一些思想在传播中产生谬误，还有可能是大学生本身在接受的过程中就存在误解。这些大多是宣传中国梦主流思想的不利因素，我们应该正视这些问题和挑战。

2. 影响方式的多样

在新媒体时代，新媒体对传统媒体的冲击是任何人都无法否认的事实，甚至有的人提出一些传统媒体正在式微甚至消亡。新媒体正在以各种各样的方式改变着我们获取信息的方式和思维方式乃至生活方式。“当前新媒体已经形成了BBS、SNS服务、社会化电子商务、签到/位置服务、微博、即时通讯、RSS订阅、消费点评、百科、问答、社会化书签、音乐/图片分享、博客、视频分享的等数量巨大的新媒体群类。”以下是当前大学生经常使用并对他们的思想产生重大影响的一些新媒体。

首先是论坛聚合媒体，猫扑、天涯、百度贴吧等都是大学生对社会事件进行评论交流，思想交流的基本阵地。其次，以QQ空间、人人网、微信朋友圈等为代表的社交媒体和以新浪博客、网易博客和腾讯博客等为代表的博客群。这种个人媒介满足了人人都能够发布信息，人人都能够选择信息的欲望。大学生通过分享自己的心情、态度、观点来传递自己的价值观甚至信仰，在交互式的沟通中形成思想碰撞融合。实际上，这些媒体十分有利于为大学生提供一个中国梦思想交流的平台。再次，即时通讯媒体的迅猛发展，以中国移动飞信、微信、MSN 等为代表。新媒体的专家表示："由于移动互联网打破 PC 时代的时空限制，手机等移动终端具有便携和实时联网等特性，通过文字、图片、语音、视频、位置关系等形式，随时可与万里之外的网友互动。"最后就是移动终端的数字化阅读。很多杂志报纸等媒体都开通电子版，大学生可以通过移动终端的数字化阅读，将自己的零散时间有效利用，迅速高效地获取资讯、信息、知识，从而影响到他们的思想和行为模式。

3. 影响过程的渗透性

由于新媒体已经从方方面面改变着大学生的生活，点滴的不经意间，新媒体所涉及的各种媒介所传递的思想都会影响大学生个体的思想，进而形成群体的心理意识。即时通讯媒体推动了"低头族"的大量出现，在大学课堂上、公交里、地铁中，我们经常能看到那些埋头于手机、IPad 的青年人。他们利用点滴零碎的时间购物、读资料、甚至写作，新媒体使得大学生实时获取各种知识和信息成为可能，他们在获取新鲜资讯的同时也就在受着各种社会思潮的影响，而中国梦思想则应在这样的情况下占领主阵地，唱响主旋律。新媒体有助于大学生实现社会话语权的均等化，利于平等、自由、公正观念的树立，实际上，这些思想对于我们实现中国梦的伟大目标是十分有利的。

4. 影响范围的广泛性

根据群体心理学理论，长期工作和生活在一起，存在频繁人际互动的人，易结成稳定的群体，在这样的群体中，个体必然会受到群体其他成员乃至整个群体的影响，同时反过来，个体作为群体的一分子，他的思想行为同样会对群体内部的其他成员乃至整个群体产生影响，其影响的大小取决于其在整个群体中的地位、威望、影响力等因素。大学生群体就是这样一个群体，他们集中生活在一起，共同学习，工作，彼此之间关系密切，新媒体的介入使得大学生之间的沟通更为方便、频繁，思想行动也更容易受到周围同学的影响，使得各种社会思潮在大学生群体内部快速传播。加之从众心理的影响，使得社会思潮对大学生的影响带有广泛性。实际上，中国梦思想的宣传就是要扩大影响范围，增强影响力，高校辅导员可以利用新媒体形成的群体效应，加快中国梦思想宣传的推进工作。

5. 影响后果的深远性

大学生年龄基本是在 18～23 岁之间，这一时期的青年学生身体已经发育成熟，但相比身体的成熟情况，心理和思想的成熟度还不高，具有极大的可塑性，心理建设还需要较长的时间。青春期的大学生好奇心强，新媒体在这一年龄段的普及率要远高于其他年龄段，所以他们是受新媒体影响最大的一个群体。同时，他们是思想情绪易受感染，抵制诱惑的能力差，对社会思潮缺乏辨别力，而在新媒体中所传播的社会思潮鱼龙混杂，良莠不齐，使得他们极易受到复杂思想的影响。大学生正处于“三观”的树立期，无论是主流社会思潮还是在新媒体中流行的各种思想流派，都会对一个人的一生产生深远的影响。正是因为这个原因，我们的思想政治教育工作者责任重大，他们要将中国梦，这一中华民族近代以来最伟大的梦想深深地扎根于内心。正如习近平总书记所说的：“中国梦是我们的，更是你们青年一代的。中华民族伟大复兴终将在广大青年的接力奋斗中变为现实。”

三、对策分析

1. 充分利用新媒体传播中国梦思想，占领新媒体时代的主阵地

网络作为西方社会思潮的重要传播载体，要唱响主旋律就必须积极推进中国梦思想宣传进网络，坚持宣传的渗透性，建立专门的中国梦宣传网站，思想政治教育工作者在中国梦思想宣传的具体工作中要深入学生群体，融入他们的生活，针对具体的实际问题开展细致工作。

新媒体的媒介形式丰富多样，我们可以通过各种渠道和形式开展中国梦的宣传教育。就猫扑、天涯、百度贴吧等对大学生很有影

响力的论坛，高校辅导员、思想政治工作者以及学生中的带头人可以深入论坛，以此为平台，引导大家热议中国梦，说说自己对中国梦的观点和看法，论坛中的思想交流很容易碰撞出新的火花，有助于大学生产生对中国梦思想的共鸣。

QQ空间、人人网、微信朋友圈等为代表的社交媒体和以新浪博客、网易博客和腾讯博客等为代表的博客群实际上带有自媒体的性质，人人都是信息的发布者，我们可以倡导大家在这些自媒体上撰写关于中国梦的日志、博客，鼓励大家对优秀者点赞，对他人关于中国梦的文章做评论，有助于将中国梦的思想渗透到每个大学生的内心深处，内化为自己的价值观。而针对移动终端的数字化阅读，我们可以将新华社，人民日报、光明日报，求是杂志的一些重要又适于大学生阅读学习的文章推广开来。利用大学生喜欢读电子读物的这一特点进行理论宣传工作。

其实在新媒体所创设的虚拟世界中，我们同样可以开展形式多样的活动，加之新媒体中图片、视频等更形象直观，大家喜闻乐见，活动开展更有效。诸如中国梦思想面面观，“中国梦，我的梦”有奖集赞活动，我的“中国梦”视频制作大比拼等，最终实现利用新媒体将中国梦渗透到大学生生活的方方面面。

2. 高度关注新媒体中的中国梦思想宣传工作，组织专门的舆论调查研究机构

在通常情况下，高校大多将主要的工作重心放在科研教学上，就意识形态领域的工作，主要是加强对高校大学生的马克思主义的基础理论，通过考试、撰写论文等形式实现内化工作。但教科书上的理论知识一些情况不能紧跟时代的步伐，无法做到与时俱进，与党中央保持高度的一致性。这时就对最新理论工作的宣传造成了一定的困难。再加上新媒体内部传播社会思潮的渠道复杂多样，严峻复杂的形式直接决定了设置调查研究机构的必要性。大学生是思想政治教育工作的主要群体，是宣传中国梦思想的主要对象，而他们了解各种思想主要是通过网络的渠道。根据一项调查“高校学生主要通过哪些渠道了解社会思潮”的研究显示，有24.2%的学生选择“网络”、15.3%的学生选择“课堂教学”、15.3%的学生选

择“各种讲座”、14.6%的学生选择“报纸杂志”、8.3%的学生选择“理论著作”、8.3%的学生选择“广播影视”通过设立的舆论调查研究机构，思想政治教育工作者更易于深入研究实际问题，全面及时地了解社会思潮，以及中国梦思想理论宣传工作的动态发展情况，在机构内部可以将分析研究情况汇总讨论，对一些有价值的方案反馈给高校的思想政治教育工作领导部门，以成为他们制定以后中国梦思想宣传工作计划的重要依据。这样就使得中国梦思想宣传工作更科学，更具有组织性、计划性。

3. 将新媒体传播与课堂教学、校园文化建设相结合，实现多力并发

新媒体所显现的各种特征优势容易使我们放松现实世界的一些活动建设，思想政治教育工作者容易产生懈怠心理，认为通过新媒体宣传中国梦思想，效果优良，可以以此为主，既能有效抵制一些西方思想流派的侵扰，又能提高宣传效果。这样就可能放松课堂教学，减少一些中国梦的相关校园文化建设。实际上，这三者是相互促进共同发展的，只有我们相互配合才能多力并发，达到预期目标。一些传统的工作方法在实际操作过程中通常还是有新媒体所无法取代的效果，它们可以弥补新媒体在宣传中国梦思想过程中的不足，比如，新媒体中的一些信息更新很快，使得一些宣传内容很快被代替、覆盖或是放在次要地位，这就使得宣传工作一时的效果很好，但大学生是否能深刻领悟，完全内化，就存在疑问。

中国梦思想与中国近现代史紧密相连，我们在平时的近现代史教学活动中，可以将中国梦思想渗透其中，而校园橱窗的文化建设、学生自制艺术海报等，都是中国梦思想宣传必不可少的组成部分。他们与新媒体中的中国梦思想宣传相结合，多力并发。新媒体从本质上来说，只是一种新型的传播媒介，它是我们开展中国梦思想宣传工作的重要新型载体，我们应该利用其积极方面，减少消极因素，最终实现预定目标。

（作者单位：陕西省委党校）

中国梦与高校“90后”大学生青年梦培育路径探析

刘　利

目前，全国上下都在开展中国梦教育系列活动。在高校，中国梦的宣传教育主题包括大学梦、教师梦、青年梦等。通过这些主题宣传活动，就是要在努力实现中国梦、追逐大学梦的同时，实现高校青年学子们的青年梦。因此，实现中国梦与“90后”大学生青年梦的合拍共振，就是必须研究的课题。

一、中国梦是高校青年学子们的青年梦

2012年11月29日，中共中央总书记习近平在参观国家博物馆举行的《复兴之路》展览时指出：中华民族近代以后遭受了深重的苦难，实现中华民族伟大复兴，就是中华民族近代以来最伟大的梦想。这是习近平就中国梦作出的正式而庄严的宣誓。在十二届人大一次会议闭幕式上，习近平进一步指出：实现中华民族伟大复兴的中国梦，就是要实现国家富强、民族振兴、人民幸福。中国梦既深深体现了今天中国人的理想，也深深反映了我们先人不懈追求进步的光荣传统。对于中国梦宣传教育的重要性，中共中央政治局常委刘云山在2013年4月8日出席深化中国梦宣传教育座谈会时强调：把中国梦宣传教育活动不断引向深入，要在突出思想内涵、增强认知认同上下工夫，在把握实践要求、推动实际工作上下工夫，积聚团结奋进的正能量，把学习和实践中国梦的水平和成果，最终通过坚定理想信念、构筑精神支柱、投身圆梦实践体现出来。

1. 高校中国梦的核心内容

中国梦的核心内涵是实现国家富强、民族复兴、人民幸福。

从本质上是国家梦、民族梦与人民梦的有机统一，它将个人、集体、国家、民族融合在一起，从而最大限度地调动人民群众为之奋斗的积极性，为全面深化改革凝聚起了坚实的力量。在现阶段，实现中国梦就是要完成党的十八大提出的历史任务：在中国共产党成立一百年时全面建成小康社会，在新中国成立一百年时建成富强民主文明和谐的社会主义现代化国家。

高校是为青年学子全面发展而搭建的交流、互动、学习的平台，在推进中国梦，坚定大学生的理想信念、责任意识、提升大学生的价值观和专业素养发挥着不可替代的作用。现阶段高校推进中国梦宣传教育的重点集中在四个方面：深化爱国主义教育，引导大学生读懂中国梦；深化理想信念教育，引导大学生构筑中国梦；深化国际视野教育，引导大学生拓展中国梦；深化实践能力教育，引导大学生追逐中国梦。这四个方面的内容合拍共振，对于培养大学生的世界观、人生观和价值观具有重要的作用。在高校推进中国梦的宣传教育，就要通过改革开放30多年的成功经验和国际地位提升的实例来增强大学生的民族自尊心、自信心和自豪感。通过爱国情操的陶冶，增强大学生实践中国梦的社会责任感和历史使命感，引导大学生认识追逐中国梦的必然性，让中国梦成为大学生自觉的价值追求。

2. 中国梦与大学生的青年梦相辅相成

2013年“五四”青年节前夕，习近平来到中国航天科技集团公司中国空间技术研究院，参加了“实现中国梦、青春勇担当”主题团日活动。在同各界优秀青年代表座谈时，习近平指出：历史和现实都告诉我们，青年一代有理想、有担当，国家就有前途，民族就有希望，实现我们的发展目标就有源源不断的强大力量。中国梦是历史的、现实的，也是未来的；是国家的、民族的，也是每一个中国人的；是我们的，更是青年一代的。中华民族伟大复兴终将在广大青年的接力奋斗中变为现实。习近平强调，青年最富有朝气、最富有梦想，青年兴则国家兴，青年强则国家强。

中国梦是中华民族几千年的追求，是中国共产党人几代人的梦想。康有为、梁启超在戊戌变法时期撰写的《少年中国说》中强调：“少年强则国强，少年富则国富。”1957年11月7日，毛泽东在莫斯科大学寄语青年人：“世界是你们的，也是我们的，但是归根结底是你们的。”新时期习近平强调中国梦是国家的梦、民族的梦，也是包括广大青年在内的每个中国人的梦。“得其大者可以兼其小。”只有把人生理想融入国家和民族的事业中，才能最终成就一番事业。习近平希望年轻人珍惜韶华、奋发有为，勇敢走在时代前面，努力使自己成为祖国建设的有用之才、栋梁之材，为实现中国梦奉献智慧和力量。

中国梦与大学生的青年梦有着内在联系。个人的奋斗离不开国家，离不开中国梦的实现。中国梦的实现，特别是中华民族伟大复兴的实现，又有赖于每一个人最大限度地把自己的聪明才智和创造力发挥出来。就像习近平所说的那样，生活在我们伟大祖国和伟大时代的中国人民，共同享有人生出彩的机会，共同享有梦想成真的机会，共同享有同祖国和时代一起成长与进步的机会。.

二、高校中国梦的宣传培育与“90后”的青年梦

“90后”特指1990年代（1990年1月1日至1999年12月31日）出生的一代中国公民。目前中国高校大学生的主体是90后。他们的学习能力、心理健康等问题备受关注。

1. 高校中国梦培育要针对“90后”大学生的个性特征

目前，高校中国梦宣传培育中的主要受众是“90后”大学生。与“80后”相比，“90后”普遍为独生子女。他们特有的心理状况和行为举止对高校中国梦的宣传和培育提出新挑战。

“90后”有着自己的个性特征。这种特征与他们的生长环境息息相关。这代人在刚刚开始接触世界的时候就受到了网络高度发达时代信息“扑面而来”的影响。这种影响被形象地形容为：90后的孩子们的话还没说清楚就已经能够很利索地在网上搜寻自己喜爱的东西。大量的信息“充斥”直接造就了“90后”独特的个性表现：他们喜欢另类的创意或者是搞怪的思维；不愿意在一件事物上花太多的时间；喜欢彰显自己的个性等。

在学习能力方面，“90后”大学生的表现好坏参半。“90后”的自学能力，特别是动手能力不俗。但是，阅读能力却略显不足。他们对于历史缺乏兴趣，对现实问题表现不屑。这与他们长期接受网络传媒“碎片化”信息的影响有关。由于习惯于阅读网络文章或小说，这代人的思维与写作能力有所欠缺。

相比学习能力，“90后”大学生在心理健康上的问题更为集中。具体表现在入学适应性较差。由于“90后”基本上是独生子女，受到父母和家人的关照较多，衣食无忧，因此在入学后，大多“90后”生活不能自理，特别不适应集体生活。由于强调自我，缺乏必要的人际交往能力，许多“90后”新生在与同学和老师交往中出现分歧时，会产生失落、自卑、焦虑、抑郁的情绪，出现或者逃避，或者激烈对抗等心理问题，这种心理失衡问题直接影响他们的学业规划和未来就业的选择。因此，高校在推进中国梦宣传教育时，必须深入研究这批学生的特点与现状。

2. 高校培育“90后”大学生中国梦的重要性

提升培育“90后”大学生中国梦的工作十分重要。

首先，培育“90后”大学生中国梦是高校意识形态教育的重要一环。高校意识形态教育在培养高素质人才中具有不可替代的作用。目前在大学生中反映的问题在很大程度上与我们在意识形态工作中的疏忽有关。西方利用非政府组织、基金会等为掩护，借助于网络等渠道加大了对高校进行意识形态的渗透，对大学生政治思想有着严重的影响，必须引起高度重视。

其次，培育“90后”大学生中国梦是和谐校园建设目标的内在要求，是和谐校园建设的基础工程。大学生是学校教学活动、校园文化活动及社会实践活动的主体，同时也是建设和谐校园的主要参与者。将大学生塑造为全面发展的高素质人才，使他们不仅要具备过硬的政治素质，同时还需要具有高尚的道德情操、良好的心理素质、扎实的科学文化功底以及健康的体魄，成为中国梦的实践者。

此外，培育“90后”大学生的中国梦，加强中国梦教育可以有效地减少校园突发事件，保持校园的安全与稳定，确保大学教学工作的正常进行。

三、创新“90后”大学生中国梦培育有效路径

培育“90后”大学生的中国梦，将中国梦与青春梦合拍共振工作有待进一步加强，宣传培育的有效途径还需进一步拓宽。

1. 要保障机制。通过建立长期有效的机制保障，让高校中国梦的宣传教育持续化。目前，中国高校拥有丰富的专家资源和学科资源，这些资源为中国梦的宣传教育工作提供了多元的物质文化基础。要充分利用这些优势资源，注重不同阶段宣传工作的经验总结、工作举措和规律性规划，系统部署高校中国梦宣传教育的工作，与时俱进地进行理论创新，推进宣传教育的长期化与可持续化。建立有效的监督与考核体系，提高宣传教育工作的实效性。

2. 要树立正气。高校中国梦的宣传和培育是高校意识形态工作的重要组成部分。做好这项工作，不仅需要高校各部门的统筹规划，更需要树正气，营造理直气壮开展这项工作的氛围。树正气，就离不开对歪风邪气的打击。这种针对极少数人行为的打击要避免极端联想，确保得到广大教师、学生的支持。而这项工作一定要伴随深入细致、形式多样、令人信服的正面工作推进。

3. 要重视研究。针对目前在中国梦宣传和培育中存在的针对性不强、方法欠多样化和效果不够理想的问题，笔者以为应该从加大对高校中国梦、大学梦、青春梦的系列研究。特别要从心理学、社会学和思想政治教育等视度，深入研究“90后”大学生的心理、行为方式等方面的问题。把中国梦的教育与德育教育、思想政治理论课教育、社会实践紧密结合，形成有针对性的研究对策。

4. 要塑造师德。高校教师在中国梦宣传培育建设中具有独特的地位，他们既是中国梦宣传教育的对象，更是主要载体。他们工作在教学、科研的第一线，与学生的联系最为紧密。他们的一言一行影响着学生的思想和行为。因此，要重视发挥教师的主观能动作用，一方面，就是要在不断实践与经验总结中进行理论创新，另一方面，要拓宽工作辐射范围，加强宣传工作的参与性，带动和感染他人接受宣传教育的主动性，不断为宣传教育工作的推进注入新

活力。

高校的中国梦宣传教育是学校思想政治工作的重要一环，因此对于教师要有明确规定，对于不合格的教师要严格把关。对于在高校讲台上公开质疑中国梦和社会主义核心价值观，诱导学生听信西方价值观的极少数教师要严肃处理，与此同时，要优化师资队伍，完善考核体系。强化对整个教师队伍的教育，特别对教师的师德作出明确规定，要建立科学合理的教师师德考核体系，将其与教师晋级和奖励挂钩，做到奖罚分明，有章可循。

5. 要调整方法。当前高校中国梦教育的主要途径有两种：一是理论课程，二是日常的学生思想道德教育。理论课程主要是开设马克思主义理论课程以及形势政策课；而日常教育则主要是学工处和辅导员的日常教育工作等。尽管这两个途径互为补充，但是依旧存在着不足。就前者而言，在教育教学过程中注重的是理论体系的完整性，而对实践中的热点、难点以及学生感兴趣的问题关注不足。尤其是面对学生经由互联网等获取的大量“实例”，任课教师不做深入细致的分析，不能给出客观而有说服力的分析，无形中就会形成“供给”和“需求”的落差。因此，需要高校教师和学工处等部门仔细研究对策，加大针对性、时效性的研究力度。

此外，高校应充分利用新媒体特有的信息宣传方式、途径和模式，使中国梦宣传教育“实际”与“虚拟”相结合，充分发挥新媒体覆盖面更加广泛，手段更加生动的时代特点，达到潜移默化的宣传效果。比如，根据“90后”大学生生活和学习与网络密不可分这一特点，学校可以通过开通专门的微博、QQ、电子邮件、手机微信等形式，充分发挥现代通信设备的优势，随时随地了解学生实际，开展有针对性的教育活动。

6. 要讲实效性。即要充分利用现有的社会实践平台，增强中国梦宣传教育的实效性。通过开展中国梦主题社会实践活动，引导大学生积极参与社会实践，将对中国梦的感性认识转化为理性认识，以达到了解社会、了解国情、锻炼能力、培养品格、增强社会责任感的目的。目前在各高校普遍开展的“志愿者行动”、“三下乡”“文明创建”等活动都是“90后”不错的选择。

总之，高校开展针对“90后”大学生开展中国梦宣传教育活动在当今和今后一个时期都是一项重要而艰巨的任务，会面对很多问题。这项工作关系着党和国家的未来，需要我们坚持把长远规划和近期目标结合起来，不断完善宣传教育的内容和形式，增强中国梦的宣传教育的吸引力、凝聚力和感染力，成为“90后”大学生梦想实现的新起点。

（作者单位：江汉大学）

中国梦融入高校思想政治理论课教学的路径探讨

——以《思想道德修养与法律基础》为例

高海燕

党的十八大以来，中国梦在思想政治理论课教学中受到高度重视。高等学校应充分认识中国梦融入思想政治理论课教学的必要性和重要性，不断探讨对大学生进行中国梦教育的新方法和新路径，引领大学生明确未来发展方向，自觉担负起实现中华民族伟大复兴的历史重担。

一、中国梦融入高校思想政治理论课教学的必要性和重要性

（一）中国梦引领大学生树立崇高的理想和信念，坚定共产主义信念，为实现中华民族的伟大复兴而奋斗

崇高的理想、坚定的信念是大学生成就事业和开拓创新的思想基础和精神动力，是大学生人生道路的航标。习近平总书记提到，广大青年要勇敢担负起时代赋予的重任、志存高远、脚踏实地，努力在实现中国梦的实践中放飞青春梦想。习近平还指出："实现中华民族伟大复兴，就是中华民族近代以来最伟大的梦想"，而"实现中华民族伟大复兴的中国梦，就是要实现国家富强、民族振兴、人民幸福"。这是习近平对中国梦的内容实质作出的科学界定。当前，我国正处于社会转型期，各种社会思潮和价值观念泛起，在这种情况下，更需要用中国梦教育大学生，用社会主义核心价值观引

领社会思潮，把中国梦作为整个社会的奋斗目标。习近平提出的中国梦，把国家富强、民族振兴和人民幸福很好地融合在一起，凝聚了中国共产党的执政理念和价值追求。“空谈误国、实干兴邦”，在高校思政课教学中融入中国梦，旨在帮助大学生培养实干和求真务实的精神，播种梦想的种子，把“我的梦”与“中国梦”很好地结合起来。“中国梦”为“我的梦”提供精神动力和智力支持，“中国梦”的实现必然为“我的梦”的实现提供机遇和条件。中国有志青年个人的梦想，将在中国梦的实现过程中得到实现。

（二）中国梦可以坚定大学生对中国特色社会主义的理论自信、道路自信和制度自信

中国梦进一步丰富和发展了马克思主义理论体系，体现马克思主义理论和当代中国的时代特征相结合，反映了当代中国发展新需要。高校思想政治理论课教学中应融入中国梦，并引导大学生将中国梦内化于心、外化于行。中国特色社会主义道路是实现中国梦的根本途径，中国特色社会主义理论体系是实现中国梦的行动指南，中国特色社会主义制度是实现中国梦的制度保障。因此，宣传中国梦可以帮助坚定大学生对中国特色社会主义的理论自信、道路自信和制度自信。

二、中国梦融入高校思想政治理论课教学的路径探讨

中国梦融入高校思想政治理论课教学是一项系统工程，需要各高校结合自身实际，全方位推进中国梦“进教材、进课堂、进头脑”工作；要结合每门思想政治理论课的特点，选择合适的教学方法和教学内容，积极探索新路径和新方法。

（一）把中国梦融入理想信念教育和爱国主义教育中，提升大学生的思想境界，并外化为实际行动

《思想道德修养与法律基础》的第一章是《追求远大理想坚定崇高信念》，在该章教学中，笔者以“我的中国梦”为主题，以班级为单位，进行一次演讲比赛，并纳入学生的平时考核中。在准

备演讲稿的过程中，大学生通过查找资料提高对中国梦的理论认识，通过上台演讲提高演讲能力，通过相互交流加强大学生的合作精神。此外，笔者带领学生深入企业、社区、农村广泛调研，了解广大的人民群众都有什么样的中国梦。在第二章《继承爱国传统弘扬中国精神》的教学中，笔者将中国梦融入爱国主义教育，增强大学生为实现中华民族伟大复兴的历史责任感，激励大学生形成共识、团结一心，为实现共产主义事业而不懈奋斗。同时，通过实践教学环节，组织大学生到爱国主义教育基地参观，让大学生亲身感受革命先烈的英雄事迹，亲眼目睹中国共产党人在革命年代的革命精神，增强大学生对中国共产党的信任，坚定中国特色社会主义信念和实现中华民族伟大复兴的信心。参观过后，及时组织学生讨论实践教育活动，及时总结，深化大学生对“中国梦”的认识。

（二）通过比较“中国梦”和“美国梦”，引导大学生明辨是非和善恶美丑

在《思想道德修养与法律基础》第三章《领悟人生真谛创造人生价值》的教学中，针对拜金主义、享乐主义、极端个人主义等错误思想，笔者把“中国梦”与“美国梦”进行比较。二者的区别主要是价值理念不同。“美国梦”的核心是个人价值，强调通过个人奋斗实现自己的理想，而“中国梦”的核心是社会价值，强调的是国家梦，把个人梦与强国梦、富民梦很好地融合在一起。中国梦体现了个人的自我价值与社会价值的辩证统一，它不是不要个人梦，不能也不应该以牺牲公民的个人权利和福祉实现强国梦。需要强调的是，宣传中国梦应防止极端和异化。极端的个人主义行为已经让美国吃了不少苦头。而中国在实现国家富强的过程中，尤须重视保护个人的合法权利和创造精神。

（三）把中国梦融入道德教育中，引导大学生树立高尚的公共道德、职业道德和家庭美德，提高全社会的道德水准

在《思想道德修养与法律基础》第四章《学习道德理论注重道德实践》的教学中，针对当前见死不救、撞伤不如撞死等道德

滑坡现象，笔者提出提升公民道德水平的建议。要实现“和谐中国梦”和“文明中国梦”，必须加强全社会的道德教育，提升全体社会成员的公共道德水准。在思想政治理论课教学中，教师把“小悦悦事件”中的“集体冷漠”与“彭宇案”中被告彭宇的高尚品格进行对比。目前在社会主义市场经济条件下，许多企业只注重追求利益最大化，出现不讲诚信、见利忘义、假冒伪劣等现象。如2001年南京冠生园因使用陈年馅做月饼，被媒体曝光，商业声誉一落千丈，2002年公司向南京中级人民法院申请破产。由此可见，诚信是企业立足社会的根本。教师结合人民幸福梦说明企业诚信的重要性，不管是企业还是个人，都要以集体主义为原则，树立全心全意为人民服务的思想，最终实现广大人民群众的幸福梦。

（四）把中国梦融入择业和创业教育中，引导大学生树立良好的择业观和创业观，做好充分的思想准备，提高择业和创业能力

在《思想道德修养与法律基础》第七章《遵守行为规范锤炼高尚品格》的教学中，针对择业和创业问题，笔者用中国梦引导大学生正确择业和创业。择业和创业是每个大学生毕业后必须面对的问题。大学生应在大学努力学好专业知识，提高政治觉悟，在个人选择职业时把个人需求与社会需求结合起来，到祖国需要的地方去。正如习近平总书记2011年5月9日在贵州大学所说：“在城市里，在一些条件好的岗位上工作可以作出贡献，在农村、在基层、在条件不好的地方同样可以作出贡献。”大学生应发扬艰苦创业的精神，扎根基层，既要志存高远，又要脚踏实地，在为社会服务中实现自己的人生价值。在择业和创业中，要正确处理好个人与他人、个人需求与社会需求的关系，把个人的成长与社会的发展需求结合起来，为实现强国梦而努力奋斗。大学生在求职时要严格遵守用人单位约定的时间，认真履行劳动合同条款，严格按约定条款办事，一旦违约应给予用人单位赔偿。大学生应诚信谋职，不做假简历、不说假话，通过诚信谋求适合自身发展的岗位。大学生在创业时应以服务社会为宗旨，到祖国最需要的西部地区、农村地区创业，服务一方人民，在自主创业中展示当代大学生的精神风貌。

总而言之，把中国梦融入高校思想政治理论课教学是新时期对大学生进行思想政治教育的新要求。国家梦、民族梦与个人梦是一个有机统一的整体。高校思想政治理论课融入中国梦，旨在帮助大学生了解中国梦的深刻内涵，并用中国梦指引未来的学习和生活。

（作者单位：江汉大学）

大学生思想政治教育中的中国梦教育的意义及路径分析

陈胜利

一、中国梦的内涵

2012年11月29日，习近平总书记在参观《复兴之路》展览时提出："每个人都有理想和追求，都有自己的梦想。现在，大家都在讨论中国梦，我以为，实现中华民族伟大复兴，就是中华民族近代以来最伟大的梦想。"这是中国新一届中央领导人对中国梦概念的首次提出。2013年3月17日，在十二大第一次会议上，习近平总书记指出："实现中华民族伟大复兴的中国梦，就是要实现国家富强、民族振兴、人民幸福。""中国梦归根到底是人民的梦，必须紧紧依靠人民来实现，必须不断为人民造福。"习近平总书记的讲话，揭示出了中国梦作为一个思想体系，其包含的内涵、实质等问题，是运用马克思主义的观点，同中国具体实际相结合的重大的理论飞跃。中国梦凝聚了中华民族的集体记忆，是对中华民族历史，特别是近代苦难史和解放史的追忆和表述。

中国梦体现了对全体中国人民生活现实和社会变革发展的当代关切，它立足于中华民族由传统社会向现代社会转变的价值追求与中国特色社会主义的现实实践，有着深厚历史溯源和深刻的现实基础。鸦片战争以来的近代百年，中国人民在苦难处境中被激发出的救亡图存、振兴中华的民族自强情结，是中国梦重大战略思想提出的重要思想基础，是中国梦产生的历史背景；新中国成立以来中国的革命和建设实践，尤其是改革开放以来中国社会主义现代化建设取得的巨大成就，为中国梦的提出奠定了深厚的经济基础与制度基础，是中国梦产生的现实背景。当下，为回应国际环境和国内社会现实的发展与变化，是中国梦提出的重要动机。

二、对大学生进行中国梦教育的现实意义

理想信念是人对未来的向往和追求，是世界观和政治立场在奋斗目标上的集中体现。高校大学生是祖国和民族的未来的希望，是社会发展的重要力量，他们的理想信念是否明晰，是否坚定，直接关系到他们的成长及社会国家的发展。在高校思想政治教育中，加强对大学生中国梦的理想信念教育尤为重要。

第一，当代大学生有一部分存在思想观念淡薄，理想信念模糊，甚少关心国家大事，个人意识较强等问题。因此，在高校思想政治教育中加强中国梦理想信念教育是十分必要的。

第二，大学生在学校里不单纯是学习专业，还要学习如何做人、与人相处、互相协作以及如何达到自身长远的发展目的。因此，在高校思想政治教育中加强大学生的中国梦理想信念教育，逐步升华学生的思想觉悟，提高其为人处世的能力，有助于他们从一个科学的全面的视角去分析自己面临的问题，促使学生群体和谐良好的发展，逐步建立健全他们对自己、对社会的认同，这对于大学生长远全面的发展是很重要的。

第三，由于社会上诸如“富二代”、“官二代”等不良现象，对高校大学生有很深的影响，他们对这类事件的不科学的看法也会导致其不良认识的扩大和不良行为的发生。因此帮扶大学生坚定其理想信念，让其对社会和国家充满希望，让其对自己的前途充满希望和动力，因此要大力加强中国梦理想信念教育。

第四，大学生思想政治教育中的中国梦理想信念教育是紧跟时代步伐的需要。当今世界各国在政治、科技、军事、综合国力等方面竞争激烈，培养高校学生的爱国意识和发散式思维、开放的眼光和头脑，让大学生更深地理解和领悟中国梦精神和精髓，就是摆在思想政治教育工作者面前的切实任务。

三、大学生思想政治教育中的中国梦教育的路径分析

第一，以教师为主导，提高教师队伍中国梦的理论素养。

高校思想政治教师队伍是中国梦融入大学生思想政治教育的主导力量，其对中国梦的政治立场、精髓的掌握层次，将在很大程度上影响大学生对中国梦的政治认知。作为社会主义意识形态的传播者，作为中国梦融入大学生理想信念教育的主导力量，必须坚持正确的政治方向，把握好中国梦的本质内涵、精神实质，坚定实现中国梦的自觉与自信。要提高高校思想政治教师队伍中国梦的思想理论素养，必须加强中国梦的理论学习，同时将中国梦与师德建设相结合，增强思想政治课教师的职业素养。

第二，以课堂为阵地，着力宣传中国梦的丰富内涵时代价值。

我国高校思想政治理论课包括《马克思主义基本原理概论》、《毛泽东思想和中国特色社会主义理论体系概论》、《思想道德修养与法律基础》、《中国近代史纲要》。中国梦的主体与思想政治理论课的四门课都存在着相应的契合点。

《马克思主义基本原理概论》是高校思想政治理论课的灵魂性课程，其讲授的目的在于帮助学生掌握马克思主义的科学体系，学会以马克思主义的立场、观点、方法来观察和认识问题，而帮助学生树立马克思主义世界观、人生观、价值观。

《毛泽东思想和中国特色社会主义理论体系概论》是高校思想政治理论课的核心课程。在对大学生讲解中国特色社会主义内容的过程中，可以借由中国特色社会主义的基本构成的讲解来诠释为何实现中国梦必须走中国道路，并以此来坚定大学生对中国特色社会主义的理论自信、道路自信、制度自信。

在《思想道德修养与法律基础》课中融入中国梦要根据大学生的实际、时代特征、社会需要展开，着重凸显民族精神、时代精神、荣辱观教育。为实现该课的教学目标，要从大学生成长过程中面临的现实问题展开教育，帮助大学生树立正确的世界观、人生观、价值观，树立科学的理想信念。

《中国近代史纲要》在于帮助大学生从更深层次了解中国人为

什么选择了马克思主义和中国共产党以及在什么样的历史条件下选择了社会主义道路。中国梦融入《中国近代史纲要》，就要使学生们了解中国近代史的本质是中国人民为实现中华民族伟大复兴而不懈探索的历史，中国梦的形成历史蕴含了中华民族近代170多年以来的艰苦探索历程。

第三，以学生为主体，推动中国梦与大学生实践活动相结合。

实践活动是大学生思想政治教育的一种特殊形态，它以学生为中心、以学生的直接经验为学习内容，以学生活动为主要载体（如军政训练、专业实习、公益活动、社会实践等）。将中国梦融入大学生实践活动可从以下几个方面展开：组织学生进西部、进农村、进基层，进行相应的社会调查；通过“三下乡”、“走进社区”等志愿服务活动，引导大学生在志愿服务过程中了解社会需求、增加与群众的交流，培育大学生对祖国和人民的热爱之心，奉献社会、服务人民的集体主义精神；组织学生开展中国梦参观学习活动，如参加革命纪念馆，爱国教育基地等，在参观复兴之路，回首历史性成就的过程中增强大学生的民族自尊心、自豪感，充分认识自身所承担的历史责任和使命。

（作者单位：江汉大学）

灌输论的逻辑进路及对高校中国梦教育的意义

舒 新

近年来，随着中国梦重要思想的提出，领导全国人民成为中国梦的参与者和实现者，成为中国共产党的当前要务。大学生是未来中国特色社会主义事业的建设者和接班人，高校德育如何使大学生成为趋附中国梦的有生力量，是“中国梦”语境下，高校思想政治工作者面临的新课题。“灌输论”能否在破题中发挥重要作用，是其继创性发展的关键所在和价值所在。

一、“灌输理论”的逻辑进路

“灌输论”随着马克思主义的诞生而萌发，它既阐明科学理论的生成机理和群众实践的发展规律，也揭示理论联系实际的路径和马克思主义理论教育的一般规律。灌输论在无产阶级政党实现思想政治领导、推进马克思主义大众化等方面发挥了重要作用并接受了历史检验。

理论和实践是马克思主义理论体系中的一对重要范畴，经典作家对理论和实践关系的探索从一个侧面反映了马克思主义史的逻辑进程。灌输论伴随着马克思主义的诞生而萌发，体现了经典作家认识和处理理论与实践关系的理路。1843 年《黑格尔法哲学批判导言》的发表，标志着马克思在建立科学世界观方面迈出了具有决定意义的一步。灌输论正是在这篇光辉文献中萌芽。在《导言》中，马克思第一次阐明了无产阶级通过解放自身从而解放全人类的历史使命，并指明无产阶级在实现这一历史使命的过程中，先进理论之于实践的重要作用。在强调理论之于实践重要意义的同时，作为唯物主义者的马克思恩格斯始终坚持实践第一性，理论来源于实践。在《共产党宣言》中，马克思还初步解释了社会主义理论需要从工人运动外面灌输的原因。他指出，由于社会主义不能从自发的工人运动中产生，它最初只能由转到无产阶级方面来了的、已经提高到从理论上认识整个历史运动这一水平的一部分资产阶级思想家提出来。这就蕴含着社会主义理论需要从工人运动外面灌输进来之意。虽然马克思、恩格斯没有明确使用“灌输”这一词语，却阐明了灌输论的理路，即灌输论是关于科学理论与实践相结合并成为思想指导的内部生成机理的学说，是对科学理论与实践关系的理性认识。

考茨基顺着马克思恩格斯的理路对灌输论进行了发展。他认为在马克思创立科学社会主义学说的过程中，理论与实践经历了由“分离”到“结合”的过程。虽然工人斗争和社会主义理论有着相同的经济社会根源，但科学社会主义并不直接产生于工人实践，它必须在深刻的科学知识的基础上才能产生出来。在资本主义条件下，科学知识的代表人物并不是无产阶级，而是资产阶级的知识分子。资产阶级先进知识分子从工人斗争之外将科学社会主义创立出来，再把它“灌输（——充实）到无产阶级中去”。这就是理论与实践从“分离”到“结合”的过程。考茨基对要不要灌输、谁来灌输、对谁灌输、灌输内容等问题的阐发，使灌输论具备了基本要素，获得了相对完整的理论形态。

列宁依据马克思恩格斯的理路，将考茨基的有关思想进一步系统化，并根据俄国及国际共运的实际，进行了新的理论创造。但列宁的突出贡献不仅在于他在理论上完善了灌输论，而且还在于他通过践行灌输论扩大了马克思主义的社会影响力，使灌输论的践行与马克思主义大众化的过程在俄国合二为一。列宁的灌输论可以概括为以下几点：1. 自发的工人运动只能产生工联主义意识，而社会主义学说是在工人阶级反对资产阶级的斗争发展到一定程度的基础上，由有产阶级有教养的知识分子创造出来的。2. 只有把社会主义意识“从外面灌输给工人”，实现社会主义意识与工人运动的结合，才能使工人阶级摆脱工联主义的自发性，自觉地为实现社会主义而斗争。3. 理论灌输是无产阶级政党的任务。4. 理论灌输是无产阶级政党与资产阶级争夺思想阵地的有力武器。在资本主义社会里，虽然工人阶级具有接受社会主义意识的自发内因，但同样存在着自发接受资本主义思想体系的倾向。因为资产阶级思想体系比社会主义思想体系的渊源更久远，它经过更加全面的加工，拥有更多的宣传工具，时时刻刻侵蚀着工人阶级。虽然列宁没有提出“马克思主义大众化”的命题，但在领导俄国革命和建设的过程中，列宁一直把灌输论作为无产阶级政党用科学理论宣传群众、教育群众、组织群众并变成群众的自觉行动的指导思想，推动了马克思主义在俄国的广泛传播，最终使马克思主义在俄国占领了意识形态阵地，为俄国革命和建设事业的胜利奠定了思想基础和群众基础。这在内涵上契合了马克思主义大众化的要旨——通过马克思主义的广泛传播与大众普及，达到先进理论为人民群众所掌握并转化为改造世界的物质力量。

二、灌输论的中国化

灌输论是马克思主义理论的重要组成部分，灌输论的中国化是马克思主义中国化题中应有之义。中国共产党成立 90 多年的历程，既是马克思主义中国化的历程，同样也是灌输论中国化的历程。中国共产党领导中国人民进行革命、建设和改革的伟大实践，为坚持马克思主义中国化和发展中国特色社会主义提供了实践检验，也为“灌输论”的中国化提供了实践经验。灌输论的中国化主要表现为如下四个方面：

第一，把思想理论灌输上升到“生命线”的高度。在民主革命时期，毛泽东提出，共产党领导的革命的政治工作是革命军队的生命线。在社会主义建设时期，毛泽东又强调政治工作是一切工作的生命线。“生命线”是形象的比喻，本意是指包括思想灌输在内的政治工作在革命和建设的各阶段都至关重要，攸关革命和建设事业的兴衰成败，是党的各项工作的灵魂。

第二，扩展了灌输的对象。近代中国是一个以农民为主体的社会，社会结构落后于俄国。在这样的国度里发动革命，必先进行革命启蒙。启蒙的对象既包括占人口少数的无产阶级，更包括占人口多数的农民阶级，而对后者的启蒙显得更为重要而紧迫。鉴于此，毛泽东提出农民问题是革命的基本问题，教育农民是“严重的问题”，必须予以足够重视。除工农两大阶级之外，还要团结和教育民族资产阶级、小资产阶级等革命盟友。

第三，拓宽了灌输的内容。中国共产党向民众灌输的内容除了马克思主义基本原理外，还包括中国化的马克思主义理论及毛泽东思想和中国特色社会主义，以及中国共产党在基本理论指导下制定的路线、方针、政策，还包括向民众灌输时事政治、国情知识、历史知识等基本常识。

第四，根据灌输对象的特点改造灌输的方式方法。毛泽东反对“残酷斗争，无情打击”，提出“团结—批评—团结”的公式和“惩前毖后，治病救人”的方针，极力反对思想理论教学不顾对象的强制中的“灌输”。他把这种教学方法斥为“注入式”教学法。早在1929年毛泽东主持制定并通过的《中国共产党红军第四军第九次代表大会决议案》，就指出讲课应该采取“启发式（废止注入式）”，并且把它列为十条教授法的第一条。

中国式“灌输论”增加了不少适合中国实际情况的合理要素。在民主革命时期，中国共产党凭借“灌输论”有效地实现了马克思主义与中国革命运动的结合，理论掌握了群众，革命民众双手并用“批判的武器”与“武器的批判”，实现了彻底的革命化。在社会主义建设时期，凭借“灌输论”，中国共产党推进了马克思主义知识的大众化和全社会的政治化，维护和增强了共产党执政的合法性及其整合社会的能力。

三、灌输论对高校中国梦教育的意义

在中国梦的语境下，高校德育要引导大学生树立坚定理想信念，把个人的梦融入中国梦当中，把实现个人梦的奋斗融入到实现中国梦的奋斗当中，自觉为中国梦的实现贡献自己的力量。要实现这个目标，必须坚持和发展灌输论。这是因为：一方面，为了实现民族复兴的中国梦，我国正在进行从经济到政治、文化、教育体制等全方位的改革和调整，社会正处于剧烈变化的转型时期，出现了经济成分、经济利益、就业方式、组织形式等多样化的新情况，这导致了人们思想观念的多样化，也带来了许多新的社会问题，而国际网络带来的信息全球化以及经济全球化对各国的经济、政治、文化等方面具有重大影响，使人们的思想价值观念更为复杂多变。在这样的条件下，如何保持社会的稳定并引导和凝聚社会各方的力量朝既定的方向发挥作用，如何最大限度地凝聚社会共识以营造举国共赴中国梦的氛围，从而完成既定的目标，必须依靠科学的思想政治理论来统一人们的思想。进行政治理论的"灌输"，便需要把马列主义、毛泽东思想和中国特色社会主义理论"灌输"到广大人民群众中去，保证广大人民包括大学生有正确的政治方向。另一方面，坚持"灌输论"是由大学生自身的特点决定的。大学生正处于世界观与人生观形成的关键时期，必须通过思想政治灌输来帮助他们坚定政治立场、纯洁思想道德观念、树立正确的世界观和人生观。有观点认为，灌输论萌发之初是针对文化水平不高的工人阶级的，而当今大学生的知识水平高，灌输论对他们是不适合的。这种观点显然是十分错误的。科学文化和政治理论分属于不同的体系，大学生知识水平高、文化层次高，并不表明他们对思想政治理论体系就能不学自知，就自然而然具有坚定的理想信念和高尚的道德情操。

梦的目标在于实现。中国梦只有找到现实的路径才能真正成为全中国人民心中的梦想。大学生是未来中国特色社会主义事业的接班人和建设者，也是未来实现中国梦的主力军。他们的理想信念、价值观念和道德情操对实现中国梦具有重要意义。只有将中国梦的内涵和本质融入到高校德育中，通过践行灌输论，使得大学生从多维度了解中国梦这一命题，才能自觉成为中国梦的参与者和实现者，中国梦才能真正实现。

（作者单位：江汉大学）

浅论大学生中国梦教育的话语引导*

龚 萱

中国梦是对中国特色社会主义共同理想和中华民族伟大复兴的形象化、通俗化、大众化表达，深刻揭示了中华民族的历史命运和当代中国的发展走向。高校作为中国梦宣传教育的主阵地，应重点加强对大学生的中国梦教育。在对大学生进行中国梦教育的过程中，要认真探究中国梦教育的话语策略，有效掌控中国梦教育的话语内容，运用不同的话语解读方式和言说方式对中国梦进行宣传与阐释，积聚大学生团结奋进的正能量。

一、话语、教育话语及思想政治教育话语释义

话语是语言的具体实践，是通过一系列的语言规则、规律、约束等条件，在特定的语境中所表达出来的，能够描述、沟通和建构社会实体和社会关系，且使人处于主体位置的符号系统。话语是人们之间相互沟通、化解矛盾、促进和谐的桥梁和纽带，也是描述和建构知识的能动者。话语具有三个基本层次：一是话语的描述层次。主要是通过一定的言语符号对内容或信息进行某种程度上的描述和陈述，体现工具性。二是话语的解释层次。话语解释不同的社会现象，从而达到释疑、解惑、求真、明理之目的。三是话语的建构层次。表征话语不仅具有工具性，而且在体现工具理性的过程

---

* 本文系湖北省教育科学“十二五”规划2014年度课题“高校思想政治理论课话语权研究”（立项编号：2014B053）的阶段性成果。

作者简介：龚萱，女，江汉大学马克思主义学院教授。主要从事高校思想政治教育研究。

中，不断进行自我评价和反思，具有建构性，体现价值性。这三个层次是相互交融、相互贯通、相互促进的过程。

教育话语，是指在教育实践过程中，通过一定的语言实践规则、规律，在特定的话语语境中的话语主体间（含教育者、教育研究者、教育传播者、受教育者等）用来促进彼此之间的沟通，以及描述、解释、评价、建构某种特殊信息或内容的言语符号系统。教育话语具有几个基本的特征：一是遵循一定的语言实践规则、规律来实现；二是需要在特定的话语语境中形成；三是主体间的关系表达；四是具有描述、解释、评价和建构等功能。

思想政治教育话语是思想政治教育学科中的话语，它既属于教育学话语形态，又隶属于马克思主义理论学科的话语形态。因此，思想政治教育话语具有双重属性，即非意识形态的一般教育属性和意识形态属性。具体而言，思想政治教育话语是指在一定社会主导意识形态支配下，遵循一定的语言规范、规则和规律，并在特定的话语语境里，思想政治教育活动过程中的教育者和受教育者用来交往、宣传、灌输、说服，以及描述、解释、评价、建构思想政治教育内容和主体间思想观念、价值取向和行为表征的言语符号系统。思想政治教育话语要受到一定社会的主导意识形态或统治阶级的意识形态的支配。这是思想政治教育话语与其他教育话语最根本的区别，也是最重要的区别。

毫无疑问，思想政治教育话语、教育话语与话语之间有着密切的联系。在对受教育者进行思想政治教育的过程中，三者之间相互配合，共同发力，形成相应的话语系统，引导受教育者不断提高思想政治素质和水平。

二、话语引导在大学生中国梦教育中的重要作用

从话语、教育话语及思想政治教育话语的特性中可以看到，话语能够作为大学生中国梦教育的有效载体和抓手。通过话语引导，使大学生正确解读中国梦、科学构筑中国梦、不懈追逐中国梦，并且将这三个方面与大学生的爱国主义教育、理想信念教育、实践能力教育紧密结合起来，让大学生真切感受、积极参与中国梦的实现

进程，在逐梦之旅中受教育、长才干，成为国之栋梁。

1. 帮助大学生读懂中国梦。中国梦的教育话语体系具有多维的结构，应该区分为不同的话语层次进行阐释，从而使大学生真正理解中国梦的丰富内涵。一是信仰层面的中国梦。信仰层面的话语在中国梦教育话语体系中带有“方向性”，是中国梦的定性内容。在信仰层面宣传中国梦就要从共同理想的角度来解读中国梦，阐释中国梦作为我们党的执政理念，并非遥不可及，它是立足中国国情，联结过去，指向未来的。二是解释层面的中国梦。解释层面的教育话语要对中国梦的深刻内涵、所包含的方法论、社会心理影响所具有的丰富意义进行诠释、扩展与引申，将其对国家、民族、社会和个体所具有的丰富意义展示出来。三是策略层面的中国梦。策略层面的教育话语是在信仰层面和解释层面话语的指导下，对中国梦的具体定位和实现方式的选择，是宣传中国梦的具体方法、途径、策略和艺术。

2. 帮助大学生构筑中国梦。中国梦，是个人理想与国家理想的统一，是物质追求与精神追求的统一，是体悟过程与实现目标的统一。因此，大学生中国梦教育的话语引导，就是要让大学生认识到个人理想与国家理想的辩证统一，认识到个人命运与国家、民族命运休戚相关，增强大学生的历史责任感，让大学生在中国梦所体现的价值观框架下，构筑自己的梦想。就是要让大学生构筑精神追求与物质追求兼具的梦想，既有精神生活的不断进步，又有工作技能的不断提升，为创造未来的美好生活练好本领，才能成为实践中国梦的重要生力军。就是要让大学生认识到，中国梦的逐梦之旅，是理想与现实的统一，是过程与目标的统一。为了实现梦想，不能好高骛远，必须立足当下，通过踏踏实实的行动做好每一份指向未来的努力，才能成功实现梦想。

3. 帮助大学生追逐中国梦。追逐中国梦是大学生中国梦教育的题中应有之义。要通过话语引导，使大学生认识到自身在实践梦想中的主体地位，明确大学生既是自己梦想的主体，也是实现中国梦的主体，只有将中国梦具体化为个人梦，才能找准并明确自身的主体地位，为参与实现中国梦提供现实着力点；只有将个人梦融入中国梦之中，才能升华自身的主体地位，为实现个人梦想提供更远大的前景。要通过话语引导，使大学生明白创新为实现梦想开辟道路，也能开拓梦想的新天地。大学生要打牢知识积淀，为创新培植坚实的基础，为创造性活动提供条件，为创新提供持续的动力。要通过话语引导，使大学生意识到逐梦之路，也是处理理想与现实之间矛盾的过程，这个过程必定充满着种种考验，如果没有坚强的意志，则永远达不到梦想的彼岸。意志品质的磨砺能焕发大学生的精神风貌，提升大学生的思想境界，坚定大学生的奋斗信念，增强实现梦想的信心和力量。

三、话语引导在大学生中国梦教育中的有效实现

中国梦理念清晰、表达通俗，是对高校思想政治教育，特别是爱国主义教育、理想信念教育话语体系的创新与延展。对大学生中国梦的教育要综合运用不同的话语言说方式、有效的话语引导策略，才会让他们感觉亲切美好，给人以鼓舞和力量，并且在理论认识和实践行动方面增进共识。

1. 说理话语与叙事话语相交互。说理教育是通过摆事实、讲道理，启发、开导教育对象，以理服人。说理教育要求讲述的现象和事实真实，讲解的道理透彻。马克思说："理论只要说服人，就能掌握群众；而理论只要彻底，就能说服人。所谓彻底，就是抓住事物的根本。"在大学生中国梦教育中需要运用说理话语，将国家和民族的光明前景讲清楚，将伟大梦想的实现路径讲明白，将中国梦的精神实质讲准确。由于说理话语过于强调话语主体的主观意志，单靠说理话语还不能完全达到理想的教育效果。因此，需要与叙事话语交互融合，将叙事者的观念和立场内隐，改变将教育对象置于被动的场域，往往会对大学生产生潜移默化的影响。可以把影视叙事、文学叙事和生活叙事等形式多样的叙事话语类型运用到中国梦的教育中，让大学生感受到中国梦的意义与价值，并同大家共同分享实现梦想的故事，激励更多的人树立梦想、追逐梦想，最终实现个人的、家庭的、民族的和国家的梦想。

2. 理性话语与情感话语相交织。描述事物本身的状态、传递

客观信息的语言是理性意义的语言，其重点在于陈述事实；表达人的情感、态度的语言是情感意义的语言，其重点在于表达价值。事实承载价值，价值包含事实，二者共同配合才能构成完整的意义。大学生中国梦教育中也要合理运用语言的不同意义，在理性意义的基础上表达情感意义。事实上，中国梦的内涵中就体现出理性意义和情感意义话语的有机融合。如中国梦既包含着“国家富强、民族振兴、人民幸福”的宏伟目标，也包含着“共同享有人生出彩的机会，共同享有梦想成真的机会，共同享有同祖国和时代一起成长与进步的机会”的个体希望，“中国梦归根到底是人民的梦”，表明了中国梦蕴涵的人民主体本质属性。总之，中国梦的教育既要“动之以情”，更要“晓之以理”。

3. 学理话语与通俗话语相交流。大学生中国梦教育中不能缺少专业性、学术性和系统性的学理话语。针对部分学生对于中国梦的片面理解与误读，教师要运用学理话语阐释与揭示中国梦的内涵、中国梦所蕴含的政治智慧及体现的新思维，从学理上消除大学生对于中国梦的歧解与误解。通俗话语通常是生活化的、形象生动的、大学生喜闻乐见的大众化话语形式。通俗化的宣传教育是用简单通俗、贴近生活的语言将中国梦传播到大学生中去，使大学生将中国梦与自身发展结合起来，从而达到“内化于心，外化于行”。通俗化并不是简单化，也不是脱离理论本身的科学性，而是注重用大学生易于接受的话语内容和言说方式将抽象的理论通俗化。“有梦想，有机会，有奋斗，一切美好的东西都能够创造出来”，通俗化的话语形式实际上体现了“空谈误国，实干兴邦”的大道理。

4. 网络话语与生活话语相交融。互联网的普及改变了人们尤其是大学生的学习、生活和思维的方式，影响着他们的政治态度、道德风貌和价值取向。针对大学生的网络化生存状态，高校教师对于中国梦等主流价值的传播也要善于运用网络工具，学会运用网站、网络论坛、微博、微信、QQ 群等新媒体，实现虚拟世界与现实世界的互动。如在校园网开通“我的中国梦”主题教育实践活动专栏、专页或者专版，通过主题讨论、活动报道、人物专访等多种形式，吸引广大学生参与，促进互动交流，引导主流舆论。要善于借鉴网络话语创造性、多样性、生活化的表达方式，实现师生对中国梦的共同传播，避免出现“话语鸿沟”。大学生中国梦教育还要实现网上宣传和网下教育相结合，将中国梦教育与大学生的实际生活相联系，将中国梦教育融入大学生的学习生活之中，融入大学生的思想政治教育之中，融入校园文化建设之中，融入大学生的社会实践活动之中，实现宣传教育网络话语与生活话语的有机融合。

（作者单位：江汉大学）

论中国梦进《思想道德修养与法律基础》课堂的基本思路

冷小青

习近平总书记提出的“中国梦”，是党和国家面向未来的政治宣言，它以其宏阔和深远衔接了历史与未来、理论与实践、理想与行动，必然成为当代大学生的人生指南，而大学生作为国家和民族的未来，能否自觉认知、认同和践行中国梦，将对中国梦的实现具有战略意义。作为思想政治理论课之一的《思想道德修养与法律基础》（以下简称“基础”课）是以大学生成长、成才目标为切入点，对学生进行思想政治理论教育的课程。它不仅可以对大学生进行马克思主义理论教育，也能帮助大学生树立正确的世界观、人生观、价值观。“基础”课如何融进中国梦的内容呢？本文就中国梦进“基础”课课堂的基本思路谈几点看法。

一、以中国梦为目标的理想信念教育

中国梦是对中华儿女未来期许的愿望表达，中国梦归根到底是人民的梦，必须紧紧依靠人民来实现。人民对民族复兴的期盼，对美好生活的向往，对人生出彩的渴望，是实现中国梦的动力。对大学生进行以中国梦为目标的理想信念教育，可以结合“基础课”第一章的内容来展开，可以从以下几个方面考虑：

（一）解读理想信念，形成大学生自己的理想追求

所谓理想，是指人们在实践中形成的具有实现可能性的对未来的向往和追求，是人们的世界观、人生观和价值观在奋斗目标上的

集中体现。信念是人们在一定认识基础上确立的对某种思想和事物坚信不疑并身体力行的状态。理想和信念是人生的定向机制，为人生指明奋斗的方向；理想信念为人生实践提供动力和毅力，是人生的力量源泉；理想信念起着精神支柱的作用，支撑着人们的精神和意志，提高人的精神境界。

大学生是民族的希望，国家的未来，习近平总书记对广大青年表达了自己的殷切寄语："中国梦是历史的、现实的，也是未来的""中国梦是国家的、民族的，也是每一个中国人的""中国梦是我们的，更是你们青年一代的"。这是历史的启迪，也是时代的召唤。我们有责任引导青年树立一种自觉，感悟历史、鉴古知今，掌握马克思主义唯物史观，以强烈的历史使命感和社会责任感，自觉融入民族复兴的伟大进程。

但毋庸讳言，当今大学生成长于思想文化多元背景之下，现实中一些人理想信念模糊，甚至没有明确的目标追求。理想信念教育通过解读理想信念，让大学生认识到人有理想，是因为人有自己的欲求，为了满足欲求就会有关于未来的想象。同时，人有理想就在于人有理性，人的理性不仅包括思辨和思考能力，还包括想象未来的能力，使想象合理的能力，把想象变为现实的能力。而且，理想具有目标价值、动力价值和希望价值，如果人没有理想，就等于失去了奋斗目标和前进动力，也就无法充满希望地生活。通过理想信念的阐释，帮助大学生树立自己的理想追求，确立属于自己的梦想。大学生有梦有追求，国家、民族才有希望。大学生的梦想是中国梦的组成部分，同时也为有梦想的他们向着中国梦迈进提供了可能。

（二）明确个人理想确立的原则，让大学生实现个人理想和社会理想的有机结合

理想信念教育不仅要解决大学生有没有梦的问题，而且还要解决大学生如何立梦的问题。个人理想在人生的发展中起主导作用，它为个人指明奋斗目标方向。社会理想指导的是社会发展的道路，它为社会提供了一个最高的奋斗目标，从而指引社会向前发展。个

人理想与社会理想的关系是辩证统一和相互制约的。一方面，社会理想决定和制约个人理想，社会理想是个人理想实现的条件，违背社会理想的个人理想很难实现。个人理想只有同国家的前途，民族的命运相结合，个人的向往和追求只有同社会的需要、人民的利益相一致，才可能变为现实，另一方面，个人理想体现着社会理想，社会理想包含着千百万人的个人理想，社会理想的实现要靠社会成员个体的努力奋斗。所以，社会理想以个人理想为基础，个人理想以社会理想为导向。

因此，要引导大学生根据自己的兴趣爱好，根据自己的能力选择和确立个人理想，更要引导大学生把自身条件和社会现实需要结合起来，让其认识到结合社会理想确立自己梦想的道理，只有把个人理想融入国家和民族的共同发展进步中，才能最终实现个人理想、实现中华民族伟大的复兴梦。大学生也只有明确个人理想确立的原则，才能紧密结合社会现实的需要构筑自己的梦想。

（三）论证中国梦的光明前景，引导大学生把实现中国梦作为自己的目标追求

实现中华民族伟大复兴的中国梦，就是要实现国家富强、民族振兴、人民幸福。理想信念教育就是要在引导大学生在结合社会现实的需要构筑自己梦想的基础上，进一步认识到中国梦的美好前景，认识到中国梦是实现国家富强、民族振兴、人民幸福的美好梦想，认识到，现在我们比历史上任何时期都更接近中华民族伟大复兴的目标，比历史上任何时期都更有信心有能力实现这个目标。同时，还要让大学生认识到，中国梦的实现，需要所有中国人的共同努力，进而引导大学生将个人的理想之梦与民族的复兴之梦紧密结合，让个人梦融入中国梦，以青春梦托起中国梦，这是对大学生进行以中国梦为目标的理想教育的归宿。

二、以中国梦为责任的爱国主义教育

习近平指出：“实现中国梦必须弘扬中国精神，这就是以爱国主义为核心的民族精神，以改革创新为核心的时代精神。这种精神

是凝心聚力的兴国之魂、强国之魂。”对大学生进行以中国梦为责任的爱国主义教育，这可以结合“基础课”第二章的内容来展开，可以从以下几个方面考虑：

（一）要让大学生理解什么是爱国主义

爱国主义体现了人民群众对自己祖国的深厚感情，反映了个人对祖国的依存关系，是人们对自己故土家园、种族和文化的归属感、认同感、尊严感与荣誉感的统一。它是调节个人与祖国之间关系的重要道德要求、政治原则和法律规范，也是民族精神的核心。列宁曾指出：爱国主义是千百年来由于各自的祖国彼此隔离而形成的一种极其深厚的感情。其实，爱国主义并不仅仅是一种感情，爱国主义是人们的一种主观精神和行为状态的统一，表现为爱国情感、爱国责任和爱国行为三个不同层次。爱国主义教育要通过对爱国主义概念内涵的解读，通过爱国主义历史和现实的扫描和审视，让大学生明确爱国主义既是人们对自己祖国的深厚感情，又是对自己祖国的一种责任，是基于责任而为实现祖国独立富强、繁荣发展所付诸的实际行动。大学生理解了爱国主义是什么，才有可能对其进行以中国梦为责任的爱国主义教育。

（二）要让大学生清楚为什么要爱国，在经济全球化条件下为什么必须弘扬爱国主义

一方面，让大学生明确爱国的原因：世界划分为不同的主权国家，我属于我的祖国。经济全球化条件下，一是国家仍然是本民族整体利益的最具权威的代表者，二是经济全球化对中国国家安全带来影响，特别是霸权主义、强权政治在国际政治、经济和安全领域依然存在，并有新的发展，使世界和平与国际安全受到威胁。而维护国家安全历来是我国爱国主义教育的重要主题，从古代的“精忠报国”到近代的“救亡图存”，再到当代的“振兴中华”，都昭示着保卫国家安全、维护国家利益的爱国主义精神和气节。有鉴于此，在全球化时代，我们必须树立强烈的爱国主义意识，必须注重国家利益和国家安全，要牢记将“国家的主权、国家的安全始终

放在第一位”。

弘扬爱国主义，还要让学生认清爱国主义和狭隘民族主义的区别。爱国主义是理性地见贤思齐、积极向上、奋发进取、谦虚谨慎、同心同德，对国家的和平与发展具有很强的促进作用；而狭隘民族主义是非理性地嫉贤妒能、因循守旧、故步自封、夜郎自大、相互隔离，对民族之间的和谐共处具有很大的威胁性。如果我们未能认清两者的区别，爱国主义一旦过了火，也容易发展成狭隘民族主义。意大利法西斯主义、德国纳粹主义和日本军国主义，都是在特定的环境下被激化和煽动的爱国主义演变为狭隘民族主义的典型教训。我们必须提倡建立在理性爱国主义基础上的民族主义，避免非理性的狭隘民族主义。

（三）要让大学生明确如何践行爱国

爱国主义不是空洞的口号，爱国主义的感情和责任，必须落实到爱国行动中才有意义和价值。爱国是历史的具体的，在不同的历史时代和文化背景下具有不同的内涵。当前，爱国主义就体现在为了实现中华民族伟大复兴的中国梦，我们每个人都要用实际行动来贡献才智和力量。我们要让大学生明确，爱国是一种崇高而神圣的情感，却并不都表现为辉煌而壮烈的行动，那些小事有时更能体现这种伟大精神。

爱国还必须引导大学生掌握报国本领，有了报国的本领，爱国的情感和责任才有了实现的手段和条件，才能具体实施报国行动。同时，也要引导大学生发扬献身精神、实干精神和艰苦奋斗精神。

三、以中国梦为动力的人生价值教育

人生价值就是人的生活和实践对个人和社会所具有的作用和意义。价值实现是人的需要，对大学生开展以中国梦为动力的人生价值教育，就是要引导大学生把中国梦作为实现人生价值的需要，进而转化为实现人生价值的动力。对大学生进行以中国梦为动力的人生价值教育，这可以结合“基础课”第三章的内容来展开，可以从以下几个方面考虑：

（一）诠释人生价值最重要的是社会价值

人生价值包括自我价值和社会价值。自我价值，是个体的人生活动对自己的生存和发展所具有的价值，主要表现为对自身物质和精神需要的满足程度。包括对生命存在的肯定、对个人的自我完善。社会价值，是个体的人生活动对社会、他人所具有的价值。社会价值包括两个方面，一是个人对社会的责任和贡献，二是社会对个人的尊重和满足。自我价值和社会价值二者在人生价值中的地位并不平等，不仅个体的物质和精神需要必须在社会中才能得到满足，而且以怎样的方式满足以及多大程度上得到满足也是由社会决定的。一个人的需要能不能从社会中得到满足，在多大程度上得到满足，取决于他的人生活动对社会需要的满足程度。以中国梦为动力的人生价值教育首先要让大学生懂得，人的社会价值主要表现为劳动与贡献。社会对个人的满足，以个人的劳动与贡献为前提，而且劳动是评价一个人的人生价值的普遍标准。

（二）把握人生价值的正确评价

人生价值的正确评价必须坚持四点：一是坚持能力有大小与贡献须尽力相统一，二是从物质贡献和精神贡献两方面进行评价，三是从动机与效果结合的层面上评价，四是坚持完善自身与贡献社会相统一。引导大学生把握人生价值的评价标准，让大家意识到："一个人能力有大小，但只要有这点精神，就是一个高尚的人，一个纯粹的人，一个有道德的人，一个脱离了低级趣味的人，一个有益于人民的人。"人是通过对善、美、真的探求去实现自己的价值的，人又是通过为他人的付出和奉献而创造自己的价值的，每个职业在本源上的价值意义也在于此：一个医生的价值是解除病人的痛苦，一个公务员的价值是为人民服务。每一种职业的分别，不过是在价值创造过程中承担责任的分别。

而且，人的价值取向不是主观想怎样就怎样，还要受到客观条件的制约，要把个人的价值目标置于国家、社会、集体的目标体系之中，遵循社会发展规律的要求。我们要引导学生把社会需要转换为人生价值的需要，进而成为实现人生价值的动力。

（三）明确实现中国梦是当下最重要的人生价值需要

人生追求的最高目标就是人生价值的实现。要实现人生的价值，就要去创造人生价值。马克思曾指出：你作为确定的人，现实的人，你就有规定，就有使命，就有任务，至于你是否意识到这一点，那都是无所谓的。要使人生大有作为，就要把中国梦作为自己的内在需要和精神动力，为实现中国梦贡献自己的聪明才智，进而实现人生价值。我们现在经常会说幸福，幸福是什么？幸福是人生需要得到满足时产生的积极的情绪体验。可以说，追求实现人生理想或人生价值的奋斗过程就是感受和建立人生幸福的过程。通过人生价值教育，使大学生能够确立服务人民、奉献社会的人生观，引导大学生正确理解个人幸福和人民幸福关系，把个人的幸福放置在服务人民、建设中国特色社会主义共同理想过程中，实现人生幸福。

综上，大学生是实现中国梦的重要后备力量，中国梦为大学生施展才华、发挥才智提供了广阔的舞台。“基础课”融入中国梦的内容，可以进一步号召和动员广大学子勇敢肩负起时代赋予的重任，把个人梦和中国梦紧密融合在一起，把个人价值与社会价值紧密结合在一起，把个人命运与国家命运紧密联系在一起，志存高远，勤奋努力，脚踏实地，努力在实现中国梦的生动实践中放飞青春梦想。

（作者单位：江汉大学）

用中国梦思想作为贯穿《毛泽东思想和中国特色社会主义理论体系概论》课教学的主线

——中国梦与“三个自信”

朱春燕

党的十八大之后，习近平总书记提出和深刻阐述了“中华民族伟大复兴”的中国梦，进一步揭示了中华民族的历史命运和当代中国的发展走向，指明了中国特色社会主义更长远的奋斗目标。在2013年修订的《毛泽东思想和中国特色社会主义理论体系概论》（以下简称《概论》）中，中国梦思想放在第六章“建设中国特色社会主义的发展战略”中进行讲述，阐述了中国梦思想的内涵、目标和实现途径。但是，如果仅仅是在这一章节中阐述中国梦思想，或者仅仅把中国梦当做一个知识点来介绍，在某种程度上就低估了该理论的理论意义和现实意义。

“梦”是一种理想、是一种追求，历朝历代以来但凡胸怀天下的仁人志士大多有各种各样的“民族梦”、中国梦。习总书记中国梦的提出是在中国特色社会主义建设时期、在中国的国际地位有重大改变、在国内改革日趋深化的环境下提出来的，其思想与前人的中国梦思想有着诸多不同。

习总书记中国梦的提出反映了现实的要求、反映了时代的要求。中国梦的基础是中国特色社会主义，其强大影响力和感染力源自中华民族不断发展壮大、走向伟大复兴的历史实践，以及由此而形成的道路自信、理论自信和制度自信。大力宣传中国梦思想，是希望通过中国梦的传播，促进马克思主义和中国特色社会主义的大众化。我们在课堂中讲授中国梦思想，既要用科学和理想说明中国梦，同时也要用该思想贯穿教学始终，以此讲透中国特色社会主义道路的历史和现实依据、强化中国特色社会主义的“三个自信”。

一、“民族独立”的中国梦拣选了中国共产党成为执政党

中国的民族资产阶级是中国近代反帝反封建革命史的先驱，尽管代表和维护的阶级不同，他们中的大多数人却有着共同的爱国之情、报国之志。他们希望改变中国受帝国主义瓜分欺凌的命运，有着国家强盛民族富强的梦想。但是从“师夷长技以制夷”的洋务运动，到戊戌变法运动，再到孙中山领导的民主革命，救国之梦却屡遭失败。只有中国共产党人才真正实现了民族独立、人民民主的中国梦。中国共产党的成功之道在于：其有马克思主义思想做指导、其有无产阶级做坚强的主力军，其有人民群众做坚实的依靠。马克思主义是无产阶级的学说，其关注普通劳动者的命运。正因为这样，中国共产党才能克服其他民主革命者的历史局限性，把最高理想和最低纲领统一起来，把实现民族独立的中国梦与人民群众的命运联系起来。通过广泛地发动工人运动和农民运动，使梦想变成现实。

在讲述中国新民主主义革命道路时，最重要的就是要讲清楚中国民族资产阶级的中国梦和无产阶级的中国梦有什么根本的不同，他们实现中国梦的途径的区别在哪里。讲清楚这些问题，就讲清楚了中国共产党与其他政党在政治主张的区别、讲清楚了中国共产党的先进性；讲清楚了新民主主义道路与旧民主主义道路的区别；讲清楚了历史为什么会拣选无产阶级、拣选中国共产党成为担当实现民族独立的中国梦的领导阶级和政党；讲清楚了中国共产党执政的合法性。

二、“国家富强”的中国梦拣选了新中国的社会主义道路

在教学中，讲清楚社会主义道路选择的历史依据，是坚定青年学生对社会主义道路认识的重要内容。怀揣民族独立、人民民主之

梦的中国共产党人是以马克思主义思想为指导的政党，过去我们简单地认为是因为选择了马克思主义，所以无产阶级革命的前途就理所应当地是马克思恩格斯所描绘的共产主义。苏联是人类历史上第一个以马克思主义思想为指导建立的国家，是我们的模板，所以我们的政权理所当然地也应该是仿效苏联，现在很多教科书上仍然有这样的逻辑：因为我们选择了马克思主义，所以我们要选择社会主义道路；因为选择了社会主义道路，所以我们的所有制要选择以公有制为基础。这种以某种“主义”或者“思想”来规定现实的逻辑仍然是一种教条主义的思维方式，用这种逻辑来证明选择社会主义道路的必然性是很难有说服力的。

要讲清楚这个问题，仍然不能脱离历史唯物主义的世界观和方法论。中国之所以选择社会主义道路？首先从中国共产党的理想来看，社会主义道路的选择符合共产主义的价值观。实现共产主义，就是为了实现每个人全面而自由的发展。社会主义道路是一条把个人利益与民族和国家利益紧密联系在一起的道路，从理论上来讲，选择社会主义道路有其应然性。按照历史唯物主义的观点，真正决定道路和制度选择的应该是社会历史条件。因此，应该从当时中国的国情出发，认识社会主义道路选择的历史必然性。新中国成立以后，中国共产党和全国人民面对的是一个“一穷二白”的落后的农业国，在民族独立的梦想实现之后，中国人民有了在短时间内尽快实现国家富强的新的梦想。如何在较短的时间内实现工业化面临着“资本主义”和“社会主义”两种制度的抉择。一方面苏联在社会主义建设初期，通过高度集中的计划经济体制在较短的时期内成为了一个工业化的强国。另一方面，脱胎于半殖民地半封建制度的新中国仍然没有资本主义成长现实条件，国外资本主义在生产力的发展方面也并没有显现出比苏联更为优越的制度优势。因此，走社会主义道路、以苏联的制度为模板成为了新中国的选择。可见，中国选择社会主义道路的根本原因是在当时的历史条件下发展生产力的要求所决定的。新中国建设的成就又证明了社会主义道路选择的正确性。

因此，讲社会主义道路的选择的历史依据，既要讲清楚选择社会主义道路既符合共产主义的价值观，同时这条道路也契合新中国要实现民族富强的中国梦的强烈愿望和当时的社会历史条件，这就是新中国拣选这条道路的历史和现实依据。

三、“中华民族伟大复兴”的中国梦拣选了中国特色社会主义道路

“中华民族的伟大复兴”是中国特色社会主义建设时期的中国梦。自改革开放以后，中国在经济、政治、文化和社会建设等诸多方面取得了巨大成就，国际地位得到了快速提升，“伟大复兴”是在中国人民对国家制度与民族前途有了更多自信、对个人生活的改变有了更多期盼的基础上提出来的。在中国特色社会主义理论指导下所取得的成就正在证明这个时期比历史上任何时期都更接近中华民族伟大复兴的中国梦，中国人民比历史上任何时期都更有信心、有能力实现这个中国梦。同时，“伟大复兴”的这个“梦”也表明了现实中国与人民理想之间还存在着巨大差距，梦想和现实之间，还会有无数的困难和挑战，还会经受无数的挫折和考验，讲“中华民族伟大复兴”的中国梦，就是要坚定青年学生对中国特色社会主义道路的信心，说明只有坚持不懈地走中国特色的社会主义道路，中国现代化才能取得更辉煌的成就。因此，要讲清楚以下几个问题：

首先，要讲清楚中国梦和中国特色社会主义理论及道路之间的关系。中国特色社会主义道路与中国梦二者之间一方面在奋斗目标上是一致的，中国梦的内容——国家富强、民族独立、人民富裕符合社会主义的本质要求；另一方面梦想与现实之间的差距，也是中国选择中国特色社会主义道路总的依据。因此，只有立足中国现实选择符合中国自身的发展道路，才能让梦想成为现实。

其次，要讲清楚中国特色社会主义理论是实现中国梦的现实途径。30多年来，我国改革开放取得的巨大成就证明了中国特色社会主义理论所具有的勃勃生机。中国特色社会主义是科学社会主义理论逻辑和中国社会发展历史逻辑的辩证统一，是植根于中国大地、反映中国人民意愿、适应中国和时代发展进步要求的科学社会

主义，是在实践的基础上不断对社会发展规律、经验和教训，其马克思主义的世界观和方法论为道路的正确性提供了思想上的保证，因此，中国特色社会主义理论是全面建成小康社会、加快推进社会主义现代化、实现中华民族伟大复兴的必由之路。

再者，要讲清楚中国特色社会主义的总体布局就是我们实现中国梦的具体实践。中国特色社会主义道路，是实现我国社会主义现代化的必由之路，是创造人民美好生活，实现中国梦的必由之路。这条道路是由诸多具体道路构成的中国发展的总道路。当前，最为迫切的是要解决人民群众日益增长的物质文化生活需要和落后的社会生产的问题。因此，讲社会主义道路的总体布局，就是讲生产关系如何适应生产力发展的要求，以及通过改革开放——生产关系的调整更好地促进生产力发展的问题；就是讲中国特色的经济制所决定的包括政治法律制度和文化意识形态等在内的上层建筑的特点，讲如何通过政治、法律、文化、社会体制的改革，更好地适应生产关系的变革、以促进改革经济体制改革的深化的问题。

综上所述，在教学中只有把中国梦与中国革命和社会主义建设的历史结合起来、与中国特色社会主义的实践结合起来，才能实现理想与历史、理想与现实的有机统一，从而更加坚定青年学生对中国共产党的领导的认同，坚定青年学生对中国特色社会主义理论体系的理论认同、道路认同与制度认同。

（作者单位：江汉大学）

高校全面涵育中国梦的路径探析

朱志刚

党的十八大以来，中央对中国梦的系列论述引起了高校思想政治理论教育工作者的强烈共鸣和高度关注，通过各项措施推动活动取得实效。梦想是激励人们发奋前行的精神动力，中国梦所蕴含的强大精神能量是高校开展工作时刻秉持的基本法则。高校全面涵育中国梦，是当前高校思想政治工作的主要任务。

一、准确理解中国梦的内涵

中国梦是2012年11月29日，新一届中央领导集体在国家博物馆参观《复兴之路》展览过程中，习近平总书记发表的重要讲话中提出的。习近平总书记在十二届全国人大一次会议闭幕会上强调“实现全面建成小康社会、建成富强民主文明和谐的社会主义现代化国家的奋斗目标，实现中华民族伟大复兴的中国梦，就是要实现国家富强、民族振兴、人民幸福”。中国梦代表了新一届政府对于建设富强民主文明和谐的社会主义现代化国家的目标和信心。2013年在全国两会上，中国梦成为热议的话题，与此同时，中国梦成为媒体报道的热词，中国梦的重大意义日益彰显。

（一）中国梦为中国未来发展指明方向

中国梦是以一系列科学理论为基础，提出的符合中国国情的新思想，是马克思主义普遍真理与中国实际有机结合的结果。实现中华民族伟大复兴的中国梦，不仅仅是一句鼓舞人心的口号，更是我中华儿女将要为之奋斗的发展目标和远大理想。中国梦将在不断的实践中接受检验，让我们一步步接近这个目标，为未来的发展指明方向。

（二）中国梦有利于凝聚人心，增强民族凝聚力

“当代中国面临的机遇前所未有，我们离民族复兴从未如此之近；面临的挑战也前所未有，民族复兴遇到的阻力从未如此之大。克服错综复杂的矛盾和困难，只能依靠全国各族人民团结奋斗的伟力。而真正能够凝聚人民团结奋斗、攻坚克难的，唯有中国梦”。中国梦也推动中国与世界和谐发展。中华民族是一个拥有爱好和平、珍惜和平、维护和平的优良传统的民族，自新中国成立以来，一直坚持“共同发展”的原则，始终与世界各国保持良好的关系，提倡互相帮助、共同发展。中国梦是在一系列科学理论基础上提出的新思想，因此，中国梦必将推动中国与其他国家共同发展、共享繁荣。

二、高校中国梦宣传教育的独特内涵和重要意义

中国梦承载着历史的厚重，体现着改革创新的时代特征，深刻领会和准确把握中国梦的精神实质，是开展宣传教育工作的基本前提。

（一）中国梦是中华民族持续发展的共同愿景

中国梦是一个关注人民福祉、注重社会平衡发展的梦。在中国梦里，既有国民经济发展的目标，也有人的全面发展的目标，还有对民族文化与社会文明发展的全面考量，它照亮了人民的现实，老有所乐，壮有所用，幼有所长。当一个国家的共同愿景与每一个人的生命历程息息相关的时候，这种愿景更能彰显出它强大的号召力。中国梦让每一个中国人都能够在其中找到属于自己对中华民族伟大复兴的理解，对当下生活的理解，对自我发展的理解。

（二）中国梦为高等教育描绘了美好蓝图

目前我国高等教育正处于一个重要的发展战略机遇期，如何定

位高等教育在社会发展中应有的作用和地位，直接决定了高等教育的发展模式和育人机制。在中国梦的引领之下，高等教育要培养“圆梦人”，让师生员工都能够在中国梦的引领下，自我激励，自主学习。首先，高等教育要有全面发展的系统视角，在教育目标、教育理念、教育体系等方面，立足世界的多元文化和时代挑战，在变革中求发展，从工具化、功利型的教育模式转变为可持续发展的教育模式。其次，高等教育要提升人才培养质量，通过传播知识和能力培养，使大学生养成积极进取的思维习惯和主动创新的行为习惯，具备多元文化的适应能力、时代挑战的胜任能力、持续的自我激励能力，培养面向世界、目光远大、学养深厚、脚踏实地的人才。

（三）中国梦为引领大学生成长成才提出了明确方向

中国梦极大地激发了大学生对民族和国家命运的担当与责任。中国梦启示青年学生将爱国主义作为个人成长成才的基石，要在民族发展的历史使命中找到实现个人价值的落脚点，有意识地完善自我，坚定理想信念，培养团队观念、社会责任心和国家意识。中国梦启示青年学生要身心和谐发展，个体的身心和谐是社会和谐的基点。青年学生在自我发展、自我塑造的过程中，除了要学会学习，学会认知，更要学会珍视人生的精神追求和精神内涵，以幸福发展为导引，丰富自己的人生体验。

三、高校中国梦宣传教育的途径选择

1. 通过专业课教学，提高大学生实现中国梦的专业技能。在中国梦实现的过程中，人才队伍需要具有高标准的专业技能，需要发挥高校专业课的优势，强化青年学生的专业技能，提高综合素质，在推动国家、社会进步中实现个人梦想。在专业课理论知识学习中，首先是要按照培养合格的建设者和可靠的接班人的标准，注重学思结合、知行统一，把中国梦教育与专业知识的教学紧密结合起来，遵循教育规律和人才成长规律，指导青年学生规划大学生活，激发学生的学习积极性，形成良好的学习风气，提高当代大学生就业竞争力。其次是在专业课技能知识教学中，要教育大学生需要充分认识中国梦实现需要的技能知识，借鉴中国梦的教育方式，改善专业知识的讲授和思想政治教育脱节的局面，让学生敢做梦、愿做梦，在促进学生对专业知识理解的同时，提高学习的积极性和实效性，实现两者自然融合。

2. 通过思想政治理论课教学，将中国梦的相关理论融入到高校思想政治理论课教学，使大学生充分掌握中国梦的理论知识以应对意识形态多元化引发的文化冲突，是当前和今后面临的一个重大课题。思想政治理论课在大学生入学后的数个学期都会接触、学习，因此，在学生必修的思想政治理论课中融入中国梦主题教育，愈显其重要意义。在现有的大学生思想政治理论课课程中，把中国梦融入高校思想政治理论课教学中，推动中国梦学习教育进学校、进教材、进课堂。每一门都与中国梦主题存在契合点。在大学生思想政治理论课课堂上紧密结合这些契合点，开展中国梦的教育，便能起到事半功倍的教育效果。

3. 通过形势政策报告，帮助大学生深入了解中国梦的历史与现实。当前，处于改革深水区和攻坚期的中国面临的问题变得愈发复杂，当下的许多言论是建立在对现实的误读、误判和有意裁减的基础之上的。有学者指出外界对中国梦存在十大误解，各种误解，会冲淡社会对中国梦及实践过程中的认识。“要建立高等学校学生形势报告会制度。各地要建立相应的报告会制度，邀请省级党政主要负责同志结合本地区发展的实际，每年为高等学校作形势报告，使学生更直接地了解改革开放和经济社会发展的新成就、新变化。”通过各种报告会，将中国梦的相关背景、历史意义、发展形势、国家政策宣讲到青年学生，提高对中国梦的理性认识。

4. 开展社会实践，深化青年学生对中国梦的认识。中国梦自提出以来在社会反响强烈，社会各界持续热议，不同的群体、不同的视角、不同的观点相互争鸣，都为青年学生提高中国梦的认识提供了丰富的资源。首先是引导广大青年学生在实践中了解社会。社会实践是大学生思想政治教育的重要环节，青年学生应该主动把自己的前途命运与国家的前途命运联系起来，把个人梦想的实现与时代发展的需求结合起来，把社会实践工作与人才培养、社会事业发展、服务地方经济建设相结合，切实增强社会实践活动实效，在社会实践中提高改造客观世界和主观世界的能力，培养个人品格。其次是引导青年学生完善知识结构。针对就业制度的改革，人才市场对实践型人才的需求，引导大学生认清形势，努力调整完善自己的知识结构，提高所修学科知识同实际相结合的能力以及同其他学科相结合的能力，鼓励学生向实践型人才发展，在实践中学会做人、学会做事，提高处理好改造客观世界与改造主观世界的关系的能力。

5. 发挥新媒体作用，营造学习中国梦的良好氛围。

（1）利用微博平台即时传递中国梦教育信息。微博是一个基于用户关系的信息分享、传播及获取平台，融合了博客的记录特征和即时通讯软件的便捷性优势。据《中国互联网络发展状况统计报告（2013 年 1 月）》显示，截至 2012 年 12 月底，我国微博用户达到 3.09 亿。博逐渐成为继手机、E-mail、QQ 之后的又一重要交流工具。有研究表明，可以将微博作为大学生思想政治教育工作的载体，成为宣传主流价值观的平台，将思想政治教育工作中的优质信息进行教育整合，争取微博的话语主体地位并体现“粉丝”之间的平等性和思想教育工作的亲和性，构建理想的校园文化氛围，陶冶学生情操，规范学生言行。而学生使用微博具有“频率高、即时性、真实性”特点。因此，通过搭建微博平台关注、转发、收藏、评论“中国梦内涵和精神实质”，通过信息提醒中国梦内容与用户之间进行友好交流，并在微博平台上有效开展“我的中国梦”主题活动，大力倡导和引导大学生学习和理解中国梦基本内涵、了解中国梦提出的历史背景和重大意义、从近现代中华民族的奋斗史视角阐释中国梦的历史传承。

（2）利用移动互联网共享中国梦教育资源。移动互联网是将移动通信与互联网有机融合的产物，具有高速度的移动通信网络，将智能感应能力的智能终端、新的业务、业务管理、计费平台、客户服务支撑平台共同构成的一个新业务体系。随着 4G 手机、Ipad、Iphone、电子书包等移动终端的迅速发展、平板技术的不断进步以及移动浏览器、移动 APP 的更加人性化，移动互联网业务体系逐渐融入高校，为师生实现“何人、何时、何地”学习提供可能。因此，大学生可以通过移动互联体系共享中国梦网络教育资源，可以在“何时、何地”打开移动终端无缝连接互联网查询中国梦教育资源，观看“中国梦网上系列谈”等视频资源，对中国梦的内涵和精神实质有更加深刻的认识，进而深刻理解中国梦的科学内涵、价值诉求、精神实质，形成自己的理解，将中国梦理论与自己的世界观、价值观、人生观相结合，制定中长期生涯规划，实现自己的梦想。

(3) 利用社交网站传播中国梦教育思想。社交网站（Social Network Site）是基于用户真实社交关系，为用户提供一个沟通、交流平台的网站，如人人网、开心网、朋友网、Facebook 等。中国梦理论体系可以通过社交网站建立的大交际圈进行传播。据《2012 年中国网民社交网站应用研究报告》显示，社交网站用户中 20~29 岁用户占比最高，达到 34.1%，其次为 10~19 岁用户；大专及以上学历的用户达 21.6%。以上数据表明，社交网站已成为学生与外界社会交往的一个重要社会交流平台。通过在社交网站中发布中国梦内容、中国梦的历史背景、中国梦的重大意义、中国梦的本质属性、中国梦的科学内涵、中国梦的发展目标、中国梦的精神实质、中国梦的价值体系、中国梦的实现路径等转发各种“我的中国梦”主题活动信息，经过充分的交互，增进大学生的精神凝聚力，提升大学生的历史自醒、民族自信、文化自强以及时代自觉，最终达到唤起大学生对中华民族数千年的共同理想——中国梦。

(4) 利用讨论组网络平台讨论中国梦教育内容。随着 QQ 群、QQ 讨论组、飞信组、BBS、微信组等讨论组的普及化、便捷化，高校思想教育工作者可以利用讨论组网络平台“与大学生拥有共同的话语体系，实现无障碍交流和互动，更好地掌握大学生真实的思想状态和心理问题”，进而有效开展中国梦教育主题活动。通过中国梦系列主题讨论，大学生不仅深入了解党领导人民的奋斗史、创业史、改革开放史，深化认识到我国经济社会发展进程和发展趋势，而且能够坚定掌握思想武器、理想信念、勇于创新创造，认清前进方向，增强社会主义道路自信、中国特色社会主义理论自信、社会主义制度自信，并坚定不移地跟着党走，积极努力实现自己的人生理想，创造美好生活。

四、建立健全高校中国梦宣传教育的长效机制

实现中国梦任重道远，需要一代又一代人的持续奋斗，高校应科学构建中国梦宣传教育的长效机制，使“认同中国梦、践行中国梦、实现中国梦”真正成为师生员工的价值取向和自觉追求。

（一）构建组织保障长效机制，以坚强的领导统筹宣传教育

高校各级领导要将中国梦宣传教育作为贯穿落实党的十八大精神的重要举措，着眼长远、统筹规划。必须加强对中国梦宣传教育工作的顶层设计，把其纳入学校重大议事日程，制定宏观规划，切实建立起由党委统一领导、各部门分层组织落实、全校师生共同参与的领导和工作机制。在宣传教育的过程中，要统筹好课堂教学和实践育人，统筹发挥好学校党委和基层党组织、教学科研部门和学生工作部门、行政后勤部门及群众团体组织的作用，始终围绕中心，协调推进。

（二）构建文化宣传长效机制，以良好的氛围助力宣传教育

高校开展中国梦宣传教育活动既要利用好现有的宣传平台，又要重视与校外宣传文化资源的合作。要强化校报、校刊、新闻网、宣传橱窗等宣传阵地，根据不同时段的活动内容设计相应的宣传方案，做到日常宣传不断线，重点宣传掀高潮；要大力培育、选拔树立宣传教育活动中涌现出来的先进典型，传播放大立德树人的正能量，用中国梦凝聚强大精神能量；要充分利用校外文化宣传资源，丰富校内宣传教育活动的生动性与多样性，增强与校外宣传教育活动的互动和融合，积极向社会推广高校中国梦宣传教育工作中的优秀文化产品，提升文化宣传工作的水平。

（三）构建工作落实长效机制，以严格的督导推动宣传教育

高校要结合自身实际，建立起中国梦宣传教育活动的目标责任机制，制定具体的工作计划和实施方案，将任务分解到位，责任落实到人。各部门应依托工作职能，以需求为导向，创造性地开展各项工作，既不脱离职能本身，也不脱离师生主体，真正将中国梦的内涵和精神融入到教学科研当中，融入到管理服务当中，融入生活实践当中。应研究建立高校中国梦宣传教育的评价体系，将宣传教育纳入到各单位和主要负责同志的业绩考核中，建立科学合理的激励表彰机制，不断为宣传教育工作注入新的活力。

（四）构建经验凝练长效机制，以不断的总结深化宣传教育

中国梦宣传教育工作是一个螺旋式上升的过程。这就要求高校加强对不同阶段宣传教育工作的总结和凝练，以更富前瞻性和规律性的工作举措不断深化中国梦宣传教育。高校应分时期地对宣传教育工作进行谋篇布局，确立各阶段的工作重点，在一个时期的工作结束后召开全校性的总结研讨会，按照新形势新要求，系统总结和部署全校宣传教育的工作安排。同时，探索建立高校中国梦宣传教育专家委员会，长期跟踪、深入研究宣传教育中的系列问题，为其进一步发展提供理论依据和政策支持。

综上所述，将中国梦融入大学生思想政治教育，是现实需要也是必然选择。在这个过程中必须坚持以人为本，把中国梦教育同成才梦、创业梦、报国梦有机结合起来，最终实现中国梦与“我的梦”共同实现的良性互动。

（作者单位：江汉大学）

《思想道德修养与法律基础》课引入中国梦教育的思考

周立新

人类社会的发展和进步历史过程表明，梦想是推动人类进步的神奇动力。党的十八大以来，中国梦震撼着世人的心灵，激励着每一个炎黄子孙。中国梦是中国人民现阶段的共同理想，从内容上讲，她包含了两个“一百年”的奋斗目标；从传承上讲，她是中华民族大同梦想的不懈追求和美好向往；从创新上讲，中国梦是马克思主义中国化、时代化、大众化的产物和最新成果。中华一个梦，追求无止境。实现中国梦不能离开中国道路，离开中国道路，中国梦就成了无源之水，无本之木；离开中国道路，中国梦就会“竹篮打水一场空”成为幻想或者空想。在《思想道德修养与法律基础》课（以下简称《基础》课）中开展中国梦内容教学，必须立足于中国社会的现实，运用辩证唯物主义和历史唯物主义的观点，辩证的、全面的、历史的、发展的讲清、讲准、讲好中国梦。

一、深刻理解中国梦，必须把中华民族的悠久历史与当今时代主题结合起来

1. 以史为鉴，缅怀沧桑岁月

中国梦，发端于泱泱五千余年的中华文明史。史上中华对于全人类的贡献，堪称不朽。在以原发性智慧推动了整个人类进步的同时，自身命脉得以延续、精神得以传承、文化得以发扬、文明得以广泛传播者，四大文明古国中唯有中国。这是中华民族实现伟大复兴之梦的历史基因。

中国梦，觉醒于一部近代的屈辱史。中国这列世界东方的超大巨轮，行驶在历史的长河中，一路开足了马力，直至近代，这艘一直隆隆作响的巨轮瞬间熄火，继而搁浅，伴随着封建社会制度向半封建半殖民地社会的沦落，社会存在以矛盾为底色，百姓生活以煎熬为主线，社会发展以停滞甚至是倒退为表现，停滞与徘徊更带来了一个民族卧薪尝胆的见识和思索。一声“东亚病夫”激起了多少人光复中华的梦想，一句“振兴中华”的呐喊，让亿万中华儿女重新踏上了强国之路。中国梦，自强于1921年时浙江嘉兴的那艘红船。如同党的十八大报告中所讲述的那样：“中国共产党从成立那一天起，就肩负起了实现中华民族伟大复兴的重任。”以星星之火的燎原之势，以责无旁贷的举鼎之力，为一艘巨轮摆脱民族屈辱和封建枷锁开辟了航道，更为“中国人民从此站起来”完成由新民主主义向社会主义转变奠定了基础。

中国梦，得益于改革开放后的中国特色社会主义之道路。国家强大是民族复兴的前提，民富国强更是新时期赋予发展的含义。习总书记在参观《复兴之路》展览时的讲话中指出：“现在，我们比历史上任何时期都更接近中华民族伟大复兴的目标，比历史上任何时期都更有信心、有能力实现这个目标”。实现中华民族的伟大复兴，这个从我们祖上几千年的历史积淀而来、从对现代文明的期盼和希冀中而来的发展之梦，是到了冲刺、腾空一跃的关口了。

2. 追溯中国梦路线图，激扬精神

中国人民是敢于斗争、勇于牺牲的，每当民族存亡的危难关头，总是有一批又一批忧国忧民的中国先进分子和爱国志士们，为了寻求救国救民的真理，前赴后继，浴血奋战，用鲜血和生命挽救了民族的危亡。千百年来，中华儿女有多少仁人志士为了中华民族的伟大复兴，为了中华民族傲然屹立于世界民族之林，引领着我们不停地在寻梦、追梦。一代又一代仁人志士和民族英雄前赴后继，他们以“穷则独善其身，达则兼济天下”的一腔情怀，以“富贵不能淫，贫贱不能移，威武不能屈”的青云之志，以“人生自古谁无死，留取丹心照汗青”的悲壮与豪迈，以“天下兴亡，匹夫有责”使命与责任，为“天地立心、为生民立命、为往圣继绝学、为万世开太平”。从孔夫子到孙中山，从孙中山到毛泽东、邓小平，我们可以理出一条从古代的中国梦到当代的中国梦的路线图，追寻着这个路线图，我们才可以更好地理解中国梦，共筑中国梦，实现中国梦。

3. 明确目标，坚定信念

中华民族是一个拥有五千年悠久历史的伟大民族，创造了灿烂的中华文明，铸就了伟大的民族精神。英国学者安格斯·麦迪森在《世界经济千年史》中估算：中国从公元1000年开始，国内生产总值一直占到世界的五分之一以上；但这样的“老大帝国”，却是以一种屈辱的姿态进入近代史的。庆幸的是，“实现中华民族的伟大复兴，在整个二十世纪一直是中国无数志士仁人顽强追求的目标，一直是时代潮流中的突出主题。中国的革命也好，建设也好，改革也好，归根到底是为了实现这个目标。这可以说是贯穿二十世纪中国历史的基本线索”。梁启超提出了“少年中国”，孙中山喊出了“振兴中华”，李大钊呼吁为“中华民族更生再造”而奋斗，特别是习近平，发出民族振兴动员令：“面对浩浩荡荡的时代潮流，面对人民群众过上更好生活的殷切期待，我们不能有丝毫自满，不能有丝毫懈怠，必须再接再厉、一往无前，继续把中国特色社会主义事业推向前进，继续为实现中华民族伟大复兴的中国梦而努力奋斗。”

4. 众志成城，梦想成真

中国梦是数千年的积淀、近百年的回响、亿万人的渴望。中国梦成为唤起亿万人民认同的最大公约数，激发中华民族“团结如一人”的归属感和进取心，触动海内外中华儿女内心深处的集体意识。习近平说得好：“中国梦归根到底是人民的梦，必须紧紧依靠人民来实现，必须不断为人民造福。”人民要求平等参与、平等发展权利；人民呼吁社会的公平正义；人民希望学有所教、劳有所得、病有所医、老有所养、住有所居，希望有人生出彩的机会，希望有梦想成真的机会。在这样的背景下，习总书记说：我们要坚持发展是硬道理的战略思想，坚持以经济建设为中心，全面推进社会主义经济建设、政治建设、文化建设、社会建设、生态文明建设，深化改革开放，推动科学发展，不断夯实实现中国梦的物质文化基础；我们要随时随刻倾听人民呼声、回应人民期待，保证人民平等参与、平等发展权利，维护社会公平正义，在学有所教、劳有所得、病有所医、老有所养、住有所居上持续取得新进展，不断实现好、维护好、发展好最广大人民根本利益，使发展成果更多更公平惠及全体人民，在经济社会不断发展的基础上，朝着共同富裕方向稳步前进。

二、践行中国梦伟大事业，必须坚定信心，使每个人增添无限的正能量

信心比黄金更重要，践行中国梦伟大事业，务必使人民坚定信心，使国人增添无限的正能量。对于广大教师而言，就是要教育好学生，让学生增强实现中国梦的底气。《基础》课教师宣讲中国梦要突出以下三个方面内容。

1. 我们有实现中国梦的最强大的保障

首先，党的正确领导，是实现中国梦的坚强的政治保证。党的十八大报告指出，经过九十多年艰苦奋斗，我们党团结带领全国各族人民，把贫穷落后的旧中国变成日益走向繁荣富强的新中国，中华民族伟大复兴展现出光明的前景。只有中国共产党的领导，才能成就中华民族伟大复兴的光荣和梦想。其次，综合国力的提升，为实现中国梦提供了可靠的物质保证。经过30余年的改革开放和社会主义现代化建设，我国的人均国民生产总值从1978年的不到250美元，提高到2014年的7262美元，我国经济总量上升到第二位。这进一步激发了中华民族赶超世界强国的热情和不畏他国围堵、遏制而努力进取的斗志。再次，中华民族对于自身的发展道路充满了自信，对于中华民族的伟大复兴充满了信心和期待。改革开放以来的实践充分证明，中国的发展道路是符合中国实际的，是正确的。这一点，得到了世界的一致认同和广泛赞誉。从中国社会发展的实践中，人民群众充分认识到，中国特色社会主义是当代中国发展进步的根本方向。中华民族对于中国特色社会主义道路、中国特色社会主义理论体系、中国特色社会主义制度的道路自信、理论

自信、制度自信更加坚定。这是中国梦能够实现的根本动力所在。

2. 我们有实现中国梦的强大群众基础

群众是真正的英雄，人民是创造历史的动力。首先，中国人民勤劳智慧、纯朴创新，世界上有口皆碑。仅就当前而言，可以列举两个典型案例：我国劳务输出的工人在非洲修铁路公路桥梁，开采石油矿产，面对出奇炎热的天气，面对出奇凶猛的蚊虫，工人们住在自搭的帐篷里，起早贪黑，忘我工作，他们的勤奋拼搏连身强力壮的黑人都无不佩服；我国在国外做生意的商人，早开门，晚关门，节假日也不休息，西欧人、俄罗斯人在暗自佩服的同时，甚至向我们的商人抗议——你们这样拼命，谁能经营过你们，你们把我们的饭碗都夺了！其次，中华民族传承着悠久历史长河中形成的以爱国主义为核心的团结统一、爱好和平、勤劳勇敢、自强不息的伟大民族精神。民族精神，是我们生命肌体中的源泉，是奋斗路上的不竭动力，是祖国立于世界之林的丰碑。民族精神，让我们的民族充满了底蕴，让我们再一次又一次的外来文化冲击中，坚持自身独立性甚至能够海纳百川，将一切的精华吸收，将冲突与矛盾华为自身的多彩与斑斓。最后，中国人民无限信任党的领导，听从党的指挥。在我国三年困难时期，民众生活那样艰难，我们的人民仍然信任党、服从党，与党共渡难关；在十年“文革”浩劫期间，大批老干部被打倒，我们的政权仍然屹立不倒！在国企改革中，全国有上千万职工下岗，下岗职工家庭生活普遍困难，但他们仍然顾全大局，信任党和政府，相信困难是暂时的，从而维护了社会的稳定。

3. 我们有实现中国梦的行动指南

实现中华民族的复兴梦的行动指南是中国革命和建设中把马列主义与中国革命具体实践相结合的中国特色社会主义理论体系已经形成。建设中国特色社会主义即中国梦近期奋斗目标是什么，中期奋斗目标是什么，长期奋斗目标是什么，应该实行怎样的路线和方针政策，我们党早已从历史的经验中，从改革开放的运作中，从外部的教训中，得出了符合中国国情的结论，形成了一以贯之的宏伟蓝图和切实可行的路线、措施。中华民族复兴梦的目标从低到高，措施从模糊到清晰，早已全部制订。“空谈误国，实干兴邦。”现在的问题是我们的国民要按照这个目标和措施，坚定不移的逐步落实。我们党早已提出不动摇、不松懈、不折腾，顽强奋斗、艰苦奋斗、不懈奋斗的要求，坚定的不移地走下去，中国梦的目标完全可以循序渐进，稳步到达。

三、以中国梦教育引领《基础》课教学

《基础》课教学肩负着为中国特色社会主义建设事业培养建设者和接班人的历史使命，必须切合教育规律和大学生成长成才特点，与民族文化特质相融合，与时代要求相协调。将中国梦教育融入《基础》课教学活动，特别是以此引领德育工作，成为当前学校德育工作的重要课题。

1. 中国梦教育是《基础》课教育内容的充实和完善

以往我们的《基础》课教学，更多地强调宏观层面的认知，着重强调学生对国家意识形态、社会公德等宏观道德理念的接受。因此，在教育方式上，多是通过教师讲授、学生接受的单向输出方式。这一模式，成功地实现了国家主流意识形态的普及和社会道德常识的传播，具有重要的作用。但是，不可否认，由于其传授的内容与学生实际生活存在明显的距离感，更多地强调个人对国家、对社会、对他人的付出，因此，懂而不信、信而不行现象广泛存在。而从教育形式上来看，师生之间也不能形成有效的互动，停留在“言传”层面，因此学生缺乏切实的体验感，难以真正地、持久地触动心灵，学生对国家、对社会缺乏责任感，对自我言行约束意识淡薄，德育效果大打折扣，这些问题引起了广泛的关注。中国梦教育提供了理想信念教育、加强对学生行为养成的教育契机和途径。它将过去简单强调个人对国家对社会作奉献、单向付出、过于理想化的理想信念教育，变为更加关注实现个人发展，崇尚个人发展荣誉国家和民族梦想，强调你我共同拥有、共同努力、共同享有，从而提高了学生对教育内容的认可和接受程度，因而更具引导力，成为引领德育工作的重要引擎。

2. 中国梦教育融入《基础》课教学的几个环节

将中国梦教育与《基础》课教学有机融合，才能真正引领德

育工作的创新拓展。要实现这一融合，需要把握好以下环节。一是将对中国梦传播与学生个人理想相融合。每个学生都有梦想，这个梦想既有对国家和社会的美好期望，也有对个人未来的憧憬和期盼。我们要注意设计载体，通过征文、演讲比赛、主题讨论等形式，让学生与教师互动。在进行中国梦宣传教育的同时，引导学生将个人理想融入民族梦想，在实现民族梦想的同时实现个人发展、成就自我价值。这一过程，重在让中国梦落地，融入学生个人的未来设计，扎根于心灵，逐步形成新的校园文化。二是将中国梦的认知与民族文化相融合。中华传统文化源远流长，是我们共同的精神财富。对中国梦的认知要与民族优秀传统文化紧密集合。充分发挥中华优秀传统文化育德育人作用，开展“诵经典、爱中华”系列活动，引导未成年人在熟记名篇名段的基础上，积极把道德文化变成道德实践。特别是利用春节、清明、端午、中秋等重要民族传统节日，增进对传统节日文化内涵的感悟理解和对优秀传统文化的认知认同，将对中国梦的认知根植于中华优秀传统文化的土壤之中。三是将对中国梦实现与学生个人行为养成相融合。让学生认同，梦想的实现要以提高个人素质和付出辛勤努力为基础。加强知识储备，注重个人养成，学会辩证思维，做一个有用的人、做一个有道德的人。鼓励和引导他们从保持个人卫生、家务劳动、教室保洁等轻微劳动开始锻炼动手能力、增强自理自立的本领，从讲究生活礼仪、遵守学生日常行为规范开始锻炼待人接物能力、学会礼敬谦恭。从日常学习生活基础环节开始，把道德要求和行为规范，分解融入到日常行为习惯中去，培养良好的个人养成。

3. 中国梦教育应避免几个误区

进行中国梦教育，我们应特别注意避免进入以下几个误区。一是回避问题。中国梦是一个美好理想，给人以希望和振奋，但是我们不能因此而刻意回避现实中存在的一些具体问题。要注意引导学生正确地分析和认识现实问题，不怨天尤人，不自暴自弃，看到希望，看到改善，将改变现实问题融入实现中国梦的伟大理想和实践中。二是脱离实际。中国梦的生命力体现在融入个人发展、日常生活中，要努力引导学生将中国梦与个人梦想相联系、相融合、相统一，将中国梦具体为“我的梦”，防止不接地气、就梦谈梦、走入误区，丧失中国梦教育的根基。三是只想不做。要让学生懂得中国梦的实现，需要不懈地学习和成长，需要不懈地努力和奋斗。只想不做，是无法实现梦想的。要将因中国梦而激发出来的热情，转化为勤奋学习、提高自我的动力。

（作者单位：江汉大学）

从中国梦的传播看思政课改革的话语体系转换方向

胡 慧

随着高校思政课教学改革的深入，为了提高思政课教学实效性，关注思想政治理论课应该“讲怎样的话”和应该“如何讲话”的教学话语体系改革成为思政课堂教学的重要内容。从中国梦的社会化传播效应来看，无论是从话语内容、话语形式的转换，还是从话语意识的培养来说都是一次突破性的成功尝试，这给高校思政课教学话语体系的改革提供了范例和方向。

一、高校思政课课堂教学面临的话语冲突

高校思想政治理论课教师在对学生进行思想政治理论教育的过程中，其话语的说事能力和水平直接决定了思想政治理论课教学的实效性。思想政治教育是一门应用话语体现理论说服力的学问，思想政治教育话语体系作为中国特色的话语理论，是适应时代需要的产物。思想政治理论课教学主要不是知识性传授，而是政治观念和价值观念的教育，是意识形态的灌输，因此，思想政治理论课教学要围绕“接受性”来进行，教学话语的是否恰当也要根据是否有利于学生对教育内容的接受来衡量。当前，困扰着思想政治理论课教育教学工作实效性的深层症结，主要在于传统的思想政治理论课话语体系无法适应当代大学生自身的特点，这样必然会出现教学实践过程中的话语冲突。

1. 话语内容空洞拉开与大学生内在需求的距离感

思想政治理论课教学活动主要还是要通过教师的言传身教来实

现对学生的教育，而“言传”则是课堂教学的最主要形式，这就要求教师的教学话语要适当、有效。如果教师用居高临下的姿态来传达党和国家对受教者的要求和规定的，常常套用“上头的话”，一知半解，高高在上，刻板而乏味，往往容易忽略对个体的人的价值问题及人格独立性等现实问题的关注，很难引起学生的共鸣和认同老师的教育内容，这种居高临下的话语方式很难适应当代大学生的自我意识强、个性开放、行为独立的性格特点，其直接导致的结果便是“言者谆谆，听者藐藐”的这样一种尴尬局面。

2. 话语形式滞后与大学生话语体系的隔膜

作为党的思想政治理论教育的教材，所采用的话语与党和国家的“官方化”“文件化”的书面语言表达方式高度一致，具有极强的、显性的意识形态性。可以说，“文件化”话语本身就是它的学科话语的表达方式，采用其他话语形式则不能准确地表达思想政治理论教育的内容和观念。因此，学生话语与教材内容的理论话语、教师授课所采用的教学话语之间可能是完全不同的一套话语系统，学生话语与教材和教师的话语存在一定的“陌生感”和“距离感”，教师的教学话语无法在学生的头脑中产生兴奋与共鸣，交流发生困难，甚至会产生歧义和误读，一定程度上造成了双方沟通的矛盾与障碍，直接影响到教育的效果。

3. 话语权失衡凸显大学生话语权的弱势

思想政治教育活动中各主体应该合理分配与使用话语权，这是思想政治理论课完成教育目的的必要手段。在目前的思想政治理论课上，从教学常规看，教师做到了备课认真、环节完整、内容熟练、表达顺畅，可悲的是教师的“流畅”换来的却是学生的“惆怅”？在师生的话语体系中处于绝对的主宰和支配地位，牢牢地操纵和控制着学生的话语和思维。在知识讲解或传授的过程中，教师侃侃而谈、坐而论道，学生则沉默寡言、冷若冰霜。课堂成为教师表演的舞台，而非学生学习的园地，使学生的这个重要的话语主体逐渐演变成权威话语的纯粹接收者，学生的语言行为以及其中蕴涵的探索与质疑精神也随之流失，学生唯一能做的就是等待教师的“真言”。这与当代大学生的自信、喜欢质疑和独立判断的个性要求相冲突。

二、中国梦战略思想在话语转换和传播创新上的基本经验

党的十八大以来，中国梦以其通俗、亲和的表达方式赢得了中国社会的高度认同。用中国梦来描绘中华民族伟大复兴的理想，解读中国特色社会主义道路、制度、目标和前景，它表达了全中国人民共同的理想和追求；它与人民的梦想、个人的梦想紧密相连，通俗易懂，深入人心，好听、好记、好用。

1. 中国梦是一个面向人民大众的话语体系

中国梦的提出是对思想政治教育，特别是理想信念教育、爱国主义教育话语体系的丰富和创新。从表达方式上看，中国梦的大众化表达，让人感觉亲切美好，而且能够给人鼓舞与力量。它把人民幸福放在前所未有的重要地位，强调中国梦归根到底是人民的梦，体现了经济社会发展与人的全面发展的有机统一，体现了党领导的伟大事业与党的根本宗旨的有机统一。中国梦不仅表现为国家富强、民族振兴，而且表现为人民幸福。换言之，实现中国梦，目的就是要使人民幸福，让人民群众过上美好的生活。只有这样，国家富强才有精神寄托，民族复兴才有根本希望。总之，这个话语体系，用老百姓听得懂、记得住的语言，表达了中国共产党人的宗旨，也表达了中国梦的精神实质，揭示了实现中国梦就是为了实现人民幸福这一历史的真谛。

2. 中国梦是一个面向现实的话语体系

它着眼于解决现实生活中的各种复杂问题和人们思想中的种种疑虑困惑，注意调动不同社会阶层和群体的积极性，为实现伟大的梦想而凝心聚力，共同奋斗。改革开放以来，我国经济社会发展很快，创造了极大的社会财富，但财富分配并不是完全公平的，一些地方在上学、就业、社会保障等方面也并非十全十美。在深化、发展社会主义市场经济的时代背景和社会现实面前，我们确实需要倡导一种公平正义的价值观，让生活在我们伟大祖国和伟大时代的中国人民，共同享有人生出彩的机会，共同享有美梦成真的机会，共

同享有同国家和时代一起成长与进步的机会。

3. 中国梦的多元化的社会化传播渠道和方式

其一，丰富多样的叙事话语。对于中国梦的宣传，我们应该充分运用说理话语，透彻地将国家和民族的光明前景以历史叙事的方式讲清中国梦的来龙去脉，将中国道路、中国精神、中国力量的含义准确地投入到历史与现实中明白分析。在丰富多样的叙事话语类型中，以文字语言为主要表现手法的文学叙事、以视觉语言为主要表现手法的影视叙事和以听觉语言为主要表现手法的生活叙事话语，在中国梦的宣传中都可以加以运用。发挥多种艺术载体、多样化的艺术门类作用去表达、彰显、宣传中国梦。因此我们需要结合叙事手法，引发叙事者观念和立场悬置、内隐，产生对教育对象润物无声的影响。其二，学理话语与通俗话语相结合在中国梦宣传阐释的过程中，在认清受众知识水平的同时选择相应的话语传播方式。对于知识分子这个群体来说，中国梦的传播需要通过理性的认知，严密的逻辑论证，深刻的洞见，专业的、学术的形式来进行传播。因此传播的语言就要相应地使用专业、学术话语。而面对广大的人民群众，则需要以通俗化、简单、贴近生活的语言内容进行传播。但是通俗化不是绝对的简单化，也不是不注重理论本身的科学性，而是这种话语内容与人民群众的生活相关，能够用老百姓喜欢听、听得习惯、听得懂的方式将深奥的理论通俗化。通俗性话语的语言艺术是民俗化的、生活化的、“具有中国风格和中国气派的、老百姓喜闻乐见的”语言。其三，主流媒体和社会媒体全覆盖。“中国梦”作为年度热词在社会化媒体上引起强烈的反响，政务微博、媒体微博、认证个人微博、校园微博、企业微博以及普通微博等都对“中国梦”进行了广泛的涉及和传播，基本实现了微博群体的全面覆盖。在传播方式和传播策略的使用上，微博传播中原创、转发、评论等多种方式得到了广泛的运用，一定程度上提升了“中国梦”的传播效果。

三、探寻高校思政课教学改革的话语转换方向

1. 教学话语形式的生活化

增强话语的人文关怀，高校思想政治理论课教学话语体系返回生活世界，建构起基于生活世界的语言交往，开辟充满意义的语言交往的公共空间，意味着扬弃教师抽象的独语，亲民化、平实化和趣味化，在师生之间的语言交往中达到普遍性共识。首先，话语必须紧密联系大学生的实际生活，教育者应及时了解大学生的所思所想、喜怒哀乐和兴趣爱好，准确把握大学生的思想脉搏，并把这些融进话语当中。其次，其话语应充分尊重和理解大学生的情感和需求，及时关注和化解大学生在现实生活世界遇到的困惑和困难，让他们充分体验到教育者的温情与关爱，营造温馨舒适的话语氛围，从而使大学生真正认同教育者的教育理念，进而内化于心，形成独立的道德人格。最后，其话语应给予大学生以具体的生活指导，教育者应了解大学生的生活需求和对生活的不同期望，进而引导他们去创造美好的、理想的和高质量的生活。

2. 善用丰富多样的叙事话语

“天边不如身边、道理不如故事”。讲理论要接地气，主流意识形态需要经过感性的“打包”和“大小”的转换，才能真正打动青年大学生。使用青年喜闻乐见的话语体系是我们的基本功和敲门砖，构建本地化的、群众性的、富于哲理和动员力的语言系统，是我们的看家本领。我们对青年做意识形态工作，一定要学会用科学的力量、真理的力量、思想的力量来说服人，而不是拿大话、空话、套话来压人。我们应当利用自己的年龄优势、知识优势和思想优势，用鲜活的故事和朴实的话语打动青年，把主旋律像小说一样隐藏在故事和人物之中，而不是乏味枯燥的说教和灌输。我们要认识到，主流意识形态同青年价值观之间的关系是引领而不是批判，是对话而不是责骂，是寻求共识而不是诋毁压制。主流意识形态要想成为大学生信息传递和思想观念沟通的主要内容，成为在青年生活中真实而普遍发挥作用的信息权力，就必须实现主流意识形态的文字内容视觉化、理性概念感性象征化的转变，这要求我们具备讲好中国故事的能力。对于大人物，我们要讲小故事；对于小人物，我们要讲大故事；对于老人物，我们要讲新故事。

3. 教材的文本语言向教学实践话语转换

教育者在传授理论的同时，更加注重与实际的结合，换言之，教育者应该在合理运用理性话语的基础上，充实话语内容，更加注重实践话语的运用。首先，教育者可以转化语言，把党的重要文件、重要会议、历史文献等类型的语言转化为适合大学生特点的话语，这样既把握住了正确的政治教育方向，又能使大学生乐于接受。其次，可以从大学生的校园生活中提炼新话语，使思想政治理论课不断地生活化、现实化，这也是高校思想政治教育向“生活世界”回归的重要内容。再次，要从大学生的网络话语中汲取新话语。教育者可以大胆借鉴网络中的一些健康、有益的、流行的话语形式和内容，丰富其话语体系。

4. 构建对话式话语范式，实现话语权共享

首先，教师要树立民主、平等的教学观。教育者要与大学生之间保持平等的关系，以倾听、欣赏的平等姿态进行沟通、交流。其次，教师要转换角色。传统的思想政治理论课，教育者是拥有至高权威的社会代言人，教师在教学过程中扮演着的独语者、裁决者、监控者的角色。因此，教师要努力转换角色，把自己看成是众多学生中的首席，拥有和学生平等的权力，不要以教师的权威来压制学生的言论，相反，要给学生表达自己思想和观点的权力和机会，以平等关系与大学生进行心灵的对话，从而形成相互尊重、理解、信任和合作的新型师生关系，做学生的指导者、协调者、促进者和引领者。再次，营造平等的对话环境。教育者要创设宽松的对话情景和场所，来唤醒学生的主体意识，激发学生的对话兴趣，让他们愿意对话、能够对话和学会对话；用能够被学生领会、接受和理解的话语与学生交流，实现向“对话式教学”的转变。

综上所述，中国梦既是对意识形态理论话语困境的回应，也是立足时代和人民的思想引领，话语的转换和传播的创新给了思想政治教育课堂“讲什么话和怎么讲话”提供了丰富的素材和方向的指引。

（作者单位：江汉大学）

中国梦视域下大学生理想信念教育的路径选择

张才学

2013年5月4日，习近平总书记在同全国各界优秀青年代表座谈时的讲话中指出："理想指引人生方向，信念决定事业成败。没有理想信念，就会导致精神上的'缺钙'。中国梦是全国各族人民的共同理想，也是青年一代应该牢固树立的远大理想。中国特色社会主义是我们党带领人民历经千辛万苦找到的实现中国梦的正确道路，也是广大青年应该牢固确立的人生信念。"中国梦的提出，高度概括了当代大学生应牢固树立的科学理想信念，为广大青年成长成才指明了方向，也为解决当代大学生理想信念存在的问题提供了新契机和新思路。

一、"中国梦"对于大学生理想信念培育的重要意义

高校把大学生理想信念教育置于思想政治教育的核心地位。理想信念是大学生世界观、人生观、价值观的综合体现，指引着大学生成长成才的方向，是大学生实现自身个体价值的奋勇前进不竭的精神动力。一个国家、民族和社会的进步发展，都离不开其全体社会成员所贡献的力量。而大学生的特殊地位角色决定了社会发展的和前进需要大学生建立科学的理想信念。如果没有科学的理想信念，就无法形成共同的理想信念并凝聚大学生建设社会的铿锵力量。"中国梦"是一种科学的理想信念，它是我们建设中国特色社会主义精神文明的重要内容，是维系整个社会健康发展的精神纽带，因此对大学生进行"中国梦"这一崇高理想信念的教育有着

重大的现实意义。

1. “中国梦”有助于丰富大学生理想信念教育体系

“中国梦”宣传教育的核心内容包括引领人们正确解读“中国梦”、科学构筑“中国梦”、不懈追逐“中国梦”三个方面，将这三个方面内容和大学生爱国主义教育、理想信念教育以及实践能力教育有机结合起来，对于大学生积极参与“中国梦”的实现进程，在逐梦之旅中经受教育、提升素质、增长才干，成为国家栋梁具有重要作用。习近平总书记关于中华民族伟大复兴的“中国梦”的内涵博大精深，包括中国道路、中国精神、中国力量等诸多方面，其蕴含的世界观、人生观、价值观思想丰富拓展了大学生的理想信念教育体系，对于大学生的理想与信念教育具有重要现实意义。中国道路为大学生确立科学的理想信念指明了方向：中国道路即中国特色社会主义道路，具有深厚的历史渊源与广泛的现实基础，“中国梦”的“道路自信”教育足以令大学生坚信，只要我们坚定不移地推进改革开放，未来就一定会充满希望，中国特色的社会主义道路必然越走越宽广；中国精神为大学生理想信念确立提供动力支撑：中国精神是中华民族共同传承、共同依托、共同创造的文化精神与价值观念的集中体现，是中华民族生生不息和团结奋进的强大动力，“中国梦”的“中国精神”教育激励着大学生振兴祖国的必胜信念；中国力量为大学生理想信念的确立增强向心力：中国力量是全国各族人民大团结的力量，是大学生为实现自己梦想而努力奋斗的力量，“中国梦”的“中国力量”教育激励大学生将个人发展与民族复兴紧密结合，凝聚人心，形成合力，共筑“中国梦”。

2. “中国梦”有助于实现大学生的远大理想追求

“中国梦”是历史的、现实的，也是未来的，更是青年大学生所追求的幸福梦，“中国梦”作为一种理想信念，需要一代代青年人不懈地奋斗与追求。中华民族伟大复兴的伟业也必将在广大青年的接力奋斗中变为现实。加强“中国梦”的宣传教育，有助于培养大学生科学的人文精神与理性思维，对于大学生身心健康的发展有着极为重要的指导意义。同时，我们必须清醒地认识到，“中国梦”的宣传教育是激励与引领大学生勇当筑梦人的内在要求，是大学生理想信念教育内容和形式的最佳结合，将“中国梦”融入大学生理想信念教育，是国家发展进步的要求，更是青年大学生顺利成长成才的现实需要，它要求把深奥的理论内容大众化、抽象概念的通俗化，进一步增强大学生理想信念教育的实效性，促进大学生成长成才目标的顺利实现。

3. “中国梦”有助于提升大学生认知复杂形势的能力

随着政治多极化与经济全球化的日趋明显，各种思想文化相互制约、相互激荡，西方敌对势力对中国西化与分化日益加剧，我国既面临着难得的发展机遇，也面临着前所未有的挑战。而我国的改革不断深入带来了深层次的社会利益格局调整，引发了分配体系中尚未革除的体制积弊和收入分配差距的不断扩大，社会阶层和利益群体利益复杂和多元化，加之市场经济既有的负面效应，社会上的腐败现象与不良风气还在一定程度上存在等，这些都决定了要依靠大学生自身把握大局、认清形势绝非易事。“中国梦”的宣传教育有利于引导大学生坚定理想信念，保持清醒头脑，增强忧患意识，自觉抵御各种不良思想文化的渗透。

二、以“中国梦”为统领，创新大学生理想信念教育的实施路径

在中国梦的视阈下，创新大学生理想信念教育的实施路径可以从以下四个方面展开：

（一）加强主阵地建设，以中国梦引领大学生理想信念教育

作为中国高等教育的公共理论必修课，高校思想政治理论课是培育大学生科学理想信念的主渠道主阵地。加强主阵地建设，以中国梦引领大学生理想信念教育，可以从提升教师队伍素质，注重言传身教；转变教育理念，完善思想育人；丰富教育内容，坚持理论引导；开展系列中国梦主题教育活动四个方面展开。

第一，提升教师队伍素质，注重言传身教。2014 年 9 月 9 日，在第 30 个教师节前夕，习近平总书记专程前往北京师范大学进行考察并发表了重要讲话，在讲话中他对“好老师”提出了四点要

求，第一点就是要有理想信念。“经师易求，人师难得。”“师者，所以传道、授业、解惑也。”一名优秀的老师，应当是“经师”与“人师”的统一，应当既能精于“授业”、“解惑”，更能以“传道”作为自身的责任与使命。随着改革开放和社会主义市场经济的深入发展，出现了部分高校老师对中国特色社会主义国家缺乏理论认同、政治认同、情感认同的现象，这应当引起我们的高度警觉和重视。一个对中国特色社会主义永葆忠诚、怀抱理想信念的教育工作者，才能够点燃大学生灿烂的个人理想，才能够为社会培养出栋梁之材。作为高校思想政治教育工作者，首先，教师应不断提高自身素质，树立远大理想、坚定崇高信念，自觉做中国特色社会主义的坚定信仰者和忠实实践者，做社会主义核心价值观的带头践行者和传播者，为大学生树立良好榜样。其次，教师应在日常的管理和教学中主动和学生沟通交流，拉近师生间的距离，对学生在学习、生活和思想方面的困难及时疏通引导，通过自身的人格魅力和学识魅力对学生言传身教，争做学生的良师益友。在中国梦的时代背景下开展大学生理想信念教育，教师应争做“圆梦大使”，为学生传递理想信念的正能量，点燃每个大学生的“青春梦”，让学生敢于做梦、勇于追梦、勤于圆梦。

第二，丰富教育内容，坚持理论引导。高校思想政治理论课作为大学生思想政治教育的主渠道，承担着对大学生进行系统地马克思主义理论教育的任务，是大学生理想信念教育的重要途径。中国梦作为中国特色社会主义的共同理想，是对中国特色社会主义理论体系的进一步丰富和发展，有着丰富的科学内涵。刘云山在深化中国梦宣传教育座谈会上强调指出：“要把中国梦的宣传教育融入各级各类学校教育教学之中，融入未成年人思想道德建设和大学生思想政治教育之中，融入校园文化建设之中，做到进教材、进课堂、进学生头脑。”中国梦的丰富内涵与高校思想政治理论课都存在着契合点：在“马克思主义基本原理”的课程教学中，在讲到“群众在社会发展中的作用”时，可以将中国梦的人民属性贯穿于教学过程中；在“毛泽东思想与中国特色社会主义理论体系概论”的课程教学中，可以将中国梦的基本内涵、理论逻辑、实现路径等内容贯穿其中，让学生明白“实现中国梦必须走中国道路”、“中国梦是对中国特色社会主义理论体系的继承与发展”；在“中国近现代史纲要”的课程教学中，可以将中国梦的理论溯源与中国近代以来的艰辛探索结合起来，与中国共产党的光辉历程结合起来，与改革开放的开拓创新结合起来进行讲授；在“思想道德修养与法律基础”的课程教学中，也可以将中国梦渗透到爱国主义教育、道德教育和理想信念教育之中；在“形势与政策”的课程教学中，可以与党情、国情相结合，开展专门的“中国梦”教育章节。在大学生理想信念教育的过程中，中国梦作为全国各族人民的共同理想，作为广大青年的远大理想，一方面，它是实现国家繁荣富强的“强国梦”，是实现中华民族伟大复兴的“复兴梦”，是国家之梦、集体之梦；另一方面，它也是实现人民幸福的“人民梦”、实现个人全面发展的“个人梦”。以“中国梦”社会理想信念教育为核心部分，以“个人梦”个人理想信念教育为重要组成，是对当代大学生理想信念教育内容的丰富与完善。

（二）利用校园文化平台，大力推进“中国梦”主题校园文化建设

作为大学生理想信念教育的重要载体，校园文化既有内在的教育导向，同时也有潜移默化的隐性渗透功能，对大学生的价值导向、情感培养、人格塑造、行为约束等都有着重要的影响和作用。校园文化活动作为校园文化建设的一项重要内容，是大学生课堂学习的辅助延伸，是大学生理想信念教育的重要途径和有效手段。在中国梦的时代背景下，针对大学生理想信念存在的问题，通过组织开展以中国梦为主题的丰富多彩的校园文化活动，发挥校园文化的辐射作用和隐形功能，有助于增强大学生理想信念教育的针对性和实效性，帮助大学生树立青春梦想，激励他们不断成长成才。

在高校大学生中开展“中国梦”教育，要利用好校园文化平台，大力推进“中国梦”主题校园文化建设。首先，高校可以将中国梦的宣传主题融入到校园建设规划中。例如增加名人伟人的校园雕塑等，将中国梦的价值理念凝聚在校园的花草树木、道路雕塑

等景色之中，使其兼具实用功能和审美功能，提升校园文化品质，使中国梦入眼入耳，提升大学生对“中国梦”的认同感。其次，推进“中国梦”主题校园文化建设，需要加强校风、学风、班风建设。良好的校风、学风、班风，是使大学生将对“中国梦”的学习转化为自觉行动的保证。再者，应该结合当代大学生的兴趣点和兴奋点，将“中国梦”教育融入形式多样的课外活动中，如征文比赛、演讲比赛、摄影大赛、主题班会、文艺展演、影视展播、“我的中国梦”主题党团日活动等，通过组织开展丰富多彩的“中国梦”主题校园文化活动，实现“中国梦”教育的形象化、生动化、生活化，增强大学生对“中国梦”的亲近感和信任度，引导广大学生自觉把个人梦想和“中国梦”紧密结合，激励学生自觉加强专业学习，积极投身“中国梦”建设中。

（三）开设网络新课堂，以中国梦深化大学生理想信念教育

随着信息技术的飞速发展，互联网的普及与应用为大学生理想信念教育带来了新的机遇与挑战。大学生作为21世纪的“弄潮儿”，成长于信息科技的时代背景下，对网络的接触与应用已成为大学生生活学习中的重要组成部分。网络不仅是一种工具，更是大学生的一种生存方式，深刻地影响了大学生的价值观念。在“中国梦”的宣传教育以及大学生理想信念教育的过程中，高校应及时地通过多种途径建设网络新阵地、利用网络影响力、培育网络新队伍。

第一，建设网络新阵地，深化理想信念教育的辅助教育。传统的理想信念教育通常是单一僵化的自上而下的指令式传达教育，缺乏灵活性，动员效果一般。中国梦是在一个客观的新媒体时代提出的，它的宣传教育方式也应是多样化的，因此，在以中国梦深化大学生理想信念教育的过程中，占领并着力建设校园网络新阵地，已成为高校理想信念教育的新形式新领域。高校可以在校园官方网站中建立“中国梦”的专题教育网站，宣传新一届国家领导集体关于中国梦的系列讲话以及各大权威学术网站、报刊网站、专家学者等关于中国梦的系列社评，并开设红色教育、在线党校、学习专

栏、校园论坛等大学生感兴趣的栏目，及时更新维护网站，力求达到内容丰富、形式多样的效果。

第二，利用网络影响力，扩大理想信念教育的涵盖层面。网络是把双刃剑。一方面，网络开拓了信息渠道，拓展了大学生的生活方式和交流平台，开阔了大学生的知识视野；另一方面，针对网络的负面信息，首先，我们要以正面引导的方式加强大学生的网络道德意识，帮助大学生以良好的心态和正确的“三观”面对复杂的网络信息，去伪存真，明辨是非；其次，我们要充分利用网络的影响力，搭建网络学习交流平台，扩大理想信念教育的涵盖层面。以中国梦统领大学生理想信念教育，我们应充分发挥校园贴吧、BBS论坛等平台的作用，借助QQ群、微信、微博、校园网、掌上党校、手机校报、手机官方论坛等新媒体的资源平台，开展“中国梦”微媒体传播，从而深入了解当代大学生理想信念中存在的突出问题，由点及面，针对普遍存在的问题及时开展心理疏导和心理答疑。

（四）拓展社会实践平台，以中国梦创新大学生理想信念教育

参与社会实践活动，有助于加深大学生对社会、国情和人生的正确认知，认识到中国特色社会主义建设事业的伟大成就，从而坚定马克思主义和社会主义共同理想；有助于锻炼大学生不畏艰险顽强拼搏的坚毅品格，促进大学生综合全面发展、自由成长成才；有助于增强大学生的社会责任感，在生产劳动的过程中认知到个人与社会的结合点，自觉承担社会责任。习近平在阐述“中国梦”时也特别强调了“空谈误国、实干兴邦”。高校对大学生的理想信念教育不应停留于一味的理论说教，而应在大学生对中国特色社会主义共同理想、对马克思科学社会主义崇高信仰的价值认同基础上，对“中国梦”相关理论知识的认知感悟前提下，引导大学生在实践活动中践行“中国梦”。开展“中国梦”主题社会实践活动，可以形式多样，如“梦想中国”大学生志愿者行动计划、学雷锋社会实践活动、暑期大学生“三下乡”社会实践活动、科技创新活动、文艺体育活动、设计大赛、“挑战杯”大学生创业大赛，等

等。通过开展“中国梦”主题社会实践活动，让大学生在实践中体验和感受中国的发展，亲历亲见“中国梦”，感悟由千万个“中国梦”组成的民族梦、时代梦，从而提高大学生对“中国梦”的认知能力和感受能力，引导大学生自觉从身边做起，从点滴做起，自觉加强专业知识学习，不断增长才干，真正成为“中国梦”的主动践行者。

（作者单位：江汉大学）

《思想道德修养与法律基础》课教学中彰显中国梦的思考

刘学刚

2012年11月29日，习近平在参观“复兴之路”展览时提出了实现中华民族伟大复兴的中国梦，中国梦的科学内涵是：国家富强、民族振兴、人民幸福。国家富强，是指国家的综合国力进一步增强，包括经济发达、政治民主、法制健全、文化繁荣、科技进步、社会和谐、生态美好等全方位的发展和进步。民族振兴，是指中华民族具有再次处于世界民族之林的能力，能够把中华民族创造的优秀传统文化和文明成果传输给世界，并影响和改变世界，对人类做出较大贡献；同时还包括具有维护祖国统一、领土主权完整和安全的能力。人民幸福，是指人民各项权益得到充分保障，幼有所爱、学有所教、劳有所得、病有所医、住有所居、老有所养，人人共享发展成果，人人有出彩和圆梦的机会。基本内涵的内在关系是：国家富强是民族振兴、人民幸福的前提和基础，没有国家的富强就没有民族的振兴和人民的幸福；民族振兴又是国家富强和人民幸福的保障，没有民族的振兴和自信又怎能实现国家的富强和人民的幸福；人民幸福是国家富强、民族振兴的归宿和目的，国家富强、民族振兴要最终体现在人民物质文化环境生活的改善、质量的提高和社会的公平正义上。这三个方面的内涵是一个不可分割的有机统一体，缺一不可。

中国梦实质上是人民的梦。人民是我们国家和社会的主人，也是实现中国梦的伟大力量。国家富强和民族振兴也是人民的意志和愿望，人民的诉求和期盼就是我们的奋斗目标，中国梦实际上就是民族的梦、人民的梦，是我们每一个人的梦。

一、中国梦与《思想道德修养与法律基础》课的关系

《思想道德修养与法律基础》（以下简称《基础》课）是大学生公共基础必修课之一，是一门适应大学生成长和成才需要的课程，其教学任务旨在通过课堂教学以及社会实践，帮助大学生尽快地适应大学生活，提高大学生的思想道德修养和法律修养，帮助大学生树立正确的世界观、人生观、价值观，道德观、法律观，培养大学生的健全人格。该门课程具有较强的理论性和系统性，同时具有突出的自我修养性和实践性。这一课程性质决定了其必须与学生的实践参与、情感体验和自我感悟相结合才能得到最好的绩效。也就是说，要求教师在课堂传授知识的同时，将教材知识和现实生活实践相结合，使学生能够对所学的理论知识找到现实的切合点，以此来认识社会、理解社会，锻炼能力，指导实践，提高分析问题和解决问题的能力，带动自身整体素质的提高，从而为成人成才打下良好的基础。因此，中国梦与《基础》课的关系可以理解为：

首先，中国梦实现的本质要求与《基础》课的内容是相契合统一的。中国梦作为全民族的梦想，要求全社会加强理想信念教育，而《基础》的主要内容之一就是理想信念教育。中共中央、国务院下发的《关于进一步加强和改进大学生思想政治教育的意见》明确指出："新时期高校思想政治教育要以理想信念教育为核心，深入进行正确的世界观、人生观和价值观教育；以爱国主义教育为重点，深入进行民族精神教育；以基本道德规范为基础，深入进行公民道德教育；以大学生全面发展为目标，深入进行素质教育。"

其次，《基础》课在中国梦实现中承担相应的价值目标和历史使命。《关于进一步加强和改进大学生思想政治教育的意见》明确指出："大学生是十分宝贵的人才资源，是民族的希望，是祖国的未来。加强和改进大学生思想政治教育，提高他们的思想政治素质，把他们培养成中国特色社会主义事业的建设者和接班人，对于全面实施科教兴国和人才强国战略，确保我国在激烈的国际竞争中始终立于不败之地，确保实现全面建设小康社会、加快推进社会主

义现代化的宏伟目标，确保中国特色社会主义事业兴旺发达、后继有人，具有重大而深远的战略意义。”因此，理想信念是大学生的精神支柱和动力源泉。可以说，为实现中国梦而大力培养优秀人才，是《基础》课所承担的价值目标和历史使命。

再者，中国梦是《基础》课教学的主线。

中国梦是实现中华民族伟大复兴之梦，也是每位教师、每个学生在这个复兴过程中自身价值的实现之梦。每一位《基础》课的教师以高尚师德、人格魅力、学识风范教育、感染学生，做学生健康成长的指导者和引路人，使学生把个人梦想和中国梦紧密融合在一起，把个人价值与社会价值紧密结合在一起，把个人命运与国家命运紧密联系在一起，努力成为对国家、对社会、对人民有用的人才。

二、中国梦对于大学生成人成才的意义

（一）中国梦引导大学生确立科学的人生理想

当代大学生人生理想的确立需要中国梦的指引，如习近平总书记在同各界优秀青年代表座谈会上所指出的：“理想指引人生方向，信念决定事业成败，没有理想信念，就会导致精神上缺钙。”中国梦是全国各族人民的共同理想，也是青年一代应该牢固树立的远大理想，也是广大青年应该牢固确立的人生信念。当代大学生正处于人生发展定向的关键阶段能否选择和确立科学的人生理想，是关系到未来走什么路！做什么人！大学生的人生重大问题就要正确认识和深刻理解当代中国的社会现实和基本国情，并以此为基点设定人生的奋斗目标和努力方向，否则就可能会南辕北辙。

（二）中国梦提供大学生成长成才的人生动力

在当代大学生的成长成才过程中，实质上就是自觉地将个体的成长成才融入中华民族复兴的洪流伟业之中，在为中国梦努力奋斗的历程中实现自我的人生价值。因为“得其大者可以兼其小”只有把人生理想融入国家和民族的事业中，才能最终成就一番事业。

（二）中国梦明确大学生服务祖国的责任担当

中国梦不能靠做梦实现，理想也不能靠冥想达成，一切怀抱远大理想的青年大学生，其人生发展与价值实现都必须植根于祖国繁荣强大的沃土之上，服务祖国是每一个公民，当然也是青年大学生义不容辞的责任担当。大学生珍惜宝贵的青春，以爱国之情，强国之志，报国之才勇敢担当起建设国家的使命，才能让青春焕发出绚丽的光彩。

三、《基础》课教学中如何彰显中国梦

（一）中国梦视阈下的教学原则

1. 坚持理论教学与实践教学相结合的原则

教育家卢梭说："千万不要干巴巴地同年轻人讲什么理论。如果你想使他们懂得你所讲的道理，你就要用一种东西去标示它。应当使思想的语言通过他的心，才能为他们所了解。"

理论教学是传统教学方式，在教学有着重要的作用。但对于感性意识更强的当代大学生来说，还需要他们体验式参与。在体验中真正感受中国梦是实实在在的，是与自身息息相关的。这样既体现了学生的个体性，也有助于发挥学生的自主性。

2. 坚持主体性与发展性相结合的原则

坚持主体性原则，就是在教学中让学生变被动为主动，改变教师与学生之间"主体—客体"的关系为"主体—主体"关系，发自内心地把个人理想与实现民族伟大复兴的梦想相结合。同时，还要坚持发展性原则，就是在鼓励大学生参与的同时，不断促进学生发展，并帮助学生确立个人目标，而且可以朝着这个目标去发展，并能够实现目标。

3. 坚持课堂平台与网络平台相结合的原则

据中国互联网络信息中心《中国互联网络发展状况统计报告》数据显示：青年学生已经成为中国互联网最大的用户群体。这其中，高校大学生99%以上都接触过互联网，而且其中50%以上的

大学生经常上网。因此要善于通过校园网、微博、微信、博客、QQ 群等引导大学生开展广泛的交流、讨论，增强大学生的自我学习能力，把教学延伸到网络，使两者有机的结合起来。

（二）中国梦视阈下的教学路径

1. 教学理念上以生为本

要充分尊重和发挥学生的主体性，激发他们的责任意识，积极发挥学生的自主性，必须以发展学生整体素质为第一要义，营造师生平等的教学环境。当今社会最大特征之一就是信息通过互联网和大众传媒广泛传播，教师和学生对信息的获取处于相对平等的地位，传统的教师教、学生学的教学关系发生了改变。教师的身份应该从原有的知识传授者和信息传播者转向与学生地位平等的新知识学习者、帮助学生理解知识的引导者以及与学生共同探讨知识的合作者。教师的教学要从“教”向“学”转变，通过“实现教学过程从信息单向流动向双向交流转换，从单一的授受模式向构建学习共同体转换”，来实现教学重点从“教”向“学”转变，从而形成教学相长的良好生态。

2. 教学目的上提升学生个人理想的层次

课堂中的教学，实际上是师生间的梦想互动与梦想启发的过程，正确的教学目的带来的必将是师生间梦想的有效互动与启发。首先，引导大学生自觉从身边做起，从点滴做起，自觉加强个人修养，不断增长才干，真正成为中国梦的主动践行者。其次，让学生“逐渐自求得之”，在学习中“自奋其力，自致其知”，把外在要求通过与个人梦想的有机结合，最终内化成指导自身实践的信念，不断提升个人的理想层次与境界。

3. 教学内容上拓展中国梦的现实性

教学内容是教学活动取得良好效果的前提和基础。依托课堂教学必须不断丰富课堂教学内容，拓展教育内涵。一要针对课程的性质与特点，在其教学内容中有机融入中国梦，凸显中国梦，从而帮助学生全面把握其科学内涵、实现路径和精神实质。从而激励学生播种梦想、点燃梦想，把“个人梦”融入到实现中国梦的奋斗中。把个人梦想与民族复兴的中国梦有机结合起来，二是大学生的梦想追求不是一蹴而就的，它是一个循序、反复和渐进的过程。在追求理想的过程中夯实大学生更强的内在素质，不断地完善现实中的自我，通过课程的学习提升自己的综合能力。为将来适应社会打下目标基础、价值基础、人格基础和德性与法律基础。

4. 教学、评价方法上创新思维与手段

根据当代大学生个性鲜明、自我意识强、思维开阔的特点，首先应改变以往居高临下的“说教式”教学，而是采取互动交流的“参与式”教学，转变教师与学生的主客体关系，调动大学生学习的积极性、主动性。采取多种教学方法，如问题教学法，情景模拟教学法，讨论辩论教学法，角色扮演法，学生 DIY 授课法等。再次，改变以往主要依靠卷面考试的方式，采用卷面考试和能力考核、日常课堂相结合的评价方式，只有这样才能使教育在入课堂的同时，能够使大学生入脑、入心。

5. 教学过程中营造和谐的情景与氛围

教学情景与氛围是课堂教学必需的，是一定因素构成的外在环境。要吸引学生的注意力，激发学生的兴趣，教师有目的的引入、创设一定的生动具体的场景，激发学生思考、解决问题的强烈愿望，从而帮助学生在感性认识的基础上达到学生想学，愿学和主动学的目的。可以有多种方法来实现，如导语创设、图片创设、视频影像创设等。这样的课堂能够发挥教师和学生双方的积极性。共创和谐、愉悦的教与学。

结　语

大学生是祖国的未来和民族的希望，对中国梦不知，则不信，不信，则不立，不立则无法践行。而“基础”课是大学生知梦、信梦、践行梦主要纽带之一，只有紧扣中国梦的时代内涵，通过课堂教学不断增强“中国梦”对大学生的吸引力、感染力、影响力，才能引导他们为实现国家富强、民族复兴、人民幸福的伟大中国梦而发奋学习，不懈奋斗。

（作者单位：江汉大学）

中国梦融入高校思想政治教育的意义和途径

熊腊仙

党的十八大以来，中国梦已然成为备受关注的主流话题之一，习近平总书记关于中国梦的深情阐释，引起了广大民众对自身责任感和使命感的关注。大学生作为社会潜在的知识群体，承担着践行中国梦的重大使命。因此，对大学生进行中国梦的教育有极其重要的意义，高等学校应该积极将中国梦教育融入大学生思想政治教育的全过程之中。

一、中国梦融入高校思想政治教育的意义

（一）有利于大学生对中国的历史与现实的正确认识

中国梦是现阶段中国人对中华民族光明前途的一种情感表达和理性概括，既浸透着历史的苦难与沧桑，又散发着时代的气息与愿景。在100多年前，中国的有志之士，梦想着有一天中国能够实现复兴，提出了中国梦想的问题；中国共产党成立以后，直到建立了新中国，再到改革开放，中国人一直没有放弃实现中华民族伟大复兴的梦想，因此，中国梦的概念可以说是有着深刻的历史根源和文化渊源的。当前，虽然中国取得了较大的进步与成就，但是中国的基本国情依旧是处于并在未来很长的一段时间内都将处于社会主义初级阶段。随着改革开放的不断深入，在科学发展的过程中出现了越来越明显的障碍与矛盾。所以，中国梦既蕴含着深厚的历史文化背景又包涵着鲜明的时代特征。在高校思想政治教育中融入中国梦

能帮助大学生对中国的历史与现实进行正确的认识，引导大学生不断努力，推动中国梦的实现。

（二）有利于大学生树立坚定的社会主义理想信念

中国梦与大学生理想信念之间存在着价值观上的内在一致性，中国梦为大学生理想信念带来正能量，可以从思想领域、文化培育、实践成才三个方面强化理想信念，引导大学生坚定信仰、凝聚梦想、成为中国梦的传播者和践行者。当前，我国正处于社会转型期中，社会思潮与价值观念都呈现出多元化发展的趋势。因此，中国梦融入到高校思想政治教育中能够帮助大学生弘扬理想，把实现个人梦的奋斗融入到实现中国梦的奋斗当中，为社会主义现代化建设奠定思想基础。

（三）有利于大学生树立正确的价值观

价值观代表一个人对周围事物的是非、善恶和重要性的评价。价值观不但影响个人行为，还影响群体行为和整个组织行为，并最终影响到国家的发展。党的十八大报告首次以 12 个词概括了社会主义核心价值观：“富强、民主、文明、和谐，自由、平等、公正、法治，爱国、敬业、诚信、友善。”因此，大学生用正确的价值观引导自己的行为，自觉为中国梦的实现贡献自己的力量的过程中，高校德育教育正是将中国梦与社会主义核心价值观有机结合，对大学生进行引导，从而使大学生最终形成正确的价值观。

（四）有利于大学生对中国特色社会主义理论体系的深刻理解

中国特色社会主义理论体系是与马克思主义、毛泽东思想既一脉相承又与时俱进的科学理论体系，中国梦反映出了当代中国在发展过程中的客观需求，实现了中国特色社会主义理论体系的丰富与发展。中国梦的提出为中国特色社会主义理论体系注入了新的内涵，中国梦融入到高校思想政治教育中，能够引导大学生对中国特色社会主义理论体系的深刻理解。

二、大学生中国梦教育目前尚存在的问题

一是从教育主体上来看，教育工作者对中国梦的理论研究不够，对中国梦学习的重要性认识不够，有应付心态，学习中存在很大的局限性，局限于写文章、讲课、和会议等的需要，这样，教育工作者难以承担对大学生中国梦的教育。

二是从教育过程方面来看，教育形式大于内容，运动性教育多于常规性教育；在教育内容上，其内容体系与其他思想政治教育内容、公民教育等整合不够，与其他学科教育整合不够；在教育环境建设上，校园文化环境建设不足，网络环境净化不理想，这就导致中国梦在大学生群体中的认同教育没有一个良好的校园文化环境、网络环境和文化环境。

三是从教育客体来看，学生对中国梦的认识水平与中国梦的理论高度深度不平衡；学生社会诉求与中国梦实现的现实情况之间不对称；学生对中国梦的学习动力不足。

四是从效果上来看，大学生中国梦教育理论和实际相结合的紧密度还不够，中国梦教育的内容和途径缺乏一定的针对性和实效性。社会对高校中国梦教育工作的支持和关注度不够。这方面主要是指在高校开展中国梦教育工作中，国家和社会投入的人力、物力和财力不够，这在一定程度上影响了高校中国梦教育的实效性。

三、大学生中国梦教育的有效途径

（一）加强高校师生对中国梦理论的学习和研究

首先是加强教育工作者尤其是思想政治理论课教师自身中国梦的理论学习和研究，在此基础上形成一支理论水平高的骨干教师队伍，由他们对普通教师进行中国梦的宣讲和辅导，从而，提高整个教师的理论水平，马克思曾说过：“理论只要说服人，就能掌握群众。”因此，为了使大学生对中国梦的理论有深入的认识和领悟，教育者有必要对中国梦的理论率先积极认真的学习和领会。

其次，提高大学生对中国梦的理论学习的重视。理论知识不可

能不学而知、不教而会的，因此需要通过各种不同方式和途径对大学生进行相关的理论教育，使大学生在头脑中将这一思想确立起来，中共中央十六号文件《关于进一步加强和改进大学生思想政治教育的意见》指出，“一些大学生不同程度地存在政治信仰迷茫、理想信念模糊、价值取向扭曲、诚信意识淡薄、社会责任感缺乏、艰苦奋斗精神淡化、团结协作观念较差、心理素质欠佳等问题。”当前，急需加大对中国梦的理论研究和学习，引导当代大学生认同中国的国家层面、民族层面和社会层面的意义以及自我价值的认同，以中国梦认同和践行来不断提升大学生的国家认同、民族认同和自我认同感。

（二）利用新媒体营造中国梦学习的良好氛围

新媒体是一个相对的概念，是报刊、广播、电视等传统媒体以后发展起来的新的媒体形态，包括网络媒体、手机媒体、数字电视等。新媒体亦是一个宽泛的概念，利用数字技术、网络技术，通过互联网、宽带局域网、无线通信网、卫星等渠道，以及电脑、手机、数字电视机等。高校在思想政治教育体系中要重视新媒体的作用。新媒体具有开放、隐蔽、迅捷、平等等特性，使人们的认知方式从根本上发生了变化。在中国梦的学习过程中，新媒体的应用能够为其提供新的视角、理论与方式。同时，新媒体能够与大学生的特点进行融合，激发大学生的积极性与创造力。在高校思想政治教育工作中，要将国家要求作为中国梦思想与行动的最终落脚点，实现中国梦力量的汇聚，实现社会主义核心价值观的倡导与践行。利用新媒体营造中国梦学习的良好氛围，利用新媒体实现对中国梦理论方面的宣传、政策方面的引导，提高思想政治教育的效率。

（三）教育内容和目标上，注重中国梦的教育与大学生思想政治教育、心理健康教育、就业教育等结合

构建起中国梦为主导的学生教育内容体系；教育模式与方式上，注重实践教育与理论教育模式结合，注重网络教育与传统课堂教育模式相整合。与传统的课堂教育、校园文化教育、课外活动互

动共进；同时，注重开展师生互动的对话式教育模式；根据学生群体的不同特点，注重差异化教育，积极探索个性化教育模式和方式；坚持理论教育引领的前提下，要特别注重中国梦认同教育的体验式教育方式的采用，以此不断增强高校中国梦教育的影响力和吸引力。注重大学生教育环境的建设，为中国梦宣传教育提供良好的文化、道德的生态型环境。将中国梦的内涵和价值注入到校园物质层面、精神层面和制度层面的文化建设中。

（四）利用专业课教学提高大学生中国梦实现技能

在中国梦的实现过程中，人才是最为坚实的基础，而高校的教学目标就是实现人才的培养。随着高校“人才培养计划”的实施，高校专业课教学在高校教学中的地位不断提高。人才具备了高标准的专业技能之后才能够促进中国梦的实现，因此需要发挥高校专业课的优势，提高大学生的专业技能与综合素质。在专业课教学过程中，首先要实现中国梦与专业知识之间的有机结合，激发学生的学习兴趣与积极性，提高大学生的综合素质，让大学生在就业竞争中能够突出优势；其次要通过专业课教学帮助大学生掌握中国梦实现技能，实现专业课教学与思想政治教学的有效衔接，一方面提高学生对专业知识的理解与掌握，另一方提高学生的学习效率。

（五）利用思想政治理论课教学充实大学生中国梦知识

当前，国内外的社会意识形态都呈现出多元化发展的趋势，实现中国梦融入到高校思想政治理论课教学中将成为具有重要意义的课题。在大学生思想政治教育工作中，思想政治理论课课堂教学作为主渠道，发挥着普及传播、教育引导与理论构建、价值实践等功能，在大学生思想政治理论课课堂教学中融入中国梦能够使其在课堂中得到实践。第一步，要对中国梦的意义、内涵与要求进行深入的宣传，从理论与实践两个方面对中国梦与其他梦想之间的关联进行区分，对中国特色社会主义道路的必然性进行论证。第二步，对当前实现中国梦的具体路径进行科学解读，中国梦的实现中包含了各个阶层、领域中个体的自身利益，在实现的过程中具有强大的活力。第三步，对中国梦与大学生成才之间的关系进行深入宣传，实现大学生与国家、民族前途的紧密联系，树立大学生的责任感与使命感，坚持不懈地实现中国梦。

（六）利用形势政策报告深入大学生对中国梦的了解

我国正处于改革的攻坚时期中，面临着许多越来越复杂的问题，如果对现实出现了错误的理解与判断，将会出现很多错误的言论。当前，外界对中国梦存在着较多的误读，阻碍了大学生对中国梦历史与现实的了解。高校可以通过形势政策报告，让大学生对当前改革开放与经济发展的成就、变化等进行深入的了解。通过报告会宣传中国梦的背景、意义及相关政策等，提高大学生对中国梦的理性认识。

总之，对大学生进行中国梦教育是建设社会主义核心价值体系的必须，是培养中国特色社会主义事业合格建设者和接班人的客观要求，是引导大学生抵制错误思潮、坚定理想信念的现实需要。对大学生进行中国梦教育有助于促进我国大学生综合素质的提高，有助于大学生树立中国特色社会主义共同理想信念，承担起实现国家繁荣、民族复兴的重任，充分发挥其主力军的作用，所以，我们对大学生进行中国梦教育可谓势在必行！

（作者单位：江汉大学）

增进价值认同　共铸中国梦想

——用中国梦引领大学生思想政治教育工作

张小秋

2013年5月4日，习近平总书记同各界优秀青年代表座谈会指出："中国梦是我们的，更是你们青年一代的。中华民族伟大复兴终将在广大青年的接力奋斗中变为现实。"[1]充分表达了对青年大学生担负起实现中国梦的历史重任的殷切期盼，如何让中国梦在青年大学生的思想中生根发芽，不断提升大学生对中国梦的价值认同并使之为实现中国梦努力奋斗，是高校思想政治教育工作面临的一个重要课题。

一、中国梦的实现需要形成价值共识和价值认同

习近平总书记指出，"实现中国梦必须走中国道路"，"实现中国梦必须弘扬中国精神"，"实现中国梦必须凝聚中国力量"，"中国梦归根到底是人民的梦，必须紧紧依靠人民来实现"[2]。什么是中国梦？中国人民大学任剑涛教授认为，中国梦"为实现个人愿景提供一个良好平台，这个平台不仅能维持国家稳定、社会安宁，提供个人奋斗的目标，最为关键的是，能够维持国家的健康发展"。[3]这样一个中国梦的实现需要我们在坚持正确道路的前提下，依靠全国人民的共同努力来实现，这取决于国家有没有凝聚力、人民有没有创造力。而国家的凝聚力和民族的创造力又来源于共同价值体系的构建及价值共识的形成。任剑涛教授也认为，"一个国家如果没有形成现代价值共识，形成常态的社会价值氛围，建立有序的价值规则，国家的未来发展势必令人担忧"。对整个国家发展来

讲，仅仅用社会的多元价值来支撑发展和进步，是不够的。在国家层面上的价值整合越有效，越能够激发整个民族的创造力和认同心理。[3]

价值共识的形成是实现中国梦的重要思想基础，中国梦是中华民族的复兴梦和共同理想，更应该成为青年大学生的精神引领和奋斗目标。用中国梦引领高校思想政治教育工作，不断增进大学生对中华民族伟大复兴中国梦的价值认同，引导他们树立正确的世界观、人生观、价值观和择业观，树立科学的理想信念，使青年大学生真正成为实现中国梦的生力军。

二、大学生对中国梦的价值认同现状分析

（一）认同与价值认同

1. 关于认同的概念解析

“认同”是精神分析学派自我防御机制中的概念，弗洛伊德把“认同”看做是“自我将环境中的现实对象与本我对满足需要之物的想象相对应的过程。他也把这一概念用来描述个人通过接受模范人物的行为、风格和特征来增强自己的趋向”。[4]也有学者认为，认同是由社会学发展起来的一个重要概念，它有个体和社会两个不同层面的含义。“在个体层面上，认同是指个人对自我的社会角度或身份的理性确认，它是个人社会行为的持久动力。”“在社会层面上，认同则是指社会共同体成员对一定信仰和情感的共有和分享，它是维系社会共同体的内在凝聚力。”[5]

2. 关于价值认同的不同理解

对于价值认同，学术界有不同的理解：第一种观点认为，价值认同是指个体或社会共同体通过相互交往而在观念上对某种价值的认可和共享，是人们对自身在社会中的价值定位和定向，并表现为共同价值观念的形成。第二种观点认为，价值认同即是指价值主体不断改变自身价值结构以顺应社会价值规范的过程，它体现出社会成员对社会价值规范的一种自觉接受、自觉遵循的态度。第三种观点认为，价值认同有两个层面的含义：“一指人类共同的追求，即

为人类所共同接受，具有全人类普遍性，超越了具体国界、民族、主体的共同价值，有学者称之为‘普世价值’。二指在世界范围内的主导价值，即在一个多层次、多样性的价值体系中居于核心地位，起导向作用的价值。前者的认同是平面的、完全一致的认同；后者的认同是以差异为基础的立体的认同。而无论哪个层面的价值认同，其共同含义都在于：人们在自己的社会实践活动中能够以某种共同的价值观念作为标准规范自己的行动，或以某种共同的理想、信念、尺度、原则为追求目标，并自觉内化为自己的价值取向。”[6]第四种观点认为，价值认同作为一个过程，“是价值主体之间通过变化着的关系（对话、交往、混乱）使自身的价值观念或价值结构获得重新定位和重新调整的过程”。[7]

3. 本文对价值认同的界定

尽管学术界对价值认同有不同的理解，但是总的来说，价值认同是一个动态变化的过程，它不仅可以作为某种观念、理论而被理解和运用，同时也可以作为某种价值实践活动而表现为一定的行为和实践选择。本文从心理学和哲学价值论的角度来理解，价值认同是指价值主体通过价值认知、价值评价、价值选择等活动不断改变自身价值结构，把一定社会的价值观念、价值规范内化为自身的价值取向，并外化为一定的价值行为的过程。在笔者看来，从心理学、思想政治教育学以及价值哲学的角度来理解，价值认同一般要经历认知认同、情感认同和行为认同三个阶段。认知认同是价值认同的基础；情感认同是对认知认同的进一步强化和巩固，是价值认同的重要环节；行为认同是价值认同的根本目标和落脚点。[8]

（二）大学生对中国梦的价值认同现状

总的来说，青年大学生对中国梦的价值认同度较高。绝大多数大学生积极关注有关中国梦的宣传教育，加强自身学习并充分了解中国梦的相关内容；多数大学生对中国梦具有积极的情感认同，对中国梦的实现具有充分信心；但是部分大学生还不能把中国梦与个人梦有机统一起来，行为认同层面具有较大提升空间。

1. 大学生对中国梦的认知认同程度较高

普通心理学认为："认知（cognition）指人们获得知识或应用知识的过程，或信息加工（information processing）的过程，这是人的最基本的心理过程。它包括感觉、知觉、记忆、想象、思维和语言等。"[9]在价值哲学的层面上，价值认知是与价值评价相区别的价值认识的一种形式，它是指通过认知的方法获得价值认识的过程。[10]在人们接受一定的价值观念并产生价值认同之前，人们首先要对其有一些简单的认知，所以说认知认同是价值认同的基础。大学生对中国梦的认识、了解是实现对其价值认同的重要基础和根本前提。调查显示，97.5%的大学生都知道中国梦，93%的大学生愿意积极关注中国梦，77.3%的大学生都能够准确说出中国梦包含"国家富强、民族振兴和人民幸福"三个方面。[11]由此可见，大学生对中国梦的感性认知程度较好。

2. 多数大学生对中国梦具有积极的情感认同

情感认同是指在对一事物有了深刻全面的了解的基础上在情感上对其产生的满意、喜爱以及肯定的态度，它一经形成，就会对认知认同有巨大的强化作用。[8]所以，大学生对中国梦的情感认同也同样是产生在对其认知的基础上，是对认知认同的进一步强化和巩固。调查显示，近半数的大学生认为中国梦的提出有助于思考人生价值和奋斗目标，超过半数的大学生认为中国梦能够促进自我努力和积极上进，90%以上的大学生认为中国梦的提出对于当今中国的发展具有重要意义，80%以上的大学生对实现中国梦充满信心。[11]由此可见，大学生对中国梦具有积极的情感认同。

3. 大学生对中国梦的行为认同有较大提升空间

在认知认同和情感认同的基础上，大学生无论在理智上还是在情感上都对中国梦产生了认同，而最重要的是找到中国梦与个人梦的契合点，以中国梦引领个人梦，在为实现中国梦的奋斗中实现个人理想和人生价值，从而真正实现对中国梦的行为认同。调查显示，94.3%的大学生认为中国梦与个人梦在本质上是一致的，35%的大学生有明确的梦想和具体的计划，37.4%的大学生有梦想但没有详细的计划，近23%的大学生没有明确的梦想。[11]在大学生的个人理想中还存在较为明显的重物质追求轻精神生活的现象，不能用中国梦引领个人梦，行为认同有较大提升空间。

三、增强大学生对中国梦的价值认同的思考

通过以上分析，大学生对中国梦的认同程度较高，但也存在一些问题。对此，我们应该以中国梦统领大学生思想政治教育工作，加强中国梦的宣传教育，引导大学生准确把握中国梦的基本内容和精神实质；同时不断创新教育方法，通过多种途径增进大学生对中国梦的价值认同，提高高校思想政治教育的实效性。

（一）加强宣传教育，引导大学生准确把握中国梦的基本内容和精神实质

2012年11月29日，习近平总书记在新一届中央领导集体参观《复兴之路》展览时指出，“实现中华民族伟大复兴，就是中华民族近代以来最伟大的梦想。”这一时代解读，既饱含着对近代以来中国历史的深刻洞悉，又彰显了全国各族人民的共同愿望和宏伟愿景，为党领导人民开创未来指明了方向。他在十二届全国人大一次会议闭幕式上发表重要讲话，又一次提出了中国梦的伟大命题，指出，“实现全面建成小康社会、建设富强民主文明和谐的社会主义现代化国家的奋斗目标，实现中华民族伟大复兴的中国梦，就是要实现国家富强、民族振兴、人民幸福”。

习近平总书记对中国梦的解读，深入人心，集中彰显了当代中国共产党人高度的道路自信、制度自信和理论自信。它不仅是中华民族的复兴之梦和富强之梦，更是每一个炎黄子孙追求幸福生活的梦想，是国家梦、民族梦和人民梦的有机统一。首先，国家富强是实现中华民族伟大复兴中国梦的中心任务。中国的历史充分说明，只有国家富强了，人民才能有尊严、有机会追求个人梦想和幸福生活。其次，民族振兴是国家富强的重要标志和人民幸福的重要保障。最后，人民幸福是中国梦的最终落脚点和根本归宿。历史唯物主义告诉我们，人民群众是历史的创造者，实现中华民族的伟大复兴从根本上讲还是为了人民，使全体人民共享中国改革和发展的文明成果。正如习近平总书记所说，“中国梦归根到底是人民的梦，

必须紧紧依靠人民来实现”[2]。增强大学生对中国梦的价值认同，首先就要不断加强对中国梦的宣传教育，引导大学生准确把握中国梦的基本内容和精神实质，找到个人梦和中国梦的契合点。

（二）以中国梦统领大学生思想政治教育，不断创新教育方法

增强大学生对中国梦的价值认同，要在准确把握中国梦的基本内容的前提下，不断创新教育方法，注重把灌输教育与自我教育、自我修养相结合，注重价值理论教育与价值生活实践相结合，不断提高思想政治教育的实效性。

1. 注重灌输教育与自我教育、自我修养相结合

加强对大学生进行中国梦的灌输教育，首先就要牢牢把握大学课堂这一主阵地。有调查发现，大学生通过课堂教学了解中国梦的比例仅占16.10%，这说明课堂作为大学生思想政治教育的主渠道和主阵地并没有发挥应有的作用。一方面，思政课教师要能够准确把握中国梦与思政课的内在契合点，把中国梦教育充分融入到课堂教学中。例如，在《中国近现代史纲要》课程中，通过对中国近现代史的学习把握中国梦的历史渊源和发展脉络；在《马克思主义基本原理》课程中，引导大学生领会中国梦的历史必然性；在《思想道德修养与法律基础》课程中，引导学生把握个人理想与社会理想的关系，理解中国梦对大学生成长成才的重要意义，增强大学生对中国梦的理论认知和情感认同，进而达到对中国梦的行为认同。另一方面，高校哲学社会科学相关课程也应该成为中国梦宣传教育的有效阵地和重要平台，从而真正实现中国梦教育进课堂、进教材、进头脑。但同时，我们也应该意识到，灌输教育的有效性离不开受教育者的能动性的发挥。价值认同是受教育者的知、情、信、意、行在更高水平、更高层次上的协调。因此，在价值认同教育中，要高度重视大学生的主观能动性的发挥，使其在接受灌输教育的同时，充分发挥自我教育的作用，在自我意识的基础上，通过主体的自我认识、自我评价、自我监督、自我调适等，主动地接受中国梦的宣传教育，形成价值认同。所以，在教育过程中，我们要把灌输教育与自我教育很好地结合起来，提高教育实效。

2. 注重价值理论学习和价值生活实践相结合

在形成价值认同的过程中，价值理论学习和价值实践活动也是相辅相成、相互促进的。理论的学习和实践的教育互为补充，理论教育以实践教育为基础，强化了理论教育的实践环节；实践教育以理论教育为前提，强化了理论教育对生活实践的指导。所以，要把价值理论学习和价值生活实践有机地结合起来，增进教育效果，促进价值认同的实现。一方面，要注重加强大学生对中国梦的理论学习，使当代大学生明白何为中国梦，理解中国梦的基本内容及其精神实质，把握中国梦和个人梦、社会理想与个人理想的关系，领会中国梦对自身成长成才的重要意义，在价值认知的基础上，形成价值认同，自觉地用中国梦作为个人梦的行动指南，在为实现中国梦努力奋斗的进程中实现个人梦想。另一方面，要加强对大学生的价值生活实践教育，在实践活动中深化价值认知，进而形成并强化价值认同。价值生活实践教育就是通过参加具有一定价值内涵和价值意义的实践教育活动，如：社团活动、劳动教育、社会服务活动等，使受教育者在实践活动中接受价值教育，形成正确的价值判断，树立正确的世界观、人生观、价值观，深化对中国梦的理解和认同。以校园文化活动为载体，以社会实践活动为依托，增强中国梦教育的生动性，提升大学生对中国梦的行动自觉性。通过实践活动，大学生能够更加真切地感受到中国梦的意义和价值，从而把对中国梦的感性认知上升到理性认知层面，真正做到知行统一，将民族复兴的需求与个人梦想的实现有机统一起来，加深对中国梦的行为认同，提升大学生对中国梦的价值认同度，凝聚中国力量，共铸中国梦想。

注释：

［1］习近平：《在同各界优秀青年代表座谈时的讲话》，载《人民日报》2013 年 5 月 5 日。

［2］习近平：《在第十二届全国人民代表大会第一次会议上的讲话》，人民出版社 2013 年版。

［3］任剑涛：《价值共识与国家进步》，载《武汉宣传》2013 年第

7 期。
[4] 李德顺：《价值学大词典》，中国人民大学出版社 1995 年版。
[5] 汪信砚：《全球化中的价值认同与价值观冲突》，载《哲学研究》2002 年第 11 期。
[6] 贺善侃：《经济全球化背景下的价值认同与冲突》，载《毛泽东邓小平理论研究》2003 年第 5 期。
[7] 刘芳：《全球化时代的价值认同》，载《甘肃理论学刊》2004 年第 5 期。
[8] 李斌雄、张小秋：《大学生对社会主义核心价值体系的认同研究》，载《思想政治教育研究》2007 年第 4 期。
[9] 彭聃龄：《普通心理学》，北京师范大学出版社 2004 年版。
[10] 王玉樑：《价值哲学新探》，陕西人民教育出版社 1993 年版。
[11] 马静：《大学生对中国梦价值认同度的调查分析》，载《实事求是》2015 年第 2 期。

（作者单位：江汉大学）

法治中国梦背景下大学生法律素质的培育

水　晶

2012年11月29日，中共中央总书记习近平在国家博物馆参观“复兴之路”展览时，第一次阐释了中国梦的概念。他指出，实现中华民族伟大复兴，就是中华民族近代以来最伟大的梦想。中国梦的内涵是开放的、多元的，既包括了民族复兴、国家强盛之梦，也包括生活幸福、人生出彩之梦。虽然中国梦的内涵并没有一个一成不变的答案，但毋庸置疑，中国梦蕴含着一项中国人共同的追求——保证人民群众平等参与、平等发展之权利，实现人民群众追求公平正义、自由和尊严之梦想，即法治的中国梦。法治中国既是中国梦的内在要求，更是中国梦实现的重要保障。在法治中国梦的实现过程中，国家强制力只起到防御性保护的作用，而民众的法律素质，对法律自觉的认同和推崇，全社会所形成的法治精神才是实现良好法治氛围的内在动力。法治中国梦要求法律被人们信仰，从其规则到其本质都必须契合人们的精神需求和人文关怀。法治中国梦把最大限度地实现人的权利作为一种文化，用权利文化来滋养我们的制度。当规则由外在的影响转化为内心的体验，逐渐形成一种法律意识和法律情感，当法治情怀、权利意识逐渐渗透到人们的血液中，成为人们稳定的生活方式，当人们真正认识到法律赋予的权利，认同法律创设的义务，法治便不再是梦想，而切实成为保障“人民共享人生出彩机会”的基石。

大学生是青年群体的重要组成部分，也是当今社会最年轻、思维最活跃的一个青年群体，是实现中国梦的重要力量，也担负着实现法治中国梦的伟大历史使命。法治中国梦的实现，尤其需要提高当代大学生的法律素质。社会主义法治国家的建设和大学生法律素质的培育密切联系，不可分割。大学生法律素质的培育是社会主义法治国家建设的重要手段；社会主义法治国家建设是大学生法律素质培育的制度保障。因此，要将大学生法律素质教育融入社会主义法治国家建设进程之中，大学生法律素质教育为推进民主法治建设夯实了牢固的思想基础，有助于增强公民的法律意识，有利于监督国家公权力，保证国家公权力的合法行使；同时能够使整个社会逐步形成良好的法治氛围，有利于法治中国梦的实现和社会主义和谐社会的构建。

一、大学生法律素质的涵义

法律素质是一个内涵丰富的综合概念，涉及法律知识、法律认同、法律行为、法律价值评判、法律情感、法律意识、法律信仰等诸多方面。即：处于一定社会环境中的个体通过对法律知识的学习、理解、掌握，使其转化并孕育的对法律的情感和对法律至上的信仰，并由此培养而成的运用所学法律解决实际问题的能力。

大学生法律素质是指大学生在先天生理基础上，历经后天社会法治环境影响和高校法制教育作用，通过法律学习内化和行为实践而逐渐形成的相对稳定的基本品质和质量水平。通过掌握一定的法律知识，大学生能够对社会主义法律本质有深刻理解，具有高度自觉的法律意识和法律信仰，正确行使权利和履行义务，能够将法律规定运用到自己的生活中，遵纪守法，用法律武器维护个人正当权益并与违法犯罪行为做斗争。它包含大学生的法律知识、法律意识、法律信仰、法律能力等构成要素。

（一）大学生法律知识

法律知识是人们指对法律现象的理论认识以及法律实践活动中经验的总称，是法律素质培育的基本要素。大学生法律知识是指大学生在校期间通过学习、实践等途径掌握有关法与法律知识的总称。本文主要指对非法学专业的大学生所进行的法律基本常识的教育。如：法的定义、法的作用、法律关系、法的价值、法律权利与法律义务、法律行为、法律体系、法律程序、法的运作、法律思维与法律方法等方面的基本知识。除此外，也包括对中国特色社会主义法律体系中各主要部门法的介绍，如：宪法、行政法、刑法、民法、诉讼法、经济法、劳动法与社会保障法、自然资源与环境保护法等。强化对大学生法律基本常识的学习，有助于培养大学生良好的法学素养和法律思辨能力，使他们真正意识到并认同法律的价值追求，能够正确看待现今建设法治中国的进程中出现的各种法律现象。

（二）大学生法律意识

法律意识是指人们对法律现象和法律问题的观点、看法、态度以及思想的总称。它包括对法律的定义、法律权利与法律义务、法律关系、法的价值等的看法和认识，及对人们法律行为的评价。大学生法律意识是指大学生群体对法律现象和法律问题的反应形式，即：心理、观点、看法、态度以及思想等。法律意识是大学生法律素质发展的起点，又可以分为：法律心理、法律观念和法律意识形态等不同的发展阶段，由浅到深不断递进深化。大学生作为一个特殊的社会群体，是未来中国社会的支撑主体，其法律意识如何，将直接影响到公民的法律素质和整个社会法治文明的程度。

（三）大学生法律信仰

法律信仰是人们对法律毫无怀疑的绝对的信服与崇拜，并以此作为行为的最高准则。是社会主体对社会秩序公平正义的理想追求和情感体验基础上，油然而生的一种心悦诚服的认同感和归属感。卢梭曾说："一切法律中最重要的法律既不是铭刻在大理石上，也不是铭刻在铜表上，而是铭刻在公民的内心里。"美国法学家伯尔曼也曾在《法律与宗教》一书中提出，"法律必须被信仰，否则它将形同虚设"。法律只有真正为民众所认同和敬畏，其调整社会秩序的职能才能真正得以实现。大学生作为国家未来的建设者，培养他们的法律信仰就显得更为重要。要不断增强其遵守法律的内在自觉性，让法律成为他们的基本诉求和价值判断的标准，树立法治精神，形成法律信仰。

（四）大学生法律能力

大学生法律能力是法律素质中最高层次的构成要素。它主要包括以下两部分：第一，学习、掌握法律知识的能力。学习、掌握法律知识的能力是在校大学生主动运用法律能力的前提，主要是指大学生能够形成依法依规办事、遵纪守法的良好行为习惯。第二，主动运用法律的能力。培养大学生的主动、积极运用法律的能力，尤其是运用法律救济权利的能力，使其能够主动、积极通过行政复议、民事诉讼、行政诉讼等法律救济途径来保护大学生自己的权益。

二、大学生法律素质的现状

（一）法律知识的欠缺

法律知识是大学生法律素质培育的逻辑前提。对大学生开展法制教育，让大学生掌握丰富的法学知识才能形成高水平的法律素质，才能满足当今时代对大学生法律素质提出的新的要求。然而，大学生在学习、掌握法律知识方面却普遍存在一些共通性问题，主要表现在：一是缺乏系统的法律基本知识，绝大部分大学生对法律知识的掌握程度都不够。由于受到工具主义及功利主义思想影响，一些大学生偏重于自己的专业课，轻视公共课，高校里大学生唯一有机会以课程学习的方式接触法律知识的《思想道德修养与法律基础》课的学时也十分有限，这种状况十分不利于大学生形成完整的法律知识体系，就会难以应对今后生活中可能会出现的种种法律问题，更谈不上提高大学生的法律素质水平；二是大学生极为缺乏与自身专业密切关联的法律知识。高校应当根据大学专业特点以及大学生自身的需要来设置大学生选修相关法学课程，这有助于他们形成更为全面、更为专业的法律知识体系。

（二）法律意识的淡漠

当代大学生法律意识淡漠的现象普遍存在。大学生常常把法律当做是一种单纯的国家强制力以及统治的手段、工具，而忽视法律在保障人权等诸多领域的更大作用。大学生普遍正义感和历史使命感都较强烈，关心国家和社会发展，关注法治中国的建设，但当一个法律问题真正落到大学生自己身上时，他们往往产生矛盾心理，认为法律不公，因而不认可也不遵守法律的规定。有的学生在遇到法律问题或法律纠纷时，不愿诉诸法律来维护自己的合法权益，或是不知道应该如何来运用法律保护自己，甚至有的学生根本不知道自己的合法权益已经受到侵犯。

（三）法律信仰的缺失

由于受历史传统等因素影响，目前中国社会总体上还存在法律信仰缺失的问题。有的人通过关系网、人情网等来解决法律纠纷，法治精神尚未深入人心。受此大环境的影响，在涉及法律信仰问题时，仍然有相当一部分的大学生也笃信“权大于法”，认为有权有势就能凌驾于法律之上，不受法律约束，认为有人情关系才好办事等，这些观念的存在表明大学生对法治、人权、自由等的法治精神仍缺乏足够的认识与坚定的意志，缺乏相应的法律信仰。叶芝曾说：“我们不能掩盖思想中的怀疑因素来建立一种虚伪的信仰。”信仰必须基于人们的自觉遵从，这是一种身心的依赖，大学生也不例外。其法律信仰的建立，单靠教师的课堂说教恐怕远远不够，更多的要依靠现行法律从规则到本质为他们营造出一种公平、安全的氛围和契合其精神需求，指导他们去追求自己的正当利益，让法律成为他们个人生活目的与意义的一部分。

三、大学生法律素质培育的基本路径

（一）加强以课堂教育的方式培育大学生法律素质

1. 重塑大学生法律素质的培育理念

培育大学生的法律素质是一个长期而复杂的过程，既要遵循素质教育的规律，也要密切结合大学生法律素质形成的特点。传统的法律教育模式并未将培养大学生具有较强的法律思维能力作为主要的培养目标，这一观念直接影响到整个教学体系的实际教学效果。在法治中国建设的时代背景下加强大学生法律素质的培育应当首先创新现有的法律教育理念，指导大学生树立社会主义依法治国的理念、培养大学生法律至上的信仰。大学阶段是大学生人生观、世界观形成的重要时期，也是他们形成健全法律人格的重要阶段。创新培育理念有利于培养大学生的主人翁意识，更好地依法行使自身的权利和承担相应的法定义务，维护自身的合法权益，最终有利于推动我国社会主义法治国家的建设进程；将大学生只注重学习本专业知识的学习观念向专业知识学习与法律素质强化并重的学习观念转变。除了要学习本学科内的知识，大学生还应当学习、掌握包括法律在内的通识教育课程的基本内容，从而更好地提高他们的法律修养，树立法律信仰。

2. 丰富大学生法律素质培育的教学内容

加强大学生法律素质培育应当以学习法律知识为起点，让学生具有更为广博的法律知识。如：法学基本原理等基础性理论知识。该部分主要内容，包括法律的定义、法律的要素、法律的形式与效力、法律权利与法律义务、法律行为、法律关系、法律责任、法律价值、法律的现实运作、法律思维与法律方法等方面的基本知识。其目的在于使大学生掌握马克思主义法学的观点和方法论，增强大学生对建设法治中国重要性的认识，培养其基本的法律意识和法治观念；部门法基本常识。我国当代的法律体系主要包括：宪法、民法、行政法、刑法、诉讼法、商法、经济法、劳动法与社会保障法、自然资源与环境保护法等部门法。对于各部门法的主要原则、基本内容的学习，有助于大学生形成较为系统的法律知识体系；与大学生专业和日常生活密切关联的法律知识。高校应当根据大学专业特点以及大学生自身需求，合理安排课程内容及设置相关选修课程。更多地关照到一些与大学生关系密切的法律内容，如《消费者权益保护法》、《劳动合同法》、《著作权法》、《专利法》、《高等教育法》、《普通高等学校学生管理规定》等，强化其权利义务意识、契约意识、诉讼意识等。又如：网络法律法规方面的常识，现今网络与大学生的实际生活早已密不可分，但是，许多大学生对于网络法律法规知之甚少或全然不知，有调查显示，53.7%的大学生对我国网络管理方面的法律法规不了解，另有37.6%的大学生听说过但不清楚细节，同时，许多大学生对网络违法犯罪的危害性认识不足，并不认为通过计算机网络实施的犯罪是一种犯罪。而实际上，我国在信息网络领域制定有一系列的法律法规，如《计算机软件保护条例》、《计算机信息安全保护条例》、《关于维护互联网安全的决定》等，《刑法》中也对侵入计算机系统、故意制作、传播计算机病毒等破坏程序和利用计算机实施金融诈骗、盗窃、窃取国家秘密等网络犯罪行为作出了处罚，所以应将更多的网络法律法规纳入到大学生法制教育的教学内容中去，以减少大学生的网络失范行为。

3. 创新法律教学手段，加强法律教育师资队伍建设

新时代背景下大学生法律素质培育应当以素质教育为导向，不断创新与完善法制教育的教学手段。在传统的课堂讲授教学模式上，强调理论知识与实践方法的结合，紧密围绕着社会现实和大学生的思想实际，综合运用包括：调查问卷式、互动式、讨论式、视频影像式、辩论式、情景模拟式、演讲式、案例分析式、社会调查式、角色互换式等等的多种教学方法和手段来辅助教学，以此来充分调动学生参与教学活动的热情，提高教学的实效性；并充分利用包括网络在内的各种新技术对大学生进行法制教育，努力探究更多的法制教育手段和途径，变灌输式教育为参与式教育，加强与学生的双向交流，了解学生的法律状况的动态，洞察大学生中各种不易发现的事件和动向，更有效的引导大学生的日常行为。

加强法律教育的师资队伍建设是新时代背景下大学生法律素质培育的必然要求。高素质的高校法学教育师资队伍是大学生法律素质水平的基本保障。目前我国一些高校中从事大学生普法教育教学的师资力量仍然比较薄弱，因而应更多地对他们进行法律培训，以提升他们的专业素质和授课能力。同时，应拓宽法律教育教学的思

路，积极引进一批具有丰富法律实践经验的法律工作者如律师、法官、检察官走进校园，走上课堂，为大学生开展法制教育活动。

（二）拓展课外法律素质教育的实施途径

法律能力的提升，法律素质的养成，不仅需要大学生通过课堂学习掌握法律知识，更需要他们在社会生活中不断运用所学知识发现法律问题、分析解决法律问题，在一系列的实践活动中得以固化。通过学习法律知识，实现知识向能力的转化，才能透过复杂的法律关系判断法律事实的实质，从而正确理解法律现象和辨析法律权利义务关系，学会用法律的理性思维以明辨是非曲直。

所以，除了课堂教学外，高校还应更多研讨如何进行课外法制教学空间的拓展，以克服传统课堂教学受到课时数与空间限制的缺陷。如：大力开发网络法制教育资源，利用校内网络平台，充实法制教学案例、课件、资料，学生也可以利用网络建立法律学习的交流群，对热点的法律案例进行网上调查，这些对于调动学生的积极性、主动性、创新性和提高其团队协作能力都大有裨益，从而为其主体性的发挥提供了一个更为广阔的自由空间。此外，还应积极与周边社区、公安机关、法院、检察院、律师事务所联动，利用这些部门机构掌握的实际案例，进行法制教育的普及，争取让学生多以社会公民的身份参与社区工作，创造条件，组织大学生到法院旁听民事、刑事案件的审判，使大学生对于各类诉讼程序有一个直观、感性的认识，将真实的法律生动、鲜活地呈现于学生面前。

法律素质是社会生活中公民必不可少的基本素质之一，它可以保持个人与社会、个人与集体、个人与个人、个人与自然的和谐关系，使自我实现得到充分保障，生存与发展质量有所提高。在建设法治中国梦的背景下，开展高校大学生法律素质的培育，对大学生个人的成长、成才以及推动我国法制化进程都具有重要的时代意义。大学生是我国社会主义法治建设的中坚力量。对大学生开展法律素质的培育，可以更好地促进大学生的健康发展，有助于预防、降低、抑制大学生违法犯罪行为，同时提高大学生运用法律保护自己合法权利的能力，促进大学生综合素质的不断完善，培养知法、懂法、守法的新时代公民，进而促进法治中国的建设与法治中国梦的实现。

（作者单位：江汉大学）

中国梦引领下高校德育的实践途径研究

袁俊杰

2013年5月4日，习近平总书记在同各界优秀青年代表座谈时充分肯定了广大青年在党的领导下为中国革命、建设、改革事业作出的突出贡献，阐述了当代青年的历史责任。大学生是青年群体的重要组成部分，也是当今社会最年轻、思维最活跃的一个青年群体，是实现中国梦的重要力量。

一、中国梦的德育价值

习近平总书记关于中国梦的思想，是坚持和发展中国特色社会主义的科学表达，是实现中华民族伟大复兴共同信念的科学阐释，是指导党的德育发展和实践的精神旗帜，具有重大的德育价值。

1. 强化对党的十八大精神的教育

党的十八大主题再次强调，举什么旗，走什么路，以什么样的精神状态，达到什么样的目标的重要性。实现中华民族的伟大复兴，就必须高举中国特色社会主义伟大旗帜，以高度的道路自信、理论自信和制度自信，凝聚全党和全国各族人民的力量；脚踏实地，艰苦奋斗，攻坚克难，推进当代中国各项改革和建设事业不断发展。中国梦正是从深化对党的十八大主题的认识上，凸显了十八大主题的精神要旨，并要求在实践层面上强化其教育的重要性。同时中国梦的理论概括和追“梦”实践，更加深化对党的十八大精神的历史方位、思想基础、理论创新和实践方向的固化与思想行动上的高度统一。中国梦具有精神旗帜的巨大引领作用，也充分表达了全党和全国各族人民在当代的共同追求和共同信念。科学反映了对中国特色社会主义理论体系所作出的新表达和新思想。这也是当代党的德育进行理论武装、教育人民的现实任务；是当代党的德育新实践的必然要求。

2. 升华对中国近代史的教育

回顾历史和展望未来，中华民族寻梦、追梦、圆梦的历史，可以概括为经过“两个百年”、实现“两重任务”。“两个百年”，即从鸦片战争始到1949年新中国建立，为第一个百年；从新中国成立到21世纪中叶实现现代化，为第二个百年。在第一个百年，中华民族对救亡图存和复兴之路的探索和实践，历经太平天国运动、义和团运动、洋务运动、戊戌变法、辛亥革命等，虽屡遭失败和挫折，但愈挫愈勇，顽强不懈。尤其是中国共产党的诞生，开创了中国革命的新纪元。在中国共产党领导下，取得了新民主主义革命的彻底胜利，建立了新中国。中国共产党选择了中国革命正确的道路，历史和中华民族又选择了中国共产党的领导。这是近代以来被史实证明了的科学历史观。

在第二个百年，中华民族在建立社会主义制度的基础上，开启了民族复兴的新征程，这个新征程，需要共产党人进行艰辛的探索和新的实践。党的十一届三中全会以来，在探索社会主义道路与吸取正反两个方面经验教训的实践进程中，党和国家的工作中心转移到经济建设上来，开启了改革开放强国之路，我们党成功地开辟了中国特色社会主义新路，赋中华民族前所未有的生机和活力，取得了举世瞩目的伟大成就，极大地推进了民族复兴的伟大事业。正如习近平总书记所说：“我们比历史上任何时候都更接近中华民族伟大复兴的目标，比历史上任何时候都更有信心、有能力实现这个目标。”

“两个百年”又承载着“两重任务”，一是民族复兴，二是坚持和发展中国特色社会主义、实现现代化。民族复兴是中华民族的共同梦想；中国特色社会主义既是我们的共同理想，也是我们圆梦和实现理想须坚持的正确道路和实践方向。在当代中国，这“两重任务”作为同一目标的两个方面，是历史与逻辑相统一发展的必然结果，习近平总书记强调：中国特色社会主义“凝结着实现中华民族复兴这个近代以来中华民族最根本的梦想”。中国梦是历史的必然，是中国共产党领导人民社会实践的归宿，并以其独特的历史进程和鲜明的时代特色，丰富了世界社会主义发展道路的多样性。从而升华了中华民族和共产党人对科学历史观的追求，也升华了当代德育对科学历史观的教育。

3. 拓新科学社会主义思想的教育

1848 年《共产党宣言》的发表，标志着科学社会主义诞生。此后，科学社会主义思想在全世界传播，社会主义运动在全世界展开实践。历史表明，在中国坚持与发展科学社会主义，是中国共产党人和中华民族正确的追求，是中华民族伟大复兴之路的正确选择。

从中国共产党人自觉接受了马克思主义指导起，就高扬着《共产党宣言》的旗帜，一直进行着科学社会主义的伟大实践。新中国的诞生、中国社会主义制度的建立，是毛泽东同志为代表的中国共产党人探索中华民族伟大复兴之路的重大成果。改革开放以来，中国共产党人总结了科学社会主义在中国实践的成功经验与教训，开创了中国特色社会主义的民族复兴新路，对科学社会主义思想作出了新表达，进行了新的实践。改革开放 30 多年的历史证明：中国特色社会主义理论、道路和制度的新实践，是对科学社会主义思想的新贡献，也是科学社会主义在中国实践的又一重大成果。中国梦正是从历史与时代的逻辑契合上，从改革开放 30 年到社会主义制度建立 60 多年，到中国共产党人进行科学社会主义实践 90 多年，再到中华民族探索伟大复兴之路 170 多年，都印证了中国梦对科学社会主义思想的新表达和新实践，从而也拓新了对科学社会主义思想的教育。

二、现阶段高校德育教育中存在的问题

1. 教育内容陈旧，重理论轻实践

随着我国经济社会的不断发展，市场经济的负面效应也对高校德育带来较大的冲击。这些变化引发大学生思想观念不断更新，出现新的道德问题。这要求高校德育内容与时俱进，贴近生活，增强

德育说服力。但目前高校德育存在内容陈旧，不能跟上时代的发展要求；教育目标过高，教学内容空泛，忽视了大学生的认知规律和身心发展规律；过于理想化，严重脱离实际等问题。同时，在教学过程中，高校德育过分注重道德规范教育而忽视道德实践，使得学生谈理想时夸夸其谈，碰到实际矛盾时却缺失道德判断能力和智慧。

2. 教育方法呆板，重灌输轻道德养成

教师是德育主导者，学生则是德育主体。只有充分发挥双方的积极性，德育才能获得良好的效果。而目前的情况是，高校的德育要求充分发挥教师的作用，却忽视了学生积极性在德育中的重要作用。在教育方法上，仅仅满足于传授一些道理、价值观，忽视学生的情感体验，造成学生对德育的抗拒。教学上以强制灌输知识为主，忽视学生在日常生活中的道德养成。因此，很多学生对理想、价值观概念清晰，现实表现却差强人意。

3. 评价机制单一，缺乏科学性

目前，我国高校德育主要的评价方式是通过考试对课堂学习的内容进行考核及任课老师、辅导员对学生的主观评价。通过考试的方式来确定一个人的道德水平显然是不科学的，考试这种方式更多的是显示一个学生的智力水平而不是道德水平，尽管一个人的道德养成需要道德知识的学习，但更重要的是能将学习到的知识应用到实践当中。任课老师、辅导员对学生主观评价的方式也存在比较大的局限性，一是评价的标准难于量化，主观性强；二是对参与评价的老师、辅导员要求高，只有高素质的老师和辅导员才能给出客观、准确的评价。

三、中国梦引领下高校德育教育的实践途径

为了实现中华民族伟大复兴的中国梦，高校必须要积极发挥出思想政治教育的基础性和导向性的作用，将中国梦贯穿于大学生思想政治教育的始终，帮助当代青年大学生树立起中国梦的坚定信念，将其内化于心并付诸实际，为全面实现“中国梦”的伟大构想贡献出自己的青春力量。

1. 以课堂教学为基点，加强中国梦的内涵教育

在开展中国梦教育的过程中，应该积极地利用课堂教学这一重要平台，要让学生了解什么是中国梦，详细讲解中国梦的历史底蕴和时代内涵，并结合专业课程教学，将中国梦渗透到大学生的思想当中，让大学生能够在这个过程中主动去提高学习积极性，为实现中国梦不断积累知识。

2. 以社会实践为途径，积极开展中国梦实践活动

大学生只有通过实践活动才能够真正理性地认识到中国梦，才能够培养大学生的社会责任感，提高综合素质的能力。在具体的实践过程中，学校可以根据实际的情况，开展丰富多样的中国梦主题社会实践活动。如科技文化节、三月学雷锋活动、三下乡活动等，通过丰富多样的社会实践活动，大学生能够更加直观感受到理论知识，进而提高对中国梦的感受能力和认知能力，促使其更加自觉地学习专业知识。

3. 以党课团课为平台，做好中国梦主题宣传工作

当代大学生正处于人生观和价值观的塑造阶段，大学生的发展并非不是静止和孤立的，而是与政治、经济和文化等方面的因素息息相关。当前大多数高校在开展理想与信念教育的过程中，存在与实际情况脱节的情况。因此，在开展大学生思想政治教育的过程中，必须要以学生为中心，总结他们的思想状况和发展规律，找出当代大学生的思想弱点，找出实际的需求与愿望，并针对性地进行指导和教育。可以充分利用团校和党校这一良好平台，对大学生集中进行教育，同时还可以积极融入新媒体的力量，通过手机短信、网络等媒体向广大学生传递相关信息，共同营造出一种引导和教育的育人氛围，使大学生潜移默化地深化对中国梦的认识。

4. 积极培育和践行社会主义核心价值观

党的十八大明确了社会主义核心价值观在国家层面的价值目标、社会层面的价值取向、个人层面的价值准则。“三个倡导”的社会主义核心价值观，是当代中国民族精神和时代精神在价值观上的本质要求，它不仅是实现中国梦的精神保障，也是中国梦的价值目标。培育和践行社会主义核心价值观，要融入大学生德育教育全

过程，落实到经济发展、法制建设、社会治理、宣传思想和文化建设等各项工作中，落实到公民道德实践和群众性精神文明创建活动中。党员领导干部要带头示范，全体公民要积极参与，自觉锤炼思想品德，不断提升精神境界，从而集聚成实现中华民族伟大复兴中国梦的强大正能量。

（作者单位：江汉大学）

以中国梦引领高校思想政治理论课教学

闵 杰

“实现中华民族的伟大复兴，就是中华民族近代以来最伟大的梦想。”2012年11月29日，习近平总书记在参观《复兴之路》展览时第一次鲜明提出实现中华民族伟大复兴的中国梦。在十二届全国人大一次会议闭幕会上，习近平总书记又对中国梦进行了深入阐述。习近平总书记阐释的中国梦以其清新的理念和亲和的风格为整个中国社会所认同。中国梦既是对中华民族辉煌历史的追忆，又是对中华民族发展方向的昭示，拓展和深化了高校思想政治理论课教学的视野与内容，对于强化大学德育具有重要的意义。

一、以中国梦引领高校思想政治理论课教学的必要性

1. 强调了思想政治理论课教学目的的诉求。思想政治理论课教学目的就在于：引导大学生坚定对马克思主义的信仰、对社会主义的信念，增强对改革开放和现代化建设的信心、对党和政府的信任。换句话说，思想政治理论课教学就是要为大学生辨清理论渊薮，坚定正确的政治方向，将大学生凝聚到党的旗帜下，自觉为中国特色社会主义事业建功立业。而实现中华民族伟大复兴的中国梦，就是要实现国家富强、民族振兴、人民幸福。中国梦不仅将深藏于中华儿女心中的集体记忆、集体愿景激发出来，还用民族情感的纽带去联结和动员人民群众投身到实现“国家富强、民族振兴、人民幸福”的伟大实践中去，思想政治理论课教学与中国梦在目标指向上是一致的。因此，以中国梦引领思想政治理论课教学，引导大学生积极参与到中国特色社会主义事业中去，对于思想政治理

论课教学目的的实现是大有裨益的。

2. 强化了大学生民族身份确认的现实需要。经济全球化是当今时代发展的重要趋势。它的发展使世界各国在经济上的联系日益紧密，同时影响到世界各国的政治和文化，对各国尤其是发展中国家的民族认同感也提出了挑战。在这种现实面前，强化大学生的中华民族身份和民族认同已经成为当务之急。中国梦把“国”与“家”、“民”与“族”融为了中华民族，把“你”“我”“他”整合为了“中华儿女”，不仅将民族复兴的历史使命赋予每个大学生个体的身上，还对大学生“我是谁”、“我从哪里来”的民族身份予以确认。因此，以中国梦引领思想政治理论课教学，通过追溯民族复兴历程，分享民族历史与文化，有利于帮助大学生清晰地认识自己的民族身份，从而更好地寻求确定自己民族归属感的内在心理尺度。进一步说，以中国梦引领思想政治理论课教学，是帮助大学生达成民族共识、形成民族认同、坚定民族信念、践行民族使命的现实需要。

3. 深化了中国梦主题教育活动的必然要求。大学生是青年群体中的中坚力量，毫无疑问，大学生必然是中国梦主题宣传教育活动的重要着眼点和着力点。思想政治理论课是大学生思想政治教育的主渠道，在思想政治理论课体系各门课程教学内容中，融入中国梦自然成为了高校思想政治理论课一项新的重要的使命。因此，以中国梦引领思想政治理论课教学，是教育和引导广大学生为实现国家富强、民族振兴、人民幸福的伟大中国梦而发奋学习、不懈努力的重要抓手，也是不断将中国梦的宣传教育推向纵深的必然要求。

二、以中国梦引领高校思想政治理论课教学的目标定位

1. 以中国梦为遵循的理性认知教育。理性认知教育涉及如何科学认识和把握事物的问题，因此是思想政治理论课的重要内容。以中国梦引领高校思想政治理论课教学，要从理性认知的层面启迪大学生深刻理解中国梦的客观性，使其认识、尊重和利用社会历史发展规律，并以中国梦为遵循。

第一，从社会发展规律的层面，向大学生诠释中国梦的历史必然性。首先，要让大学生认识到社会历史现象是客观的、有规律的、不以人的意志为转移的，人们只能实事求是地认知社会的客观规律性，不能从主观愿望出发。理性认知中国梦亦如此，诚如马克思所说：人们自己创造自己的历史，但是他们并不是随心所欲地创造，并不是在他们自己选定的条件下创造，而是在直接碰到的、既定的、从过去承继下来的条件下创造。其次，从中国梦概念的提出角度，让大学生认识到中国梦就是对近代以来中国历史发展的总结概括，是对近代以来历史发展历程的深度把握。再次，从中国梦探索实践的角度，告诉大学生中国梦是近代社会历史发展规律的必然要求。近代社会各阶级和阶层先后提出过挽救民族危亡和实现民族振兴的实践方案，结果都以失败告终，最后实现民族独立、人民解放的任务落在中国共产党的肩上，中国人民在中国共产党的领导下经过革命、建设和改革走向了实现中华民族伟大复兴中国梦的道路。这个道路来之不易，它是在改革开放30多年的伟大实践中走出来的，是在中华人民共和国成立60多年的持续探索中走出来的，是在对近代以来170多年中华民族发展历程的深刻总结中走出来的，是在对中华民族5000多年悠久文明的传承中走出来的，具有深厚的历史渊源和广泛的现实基础。因此，结合历史发展的规律，引导大学生理性认知中国梦，能够使大学生从社会发展历程的视角审视中国梦的形成和实践过程，使大学生把握要以中国梦为遵循的客观根据。

第二，从社会实际的视角，向大学生解读中国梦的现实要求。理性认知中国梦不仅要让大学生认识中国梦的历史必然性，还要认识中国梦的现实性要求。历史证明，救中国和发展中国都要靠马克思主义，靠中国化的马克思主义。所以，实现民族复兴是我们的梦，建设社会主义最终实现共产主义也是我们的梦。这二者是不可分割的，实际上是一个梦。通过以中国梦为遵循的理性认知教育，让大学生认识到以中国梦为遵循就是要走中国特色社会主义道路，让大学生觉悟到中国梦的道路遵循决定着中华民族的前途命运，决定着民族复兴的宏伟目标。引导大学生把遵循中国梦落实到走中国道路上，只有把这条路走好，才能使这一伟大梦想转变为光辉的现实。大学生有了对中国梦的理性认知基础，才能自觉投身到实现中华民族复兴中国梦的波澜壮阔的实践之中，才能为建设富强民主文明和谐的社会主义现代化国家而奋斗。总之，开展中国梦的理性认知教育就是要帮助大学生从社会历史角度理清为什么以及如何实现中国梦，进而在增强大学生对中国梦理性共识的同时，为大学生自觉把中国梦转化为个人成长发展的目标、责任和动力奠定基本前提。

2. 以中国梦为目标的理想信念教育。中国梦不仅是对近代社会发展的历史概括，而且是对中华儿女未来期许的愿望表达。中国梦归根到底是人民的梦，必须紧紧依靠人民来实现。人民对民族复兴的期盼，对美好生活的向往，对人生出彩的渴望，是实现中国梦的主体力量。因而要从理想信念层面，引导大学生把实现中国梦作为个人追求并为之贡献青春力量。

第一，阐释理想信念的价值，让大学生有自己的理想追求。之所以要对大学生进行理想信念教育，是因为理想指引人生的奋斗目标，理想为人生提供前进的动力，理想提高人的精神境界；是因为大学生是民族的希望，国家的未来。但现实中一些人理想信念模糊，甚至没有明确的目标追求。理想信念教育通过讲授理想信念的作用价值，让大学生认识到人有理想，是因为人有自己的欲求，为了满足欲求就会有关于未来的想象。同时，人有理想就在于人有理性，人的理性不仅包括思辨和思考能力，还包括想象未来的能力，使想象合理的能力，把想象变为现实的能力；还在于理想具有的目标价值、动力价值和希望价值，人没有理想，就等于失去了奋斗目标和前进动力，也就无法充满希望地生活。大学生作为有理性的人，通过理想信念价值的阐释，帮助大学生树立自己的目标追求，确立属于自己的梦想。大学生有梦有追求，国家、民族才有希望。大学生的梦想是人民梦的组成，同时也为有梦想的他们向着中国梦迈进提供了可能。

第二，明确个人理想确立的原则，让大学生把个人理想和社会需要有机结合。理想信念教育不仅要解决大学生有梦的问题，而且还要解决大学生如何立梦的问题。引导大学生根据自己的兴趣爱好，根据自己的能力选择和确立个人理想。只有自己感兴趣和能力范围内的理想，才有转化成为现实的可能。尽管这还不是理想确立及实现的充分条件。个人理想需要在现实社会中实现，需要社会理想的实现为其提供支持，因而要引导大学生把自身条件和社会现实需要结合起来，让其认识到结合社会现实需要确立自己梦想的道理，进而认识到“在中国共产党领导下，坚持和发展中国特色社会主义，实现中华民族的伟大复兴”是社会最大的需要。大学生只有明确个人理想确立的原则，才能紧密结合社会现实的需要构筑自己的梦想。

第三，论证中国梦的光明前景，引导大学生把实现中国梦作为自己的目标追求。实现全面建成小康社会、建成富强民主文明和谐的社会主义现代化国家的奋斗目标，实现中华民族伟大复兴的中国梦，就是要实现国家富强、民族振兴、人民幸福。理想信念教育就是要在引导大学生结合社会现实的需要构筑自己梦想的基础上，让大学生认识到中国梦的美好前景，认识到中国梦是实现国家富强、民族振兴、人民幸福的美好梦想。同时，还要让大学生认识到中国梦的实现需要所有中国人的共同努力，进而引导大学生将个人的理想之梦与民族的复兴之梦紧密结合，让“个人梦”融入“中国梦”，以“青春梦”托起“中国梦”。这是对大学生进行以中国梦为目标的理想教育的归宿。

3. 以中国梦为责任的爱国主义教育。中国梦体现了民族复兴的夙愿，也体现了中国儿女的爱国梦。习近平总书记曾指出：近代以后，中华民族遭受的苦难之重、付出的牺牲之大，在世界历史上都是罕见的。但是，中国人民从不屈服，不断奋起抗争，终于掌握了自己的命运，开始了建设自己国家的伟大进程，充分展示了以爱国主义为核心的伟大民族精神。以中国梦引领思想政治理论课教学，就要对大学生进行以中国梦为责任的爱国主义教育。

第一，抓住首要环节，让大学生理解“爱国主义是什么?”爱国主义并不仅仅是一种感情，爱国主义是人们的一种主观精神和行为状态的统一，表现为爱国情感、爱国责任和爱国行为三个不同层次。爱国主义教育要通过对爱国主义概念、内涵的解读，通过爱国主义历史和现实的扫描和审视，让大学生明确爱国主义既是人们对自己祖国的深厚感情，又是对自己祖国的一种责任，是基于责任而为实现祖国独立富强、繁荣发展所付诸的实际行动。

第二，把握基本环节，让大学生清楚“为什么要爱国?”一方面，让大学生明确爱国的原因：世界在现实上划分为不同的主权国家；我属于我的祖国和国家；祖国养育了我们，我们应该有责任回报自己的“祖国母亲”。同时，还要让大学生清楚个人若把自己的前途与祖国的前途命运联系起来，就会有强大的精神支柱和动力，对祖国爱得越深，历史责任感就越强，行为就越高尚。另一方面，让大学生从爱国目的角度懂得：爱国就是建设自己的祖国，就是使自己的国家强大，就是要为祖国发展和国家进步贡献力量，就是为民族解放、国家繁荣和人民幸福而自觉担当。爱国主义既来自于因何而爱的厚重责任感，又来自于为何而爱的崇高目标追求。“中国梦就是实现国家富强、民族振兴、人民幸福”的梦想，因而让大学生清楚“为什么要爱国”是以中国梦为责任的爱国主义教育的基本环节。

第三，重视核心环节，让大学生明确“如何爱国?”爱国主义不是空洞的口号。爱国主义感情和责任，必须落实到爱国行动中才有意义和价值。爱国是历史的、具体的，在不同的历史时代和文化背景下具有不同的内涵。目前，爱国主义就是要使国家繁荣富强，在现实中，爱国主义体现在为实现中华民族伟大复兴的中国梦贡献才智和力量的实际行动中。习近平总书记指出：每个人的前途命运都与国家和民族的前途命运紧密相连。国家好，民族好，大家才会好。实现中华民族伟大复兴是一项光荣而艰巨的事业，需要一代又一代中国人共同为之努力。爱国还必须引导大学生掌握报国本领。有了报国的本领，爱国的情感和责任才有了实现的手段和条件，才能具体实施报国行动。同时，也要引导大学生发扬献身精神、实干精神和艰苦奋斗精神。说到底，以中国梦为责任的爱国主义教育就是要让大学生认识到爱国的责任就要为中华民族伟大复兴这个中国梦而努力奋斗。

4. 以中国梦为动力的人生价值教育。以中国梦引领思想政治理论课教学，对大学生开展以中国梦为动力的人生价值教育是由其价值意蕴决定的。价值实现的是人的需要，需要构成价值追求，就会成为人行动的动力。人生价值教育就是要引导大学生把中国梦作为实现人生价值的需要，进而转化为实现人生价值的动力。使学生明确实现中国梦是当下最重要的人生价值需要，人生追求的最高目标就是人生价值的实现。要实现人生的价值，就要去创造人生价值。马克思曾指出：你作为确定的人，现实的人，你就有规定，就有使命，就有任务，至于你是否意识到这一点，那都是无所谓的。这个任务是由于你的需要及其与现存世界的联系而产生的。在思想政治理论课教学中，教师要用经验和理性启发大学生，要实现人生价值首先要把握社会现实需要，进而引导大学生把自己的人生价值建立在深刻把握中国社会现实所提供的条件和提出的需要基础上，确立正确的人生价值取向及实现路径，从而努力充分地实现人生价值。目前社会最迫切的现实需要，就是实现“全面建设小康社会，加快建设社会主义现代化建设，实现中华民族的伟大复兴”的中国梦。因而，引导大学生认识到要使人生大有作为，就要把中国梦作为自己的内在需要和精神动力，为实现中国梦的贡献自己的聪明才智，进而实现自己的人生价值。

（作者单位：江汉大学）

中国梦引领下的高校思想政治理论课教学探索

——以《中国近现代史纲要》为例

张莉清

习近平总书记在国家博物馆观看《复兴之路》展览时，第一次提出中国梦的概念，明确指出“实现中华民族伟大复兴，就是中华民族近代以来的最伟大的梦想”。2013 年 3 月 25 日，习近平在莫斯科国际关系学院演讲时进一步阐述了中国梦的基本内涵：“实现国家富强、民族振兴、人民幸福。”[1] 中华民族伟大复兴的中国梦这一重要战略思想不仅为中国特色社会主义理论体系注入了新内涵，而且赋予了高校思想政治理论课新的时代特征。宣传和践行中国梦，以中国梦引领高校思想政治理论课教学，是新形势下我国高校思想政治理论课教学改革面临的重要任务。

《中国近现代史纲要》（以下简称《纲要》）是我国高校思想政治理论课的一门主干课程，它从历史教育的角度承担着思想政治教育的功能，是中国梦宣传、教育的主渠道和主阵地。将中国梦融入《纲要》课教学，引导大学生树立中国梦，践行中国梦，是《纲要》课教师的重要责任。

一、优化教学内容，设计以中国梦为核心的教学专题

《纲要》课涉及的主要内容，时间跨度 170 多年，包括旧民主主义革命时期、新民主主义革命时期、社会主义革命和建设时期。教学过程中，在体现教学大纲基本要求和不脱离教材的前提下，教师应根据新的政治目标和要求，构建和优化教学内容，正确处理好

教材内容和教学内容的关系，实现从教材体系到教学体系的转变。

《纲要》课的内容十分丰富，但主题十分鲜明，就是要实现中华民族的伟大复兴，正如教材“开篇的话”所言：“中国的近现代史，就其主流和本质来说，是中国一代又一代的仁人志士和人民群众为救亡图存和实现中华民族的伟大复兴而英勇奋斗、艰苦探索的历史。”中国近现代史上的一切问题都是围绕这一主题展开的。因此，从某种意义上讲，中国近现代史就是先进的中国人探索实现中国梦的历史。为取得良好的教学效果，需要打破教材体系的篇章限制，设计以中国梦为核心的教学专题。笔者认为可以将《纲要》课分为6大教学专题。

专题1：中国梦的历史渊源和提出的历史背景。这一专题对应教材的上篇综述和第一章，主要讲授清朝中期之前中国古代辉煌灿烂的文明，近代中国的衰落和西方列强对中国的侵略。教材上篇综述只粗略介绍了中国灿烂的古代文明。不少教师认为这仅仅是铺垫性质的内容，无需多讲，甚至根本不讲。但是，这部分内容关系到学生对中国梦历史渊源和深刻内涵的理解。[2]因此有必要进一步挖掘中国古代文明的内容，使学生充分认识到中国曾经在世界舞台独领风骚了几个世纪，中国独创的文明曾经惠及全球，并至今仍为世人所津津乐道。教师可以结合不同专业的学生，补充相关的内容。比如，对体育专业的学生，可以增加古代射箭、“贵由赤”（元代的长跑比赛）、古代游泳、武术等内容，强化学生的感性认识，促使他们深刻体会到中国曾经繁荣昌盛过，中国人有能力再次屹立于世界先进民族之林，从而激发他们的民族自豪感，增强民族复兴的自信心。17世纪下半叶起，中国开始走向封建社会的末世。鸦片战争后中国饱受资本帝国主义侵略，一步一步迈向半殖民地半封建社会的深渊，中国社会变得积贫积弱。通过纵向分析和横向对比，激发学生思考：为什么会出现盛世沉沦的局面？如何看待资本帝国主义的侵略？旧民主主义革命阶段为什么中国人民历次反侵略战争都以失败告终？学生也深刻认识到中华民族并没有在苦难、失败中一蹶不振，而是开始思考、探索和奋起，中国人民的民族意识开始觉醒，民族复兴成为时代主题，这正是中国梦命题提出的历史背景。

专题2：在救亡图存中探求中国梦。这一专题对应教材的第二章和第三章，主要讲述农民阶级、地主阶级、资产阶级改良派和革命派在民族危亡关头探索救世良方。农民阶级发动太平天国农民战争，企图用武装斗争和农民改革方案改造社会。地主阶级洋务派官僚进行洋务运动，企图通过学习军事技术来挽救封建统治和实现国家富强。新兴资产阶级维新派发起戊戌维新，企图通过自上而下的政治改良道路来实现变法维新。以孙中山为代表的资产阶级革命派发起了辛亥革命，推翻了两千多年的封建君主专制制度。然而，这些阶级和派别的救亡图存的尝试和努力先后失败。在讲授的过程中引导学生思考：农民阶级、地主阶级和资产阶级为什么都不能将中国引向独立和富强？

专题3：实现中国梦的指导思想和领导力量。这一专题对应教材的第四章和第五章，这一专题主要讲授中国先进分子为什么和怎样选择了马克思主义，以及中国共产党诞生的历史必然性和党对革命新道路的开辟。马克思主义由于其革命性、科学性和现代性成为党的指导思想，也是实现中国梦的理论基础。党的成立使实现中国梦有了坚强的领导核心。

专题4：实现中国梦的重大转折——抗战的胜利。这一专题与教材的第六章相对应，主要阐述党铁肩担道义，在抗战中发挥了中流砥柱的作用，最大限度地凝聚共识，动员一切力量，积极促成抗日民族统一战线的建立，最终取得了近代以来中华民族反抗外敌入侵的第一次完全的胜利，成为中华民族追寻民族复兴之路的重大转折点。

专题5：实现中国梦的新纪元和制度保障。这一专题涵盖了教材第七章和第八章的内容。抗战胜利后党为争取和平民主而斗争，最终打败国民党反动派，建立了一个全新的共和国，实现了国家独立和人民解放，开辟了中华民族复兴的新纪元。党率领全国人民，创造性地完成了三大改造，全面确立了社会主义基本制度，从而为实现中国梦奠定了制度基础。

专题6：中国梦的实现道路——中国特色社会主义道路。这一专题主要包含教材第九章和第十章的内容，由于时间的限制，并基于和《毛泽东思想和中国特色社会主义理论体系概论》课程相关内容重合的考虑，教师只需简要介绍党对中国特色社会主义道路的实践探索和开创发展过程。

通过对这 6 个专题的学习，学生不但了解国史和国情，而且真正懂得马克思主义、中国共产党、社会主义和改革开放即是历史和人民的选择，也是中国人民通向民族复兴的必由之路，是中国梦得以实现的可靠保障。

二、创新教学方法，营造中国梦学习氛围

教学有法，教无定法，贵在得法。科学的教学方法有利于实现思想政治理论课教学的功能与价值，提高课堂教学活动的实效性。为使大学生正确解读和实现中国梦，就要不断改进和创新教学方法，坚持“以学生为本”的教学理念，想方设法将学生的注意力吸引到课堂教学中来，充分调动学生参与的积极性和主动性，增强中国梦教育的针对性、实效性。

开展双向互动式教学。“纲要”课教师要针对“90 后”大学生思想活跃、善于思考问题、接受新生事物能力强等特点，采取课堂讨论、课堂提问、案例教学等能发挥学生能动性的不同方法，避免课堂讲授灌输时间过满以及空洞单一、硬性的说教，实现教学方法的灵活性和多样性。合理选择适当的教学方法，是为了增强师生之间、学生之间的互动。

课堂讨论是许多教师经常运用的师生互动手段。针对学生关心的热点问题和对社会现象的困惑，以及在学习过程中遇到的各种疑难问题，在课堂上展开讨论，对于提高学生的学生积极性起到了非常好的作用。如在讲授“在救亡图存中探求‘中国梦’”这一专题后，可组织学生在课前准备的基础上展开讨论：为什么太平天国运动、洋务运动、戊戌变法、辛亥革命都以失败告终？使学生通过独立思考、自由讨论和教师引导，最终认识到，没有科学理论的指导，没有先进政党的领导，要实现人民解放，探索民族复兴之路是不可能成功的。这样使学生对历史和人民选择马克思主义，中国共

产党诞生的历史必然性有了更深刻的认识和理解。

课堂提问也是教学过程中促进双向互动的环节。教师要有准备、有意识地创设一系列具有启发性的问题，引导学生思维，启发学生灵感，培养学生学习的兴趣和研究问题的能力。特别是联系当今十分敏感的中日关系的现状等问题，设置如何认识当代中日关系中的历史问题、中日关系如何跨越历史走向新阶段等一系列题目进行提问，引发学生思考，通过分析使学生懂得，牢记历史并不是为了延续仇恨，学习历史的目的在于以史为鉴、面向未来，避免战争。学生也会从中明白，实现中国梦需要和平的国际环境，但一旦外敌入侵，中国人民会团结一心，奋起反抗。

案例教学法能够更好地促进师生之间教与学“双主体”的双向互动，可以克服填鸭式教学的缺陷，注重发挥学生的主体性、主动性、自主性和积极性，并使学生有身临其境之感。教师应使用具有知识性、时代感、典型性和新颖性的案例，特别是选取与 90 后大学生相关的或在社会上有一定影响力的典型案例，来论证所要讲授的理论知识，做到理论联系实际，加深学生对理论知识的理解与体会。如选取中国民众在反对日本将钓鱼岛国有化游行示威中的过激行为作为案例，组织学生辩论，引导他们思考什么是爱国主义和怎样理性爱国。

课堂教学中，教师可视情况采取以上哪种、几种或其他教学方法，以活跃课堂气氛，营造中国梦学习氛围，促使学生主动思考、参与教学，培养学生的自主意识和主观能动性，使其有独立感悟、思考和探索的空间；促进师生之间双向、积极的交流与互动。

合理利用多媒体教学手段。多媒体教学具有直观性、形象性、信息量大等许多优点。《纲要》课教师可以整合各种教学资源，依照中国梦专题，将文字、声音、色彩、图像、动画等有机结合起来，制作图文声像并茂，直观新颖，有声有色的多媒体课件，将中国梦思想直接呈现在学生面前，进行有针对性的教学。充分利用视频资料，包括相关的纪录片、影视资料、音频资料等，增加学生的兴趣。让学生通过具体直观的感官刺激，吸引和加深对中国梦内涵的理解和掌握。

多媒体教学的主要作用是辅助教师教学，有助于发挥教师的主导作用和学生的主体作用，但教师在课堂上的主导作用不能因多媒体的介入而削弱或消失，这就要求教师在运用多媒体教学手段时特别要注意不能把“满堂灌”变成“满堂放”，要坚持以教育学生为中心，充分发挥教师的主导作用。因此不能过度依赖多媒体教学而完全忽视了传统教学方式的优点和作用。

课件的设计和制作艺术直接关系到思想政治理论课的课堂教学效果。这就要求理论课的教师不断提高课件制作水平，并注重制作的艺术性，精心设计和制作优秀课件。“纲要”课教师应精心选择具有典型意义和说服力的素材，避免一味追求形式的多样化，将课件变成影像资料的堆积，使学生眼花缭乱，目不暇接，而忽视了中国梦教育的教学目标。

采用“以论带史”式的教学方法。《纲要》课帮助学生了解国史、国情，但不同于中学阶段的历史教学，它作为一门中国梦引领下的思想政治理论课程，不能单纯以具体历史知识的认知为目的，满足于对历史细节、历史事件的探索和挖掘，而是侧重于“探讨历史理论和历史规律”，透过历史现象，运用相关理论观点，对学生进行中国精神的教育，使他们深刻领会历史和人民怎样选择了马克思主义，怎样选择了中国共产党，怎样选择了社会主义道路，怎样选择了改革开放。因此，在教学过程中，无需对《纲要》课教材所涉及的历史事件和历史人物进行面面俱到的讲解，更不必以“还原历史”为旗号，对历史事件和人物进行细枝末节的解读，而是采用“以论带史”的教学方法，把《纲要》课中的历史与理论紧密结合起来，用正确的理论去统率历史，又从历史事实中引出结论，去检验、阐述和发展理论。[3]

三、开展实践活动，加强对中国梦的理解

为加强大学生对中国梦的理解，教师不但要注重理论教学，而且要强化实践教学，开展形式多样的课外学习活动和社会实践活动，使大学生在实践教学活动的参与过程中感受到中华民族伟大复兴的历史征程，把个人梦想与中国梦结合起来，自觉提升实现中国

梦的历史使命感和责任感。

充分利用一些课外学习活动。任课教师可以与学校有关部门密切配合，组织学生开展演讲比赛、读书小组、中国梦征文、专题讨论等特色鲜明的主题教育活动活动。学生在自觉参与和热烈讨论中深刻地理解到近代以来无数仁人志士追求中国梦的艰辛历程和他们无私奉献的革命精神，从而产生情感共鸣，激发起实现中国梦的激情和斗志。

开展多种形式的校外教学实践活动。教师可以带领学生参观历史博物馆，加深对中国古代灿烂文明的认识和了解。充分利用地方爱国主义教育基地和红色资源，组织学生参观考察，使他们在参观过程中感悟到革命先辈们高尚的革命气节和了解到中国近代以来民族复兴的历程。还可利用节假日组织学生深入革命老区、深入农村，通过实地观察和服务式体验，感悟中国共产党带领人民探索中国梦的开创精神和光辉模范作用，进而激发学生为实现中国梦的自信性、坚定性。此外，还可以开展中国梦进社区活动，使大学生成为中国梦思想的宣传者，实现理论和实际的结合，深化对中国梦的理解。[4]

综上所述，我们应当以中国梦统领高校思想政治理论课的教学，中国梦的实现与否关系到社会主义事业的成败。大学生是社会主义事业的继承者和接班人，实现中华民族伟大复兴的中国梦需要通过他们的努力才能逐步实现。培养他们“认同中国梦，践行中国梦，实现中国梦”是高校思想政治理论课应有的责任和义务。《纲要》课在中国梦的宣传教育中具有重要地位和作用，《纲要》课教师在教学内容、教学方法等方面需进行积极的探索，采取有效措施将中国梦真正融入到教学过程中，以取得良好的教学实效。

注释：

[1] 习近平．顺应世界潮流促进世界和平发展［N］．人民日报，2013-03-24.

[2] 徐兰．高校思想政治理论课中国梦教育教学探索——以《中国近现代史纲要》为例［J］．经济与社会发展，2013（4）.

[3] 石碧球．中国梦融入“中国近现代史纲要课”教学的路径探究［J］．思想理论教育，2013（5）：上．
[4] 杨天虎．中国梦视域下的思想政治理论课教学思考——以《中国近现代史纲要》为例［J］．黑龙江高教研究，2014(2).

（作者单位：江汉大学）

中国梦视角下大学生思想政治教育的路径取向

彭汉琼

中国梦是一个严谨的科学体系，它是对中国主流思想潮流的深刻总结，它在大学生的思想政治教育方面有着不可替代的作用。作为培养高素质人才、传承历史文化的高校，应深入分析解读中国梦的内涵与大学生思想政治教育的关系，将中国梦这一深刻的理论，融入到大学生的思想政治教育中，这是当今时代的要求，也是践行大学生理论体系提高的必然选择。为了取得更好的教育效果，我们需要探寻中国梦与大学生思想政治教育融合的路径取向，以达到思想政治教育的目的。

一、准确理解中国梦的基本内涵

2012 年 11 月 29 日新一届中央领导共同在国家博物馆参观《复兴之路》展览，在重温历史的过程中，中共中央总书记习近平指出：“每个人都有理想和追求，都有自己的梦想。现在，大家都在讨论中国梦，我以为，实现中华民族伟大复兴，就是中华民族近代以来最伟大的梦想。这个梦想，凝聚了几代中国人的夙愿，体现了中华民族和中国人民的整体利益，是每一个中华儿女的共同期盼。”中国梦阐述的内容，代表了新一届中央领导集体对于中华民族伟大的复兴、建设富强、民主、文明、和谐的社会主义现代化国家的美好愿望和坚定信念。

中华民族伟大复兴的中国梦，深刻揭示了近代以来中国历史发展的主线，体现了中国人民不懈追求和共同理想，是引领所有国人奋发进取的旗帜，集中展现了中国特色社会主义的宏伟愿景。中国梦包含着丰富的思想内涵，其中最核心的内容是国家富强、民族振兴、人民幸福。中国梦的三大动力源是：追求经济腾飞，生活改善，物质进步，环境提升；追求公平正义，民主法制，公民成长文化繁荣，教育进步，科技创新；追求富国强兵，民族尊严，主权完整，国家统一，世界和平。中国梦的实现途径必须坚持中国道路、弘扬中国精神、凝聚中国力量。

我国的奋斗目标早在进入 21 世纪时就已经提出，是伟大中国的三部曲，也是中国梦的三部曲。第一部曲，用 20 年时间，到中国共产党成立 100 年时，全面建成小康社会；第二部曲，再经过 30 年时间的奋斗，到新中国成立 100 周年时，全面实现中国特色社会主义现代化；第三部曲，在整个 21 世纪一步步实现中华民族伟大复兴。

中国梦作为一种理想信念，需要全国人民脚踏实地的创造性劳动，需要一代代青年人不懈地奋斗与追求。中国梦是民族的梦，也是每个中国人的梦，而大学生作为祖国的希望、民族的未来，必须深刻领会中国梦的内涵，在中国梦的引领下，以中华民族伟大复兴为己任，把践行个人价值与中华民族伟大复兴有机结合起来，实现国家富强、民族振兴和人民幸福的美好愿景。

二、中国梦融入大学生思想政治教育的现实意义

1. 中国梦融入大学生思想政治教育是时代发展的必然要求

把中国梦融入大学生思想政治教育之中，对于凝聚大学生的力量、开发青年人的无限潜力具有重要的时代意义。中国梦的提出不同于以往方针政策，它丰富了大学生思想政治教育的内容，具有将抽象理论大众化、通俗化的特点。这样的提法便于大众理解实践，对当代大学生有着更为深刻的引导和激励作用。从我国社会发展的目标来看，全面解读中国梦、大力宣传中国梦和合力共圆中国梦是时代赋予大学生思想政治教育的历史使命。中国梦为丰富完善大学生思想政治教育的内容、进一步全面展开大学生思想政治教育提供了最佳的可行性。

2. 中国梦融入大学生思想政治教育是爱国主义教育与个人理想实现的有机结合

爱国主义表现在爱国情感、爱国责任和爱国行为三个方面，且三个方面层层递进。以中国梦为使命的爱国主义教育，是要让当代大学生懂得爱国就是努力建设自己的祖国，就是为祖国的每一次发展进步贡献自己的力量，就是为国家繁荣和人民幸福平安创造更有价值的幸福生活。这种爱国主义的担当是要深刻理解国家好，民族好，每一个人才会好，并在实践中把中国梦教育同成才梦、创业梦、报国梦有机结合起来，最终实现中国梦与我的梦共同实现的良性互动。

3. 中国梦融入大学生思想政治教育是建设社会主义和谐校园的现实需要

当今社会知识和信息层出不穷，多元的世界观和价值观，对大学生的冲击巨大，会有一部分学生出现迷茫、困惑甚至无助的心理问题。如何更好地解决学生出现的问题，这就显现出指导思想有着重要的作用。中国梦作为一个新鲜的元素、新颖的提法正在慢慢走进大学生的头脑，这就说明了只有在中国梦倡导的指导思想的引导下，大学生才能面对多元世界观与价值观作出理性而正确选择，才能具有正确的做人做事的准则，进而成为社会主义合格的建设者和接班人。与此同时，中国梦起到凝聚大学生团队力量的重要桥梁作用，实现中国梦必须凝聚中国力量，即中国各族人民大团结的力量，这是我们必须要坚持的共同准则。中国梦走进校园是对构建和谐校园的提升，更有助于使大学生团结一致，为实现梦想共同奋斗、共同发展。

三、中国梦融入大学生思想政治教育的路径取向

1. 创新思政课程育人理念，助推中国梦的实现

思想政治理论课能够使学生系统掌握思想政治理论的基本知识，帮助大学生尽快树立正确的人生观和世界观，其重要性是不言而喻的。中国梦作为中国特色社会主义的共同理想，凝结着中国特色社会主义理论体系的精华，赋予中国特色社会主义道路、理论和

制度新的内容，把中国特色社会主义理论体系推进到新的境界。中国梦为高校思想政治教提供了丰富的资源，这就决定了必须创新课程育人理念，把中国梦融入高校思想政治理论课中，让思想政治理论课教学与中国梦实现有效地对接、交流、融会、互彰。首先，应找准中国梦与思想政治理论课程的契合点，将中国梦与现有的四门思想政治理论课进行有机结合，如《马克思主义基本原理》课中可将中国梦归根到底是人民的梦，必须紧紧依靠人民来实现，必须不断为人民造福的观点贯穿其中；《毛泽东思想和中国特色社会主义理论体系概论》课则应将中国梦的内涵、本质融入其中，让学生明白实现中国梦必须走中国道路；《中国近现代史纲要》课可将中国梦的发展历程展示其中；《思想道德修养与法律基础》课可将中国梦渗透到爱国主义教育中。其次，以教材为基础，用中国梦拓展教学内容。思想政治理论课教学中许多内容本身就是中国梦的生动体现。因此，教学中要挖掘教材隐含的中国梦内容，对这些内容进行深度阐发，让学生走近中国梦，理解中国梦，进而追求中国梦。再次，以现实为线索，用中国梦彰显教学理念。教师在教学中可以召开专题讨论会，系统完整地传播中国梦的正能量。解答中国梦是什么、为什么、怎样做的问题。思想政治理论课教学将眼光聚焦于时政当下，关注学生的困惑，正好彰显了思想政治理论课教学关注现实、服务社会、指引未来的理念。

2. 借力校园文化，实现中国梦与个人梦的完美统一

校园文化是思想政治教育的重要载体，它反映一个学校的主流价值导向，对大学生成长的影响很大。把中国梦思想融入高校校园文化建设中，能够增强中国梦思想的感染力和认同度。高校在进行校园文化建设时应该紧紧围绕中国梦的主题，把中国梦主题渗透到校园文化活动的方方面面。充分利用各种渠道加强对中国梦思想的宣传，尤其是要充分利用网络进行宣传，借助网络平台的载体，实现中国梦主题教育在校园里的全覆盖。要精心组织和开展融知识性、创新性、趣味性于一体的内容丰富、形式新颖的校园文化建设活动，有意识地将中国梦结合到所组织的活动中去，并且使大学生在参与这些活动时感受到中国文化的魅力，在潜移默化中使其接受

中国梦的思想，从而达到思想政治教育的目的。比如高校可以组织各种中国梦主题书画比赛，长跑比赛等，或者利用某个节日活动宣传中国梦的思想，帮助大学生树立正确的思想政治观念，增强其文化认同感与归属感，从而使他们乐于接受中国梦的主流思潮。同时，学校可以利用“校园论坛”，让大学生对中国梦思想的内涵、价值及其个人在学习、生活中如何实践梦想等进行讨论，引导大学生知行合一，在学习的过程中也身体力行，将个人梦与中国梦紧密地结合起来，贯穿在生活学习之中。在实现个人梦的同时，为中国梦添砖加瓦，实现中国梦与个人梦的完美统一。

3. 开展社会实践，提升中国梦宣传教育平台

社会实践是大学生思想政治教育的重要环节与有效途径，可以增强中国梦的说服力和感染力。积极引导大学生走出校门，走进农村、走进社区、走进基层，通过感性认识深化理性认识，增强对中国梦实践的自觉性。

首先，高校应组织大学生深入爱国主义教育基地、革命纪念地等参观学习，让学生在了解国史、国情的同时，也深刻认识到中国梦的发展历程就是近代以来中华民族为实现伟大复兴而不懈奋斗的发展历程。其次，组织学生深入社区、农村、企业，特别是通过深入沿海经济发达地区与改革开放前沿阵地参观考察，扎实开展“我的中国梦”主题调研与实践活动，亲眼目睹党和国家事业取得的辉煌成就，让学生亲身感受改革开放的崭新成果，倾听基层社会新变化以及基层民众的新期待，深刻感知中国梦的时代内涵，了解中国梦形成与发展的基础，坚定走中国特色社会主义道路的信心和决心。再次，积极开展大学生青年志愿者活动，大力培育选树大学生中的先进典型，抓好用好典型榜样，传播放大立德树人的正能量，举办大学毕业生建功立业先进事迹报告团宣讲活动，有意识地引导大学生深入基层体察民情，服务社会，从身边做起，从点滴做起，在志愿服务中体验信仰马克思主义的价值与意义，激励大学生学习先进、崇尚先进、争当先进，将梦想付诸于建功立业的实践之中，努力成为中国梦的传播者与践行者。

4. 完善制度建设，建立中国梦融入大学生思想政治教育的保

障机制

为了中国梦的能够长久的融入大学生的思想政治教育中，取得长久的教育效果，使中国梦的思想得到更好的传承，必须完善制度建设。制度建设是中国梦融入大学生思想政治教育的根本保障。首先，完善组织保障制度，学校要将中国梦主题教育作为贯穿落实党的十八大精神的重要抓手，把当代大学生践行中国梦摆上重要议事日程，着眼全局、统筹部署，建立起由学校党委统一领导、各部门协调配合，全体师生共同参与的工作机制。其次，完善经费保障制度，设立中国梦宣传教育专项经费，专款专用，在学校主导的前提下，创新投入机制，广掘活水之源，聚集社会力量，构建多元投入长效机制。再次，建立考核激励制度，制定中国梦宣传教育的评价体系，建立一系列认定、评价的规章制度，将践行中国梦纳入大学生思想政治教育培养体系，进而形成科学合理的表彰激励机制。最后，健全完善检查督导制度，及时对相关工作进行检查、督促与总结，使中国梦融入大学生的思想政治教育真正落到实处，培养出合格的社会主义建设人才。

（作者单位：江汉大学）

中国梦的理性与实践基础

周正儒

习近平同志在参观《复兴之路》展览时，用“雄关漫道真如铁”、“人间正道是沧桑”、“长风破浪会有时”生动概括了中华民族的昨天、今天和明天，深情诠释了中国梦的缘起、发展和内涵，给人们以奋进的激情和力量。如何解读中国梦，弄清中国梦的特定内涵，对于教育工作者自身和教育引导大学生准确理解中国梦并为之努力奋斗具有重要的指导意义。

一、理性看待中国梦

理性是人类在审慎思考后，以推理方式，推导出结论的思考方式。理性看待中国梦，就是要求人们在处理中国梦问题时，要按照事物发展的规律和自然进化原则来考虑问题、处理问题，做工作不冲动，不凭感觉做事情。理性看待中国梦，要作如下考量。

1. 梦想只有成为人民群众的思想共识和具体行动，才能决定和引领社会发展的方向

梦想有各种类型。属于空想和幻想的梦想一定不能成为现实；有些梦想只是一种潜意识的模糊不清的意象；有些梦想只是只言片语的零散思想；有些梦想止步于凌乱惨淡的尝试。梦想只有成为一种清晰的思想意识和坚定的理想信念，才能走上向现实转化的道路。梦想一旦成为人民群众的思想共识和具体行动，就决定和引领着社会发展的方向。一个国家或民族的梦想，一旦付诸行动，就会成为一种神圣的国家意志、民族意志，就会成为不可抗拒的变革社会的伟大力量，并创造出让世界景仰和称颂的人间奇迹。中国梦是

特定的、整体性的思想意识和目标指向，是思想意识和目标指向的高度融合统一，它承载着中国几千年的历史文化沉淀。在近代史上，经过弱肉强食的掠夺，多少有识之士在梦想着中国更强大，能够经受伴随时代进步不被抛弃的考验。这就需要我们统一思想，发展我们的国家，筑造并实现一个属于我们全民的强国之梦。

2. 中国梦是中华儿女普遍的坚定的思想意识和目标追求

中国梦，发端于泱泱五千余年的中华文明史；觉醒于中国近代的屈辱史；自强于1921年时浙江嘉兴的那艘红船；得益于改革开放后的中国特色社会主义之道路。经过无数中华儿女志士仁人肝脑涂地和舍命抗争的无数次劝谕的启迪，我们终于找到了由中国共产党带领人民寻求民族解放、实现民族富强的道路。正是有了中国共产党，近代以来激荡在中华儿女内心深处的民族复兴的梦想渐渐明晰起来，并在革命、建设和改革的不同历史时期呈现出渐次递进的实现阶段和表现形式。中国梦不能简单理解为顶层为了推出一个新的政治概念而喊出的口号，而应该看成为亿万民众行动的纲领。中国梦要想筑成，最需要的就是全民的行动，要求14亿中国人一个也不能少地加入到实现中国梦的行列中来。中国14亿人口，一人一把力，就能托起中国梦。

3. 中国梦的实现形式，就是建设中国特色社会主义

党的十八大指出，建设中国特色社会主义的总任务，是实现社会主义现代化和中华民族伟大复兴。建设中国特色社会主义，把我国建设成为富强、民主、文明、和谐的社会主义现代化国家，是当代中国最大的政治任务，是全党全国各族人民共同的理想和奋斗目标。党的十八大把这一总目标具体分解为两个百年的目标。习近平总书记在阐述中国梦时对此进行了重申。第一个是到中国共产党成立100年时全面建成小康社会，第二个是到新中国成立100年时建成富强、民主、文明、和谐的社会主义现代化国家。两个百年的奋斗目标，具体勾勒出了中国特色社会主义的宏伟蓝图，成为实现中国梦的里程碑式的标志。可以说，提出中国梦进一步强化了近代以来中华民族从传统向现代转型的自觉意识，表明了我们党对近代以来中国革命、建设道路所蕴含的价值方向的坚守，同时进一步强化

了改革开放以来我国一直恪守的发展道路和奋斗目标，即建设中国特色社会主义、到21世纪中叶基本实现社会主义现代化。这是对历史和现实的深刻把握，是对中国社会发展规律的自觉尊重，是对中国社会发展方向的庄重申明。中国梦，寄托着中华民族永不褪色的集体记忆和昂扬向上的意志情怀，昭示着中华民族崇高的目标理想和美好的未来。

4. 中国梦展示出中华民族对人类有所贡献的雄心壮志

中国梦是以中华民族兼济天下的博大情怀和与世界其他民族包容共生的民族文化心理为基础形成的，对人类有所贡献是中国梦的要义和基本内涵。穷则独善其身、达则兼济天下，是中华民族基本的文化心理，也是中华民族的优良传统和优秀品德。这种传统基于中华民族与其他民族和谐共生、相互包容、互为一体的整体性思维和世界观。正是基于这样的思维和世界观，中华民族从来不敢忘记对世界发展的责任，并时刻以这样的责任要求自己、鞭策自己。也正是基于这样的思维和世界观，在过去2000年的绝大部分岁月里，中国的综合国力一直是世界的领先者，中华民族一直对世界其他民族做着自己巨大的独有的贡献。对于中国的贡献，英国哲学家培根、罗素，历史学家汤因比，科学家李约瑟等西方有识之士，都给予高度评价。只是在最近不到200年的时间里中华民族对世界的贡献被西方野蛮的侵略和掠夺打断，中华民族陷入积贫积弱的境地，而落在西方国家的后边。

二、中国梦的实践基础

中国梦是全新的探索和实践，是以实践为基础的科学理想，只有求真务实、埋头苦干，察实情、讲实话，鼓实劲、出实招，办实事、求实效，才能将人民的向往变为现实，实现国家富强、民族振兴、人民幸福。中国梦的实践基础主要表现在如下三个方面。

1. 中华文化蕴含着的极为丰富的逐梦精神是实践中国梦的强大精神动力

中华民族是最富有整体性追梦精神的强大民族。从夸父追日、嫦娥奔月等远古神化传说，到神州系列飞船成功发射、神舟九号与天宫一号载人交会对接；从大禹治水，到长江、黄河等大江大河上已经建成和正在建设的座座高峡平湖，数千年来，潜伏在中华民族内心深处的梦想，始终是凝聚和激励中华民族绵延发展的强大精神动力，也成就了中华民族享誉寰宇的秦汉大业、唐宋富足、元明清帝国。中国梦是中华民族追逐梦想的民族精神在当代中国的具体体现，是极为宝贵的精神资源。形成中国梦的伟大目标，就是要激发、整合人们内心深处的追逐梦想的精神，为发展中国特色社会主义事业提供强大的原动力，让中华民族不朽的追梦精神焕发新时代的光辉。

2. 中华民族从传统向现代的转型实践为中国梦的实现提供了现代化思维

实现中国梦既不是重塑汉代雄风、大唐伟业，也不是再造康乾盛世，而是完成中华民族从传统向现代的转型，也就是不断累积和生长现代性。现代性是社会主义中国适应时代发展潮流，按照自身发展的内在逻辑，不断走向更高质量更高水平现代化的社会变革实践所呈现出来的当代中国社会的特质，是现代化进程中非传统因素的积累和充盈，是一种持续进步的、不可逆转的、合目的性的发展。现代性的生长和充盈，是现代转型的基调和主线。现代性的核心是源生于中国从传统走向现代的实践之中形成的核心价值观。这些核心价值观及其实现形式，构成了中国现代化的全部内容。从我国现代化的实践看，现代性主要包括确立与时代发展相适应的科学的思想观念，建立和完善高效的社会运行管理制度机制，形成以实现人的全面发展和推动社会全面进步为目标的核心价值体系，等等。现代性的具体表现形式是实现现代化，追求目标是不断提高和跃升人民群众的现代文明素质和程度。摆脱贫穷落后是现代转型的起点，实现人民群众的共同富裕和国家的繁荣富强是现代转型的首要目标。随着我们党对中国特色社会主义建设规律认识的不断深化，现代化建设的格局不断得到拓展，现代化建设的内容越来越丰富，现代性从最初的追求富强发展到追求民主、文明、和谐以及自由、平等、公正、法治等重要内容，从追求物质文明发展到追求政治文明、精神文明、社会文明及生态文明，从理念变革发展到制度机制变革以及行为习惯变革，从某些方面的发展拓展到全面、协调、可持续的发展。所以，中国梦，不是复兴封建帝国的旧梦，也不是食洋不化的他国梦，而是基于中华民族从传统向现代转型实践的现代梦。

3. 党的正确领导和建设中国特色社会主义的成功实践是中国梦梦想成真的保障

中国共产党是世界历史上人数最多，执政时间最长，凝聚力、决策力、执行力、自我更新力最强的政党。毛泽东同志早就指出："领导我们事业的核心力量是中国共产党，指导我们思想的理论基础是马克思列宁主义。"只要是中国共产党下决心办的事，无论有多少艰难困苦，都一定能办成。当然，中国共产党不可能没有缺点。但是，我们党有自我总结、自我更新能力，这是世界上任何其他政党难以具备的。十八大报告指出，党现在面临四个考验、四个危险，即执政考验、改革开放考验、市场经济考验、外部环境考验和精神懈怠的危险、能力不足的危险、脱离群众的危险、消极腐败的危险。国内外也有不少人对我们党持有批评意见，但我们党能够分清是非，正视问题，解决问题，特别是以习近平为总书记的新一届党中央领导集体上任后，在党的思想建设、组织建设、作风建设、廉政建设等方面采取了一系列重大措施，效果有目共睹。

在思想建设上，党始终高举马列主义、毛泽东思想、邓小平理论的大旗，在马克思主义中国化、当代化、大众化上与时俱进。马克思主义与中国国情相结合，产生了两大成果，一大成果是毛泽东思想。在毛泽东思想指导下，中国共产党领导中国人民经过几十年的奋斗，夺取了政权，建立和巩固了社会主义制度。另一大成果是中国特色社会主义理论，包括邓小平理论、"三个代表"重要思想，科学发展观等还在不断丰富的内容，它指导中国改革开放不断深入。正是这些成果，充实和丰富着我党的思想实践。

在组织建设上，我们党有着完整的制度、丰富的经验和先进的思想。一是民主集中制。十八大产生的新的党中央领导集体，就是经过党内几次上上下下、充分发扬民主选举产生的。这标志着我们党已经走出了一条党的领导集体正常更替的制度化新路，其意义十分巨大。二是加强党员队伍建设。通过集中学习、民主生活会等方式提高党员素质，让党的队伍精干起来，让每个党员都真正起到先锋模范作用。党的力量主要不取决于党员数量，而取决于党员的质量，这样才能使党更精干、更有战斗力。

在作风建设和廉政建设上，党中央出台了八项规定，针对党内作风上存在的问题，采取严厉措施，从中央做起，从上级做起，收到了立竿见影的效果，特别是明显遏制了奢靡之风，大吃大喝、挥霍浪费的现象得到有效制止。习近平总书记提出，作风建设永远在路上，各级领导干部都要既严以修身、严以用权、严以律己，又谋事要实、创业要实、做人要实。“三严三实”从锤炼党性、用权为民、为政清廉、求真务实、敢于担当、公道正派等方面，对党的作风建设作了新提炼和新概括，是既符合实际又与时俱进的理论创新，内蕴有深厚的历史渊源和广泛的现实基础。在坚决反腐败方面，既抓苍蝇，又打老虎。中纪委、监察部和公、检、法机关都设立了反腐举报电话，只要有线索，一查到底，坚决处置。由于措施得力，开启了党的作风廉政建设新局面。

（作者单位：江汉大学）

中国梦视域下的《中国近现代史纲要》教学

詹爱霞

参观《复兴之路》展览时，习近平指出："实现中华民族伟大复兴，就是中华民族近代以来最伟大的梦想。这个梦想，凝聚了几代中国人的夙愿，体现了中华民族和中国人民的整体利益，是每一个中华儿女的共同期盼。"在理论界热烈探讨中国梦的实践途径、解读中国梦的内涵时，承担对大学生进行思想政治教育重任的《中国近现代史纲要》（以下简称《纲要》）课程，应该积极发挥自己的学科优势，以中国梦为视角进行教学，积极宣传中国梦，努力推动中国梦的实践和实现。为此，在《纲要》课的教学中，教师必须重新整合教学资源和内容，改进教学范式和教学方法，在推进《纲要》课教学改革的同时，也为实现中华民族的伟大复兴贡献一己之力。

一、"纲要"课以中国梦为视角的重要性和必要性

首先，以中国梦为视角进行《纲要》课的教学，是贯彻实施十八大精神的重要举措。思想政治理论课要大力宣传党的路线、方针、政策，紧跟党中央的步伐，而中国梦是以习近平为核心的新一代中央领导集体提出的伟大蓝图，是十八大精神的集中体现。因此，以中国梦为视角进行教学，是《纲要》课的应尽之责。中国梦为《纲要》课的教学提供了最好的理论联系实际的关节点，真正让学生从心底理解、接受这门课，理解、接受中国梦，从而取得良好的教学效果。

其次，《纲要》课具有宣传中国梦的最大优势，应该自觉成为宣传中国梦的主阵地。《纲要》课开篇的话指出："中国的近现代史，就其主流和本质来说，是中国一代又一代的仁人志士和人民群众为救亡图存和实现中华民族的伟大复兴而英勇奋斗、艰苦探索的历史。"从主流和本质来讲，中国近现代史就是一部关于梦的历史，展现了近代以来，中国梦碎、梦醒、逐梦、筑梦、圆梦的全过程。在这个过程中，先进中国人凝聚中国力量，发扬中国精神，寻找到符合国情的革命和建设的中国道路，引领我们一步步朝着中国梦的彼岸迈进。通过对这个过程的了解，学生得以真正理解中国梦的全部内涵，并将中国梦的实现视作自己毕生的事业。

最后，以中国梦为视角，培育实践、实现中国梦的合格接班人，是《纲要》课的最终目的。胡锦涛同志曾经指出："一个有远见的民族，总是把关注的目光投向青年；一个有远见的政党，总是把青年看成推动历史发展和社会前进的重要力量。"习总书记亦曾对青年谆谆教诲："中国梦是我们的，更是你们青年一代的。中华民族伟大复兴终将在广大青年的接力奋斗中变为现实。"青年是中国梦的建设者和实践者，大学生又是青年群体中思维最活跃、受教育程度最高、最具影响力的部分，对大学生进行"中国梦"教育，使之成为具有"认同中国梦，践行中国梦，实现中国梦"的价值取向和自觉追求的中坚力量，事关民族复兴伟业。

二、以中国梦为视角，推进"纲要"课教学改革

1. 以中国梦为视角，调整教学内容，整合教学资源

中国近现代史就是一部关于梦的历史。从鸦片战争开始，中国梦的历史分为五个阶段。

梦碎——资本帝国主义入侵，中国沦为半殖民地半封建国家。进行这一内容的教学，首先要回顾中华民族曾经创造的悠久灿烂的文明以及对于世界的重大影响和贡献，激发学生的民族自豪感和自信心，使之对中国梦的实现，产生强烈的认同感和责任心。其次要讲述1840年以来资本帝国主义对中国的野蛮入侵，使中国"天朝上国"的迷梦一朝破碎，中华民族不仅不再强盛，而且受尽西方

列强的凌辱。尤其要分析资本帝国主义的入侵给中国带来的巨大灾难，引导学生正确看待所谓“侵华有功论”，让学生充分了解侵略的非正义性，认识到中华民族爱好和平的优良品德，激发学生的爱国主义情感。

梦醒——以中国梦为视角，强化民族意识觉醒的内容。费孝通教授认为“同一民族的人感觉到大家是同属于一个人们共同体的自己人的这种心理”就是“民族的共同心理素质”或民族意识。熊锡元认为民族意识包括：“第一，它是人民对于自己归属于某个民族共同体的意识；第二，在与不同民族交往的关系中，人们对本民族生存，发展，权利，荣辱，得失，安危，利害等认识的关切和维护。”中国古代也存在大大小小的国家、民族，但国家、民族的概念是模糊不清的，唯一准则是文化认同。中国改变过去以文化认同为最高标准的、模糊的国家、民族概念，形成清晰的民族意识，走过了漫长的历程。鸦片战争之后，洪秀全领导的太平天国运动是民族意识最早的民间萌芽。此后，清朝政府的国家概念日渐明确，但总是没有处理好与之相伴的民族概念。到了义和团运动时，面对民间自发产生的民族认同感，清政府的态度显示出犹豫和摇摆。一方面它希望利用这种民族认同，维护自己国家的利益，另一方面又担心这种民族认同，会伤及它的统治。甲午战争的惨败极大地刺激了中国人，他们中的进步分子开始思索改变两千多年封建帝制的问题，将帝制（文化）的改变和国家的强盛（利益）结合在一起。1902年，梁启超第一次明确提出“中华民族”的概念。但是，基于当时比较狭隘的认识，他提出的“中华民族”仅仅是指汉族。辛亥革命后，黄兴等人很快意识到，纯粹以血缘划分的民族概念非常狭隘，于是，“中华民族”的概念首先变为汉、满、蒙、回、藏的五族共存概念。五四运动爆发后，知识分子理论上的“中华民族”和“中国”的概念，深入人心，成为每一个中国人自我认同、民族意识崛起的契机。很显然，民族共同体的认同、民族利益的共同维护，既是现代意义上爱国主义的源头，也是实现中华民族伟大复兴的前提。

逐梦——五四运动之前，各阶级、阶层对实现国家强盛梦想的探索。太平天国农民起义，梦想建立一个“无处不均匀、无人不保暖”的理想社会，但由于农民阶级自身的历史局限性走向失败。地主阶级的洋务派师夷长技以图实现国家的富强，可是腐朽的社会制度阻碍了这一梦想的实现。资产阶级改良派的立宪梦实践仅仅只进行了103天，而革命派建立议会共和制的梦想断送在袁世凯手中。无论是农民的太平天国、洋务派的自强求富，还是改良派的立宪制、革命派的共和制，无一不是不同阶级、阶层站在自己的阶级立场上提出的梦想。农民阶级、地主阶级、小资产阶级、民族资产阶级追逐自身梦想实践的失败，有一个共同的深层原因，即民族不独立、人民没有解放。

筑梦——推翻三座大山，建立新中国；实行过渡时期总路线，建立社会主义制度，开始工业化建设，在实现中国梦的道路上迈出坚实的第一步。中国共产党的诞生，使中国人的梦想不再是海市蜃楼、镜花水月。中国共产党诞生后，积极寻求与国民党的合作，共同发起轰轰烈烈的大革命，基本消灭反动的北洋军阀势力；土地革命战争兴起后，共产党将马克思主义和中国实情相结合，在实践中探索革命新道路，形成毛泽东思想，最终指导中国革命取得了胜利；抗战爆发后，再次谋求与国民党的合作，取得了伟大的反法西斯战争的胜利；解放战争时期，共产党赢得了广大人民群众的支持，赶走国民党和一切反动力量，建立新中国。新中国的建立奠定了民族伟大复兴的基础，中国追逐梦想的脚步不再迟缓。三大改造完成后，第一代中央领导集体继续筑梦中国，提出四个现代化的奋斗目标，可惜“左”倾错误的干扰使得我们在追逐梦想的道路上再次止步不前。

圆梦——纠正错误，改革开放，形成中国特色社会主义体系，为梦想的实现指明正确的行动方向。十一届三中全会后，以邓小平、江泽民、胡锦涛为核心的历届中央领导集体紧紧围绕民族复兴这一主题，相继解决发展中出现的新问题，形成邓小平理论、“三个代表”重要思想、科学发展观等，使我们在民族复兴的道路上取得累累硕果。以习近平为核心的新一代中央领导集体不仅为我们明确了中国梦的内涵、实现途径、依靠力量等问题，而且以极强的责任感坚决惩治腐败，改进党风、政风，让我们看到了实现民族复兴的巨大希望。

2. 以中国梦为视角，调整教学范式

教学范式是指同一教学共同体对教学内容和教学观念所形成的统一认知。“纲要”课上编和中编讲述的是旧民主主义革命和新民主主义革命的内容，过去讲中国革命史这一内容时，惯常采用革命范式，即以阶级分析的方法分析、解决问题。这一范式的优点是强化阶级意识，注重了意识形态领域的斗争，符合“纲要”课作为思想政治理论课的特征和要求。但是，“纲要”课不仅仅是政治理论课，同时也是历史课，仅仅从政治的角度解读历史，有时并不能反映历史的全貌，无法探寻历史的真相，甚至会陷入单纯说教的藩篱而引发学生的不满。比如，如何看待洋务运动和李鸿章的评价问题，如果用革命范式分析，得出的结论是：为了挽救腐朽的清廷统治所做的努力自然会失败，李鸿章是为了巩固阶级利益而出卖国家权力的大卖国贼。这个结论对李鸿章在推动中国现代化方面的努力视而不见，显然是有失偏颇的，了解这段历史的同学势必会非常反感。因此，革命范式的缺点是显而易见的。以中国梦为视角，必须重新审视“纲要”课的教学观念，而现代化范式无疑是最恰当不过的，因为从某种角度看，实现中华民族的伟大复兴必须实现现代化，近代以来先进中国人对强盛国家的实践探索基本上是以近代化、现代化为目标，而现在我们正在努力建设社会主义现代化强国，以期实现中华民族的伟大复兴。诚如虞和平所指出：“如果就完整意义上的现代化而言，反帝反封建的改革和革命应该包含在现代化进程之中。这是因为，反帝是为了争取国家独立、建立平等互利的国际关系；反封建是为了争取民主、建立政府与社会的良性互动关系，更好地进行现代化的社会动员。所以，反帝反封建的改革和革命既是现代化的一个组成部分和一种重要动力，也为现代化建设解决制度、道路问题，并扫除障碍。”当然，采用现代化范式，并不是完全抛却革命范式，毕竟自阶级产生以来的整个人类历史就是一部阶级斗争的历史，有些问题只能用阶级分析方法解决。

3. 以中国梦为视角，改进教学方法

这些年，为了提升教学效果，我们一直致力于教学方法的改革，可是效果并不明显。以中国梦为视角，笔者认为，配合教学内容和教学范式的调整，采用专题式教学是我们教学方法改革的方向和重点。专题式教学又可以分为两大部分：第一部分，追梦。包括如前所述的梦碎、梦醒、逐梦、筑梦、圆梦五个阶段。第二部分，以实现中国梦的三个要素为主题，进行专题式教学。中国道路、中国精神、中国力量是实现中国梦的三要素。

关于中国道路。目前，理论界对于中国道路的理解即中国特色社会主义道路。个人认为，中国道路还应该包括中国特色的新民主主义革命道路，只有首先了解先进共产党人对中国革命道路的艰难探索，才能懂得马克思主中国化的重要性；才能理解历史和人民为什么选择了中国共产党；才能坚定拥护共产党的领导共筑中国梦的信心；才能明白改革创新从来不是改革开放之后中国共产党人才具备的时代精神。同时，从逻辑结构看，只有找到正确的革命道路，第一个历史任务才能完成，才能开始探索建设社会主义的新道路。中国共产党领导的新民主主义革命是新式的特殊的民主革命，“不是旧的、被资产阶级领导的、以建立资本主义的社会和资产阶级专政的国家为目的的革命，而是新的、被无产阶级领导的、以在第一阶段上建立新民主主义的社会和建立各个革命阶级联合专政的国家为目的的革命。因此，这种革命又恰是为社会主义的发展扫清更广大的道路”。正是在以毛泽东为核心的第一代中央领导集体地方努力下，我们才建立新中国，奠定实现民族复兴的坚实基础。以邓小平为核心的党的第二代中央领导集体，解放思想，实事求是，实现了党的工作重点的转移，明确提出走自己的路，建设有中国特色的社会主义，成功开创了中国特色社会主义道路。继江泽民、胡锦涛之后，为以习近平为核心的新一代党中央根据时代的发展变化和要求，适时提出中国梦的战略构想，采取系列举措努力筑梦中国，使中国道路更趋完善、更加光明。

关于中国精神。实现中国梦必须弘扬中国精神，这就是以爱国主义为核心的民族精神，以改革创新为核心的时代精神。党的十六大报告指出：“在五千多年的发展中，中华民族形成了以爱国主义为核心的团结统一、爱好和平、勤劳勇敢、自强不息的伟大民族精神。”爱国主义是中华民族伟大的民族精神，是推动民族发展振兴的伟大精神力量，但是清政府的文字狱、保守自私的心态和鸦片的迷雾却逐渐湮没了爱国主义的光彩。从这个角度看，正是帝国主义的残酷侵略和剥削重新激发了中国人的爱国情怀，所以，近现代是中国精神发展、升华的重要时期，了解近现代历史是全面领会、深刻把握中国精神的关键。从三元里抗英、太平天国农民起义、洋务运动、维新变法运动、义和团运动、新文化运动到国共两次合作，尤其是经历惨烈的八年抗战，我们都能感受到强烈的爱国主义情感。对于现在的大学生而言，继五四运动后，在国家每每面临危难时都挺身而出的爱国学生青年的身姿，更是能够触动心灵的典范。同时，众多著名历史人物的英雄事迹、优秀品质、道德风范和人格魅力，也是培养大学生的爱国主义情怀的鲜活材料。而改革创新的时代精神，从中国共产党在经历了将马克思主义教条化、将苏联经验神圣化而导致的两次巨大挫败后，抛却教条和书本，以改革的精神创造性地提出了“农村包围城市、武装夺取政权”的革命道路就能看出端倪。《纲要》的教学内容还充分体现了团结统一、爱好和平、勤劳勇敢、自强不息的民族精神。近代以来，饱受列强侵略之苦的中华民族更加懂得维护和平的宝贵，中国共产党提出的和平共处五项基本原则是维护世界和平、建立国际政治经济新秩序的基础。中国人民近代以来的奋斗与牺牲说明，中国人民勤劳勇敢，独立自主的精神坚不可摧，自强不息是中华民族生存和发展的动力，中国人民“有在自力更生的基础上光复旧物的决心，有自立于世界民族之林的能力”。

关于中国力量。实现中国梦，必须凝聚中国力量。历史上，农民阶级、小资产阶级、民族资产阶级追逐中国梦实践的失败，有一个共同原因，即没有发起民众、凝聚中国力量。中国共产党成立后，发现凝聚中国力量的重要性，视统一战线、群众路线为克敌制胜的法宝。近代以来，中国人民第一次取得的反对帝国主义侵略的胜利是抗日战争，胜利的取得归因于第二次国共合作形成的民族力量的凝结，所以讲授这个内容时，要注意强调尽管中国共产党是抗日战争的中流砥柱，但国民党作出的贡献不能忽视、不容抹杀。无论过去还是现在，无论革命时代还是建设时期，中国梦的实现都要依靠全民族的智慧和力量。中国梦不仅是民族的梦，也是每个中国人的梦。只要我们紧密团结，万众一心，为实现共同梦想而奋斗，实现梦想的力量就无比强大。

（作者单位：江汉大学）

浅析“中国梦”与大学生理想信念教育

李　兰

2012 年 11 月 29 日，中共中央总书记习近平在国家博物馆观看《复兴之路》展览时发表重要讲话，首次阐述了“中国梦”。2013 年 3 月 17 日，习近平在十二届全国人大一次会议上进一步全面阐述了“中国梦”。3 月 25 日，习近平在莫斯科国际关系学院演讲时进一步阐述了“中国梦”的内涵：“实现中华民族伟大复兴，是近代以来中国人民最伟大的梦想，我们称之为‘中国梦’，基本内涵是实现国家富强、民族振兴、人民幸福。”

习近平总书记说“中国梦是我们的，更是你们青年一代的”，“青年一代有理想、有担当，国家就有前途，民族就有希望，实现我们的发展目标才有源源不断的强大力量”。当代大学生要明白：“中国梦”是民族的梦，也是每个中国人的梦，“中国梦”的实现也寄希望于我们当代的大学生——祖国未来的栋梁，“中国梦”的实现离不开坚定的理想信念。

一、“中国梦”与大学生理想信念教育的关联性

充分认识“中国梦”与大学生理想信念教育之间的关联性是我们开展大学生理想信念教育的前提和基础。

（一）“中国梦”是一种崇高的理想信念

“中国梦”是中华民族伟大复兴的共同理想，是科学的理想和坚定的信念的有机统一。“中国梦”的实质蕴含了中国特色社会主义的共同理想，它的具体实现形式就是建设有中国特色社会主义事

业，贯穿其中的政治信念就是中国特色社会主义的政治信念。对于当代青年大学生而言，它是精神能量，即坚定马克思主义的信仰、坚定中国特色社会主义的信念、增强对改革开放和现代化建设的信心、增强对党和国家的信任。当今部分大学生在思想意识上存在着一些不足尤其是拜金和享乐现象，这种现象出现的根本原因在于大学生自身没有坚定的理想信念，“中国梦”能够帮助大学生找到属于自己的发展方向，“中国梦”的提出激发了大学生投身社会主义现代化建设和为实现中华民族伟大复兴而奋斗的使命感和责任感，极大地增强了大学生对外来思潮的“抵抗力”，引领了当代青年大学生的政治信仰。

（二）“中国梦”是社会理想和个人理想的有机统一

“中国梦”是全国各族人民的共同理想，也是青年一代应该牢固树立的远大理想。“国家好，民族好，大家才会好。”习近平简单的话语中蕴含着个人与祖国、与民族之间的深刻联系。“中国梦”为每个大学生实现个人理想提供了广阔空间。祖国强大，经济繁荣，社会安定，才能为大学生提供更加良好的学习环境和发展空间，才能保障大学生个人理想最终得以实现。

实现中华民族伟大复兴的中国梦要靠大学生的不懈努力。青年兴则国家兴，青年强则国家强。大学生是国家和民族的希望，是中国特色社会主义事业的建设者，是实现“中国梦”的中坚力量。大学生应当在“中国梦”的指引下，树立正确的理想信念，把个人理想与社会理想有机结合起来，自觉以社会共同理想为最终奋斗目标，在实现“中国梦”的过程中不断的成长成才，实现自身的人生价值。

（三）“中国梦”指引了大学生理想信念教育的努力方向

当前大学生理想信念状况总体上是健康的，但受不良思潮侵蚀，部分表现出理想迷茫、信仰丧失、价值观扭曲等现象。新时期理想信念教育召唤新载体，“中国梦”作为一种理想信念和精神力量，为大学生理想信念教育注入了新内容。“中国梦”是国家梦和个人梦的有机统一，在新的形势下，只要通过自身的努力，人人有“人生出彩”的机会，人人都有分享梦想成真的机会，人人都有改变自己命运获得成功的希望。这种对个人理想的肯定和激励，满足了大学生崇尚进步的精神诉求，在大学生中产生一股强大的驱动力。当代大学生正处在人生发展的关键时期，几年的大学生涯不仅要进行专业知识学习，更重要的是要确立正确的人生理想。这直接关系到今后走什么样的路、从事何种职业等重大人生问题。大学生只有在深入了解当前社会现实的基础上，才能设定合理的奋斗目标，树立正确的人生理想。当前中国的最大实际就是长期处于社会主义初级阶段，最确切的发展目标就是实现中华民族的伟大复兴，这正是“中国梦”的精髓之所在。大学生应坚持以中国梦的现实基础和社会规定为指导方向，确定自己的人生理想；如果只顾眼前利益，而脱离了社会需要，人生就会走向“南辕北辙”的结局。因此，“中国梦”的提出，为大学生确立人生方向提供了时代坐标。

（四）“中国梦”充实了大学生的理想信念体系

当今对大学生进行理想信念教育就是要将中国特色社会主义理想信念纳入其思想意识领域，坚定其共产主义信念。“中国梦”不仅丰富和发展了中国特色社会主义理论，而且为大学生的个人理想信念注入了新的元素，充实了其理想信念体系。“中国梦”与“三个自信”紧密相连，道路自信为“中国梦”的实现提供路径，理论自信为“中国梦”的实现提供方向指引，制度自信为“中国梦”的实现提供重要保障。除此之外，“中国梦”本身就彰显着价值自信，为共同理想的内涵注入了新的血液，充实了大学生的理想信念体系。

二、结合“中国梦”对大学生进行理想信念教育的途径

理想信念教育是高校大学生思想政治教育中的重要内容，大学生正处于世界观、人生观、价值观形成的关键时期；大学生是实现“中国梦”的主力军，因此“中国梦”的提出，也是对大学生进行

的理想信念的教育。正如刘云山指出，“每个中国人都是‘梦之队’的一员，加强大学生的‘中国梦’教育，就是把它融入大学生的思想政治教育之中，让它进入大学生的头脑。”只有让“中国梦”融入大学生理想信念教育内容体系，进入大学生头脑并自觉树立“中国梦”的理想追求，才能正确的引导大学生健康发展和为实现中华民族的伟大复兴凝聚力量。

（一）夯实教学主课堂，完善思想育人

党的十八大进一步强调要“推进马克思主义中国化、时代化、大众化，坚持不懈用中国特色社会主义理论体系武装全党、教育人民，深入实施马克思主义理论研究和建设工程，建设哲学社会科学创新体系，推动中国特色社会主义理论体系进教材进课堂进头脑”。我国高校对大学生进行理想信念教育的主渠道是思想政治理论课课堂。在思想政治理论课课堂上，通过讲解习近平阐述“中国梦”的有关文献资料，播放《信仰》、《复兴之路》、《建党伟业》等影片，帮助大学生深刻理解“中国梦”的内涵。通过“毛泽东思想和中国特色社会主义理论体系概论”和“形势与政策”课程的教学，用中国特色社会主义理论体系武装学生的头脑，使大学生正确认识我国的基本国情，正确认识国家的历史和前途命运，从而帮助大学生深刻理解“中国梦”的伟大意义，坚定大学生的“理论自信”、“制度自信”和“道路自信”。

（二）营造校园雅环境，实现文化育人

校园文化是大学生成长的软环境，是课堂教育的有益补充，有着巨大的隐形教育功能，对大学生的日常行为习惯、道德品质、价值观念、理想信念有着潜移默化的影响。因此，以“中国梦”为引领，开展形式多样的文化活动，构建校园文化品牌，是进行大学生理想信念教育的重要内容和载体。首先，可以举办以“中国梦”为主题的社团文化节、系列征文活动、演讲比赛、学术讲座、摄影绘画作品展、文艺表演等。通过这些大学生喜闻乐见的形式对“中国梦”的历史底蕴和时代内涵进行解读，引导青

年大学生加深对“中国梦”的认识和理解。其次，在建党、建国等重大历史事件纪念日开展丰富多彩的纪念活动激发大学生的爱党、爱国、爱社会主义的情怀。再次，通过开展优秀党员、身边的感动等评选活动，在学生中树立一批可信、可学、可敬的先进典型，组织学生开展座谈研讨等教育活动，发挥先进典型的引领示范作用，形成崇尚先进、学习先进、争当先进的良好风气。最后，通过校园海报、宣传橱窗、宣传横幅等平台，利用丰富翔实的图片资料和优美的文字表述，传递健康的信息，提升校园文化品质，大力推进“中国梦”主题校园文化建设，使中国特色社会主义理论体系能入耳、入脑、入心，使大学生对“中国梦”能真学、真信、真懂。

（三）融入生活大课堂，达到实践育人

社会实践是大学生理想信念教育中必不可少的重要环节，对大学生了解国情、了解社会、锻炼能力、积极投身于社会主义建设的实践中都有着不可替代的作用。因此，在高校教育中，积极开展社会实践活动是让大学生把“中国梦”内化于心，外化于行的一个重要途径。高校可以组织大学生到爱国主义教育基地、革命纪念地、改革开放前沿地等地方参观学习，精心组织大学生开展“青春践行中国梦　实践检验真知行”暑期社会实践活动，引导广大学生深入西部、深入农村、深入一线，开展参与式观察和服务式体验，感悟由千万个“我的梦”组成的民族梦、时代梦，采撷征集有代表性的“百姓梦”。让他们在实践中亲身体验中国特色社会主义建设的辉煌成就，亲眼目睹党和国家事业取得的伟大成果，从而树立中国特色社会主义的共同理想，坚定对中国共产党的信任，坚定走中国特色社会主义道路的信念，坚定实现中华民族伟大复兴中国梦的信心。同时，也通过实践，将“中国梦”与大学生的学习生活融合在一起，引导大学生理论联系实际，将梦想付诸实践，努力从自身做起，从点滴做起，将个人梦同国家梦紧密地结合在一起，通过实现国家梦来圆个人梦。

总之，“中国梦”是民族的梦，也是每一个中国人的梦。大学

生是祖国的未来和民族的希望，高校对大学生进行理想信念教育必须与“中国梦”主题学习教育活动结合起来，为把当代大学生培养成为“中国梦”的践行者而努力奋斗。

（作者单位：武汉城市职业学院）

中国梦视阈下实施导师制引领大学生成长成才的思考

陈　辉　何小青

党的十八大以来，习近平总书记提出了要实现中华民族伟大复兴的中国梦的宏伟目标。中国梦将国家梦、民族梦、个人梦紧密联系，不可或缺。高校作为培养人才和接班人的重要阵地，在中国梦的实现过程中，通过实施导师制，将国家的发展和希望与大学生自身的成才有机结合起来，引导大学生自觉努力，提高综合素质，促进大学生的成长成才和中国梦的实现。

一、中国梦与当代大学生

1. 中国梦是每一个中华儿女的梦

2012 年 11 月 29 日，中共中央总书记习近平带领新一届中央领导集体参观中国国家博物馆“复兴之路”展览时，正式向世界宣示中国梦：“实现中华民族伟大复兴，就是中华民族近代以来最伟大的梦想。这个梦想凝聚了几代中国人的夙愿，体现了中华民族和中国人民的整体利益，是每一个中华儿女的共同期盼。”[1] 2013 年 3 月 17 日，国家主席习近平在十二届全国人大一次会议闭幕会发表讲话中指出“实现中华民族伟大复兴的中国梦，就是要实现国家富强、民族振兴、人民幸福，既深深体现了今天中国人的理想，也深深反映了我们先人们不懈奋斗追求进步的光荣传统”。并对实现中国梦进行了详细的阐述，认为“实现中国梦必须走中国道路。这就是中国特色社会主义道路”。“实现中国梦必须弘扬中国精神。这就是以爱国主义为核心的民族精神，以改革创新为核心的时代精神。”“实现中国梦必须凝聚中国力量。这就是中国各族人民大团结的力量。‘中国梦’是民族的梦，也是每个中国人的梦。”共青团建团94周年时，习近平总书记在同各界优秀青年代表座谈时提出：“中国梦是我们的，更是你们青年一代的。中华民族伟大复兴终将在广大青年的接力奋斗中变为现实。”这体现了以习近平总书记为核心的新一届党中央对当代青年大学生在实现中国梦伟大实践中的殷切希望。

2. 中国梦体现当代大学生的历史责任

青年大学生是祖国的未来、民族的希望，是实现中国梦的重要后备力量。习近平总书记描绘的中国梦对当代大学生成长成才提出了新要求，当代大学生应树立远大理想，明确成长成才方向，铸就高尚品格和自强不息精神。因此，大学生应正确把握时代要求，主动将自己的成长成才与实现中国梦结合起来，从立德、立志、立学、立行四个方面努力提高自身的综合素质，真正肩负起历史的责任。[2]

当代大学生的责任重大，如何不负重任，承担起实现中华民族伟大复兴的历史使命；如何从我做起，从现在做起，自觉把自己置身于实现中国梦的生动实践中；如何胸怀鸿鹄之志，将个人成才梦想融入中华民族的梦想，为将来在实现中国梦的历史舞台上建功立业做好准备，这些都需要当代大学生勇于承担历史的责任：一是要坚定“中国道路”，经受住西方思想文化的影响和敌对势力的渗透；二是要弘扬“中国精神”，发扬爱国主义的优良传统；三是要凝聚“中国力量”，团结就是力量，共同编织美丽的中国梦。在这种责任下，大学生只有奋发进取，坚持德智体美心全面发展，才能肩负起历史的重任，从而成为实现中国梦的中坚力量。

二、中国梦为导师制引领大学生成长成才进一步指明了方向

1. 导师制的设立及作用

导师制的最大特点是师生关系密切，导师不仅要指导他们的学习，还要指导他们的生活，成果显著。在我国高等院校，硕士生、

博士生的培养一般实行导师制，而本科生、高职生的培养采用导师制的比较鲜见。[3]当前，国内各高校都在探索具有自身特色的导师制，这种导师制基本要求在教师和学生之间建立一种“导学”关系，针对学生的个性差异，因材施教，指导学生的思想、学习与生活，以更好地贯彻全员育人、全过程育人、全方位育人的现代教育理念，全方位地培养学生，提高学生的综合素质和能力，更好地适应素质教育的要求和人才培养目标的转变。

目前，我们根据中国梦和大学生成才梦的内涵要求，以专业教师为主，建立导师制度，挂钩相关专业班级和若干学生，加强师生间的互动沟通，发挥教书育人的示范作用，对学生的思想、生活、业务学习等进行指导，带动大学生积极进步，促进大学生尽快成长成才。导师制是对学生教育管理和培养合格人才的一种有益的实践探索，是学生思想政治教育的重要部分，其主要作用体现在：一是增强专业教师的育人意识。通过实施导师制，使专业教师认识到不仅需要教给学生知识、技能，更要指导好学生的思想和行为，切实提高综合素质，成为真正有用的合格人才。二是密切了师生之间的关系。教师与学生联系制度化，加强了师生的沟通交流，使导师能更加细致地做好学生的思想教育、工作引领、学习指导和生活带领，为学生的健康成长创造良好的条件。三是促进了学生综合素质的提高。非智力因素对学生成才所起的作用与智力因素同等重要。通过导师更直接、到位的指导，努力开发学生的非智力因素，发掘学生的潜在能力，使大学生更加明确大学人生规划和专业目标，有利于锻炼提高学生各方面的素质，使其收到事半功倍的效果。四是有利于学生个性化的培养。学生有自己的经历和思想，有各不相同的个性和特长。实行导师制就可以针对每个同学的身心发展的特点给以个性化的培养方式，使每个学生都得到发展。五是推动专业教师不断提升自己。专业教师要充分发挥示范作用，为人师表，给学生以好的引领，就要在各方面先行，不断提升自己，确实当好导师。

2. 中国梦为实施导师制引领大学生成长成才进一步指明了方向

中国梦的提出为导师制的实施进一步指明了方向。当代大学生是祖国和民族的希望，社会的栋梁，是实现中国梦的主力军。中国梦是中华民族自强不息的不竭动力，牵引着中国砥砺前行的脚步。每个人都有一个只属于自己的梦，但我们同属于一个国家，所以每个人的梦又与国家民族兴衰荣辱紧密相连。实现“国家富强、民族振兴、人民幸福”的中国梦对当代大学生成长成才提出了新要求，他们的成长成才对实现中国梦起到至关重要的作用，这些为导师制引领大学生成长成才明确了方向。

导师制的实施为中国梦的实现打下坚实的人才基础。大学生可塑性强，在导师制实施过程中可积极组织开展有关“中国梦和成才梦”为主题的系列教育实践活动，教育引导学生更深刻理解习总书记实现中国梦的内涵，培养坚定的爱国情感，明确“我的成才梦与中国梦”的关系，志存高远，增长知识，锤炼意志，不懈努力，使大学生活不虚度，让青春在时代进步中焕发出绚丽的光彩，努力提高自身的综合素质，为实现中国梦的奋斗目标而积极努力。

三、实施导师制引领大学生成长成才的“五个一”工程路径

中国梦视阈下实施导师制引领大学生成长成才的路径可通过学校实施“五个一”的工程来落实，从细小事细微处助力大学生，为实现中国梦和成才梦锻炼提高各方面的能力，为今后发展打下坚实的基础。

1. 各级领导重视，组织选拔好每一位导师

各级领导应切实按照习总书记的要求，高度重视中国梦的引领作用，将其融入学校各方面的工作和活动中，特别是发挥教师的教书育人作用，真正在教育教学中做学生人生道路和专业技能学习的引路人。在实施过程中，最重要的是认真组织选拔好每一位导师，确实将贯彻党的教育方针、忠诚党的教育事业、具有高度的责任心和奉献精神、爱岗敬业、为人师表、专业水平较高、具有中级及以上的专业技术职务或硕士以上学位的教师选拔出来，委以相关专业

的导师，发挥好的示范引领作用，让学生深受教育，受益终身。[4] 教师党员、获得院级以上先进的教师和专业骨干可优先考虑，鼓励符合条件的教师踊跃报名，并在今后与教师的评聘、评先评优、项目科研等实质挂钩，形成争当导师的良好氛围。

2. 明确导师职责，制定好一份导师助力学生成长成才的挂钩方案

在选拔好导师的基础上，按照中国梦的内涵要求，从发展的高度和服务的质量看待教育教学工作，制定好导师挂钩班级详细方案。方案包括：（1）每一位导师挂钩班级学生情况表。（2）对导师的基本要求，既要对指导的学生在专业学习上进行指导，又要对学生思想、行为和生活进行指导，真正做到教书、育人相统一，提高学生综合素质等。（3）明确导师的基本职责：一是指导大学生制定好大学和人生目标计划；二是深入所挂钩的班级和学生中，掌握班级的基本情况和学生思想状况，每学期参加挂钩班级的主题班会、班团活动 2～3 次；三是通过各种方式、各种载体对学生进行理想信念、道德规范、爱国爱校、遵纪守法等方面的教育，帮助学生树立正确的世界观、人生观、价值观；四是对指导的学生进行专业学习指导和引领，促进专业学习和发展。特别是对学习困难、表现不积极的学生进行帮扶，指导学生正确学习，帮助改进不良行为习惯；五是及时将挂钩班级和学生的情况与系学工部门、辅导员沟通反馈，协助解决班级、学生其他应解决问题。（4）导师的组织领导和考核管理等。

导师应切实按照以上挂钩要求开展实质性的活动，一方面协助辅导员强化学生的思想教育和管理，另一方面进行专业方面的指导，帮助解决树立正确的学习观。同时，通过组织参加生动活泼的有益活动，如专业技能竞赛、青年志愿者活动、社团文化活动等来促进学生综合素质的提升，努力为学生成长成才助力。

3. 精心指导学生，落实好一份大学期间的目标计划书

学生要成长成才，首先要立志，有明确的目标和计划。从学生一进校开始，导师可通过新生入学教育活动，在挂钩专业班级以“中国梦与我的大学人生”为主题强化教育和引导，让学生明确中

国梦的实质内涵及对大学生成长成才的要求，明确专业学习要求和社会对人才的需求，精心指导学生为实现成才梦制定好切实可行的大学生涯规划，从而过一个充满意义的大学生活。因此，教育过程中要求导师指导的每位学生在入学教育期间，要制定出一份大学的目标计划书，为实现“成才梦”及早计划和准备并付诸行动。导师需对计划书进行认真审核，与学生沟通交流，使其更加完善。同时，在大学学习锻炼的过程中，还要逐步来修改、提高，认真对照落实，促进其成长成才。

4. 组织主题活动，带领学生至少参加一项社会工作锻炼

社会需要的人才是综合素质高的毕业生，因此，需要学生在校要积极参与社会工作，锻炼提高工作能力等。在教育教学过程中，导师通过指导学生制定大学目标计划和进行教育引导还不够，还需要联系到大学生实际的社会工作和实践活动，通过参加各项社会工作和实践活动来锻炼提高能力，来落实既定的目标。因此，导师从新生入学起，就在挂钩班级开展“中国梦与成才梦”、“我的大学、我的人生”、“我与我的专业”等主题教育活动，深入领会了中国梦的时代意义和中国梦的实质内涵，并从中国梦的各个角度解析当代学生如何实现成才梦，剖析了各个专业的就业前景，给学生解析如何学好自己的专业和提高工作能力，引导学生认识提高综合素质的紧迫感和责任感，力促学生主动积极参加学生干部竞选、专业技能竞赛、院系文明督导、学生文化活动、青年志愿者行动等，在学好专业课程的同时至少参加一项社会工作或实践活动来锻炼提高自己，切实提高自己的综合素质，为成才奠定坚实的基础。

5. 落实教育工作，促进学生每年能收获一项荣誉或成果

导师工作的成效，体现在学生学习成效持续改善，体现在学生各方面的进步上，体现在综合素质的提高上。因此，导师在教育教学过程中，通过落实教育工作，组织、指导挂钩班级和学生，强化专业教育和技能训练，强化工作活动的指导带领，使大学生们不断锻炼提高，体验“有梦想，有机会，有奋斗，一切美好的东西都能够创造出来”的圆梦真理，强化自身的各种能力从而提高综合素质，争创佳绩。

导师在学生制定大学目标计划时，就需结合学生实际，明确提出应达到的目标，使每一位学生每年都能有所进步、提高，在诸如各类先进个人评选、技能竞赛、奖学金评定、学习进步奖、专业技能证书、社团活动比赛、通讯报道、宿舍红板、志愿者活动、值日督导中有良好表现，取得一项荣誉或成果。对于后进生，导师也应该经常鼓励他们，发现他们的闪光点来发挥他们的有益作用，使他们在社团活动、志愿者行动、创新活动乃至学习考证等方面有所表现和进步。每年导师组织专业班级、学生进行总结，逐一进行分析，共同来分享取得的成绩和收获的喜悦，也吸取一些问题和教训，力争让每一位学生都能体现自己的成长价值，增强信心，努力再上新台阶。

高校教育工作者是青年大学生学习知识的传播者、思想进步的引领者和生活好习惯的示范者。当前，在中国梦视阈下，导师制的实施重要又及时有效。大学生的成长成才很需要好的指导者，导师制的实施切中其要点。通过导师制的实施，立德树人，能够教育引导广大大学生紧紧围绕中国梦的要求，为实现伟大的中国梦和自己的成才梦而发奋学习、开拓创新、不懈奋斗。

参考文献：

[1] http://news.xinhuanet.com/politics/2012-12/06/c_113936084.htm. 学习贯彻习近平总书记参观《复兴之路》展览讲话述评.

[2]冯秀军．中国梦与当代大学生的成长成才[J]．思想理论教育，2013(11).

[3]符水龙．导师制对本科生培养的作用和意义[J]．郑州工业大学学报(社会科学版)，2001(1).

[4]潘晔，闫灵令．中国梦视阈下当代大学生成长成才路径新探[J]．文教资料，2014(16).

（作者单位：漳州职业技术学院）

中国梦在大学生德育培养中的价值探讨

陈　谷　袁　鹏

2012年11月29日，习近平同志带领新一届中央领导集体参观中国国家博物馆《复兴之路》基本陈列时指出：“实现中华民族伟大复兴，就是中华民族近代以来最伟大的梦想。”中国梦即“实现中华民族伟大复兴，就是中华民族近代以来最伟大梦想”。中国梦是中华民族的共同梦想，通过坚持走中国特色的社会主义道路、坚持中国特色社会主义理论体系、弘扬民族精神、凝聚中国力量的实现途径，从政治、经济、文化、社会、生态文明五位一体展开建设，最终实现国家富强、民族振兴、人民幸福的梦想目标。为了实现这个目标需要我们每个人的共同的努力，大学生作为国家建设的主力军肩负实现中国梦的重任。

一、大学生在实现中国梦过程中存在的问题

(一)理想信念迷失

1. 多元环境下各种价值观念与思潮的碰撞

随着世界范围内经济一体化、全球化的程度不断加深，中西方文化交流的频率和深度不断增强，西方文化思想和政治意识形态逐步渗透，多种价值观念和思潮涌入并冲击着中国传统的文化思想。与此同时，我国社会在改革开放后逐步转型、飞速发展的进程中，出现了“享乐主义”、“拜金主义”、“读书无用论”等腐朽观念，动摇了大学生坚定的理想信念。

2. 信息时代下新媒体传播的冲击

信息时代下，网络逐渐成为新媒体传播的载体，并在以大学生为首的年轻群体中迅速普及。高效的传播速度，巨大的传递信息数量从根本上改变了大学生获取信息来源的方式和途径。在带来便利的同时，信息爆炸也带来了内容过度泛滥、良莠不齐等负面影响，对大学生的理想信念产生了冲击，使其在思辨及真伪鉴别上存在困扰。

（二）民族认同缺乏

“民族”不仅是以血缘、地域关系为基础形成的，更为重要的是以文化特别是精神文化的共同体紧密联系在一起的稳定的人群共同体。民族认同是当不同民族进行交往时，社会成员对自己身份归属的认知与确证，其本质是民族精神文化的认同。在民族融合，各国交流日益频繁的今天，大学生在成长过程中兼收并蓄，开阔国际视野的同时，却降低了对本民族的认同感和归属感。

（三）价值取向扭曲

由于我国市场运作的秩序和法律尚未健全，心存侥幸和捡漏心理的大有人在。市场经济的繁荣发展，进一步加剧了现阶段社会财富分配的不均。大学生价值取向中的消极因素扭曲了人生观和世界观，造成了重金钱实惠、轻理想追求；重个人利益、轻国家集体；重知识才能、轻道德品质；重奢侈享受、轻艰苦奋斗的失衡心态。对此如不加强思想道德的引导，人生势必失去本真，走偏方向。

（四）文化传承式微

当代大学生普遍表现出对传统文化的淡漠和疏离，民俗、民风仅成为留存在书本和博物馆中的历史符号。随着计算机和智能手机的普及，传统的书店、纸张市场大幅萎缩，火星体的出现不仅是90后一代标新立异的猎奇，而且是电子工具取代传统书写文字的必然。大学生对民族文化缺乏系统认知，却对外来文化盲目崇拜。中国传统文化的传承日渐式微，这是大学生德育培养中不得不逾越的又一障碍。

（五）社会责任缺失

当代大学生多为90后的独生子女，成长环境中习惯了以自我为中心，缺乏设身处地为他人着想的换位思考能力。在追求个人目标的过程中，往往忽略甚至排斥他人的存在，不关心他人，享受权利而不尽义务，缺乏群体责任感，只关注自己的实际利益，往往忽略了个人之外所应承担的对他人和社会整体利益的责任。社会责任缺失，缺乏应有的担当。

（六）环境意识淡漠

1. 大学生环保知识较为欠缺

目前，高校教育主要集中在基础课程和专业课程教育方面，涉及环境保护相关的课程较为稀缺。大学生对垃圾分类、食品安全、环境保护等方面的知识有所欠缺。

2. 大学生环保主动性不强

近十年来，国人对环境保护的意识逐步增强，但还是有不少人对此不甚在意。总体来说大学生走在环境保护的前列，但主动意识仍有不足。

3. 大学生环保活动载体不多

目前，高校进行环境知识普及和环境保护教育的主要渠道是授课、讲座、社团活动、社会实践、媒体宣传等。看似丰富多样，但从实际状况来看，校园里的教育理论居多，实践偏少，和现实环境的联系程度不够，环保类学生社团的扶持力度有限，致使环保活动多以科学研究、学科竞赛、宣传知识为主，社会影响还有待增强。因此，大学生对环境保护缺乏兴趣，进而影响环保意识的培养。

二、中国梦在大学生德育教育中的作用

大学生在实现中国梦的过程中承担着相应的价值目标和历史使命。对大学生开展中国梦教育，就是要加深理想信念教育、弘扬爱国主义教育、加强法制道德教育、深化传统文化教育、科学人生规划教育、和谐生态文明教育。

1. 理想信念是核心

中国梦是实现中华民族复兴的伟大梦想，是中国走向世界强国的必经之路，中国梦的最大特点就是把国家、民族和个人梦想紧紧地联系在一起，它不仅是国家的梦、各族人民的梦，同时也是个人的梦。中国梦所蕴含的理想信念是大学生的精神支柱和动力源泉。大学生正处于实现梦想的扬帆起航黄金时期，是践行中国梦的行动者，是实现中国梦的可靠力量和主体力量，肩负着把中国建设成为世界强国的任务。积极践行中国梦有助于引导大学生拥有崇高的理想信念，树立正确的世界观、人生观和价值观。

2. 爱国主义教育是重点

实现中华民族的伟大复兴，是每个中国人的梦想，是贯穿中国近现代史的一条基本线索。在实现中国梦过程中，爱国主义教育必须在引导大学生知国、爱国、报国上下工夫，做到以了解祖国、学习爱国主义知识和有关理论为基础，以激发爱国主义情感为重点，着力培养大学生投身祖国建设的雄心壮志和努力学习的积极行动。这是爱国主义教育的三个基本环节。在中国梦教育中，引导大学生因中华文明的伟大而爱国，因祖国经受的沧桑而爱国，因英烈先驱的热血而爱国，因光荣的历史使命而爱国，最终将爱国之情汇聚成推动社会实践、实现中国梦的青春能量。

3. 道德法制教育是基石

实现中国梦需要道德和法律共同维持，它们是人类社会安全稳定的两种最基本的行为规范，二者相辅相成，缺一不可。加强高校道德法制教育，引导学生知法懂法，根据大学生身心特点有的放矢地施加道德法制影响，增强大学生的道德意识、法制观念，建设和谐高校，维护社会稳定。国家、社会的稳定是实现中华民族伟大复兴重要保证。

4. 传统文化教育是溯源

实现中国梦必须弘扬中国精神，而中国精神的弘扬势必围绕中华民族优秀传统文化展开。中华民族优秀传统文化的弘扬是实现中华民族伟大复兴的重要标志之一。因而，高校思想政治教育工作必须重视对传统文化的教育，深入挖掘传统文化中的优秀遗产，并将其运用到教书育人的实践中去，培养既有深厚的传统文化底蕴又有现代文明素养的合格人才。当今世界，随着国际交流与合作的日益广泛与深入，需要我们积极汲取和利用外来的先进文化，更需要我们自觉地发掘和发展深厚的优秀传统文化、先进的社会主义文化，在清醒抵御外来腐朽文化的干扰、侵蚀甚至颠覆、破坏的同时，发挥我们先进文化的辐射力、影响力。

5. 人生规划指导是支撑

人生规划旨在实现个体理想与社会的发展相融合，个人的规划应放眼国家的需要，立足于个体主客观条件(如个体的兴趣、爱好、能力以及个体所处的时代特点等)的分析与权衡，根据个体意向确定奋斗目标，以此来做出有效的行动安排。中国梦实际上是个人梦想与国家梦想的相互交织，因此对人生路径的规划显得尤为重要。科学世界观和人生观教育是高校德育的重要内容，人生规划即为实现中国梦，培育合格人才的重要支撑。

6. 生态文明建设是保障

大学生在校园中生活和学习，时刻受到校园文化的熏陶和影响，如果能够将生态文明的教育融入校园文化，使高校生态文化成为校园文化的有机组成部分，并充分发挥校园文化的导向、激励、约束、凝聚功能，将会有助于大学生生态文明观念的树立。面对日趋紧张的资源缺乏，生态系统退化的严峻形势，必须保护好我们的自然资源，大力倡导生态文明理念，走可持续发展道路。生态文明建设是中国特色社会主义事业的重要内容，关乎民族未来。

三、中国梦与大学生德育培养相辅相成

将中国梦融入大学生思想政治教育中，让其成为当代大学生思想政治教育的“着力点”，可以说是一项系统工程。高校德育工作就是要引导大学生树立正确的目标，实现个人梦想。对高校学生来说，中国梦就是自己的终极梦想，需要自己脚踏实地去实现。每个人都有自己的人生追求。德育工作的关键点就是要让“个体梦”服务于中国梦的实现过程。

大学阶段是大学生树立自己价值观念的黄金时期，价值观念、

思想行为都需要正确的价值观进行引领。社会主义核心价值体系是学校德育教育的精髓所在，努力学习好社会主义核心价值体系，才能够让更多的大学生把握当下，使他们勇往直前，成为中国梦的优秀实践者。

（作者单位：江汉大学）

中国梦融入《思想道德修养与法律基础》课教学内容的思考

董友波

习近平总书记指出："现在，大家都在讨论中国梦，我以为，实现中华民族伟大复兴，就是中华民族近代以来最伟大的梦想。"在《思想道德修养与法律基础》(以下简称《基础》课)讲授中国梦，可以与核心价值观、理想信念、爱国主义、人生价值的实现、法治理念、宪法中的国家制度等知识点相关联。这些知识点涉及该课程的每一个章节，以及课程的实践环节。可以说，中国梦是贯穿"基础"课的一根红线。

一、中国梦与社会主义核心价值观

中共中央办公厅印发的《关于培育和践行社会主义核心价值观的意见》提出，培育和践行社会主义核心价值观，是推进中国特色社会主义伟大事业、实现中华民族伟大复兴中国梦的战略任务。

这句话可以作如此理解：24 个字的核心价值观，既是我们找到了达成"推进中国特色社会主义伟大事业、实现中华民族伟大复兴中国梦"目标的手段，又是当下我们追求和实现的价值观系统，以及"推进中国特色社会主义伟大事业、实现中华民族伟大复兴中国梦"过程中的具体建设内容。

社会主义核心价值观的培育与践行，实际上就是如何去打造一艘在中国特色社会主义大河中驶向中国梦的大船，或是在中国特色社会主义大河上架设一座通向中国梦的大桥。这就是毛泽东在1934 年写的《关心群众生活，注意工作方法》一文中提到的："我们不但要提出任务，而且要解决完成任务的方法问题。我们的任务是过河，但是没有桥或没有船就不能过。不解决桥或船的问题，过河就是一句空话。”以习近平为总书记的新一届集体领导在新形势下提出的新任务：推进中国特色社会主义伟大事业、实现中华民族伟大复兴中国梦。而“富强、民主、文明、和谐，自由、平等、公正、法治，爱国、敬业、诚信、友善”这 24 个字所代表的核心价值观，在一定意义上，可以说是完成和实现这个任务的“船”或“桥”。

针对目前复杂且在不断发生深刻变化的世情、国情和党情，如何来打造社会主义核心价值观这艘“船”或架设这座“桥”，任重而道远。这不仅是一个理论问题，更是一个实践问题。

实现中华民族伟大复兴中国梦是中华民族的梦，也是每个中国人的梦。社会主义核心价值观，为中华民族的前途指明了方向，为每一个中国人的中国梦增添了实际可行的内容。因此，只有每个人都把“爱国、敬业、诚信、友善”自觉作为自己知行的价值准则，只有每个人都为美好梦想而奋斗，才能汇聚起实现中国梦的磅礴合力。这里，特别要强调三类人：一是党员干部尤其是高级领导干部的以身作则、率先垂范；二是各级各类学校教师的以身作则、示范引领；三是对大学生“三观”的引导规范和实践养成。

《基础》课在绪论部分，开篇就论述了社会主义核心价值观，提出：社会主义核心价值观是兴国之魂，决定着中国特色社会主义的发展方向。提高思想道德组织和法律素质，最根本的就是要建设社会主义核心价值观、培育和践行社会主义核心价值观。

大学阶段是一个人的人生观和价值观形成的关键时期。在当前大学生的价值观日趋多元化的情况下，引领大学生树立正确的人生观、价值观、道德观、法治观，自觉抵制错误的人生观和价值观，是《基础》课教学面临的十分重要的任务。《基础》课教师需要认真领会其精神，在这个知识点的讲授中，从国家、社会、个人三个层面帮助大学生确立正确的核心价值观，把社会主义核心价值观教育贯穿于教书育人全过程。只要每个大学生都能自觉遵循和践行“爱国、敬业、诚信、友善”的价值准则，就会带动和提高整个社会的道德水准，助力中国梦的实现。

二、中国梦与中国特色社会主义共同理想

构建中华民族共有精神家园，是实现中华民族伟大复兴的必然要求。精神家园是中华民族认同和尊崇的心灵寄托、灵魂安顿和精神归宿的安身立命之所。其核心是共同理想和信念。

《基础》课第一章讲述“追求远大理想”。要求大学生正确认识国家的前途命运，正确认识自己的社会责任，强调坚持个人理想与社会理想的统一，树立中国特色社会主义共同理想。

中国梦的基础是中国特色社会主义。中国梦既着眼于现实，更着眼于长远。中国的发展既有两个“一百年”的理想，又有几代人、十几代人甚至几十代人发展的目标。到建党一百年时(2021年)，国民经济更加发展，实现全面小康社会；到新中国成立一百年时(2049年)，基本实现现代化。这两个一百年不断实现着中国人民的追求，也为世界人民实现自己的梦想指明了前进的方向。

习近平同志站在新的历史高度，科学总结近代以来中华民族的历史实践，全面概括现阶段和今后一个时期的国家诉求、民族诉求、人民诉求，强调实现中华民族伟大复兴的中国梦，就是实现国家富强、民族振兴、人民幸福。这就把“中国特色社会主义共同理想”民族化、具体化、通俗化。

人民幸福是中国梦的出发点和落脚点。中国梦是国家梦、民族梦，归根到底是人民梦，是人民生活幸福、人生出彩的梦。国家梦、民族梦只有同个人梦融合统一起来，才有生命、根基和力量。把国家梦、民族梦、人民梦紧密联系在一起，既能够把全国人民更好地凝结成“利益共同体”、“命运共同体”，又能够激发每个中国人实现个人理想的创造活力，这是中国梦具有强大生命力、号召力、感染力、凝聚力的原因所在。

因此，这一章节知识点的讲授中，《基础》课教师要强调中国梦是实现国家富强、民族振兴、人民幸福的美好梦想。中国梦是国家的、民族的，也是包括大学生在内的每一个中国人的。只有每个人都为美好梦想而奋斗，才能凝聚起实现中国梦的磅礴力量。中国

梦是历史的、现实的，也是未来的。展望未来，在实现中国梦的伟大征程中，青年大学生必将大有可为、大有作为，中国梦终将在青年大学生的接力奋斗中变为现实。大学生要勇敢肩负起时代赋予的重任，志存高远，脚踏实地，努力在实现中华民族伟大复兴的中国梦的生动实践中实现理想！

三、中国梦与爱国主义

实现中国梦必须弘扬中国精神。中国精神就是以爱国主义为核心的民族精神和以改革创新为核心的时代精神。

我们党之所以能够从千辛万苦、千难万险中走出来，就是因为有强大的精神支撑。在中国特色社会主义道路上继续推进中华民族伟大复兴，必然充满可以预见和难以预料的挑战和困难。因此，必须弘扬中国精神。

中国精神是凝心聚力的兴国之魂、强国之魂。用中国梦构建中华民族共有精神家园，就是要大力弘扬中国精神，增强民族自尊心、自信心和自豪感。

国家富强是中国梦的第一要义。国家不仅是民族的物质载体，也是民族的精神依托。在“家国同构”的中华文化中，“国”是放大了的“家”，“家”是缩小了的“国”。国家是促使中华儿女形成中华民族向心力、凝聚力和创造力的精神源泉和精神依托，是中华民族这一大家庭为每个中华儿女提供温情感、安全感、幸福感、归属感、自豪感的统一体。

自古以来，国家在中华儿女心中具有崇高地位。最早的中国梦是老子的“无为梦”和孔子的“大同梦”。它们传达了古代中国人民希望过和平、和睦、和谐美好生活的梦想，但并没有使中国走向现代意义上的富强之路。特别是自近代以来，孙中山的“共和梦”、梁启超的“启蒙梦”等却接连破灭，中华儿女深深懂得国家贫穷落后必然挨打的道理，对建设强大国家有着强烈的追求和渴望。用中国梦构建中华民族精神家园，就是要不断强化爱国主义，把实现国家富强作为广大中华儿女的共同追求。

《基础》课第二章讲述“弘扬中国精神”。《基础》课教师在这个知识点的讲授中，可以从中国悠久的历史文化传统以厚实的根基滋养着中国梦入手，明确爱国主义作为中国精神的核心对实现中国梦的重要支撑，强调大学生应当以振兴中华为己任，担当起实现中国梦的历史使命，努力做到立报国之志、增建国之才、践爱国之行，做一个忠诚的爱国者。

四、中国梦与人生价值

党的十八大以来，习近平同志多次强调“空谈误国，实干兴邦”，明确指出“全面建成小康社会要靠实干，基本实现现代化要靠实干，实现中华民族伟大复兴要靠实干”。这表明，坚持实干是实现伟大中国梦的根本途径。

“空谈”和“实干”二者在本质上是相互对立的。“空谈”就是言行不一、谈而不干、只说不做、“干打雷不下雨”。相对于“空谈”而言，“实干”就是实心实意地干、老老实实地干、实实在在地干，就是言行一致、说到做到、言而有信、有诺必践。

《基础》课第三章讲述“创造人生价值”，指出人生价值目标的实现是一个实践的过程。这个实践就是“实干”，这个实践在当今中国就是实现中华民族伟大复兴中国梦的实践。

在这个知识点的讲授中，《基础》课教师要明确几点：第一，实现国家富强、民族振兴、人民幸福靠“实干”。“实干”是一切社会物质财富的源泉。脱离“实干”，“国家富强、民族振兴、人民幸福”的中国梦只能是空话，大学生的社会价值也无从实现。第二，对于大学生个人来说，“实干”是修身养性、陶冶情操、立德励志、享受人生的根本途径，是“立德、立信、立言”之本。第三，没有“实干”，无论人生价值目标多么美好动人，终究无法成为现实。

五、中国梦与社会主义法治理念

中国梦是当下人的梦，是面向未来的梦。今天的中国正发生着深刻变革，使得每个人都有机会共享中国梦，成为中国梦的拥有者和实现者；这种变革激发了全社会的活力与创造力，使得每个人都有动力共建中国梦，成为中国梦的建设者和实践者。但是，要保持社会的活力与创造力，不能单单依靠市场经济释放出来的物质利益刺激，还必须构建合理有效的制度机制，使个人利益与社会利益形成良好的互动关系，在激发个体创造力的同时，维护好全社会整体利益。

公正和法治对于中国梦不可或缺，这是因为，社会是由个人组成的，要使每个社会成员乐于共建共享中国梦，就必须公正地对待他们，赋予他们应有的权利，并且给予破坏规则者应有的惩罚；而法治就是维护社会公正的过程，法律面前人人平等，任何个人或团体都不能超越法律享受特权。

马克思曾经说过，“人们奋斗所争取的一切，都同他们的利益有关”。大量的实证研究发现，中国人的法律意识在增强，对社会不公的承受力在下降，这直接推动了各类以维护利益为核心的社会冲突的快速增加，对制度的应对能力提出了严峻挑战。在这种现实下，社会各界都明显感受到维护公正、加强法治的必要性和重要性。而也只有通过维护公正、加强法治，才能筑牢实现中国梦的价值规则。

一段时期以来，社会上形成了一种“破坏规则才能获益、承担责任就会吃亏”的意识，滋长了各种形式的机会主义和权力寻租行为，挫伤了社会正义，降低了社会道德底线。规则意识与责任意识的缺失，还严重破坏了社会公正与法治，导致难以从个人良知与正式规则上约束和规范人们的行为，影响梦想的实现。为此，需要在全社会范围内树立规则意识和公共责任意识——只有遵守规则，担当责任，才能成就梦想。

《基础》课第七章第一节“领会社会主义法律精神”、第二节“树立社会主义法治观念”专门对“自由、平等、公正、法治”的精神内涵进行了阐述，是集中进行“自由、平等、公正、法治的核心价值观”教育的章节。在教学时，要帮助学生对这些概念有一个正确的解读和讲解，以期学生树立正确的自由、平等、公正、法治观念。法治体现了社会主义核心价值观在法律准则上的规定，是从社会层面提出的要求。大学生只有认真领会弘扬社会主义法治精神，树立社会主义法治观念，增强学法、遵法、守法、用法意识，才能在中国梦的追逐中，做一个知法、懂法、守法的合格公民。

六、中国梦与实践教学环节

《基础》课是一门思想性、实践性很强的知与行紧密结合的综合性课程。通过实践教学，精心安排各种各样的实践活动，理论联系实际，提高学生认识问题、分析问题和解决问题的能力，使大学生将学习知识与社会实践、日常行为习惯养成结合起来，在实践中加深理解理论，在实践中提升思想道德素养和法律素质，使他们担当起实现中国梦的历史使命。

例如，培育大学生"法治"核心价值观的实践教学可以采取模拟法庭、到庭审现场旁听、面向社会进行法律咨询服务、案例分析等形式在学法用法中增进大学生的"法治"观念。

《教育部关于全面提高高等教育质量的若干意见》(教高[2012]4号文件)指出：实施立德树人工程，提高大学生思想政治教育工作科学化水平。加强爱国、敬业、诚信、友善等道德规范教育，推动学雷锋活动机制化、常态化。推进全员育人、全过程育人、全方位育人，引导学生自我教育、自我管理和自我服务。《基础》课的宗旨就是培养和提高大学生的思想政治素质、道德品质和法律素质，实践教学的目标在于让学生在实践中体验人生，提高和完善思想道德法律修养水平，最终内化为学生的个人素质并外化为积极的人生行为，在实践中成长。

开展实践教学活动，可以引导学生了解社会、增长见识、面对现实、锻炼毅力，激发学生的爱国热情和民族自豪感，增强社会责任感，努力在实现中华民族伟大复兴的中国梦的生动实践中放飞青春梦想。

（作者单位：江汉大学）

用中国梦夯实当代大学生的理想信念

郭 伟

一、中国梦的科学阐述

2012 年 11 月 29 日，新一届中央领导集体在北京国家博物馆参观《复兴之路》展览时，中共中央总书记习近平深情地阐述："实现中华民族伟大复兴，就是中华民族近代以来最伟大的梦想。"2013 年 3 月 17 日，习近平在当选国家主席后发表重要讲话，再一次诠释了中国梦的具体内涵，用了三个"必须"勾画了实现中国梦的具体路径："实现中国梦必须走中国道路，实现中国梦必须弘扬中国精神，实现中国梦必须凝聚中国力量。"2013 年 3 月 25 日，习近平在莫斯科国际关系学院演讲时进一步阐述了中国梦的内涵："实现中华民族伟大复兴，是近代以来中国人民最伟大的梦想，我们称之为'中国梦'，基本内涵是实现国家富强，民族振兴，人民幸福。"2013 年 5 月 4 日，习近平在同各界优秀青年代表座谈时再次指出：中国梦是历史的、现实的，也是未来的；中国梦是国家的、民族的，也是每一个中国人的；中国梦是我们的，更是你们青年一代的。

伟大的梦想成就伟大的民族。习近平对中国梦的系列阐述，既饱含着对近代以来中国历史的深刻洞悉，彰显了全国各族人民的共同愿景，由此为党带领人民开创未来指明了前进方向，在中华大地上引起强烈共鸣。从宏观上看，中国梦是民族复兴之梦，凝聚和寄托了几代中国人的夙愿；从微观上看，中国梦则是人生出彩之梦，每一个个体都有实现自己梦想的机会和权利。中国梦既是民族的梦，又是个人的梦。民族梦想和个人梦想有机统一的。中国梦是中华民族理想信念的汇聚，是代表广大中国人民根本利益、为社会各个阶层广泛接受、能有效凝聚各个方面智慧和力量的共同理想，是激励全国人民奋力开拓现代化建设新局面的精神支柱。

二、中国梦对夯实当代大学生的理想信念重大意义

邓小平指出："我们一定要教育我们的人民，尤其是我们的青年，要有理想。"大学生是思维活跃、富于创新的高智力群体，从总体上看，他们理想信念是积极健康向上的，但在复杂的社会现实冲击下，部分大学生不同程度上存在政治信仰迷茫、理想信念模糊、社会责任感淡薄等方面问题。在这样的背景下，中国梦的理想信念追求对于引导青年学生树立正确的世界观、人生观、价值观，提升当代青年学生的政治素养起着重大作用。

1. 中国梦有利于树立当代大学生崇高信念

实现中华民族的伟大复兴，是中国梦的核心内容之一。崇高理想信念是当代青年大学生前行的精神支柱，也是每个大学生成长成才的动力源泉。青年大学生拥有现代科学知识的人才群体，是未来知识和科技创新的主体，是促进中国经济腾飞、社会进步的重要力量，也是实现中国梦的重要力量。青年大学生的理想信念是否坚定，直接关系到中国特色社会主义建设事业以及中华民族的伟大复兴的目标能否实现。大力宣传中国梦，有利于当代大学生树立崇高的理想信念，真正将个人梦融入中国梦，将个人理想融入社会主义共同理想，为实现中华民族伟大复兴的中国梦而奋斗。

2. 中国梦有利于培养当代大学生坚定目标

当代大学生在成长与成才的道路，并非只有坦途与成功，也必然遇到挫折和失败。在逆境中是选择迎接挑战还是意志消沉，关键在于是否确立坚定目标。有了坚定目标，就会以惊人的毅力和不懈的努力，立足实践，实现人生价值。要看到，今天的中国依然是一个发展中国家，推进中国特色社会主义伟大事业的发展，需要广大

大学生的努力奋斗。青年兴则国兴，青年强则国强。大学生是民族的希望和国家的未来，是实现中国梦的实践主体。处于人生成长成才期的当代大学生，由于成长的平顺与优越，不论是社会生活经历还是思维方式相对比较单一，看问题敏感但缺乏应有的深度，做事情有激情但难以持久。在这种情况下，只有树立坚定目标，大学生才能明确学习的目的和意义，从而激发为国家富强、民族复兴和人民幸福而发奋学习的强烈责任感，培养克服困难和应对挑战的坚强意志。

3. 中国梦有利于提高当代大学生精神境界

人生是由物质生活和精神生活组成的。理想作为人的精神生活的核心。有无科学的理想信念，决定了人生是高尚充实的，还是庸俗空虚的。这就是说，每个大学生在追求和实现人生价值时，都需要科学理论指导。中国梦的阐述是马克思主义与中国实际相结合的理论成果，符合当代大学生成长成才的客观规律，对于提升当代大学生的精神境界具有重大指导意义。党的十八大提出了两个一百年的奋斗目标，第一个目标是在中国共产党成立一百周年时全面建成小康社会，从现在到这个目标实现的时间将是中国跨越式发展的战略机遇期，也恰好是当代大学生成长成才的关键时期及其完成学业、发展事业的黄金时期。第二个目标是在新中国成立一百周年时建成富强民主文明和谐的社会主义现代化国家，从现在到这个目标实现的时间是当代大学生职业生涯中一个相对完整的奋斗历程。当代大学生的成长成才期刚好与实现两个宏伟目标的时间相契合。当代青年大学生不仅是中国梦的建设者，而且也会成为中国梦建设成果的收获者。因此，实现中国梦的两个百年目标是当代大学生百年难逢的人生机遇，也是其责无旁贷的神圣使命。

三、用中国梦夯实当代大学生理想信念的基本思路

1. 发挥课堂教学的主渠道的作用

思想政治理论课是加强大学生理想信念教育的主阵地、主渠

道，思想政治课教师要充分认识自己光荣的历史使命，用中国梦不断夯实当代大学生的理想信念。把中国梦融入思想政治理论课各门课的教学当中，应做到合理有序，各有侧重。在内容上，把握好国家富强、民族振兴、人民幸福的基本内涵；把握好坚持中国道路、弘扬中国精神、凝聚中国力量的重要遵循，把握好中国梦是人民的梦这一本质属性。在逻辑上，遵循坚守理想信念、走好中国道路、弘扬中国精神、凝聚中国力量和奋斗筑就梦想的基本要求。在操作上，根据课程的内容和特点进行合理分工、相互渗透。《基础》课应突出立德树人；《纲要》课侧重于历史的、现实的和未来的统一，突出国史国情教育；《原理》课侧重于中国梦与人生社会发展规律教育；《概论》课突出中国梦的新思想、新观点和新论断，侧重于“中国梦”与社会主义建设规律的教育；《形势与政策》课侧重于阐释中国梦的重大意义、精神实质和实践要求。

2. 重视实践教学的引领作用

中共中央 16 号下发的《关于加强和改进大学生思想政治教育的意见》中指出：“社会实践是大学生思想政治教育的重要环节，对于促进大学生了解社会、了解国情，增长才干、奉献社会、锻炼能力、培养品质、增强社会责任感具有不可替代的作用。”当代大学生理想信念教育要注重实践教学，要通过形式多样、丰富多彩的参观、访问、座谈、调研等活动，让大学生切身体会到中华民族伟大复兴的深刻内涵和现实意义，增强理论自信、道路自信和制度自信。对大学生进行理想信念培育，不但要让大学生形成对马克思主义信仰和中国特色社会主义信念的价值认同，而且要在价值认同的基础上实现由政治意识转化为自觉的实践行为。离开社会实践，理想信念教育就成为一种空中楼阁，正所谓“纸上得来终觉浅，绝知此事要躬行”。社会实践活动是大学生理想信念培养的主要环节，在社会实践活动中去体验马克思主义理论的实践价值。将中国梦渗透到大学生社会志愿服务、“三下乡”社会调查等社会实践活动当中，发挥社会实践的参与性和直观性的特点，引导大学生了解自己、了解社会、了解国情，感受社会主义现代化建设所取得瞩目的成就，提高大学生解决现实问题的能力。

3. 发挥网络媒体的正能量作用

当前，网络日益成为人们生活、工作、学习不可或缺的一部分，成为营造氛围的重要手段，为开展理想信念教育提供了新的切入点。据有关调查显示，大学生了解国内外形势的主要途径是网络媒体，占传播媒体的 70.6%，其次是电视媒体，占传播媒体的 20.8%，新媒体成为大学生获取信息、了解社会的重要渠道。大学生处于世界观、人生观形成的关键时期，其理想信念的形成在很大程度上依赖于外界环境的影响，而在信息化的今天，各种信息资源在网络平台上大量涌现，一些别有用心的人利用互联网等信息传播手段将中国梦简单化、庸俗化，导致部分没有较高鉴别是非能力的大学生不但没能形成正确的理想信念，反而对自身理应承担的责任产生困惑，甚至步入歧途。因此，各高校要加强网络的运用管理，规范网络传播秩序，做好中国梦的宣传教育，发挥网络载体的正向功能，营造培育大学生理想信念的良好氛围。理想信念教育一定要化灌输式为开放式，变被动为主动，主动占领网络阵地，利用 QQ 群、博客和校园网等互动平台的优势，主动引领大学生树立远大的理想信念。例如通过“中国梦我的梦”、“出彩人生”、“传递青春梦想共话民族复兴”等网络专题讨论、网络征文活动，增强理想信念教育的效果。

4. 与高校学生社团活动相结合

高校学生社团在大学生自我教育、自我服务和自我管理等方面发挥了重要作用，各社团开展的活动也是高校第二课堂的主要组成部分之一，社团活动在高校思想政治教育中发挥着不可替代的作用。改革开放以来，社会主义市场经济体制逐步确立和高校的办学体制机制的改革，使学生社团如雨后春笋，社团活动也丰富多彩。中国梦与高校社会活动相结合，首先需要对学生社团有一个大致的分类，然后针对不同类型的社团开展一系列活动，帮助青年学子深刻领悟中国梦的精神实质，提高当代大学生的思想境界。比如，理论类社团可以开展中国梦的理论学习和研讨，邀请专家解读中国梦，开展中国梦的征文比赛，文体类的社团可以开展文艺汇演。同时，高校要高度重视社团的建设和发展，推动高校学生社团的良性发展，使其真正建设成为学生成长成才、全面发展的有效途径和重要阵地之一。

5. 通过典型事例推动榜样教育

榜样的力量是无穷的。榜样教育是以优秀、先进的典型人物为楷模，宣传先进思想、行为和优秀品质，引导人们学习，从而受到启发和鼓舞的一种教育活动。榜样教育具有生动鲜明、易于效法的特点，符合大学生喜欢模仿的心理特征，能够产生具体、直观的感染示范效果，使其自觉学习或模仿先进楷模。各高校要积极利用榜样的带动效应，通过"感动中国十大人物"、"最美乡村教师"等典型事例激励大学生，使大学生见贤思齐，并在追求自己梦想的过程中产生幸福感，使其自身的需求得到满足，找到精神寄托。要遵循代表性、真实性、时代性和针对性的原则，发挥榜样作用，以当代大学生喜欢的偶像的奋斗历程来帮助大学生树立正确的成功观和幸福观，用榜样成功的经历来激励自己实现人生价值。通过让当代大学生认同拼搏成就梦想、奋斗成就梦想、坚持成就梦想、努力成就梦想，并理解个人梦想的实现也是中华民族伟大复兴梦想实现的不可或缺的组成部分，千万个梦想汇聚成中华民族伟大复兴之梦，坚定实现中华民族伟大复兴梦想的决心。

（作者单位：福建师范大学闽南科技学院）

中国梦视域下的高校德育教育探析

韩　芹　范鹏鹏

2012年11月29日，国家主席习近平在参观了《复兴之路》展览后指出，实现中华民族伟大复兴，就是中华民族近代以来最伟大的梦想。实现这个梦想，高校德育教育的成功与否则显得尤为重要。这是因为，一方面，大学生是实现中国梦的主体，是中坚力量；另一方面，中国梦又为大学生的德育教育提出了新的内涵，指明了新的方向。鉴于此，本文基于中国梦与高校德育教育之间存在的密切关系，力求在中国梦的视域下，探究现阶段高校德育教育实现的新路径。

一、中国梦与高校德育教育的基本内涵

中国梦是马克思主义理论中国化的又一伟大成果，表达了中华民族万众一心、努力奋斗的共同理想，是马克思主义思想和中华民族目标指向的高度融合统一。习近平强调："中国梦，就是要实现国家富强、民族振兴、人民幸福，而实现中国梦就必须走中国道路，弘扬中国精神，凝聚中国力量。"自中国梦这一理论产生之后，学界就不乏对其的讨论。仅就内涵来说，有学者立足于政治建设角度认为，中国梦的内涵具有多样性，其内涵是对"传统"和"现代"的超越。有学者从史学角度认为，中国梦是一部民族复兴奋斗史，它是人民的梦、国家的梦、民族的梦。还有学者认为，"中国梦"意味着中国民族的本土独立身份和主体意识在世界范围内的展现。

高校德育教育的发展必须明确高校德育教育的基本内涵。对于德育教育内涵的界定，早期学者见仁见智。有学者认为，德育教育

仅指代为道德教育，而不是其他。有学者认为，新时期的德育教育应主张德育是政治教育、思想教育、道德教育为中心的整体影响。随着学校德育教育工作的不断推进，德育教育基本上具有狭义和广义之分。狭义上的德育教育指代的为道德教育，而广义上的德育指代的则是培养受教育者道德品质的活动，包括思想教育、政治教育、道德教育、法制教育以及心理健康教育等。从其中我们不难把握德育教育内涵的发展脉络，即德育教育发端于注重道德教育为主，完善于形成政治教育、思想教育、道德教育三者为核心的教育工作体系，深化于学科教育为主要实践方式的德育教育发展模式。

二、中国梦对于高校德育教育的重要意义

在新时期，高校的德育教育工作需要有更先进、更科学的理论作为指导思想，中国梦成为了凝聚高校先进力量的新的旗帜，对高校的德育教育意义有如下三个方面：

其一，中国梦强化了高校的德育教育内涵。德育教育具有很强的民族性、文化性，它应植根于中华民族深厚的历史文化中。在中国梦的引导下，发掘中华民族悠久的历史文化，汲取民族文化中的精华，传承优良的革命传统。在高校的德育教育过程中提倡大学生了解历史，热爱中国文化，寓民族文化于德育教育的实践中，使民族精神成为高校德育教育的灵魂。以史为鉴，宣扬中华民族的优秀文化，改变以往单一的政治思想教育模式。高举中国梦的伟大旗帜，弘扬民族文化，让大学生的德育教育充满历史的光辉，让实现民族伟大复兴的梦想内化成青年学子心中所坚守的信念。

其二，中国梦优化了高校德育教育的实现模式。新时期的大学生应该具有大局观，以国家利益为重。这就要求高校的德育教育在培养大学生道德素质过程中应该注重培养大学生的奉献精神。以往的高校德育教育注重的是个人的发展，个人素质的提高。中国梦的提出，使得国家和个人的关系更加密切。在实践过程中，要处理好个人梦想与他人梦想的关系，看重个人梦想实现的同时也要尊重其他人的梦想。要处理好个人利益与国家利益之间的关系，应该具有奉献精神，时刻把国家利益放在首位。大学生的德育教育实现，应

该发展于个人全面素质的提高，立足于国家利益的维护。让国家的角色在高校德育教育过程中，充当重要的角色。

其三，中国梦提高了高校德育教育在大学生教育工作中的重要性。当代大学生是推动学术科研进步的后备力量，是提高国家科学技术水平的关键因素之一。然而，在越来越严峻的就业形势下，德育教育往往变成一纸空文，收效甚微。中国梦要求青年学生必须具有正确的价值观，具备高尚的道德情操。“功崇惟志，业广惟勤。”没有理想信念，就会导致精神上的“缺钙”。中国梦指明了事业成功与理想信念的密切关系，同时也纠正了以往高校只重视实用性知识而忽视德育教育的错误认识。中国梦对当代大学生思想道德素质的要求，将成为未来高校注重德育教育的契机。

三、高校德育教育的现状

高校的德育教育是一个漫长的过程，在以往的教育中，有令人欣喜的成果，但也有较为突出的问题。如高校的德育教育忽视发挥学生的主体作用，使得德育教育成为了学校单方面的知识输入。再如，高校的德育教育表现出了课程地位低下，教材滞后的问题。又如，高校的德育教育问题表现在实践与理论的脱离。随着社会环境的变化，人们的社会经济关系和思想道德观念都发生了复杂而深刻的变化。时代的发展给德育教育带来机遇的同时也带来了新的挑战。

第一，信息化所具有的传播速度快，更新周期短的特点，改变着大学生学习生活的各个方面。这对于高校的德育教育无疑是有所助力的。然而，当代大学生，由于人生观、世界观和价值观都尚未成熟，很容易受到不良思想的诱惑。网络在成为现今文化传播的新载体的同时也为各种低劣文化大开“方便之门”。如 2013 年 8 月“秦火火事件”就是低劣文化传播的结果。丑化政府形象，歪曲历史造谣“奢侈雷锋”信息等都在不同程度上对大学生树立正确的价值观造成了不利的影响。然而，类似的信息的在校园中传播却呈现出“不可控制”的蔓延势头，这给高校的德育教育增添了巨大的困难。

第二，经济产业结构的转型时期，造成的大学生就业困难，成为制约高校德育教育的现实问题。根据我国长期的教育发展规划纲要，到2015年高等教育在校生规模要达到3350万人，但是在现实就业只有50%多一点的人找到了专业对头的岗位，而在随后半年或一年内，转岗率也比较高，很多人会处于间歇性就业与间歇性失业中。严峻的就业形势是当前大学生面临的现实问题。因此本应该是"德育优先"的高校教育变成了"德育有限"，高校的德育教育成为了学校为应付检查的表面工作。就连大学中基本课程《中国特色社会主义理论》、《马克思主义中国化》等一些公共课程的科目，也仅仅以最后考试合格即可的形式草草结束。空喊口号的现象在各大高校十分普遍。就业成为大学生最关心的问题，进而形成了就业与提升个人素质之间的冲突。成为造成大学生内心困惑的主要原因，影响着高校德育教育的实现。

第三，大学生思想素质水平滑坡现象严重。党中央以经济建设为中心的基本路线，实现了中国经济的高速发展。然而，在经济发展的同时，大学生道德水平却出现了明显的下滑趋势。从2004年的马加爵事件到2010年的药家鑫事件，从北外的罗卡娜到复旦的林森浩，这一个个典型的案件发人深省。中国经济的飞速发展，物质文明得到了极大的丰富，但是精神文明却是相对滞后。有学者称其为市场经济发展时期受到失德败德所带来的"阵痛"。这样的"阵痛"，带给是大学生的影响是价值观的错位。学生之间在物质上的相互攀比的现象屡见不鲜，功利主义色彩严重，个人主义凸显。不仅如此，大学生群体的普遍自我迷失现象尤其令人担忧，多数的大学生至今无法找到自我价值的认同，无法认识到自己身上所承担的历史使命。他们更多表现出"个人梦"远高于中国梦，个人利益远大于集体利益。

造成以上种种现象的原因不仅是市场经济的发展，西方价值观的冲击以及网络信息的诱惑，更重要的是大学生缺乏了一个强有力的精神支柱，缺乏了科学的价值观的引导。中国梦的提出对于现今德育教育工作犹如"久旱逢甘霖"，这给大学生带来了新时代的使命召唤，为大学生树立正确的价值观大有裨益。

四、中国梦视域下高校德育教育的新思路

随着高校德育教育问题的凸显，关于加强高校德育教育实效性的研究，多为学者所关注。但从中国梦的角度来说，鲜有论者。新时期的高校德育教育应该把重点放在学生身上，想学生所想，以学生为本。正如习近平所说：“青年的价值观处在形成确立时期，这一时期的价值观养成十分重要，这就像穿衣服扣扣子一样，如果第一粒扣子扣错了，剩余的扣子都会扣错。”高校的德育教育应紧扣大学生的群体特点，启迪大学生的思想，培养大学生的高尚品质。

首先，中国梦强调实现个人梦想，这就要求高校的德育教育应重视学生的自主学习。在以往的德育课堂，多是老师讲得不亦乐乎，而学生各行其是，与德育教育目的严重相悖。中国梦提倡发挥个人的主观能动性，即要发挥学生的主体作用。因此，我们就是要改变以往的授课方式，“还课堂给学生”。具体来说，就是改变以往单纯授课的方式，让学生充分利用课堂，深刻理解德育教育的内容。比如可以让学生充当教师的角色，老师负责课堂指导。这样既让学生深刻理解德育教育的内容，又锻炼了学生的实践能力。

其次，中国梦的实施手段是五位一体的建设，这就启示德育教育的实现应该具有多样性。就目前现状而言，多数的高校德育教育内容仍停留在政治教育的框架内。因此造成了内容单一，学生乏味等严重问题。中国梦的实现是政治、经济、文化、社会、生态五位一体的建设。高校的德育教育也应该注重多方面的把握。政治教育是大学生树立正确价值观的必要条件，情感教育是培养大学生高尚情操的主要途径，心育教育是形成大学生良好道德品质的保障。因而大学生的德育教育要注重三者的结合。比如，利用假期时间，组织学生进行红色旅游，通过寓教于乐的方式，培养学生的爱党、爱国主义情操。其次，在德育教育的过程中注重学生心理问题的疏导，培养学生良好的心理素质，健康的心理有助于他们更好的走出人生的困境。

最后，中国梦提倡实干兴邦，这就要求高校的德育教育要落实到实践中。习近平同志指出：“大学生要树立社会主义核心价值

观，就应该做到，笃实，扎扎实实干事，踏踏实实做人。”高校的德育教育要发扬中国梦的实干精神，把高校的德育教育落实到实处。在以后的德育教育中要重视在实践中培养学生优良品德。充分整合社会德育资源，构建家庭、社会和学校三位一体的德育体系，这是提高德育实效性的基本保障。学校方面可以适当的举办以中国梦为主题的相关活动，通过表演或比赛的形式引发学生的学习兴趣。社会方面应该树立典型，发挥模范作用，让学生体会到来自社会上的正能量。家庭方面应该加强与学校的互动，理解并支持学校德育教育工作。

总之，大学生是实现中国梦的主要力量，高校的德育教育更是培养大学生形成正确价值观的主阵地。将中国梦的精髓纳入高校德育教育过程中，将有助于坚定大学生爱国主义信念，引导大学生为实现国家富强、民族振兴而努力奋斗。在新时期的高校德育教育工作中，中国梦的提出要求各大高校直面德育教育工作中所存在的难题，积极探索化解难题的有效途径。坚持把中国梦引入高校德育教育中，应成为今后中国高校教育工作者不懈努力的方向。

（作者单位：西华师范大学）

关于当代大学生中国梦与社会责任的实证研究
——以厦门高校大学生为例

叶雪梅

当下，中国梦已成为13亿中国人的最大共识，因为它是每一个中华儿女的一种共同的期盼，凝聚和寄托了几代中国人的美好夙愿，体现了中华民族和中国人民的整体利益。中国梦是国家的梦，是民族的梦，是人民的梦，更是当代青年大学生的梦。习近平总书记2013年5月4日在参加共青团"实现中国梦，青春勇担当"主题团日活动座谈会上发表了重要的讲话，他满怀深情地寄语广大青年"中国梦是我们的，更是你们青年一代的。中华民族伟大复兴终将在广大青年的接力奋斗中变为现实"。青年兴则国家兴，青年强则国家强。当代大学生是广大青年中的佼佼者，是实现中国梦的主力军，担负着实现中国梦的重要使命。因此，当代大学生对中国梦的认知、社会责任意识强弱及其履责行为的情况如何？成为我们实证研究的关注点。

一、调研思路、方法和策略

自2012年11月29日习近平总书记在参观"复兴之路"展览时首次提出中国梦起，人们对中国梦的关注度持续升温，对中国梦的研究不断深入。党报、党刊为此都作了专题报道。国内的专家学者们对习近平总书记关于中国梦的重要讲话进行了相应的解读与阐述，取得了相应的研究成果。但由于目前对中国梦的研究的时间还不算长，对中国梦的实现与当代大学生社会责任的问题研究还很少，且在已有的文献中，定性研究较多，定量研究较少；静态描述较多，动态分析较少，研究思路和方法较为单一。

1. 调研思路

针对以上的问题，我们尝试从以往文献的定性、静态的理论研究思路转向本文的定量、动态的实证研究思路(见下图)。

以往文献的基本研究思路：

本文的研究思路：

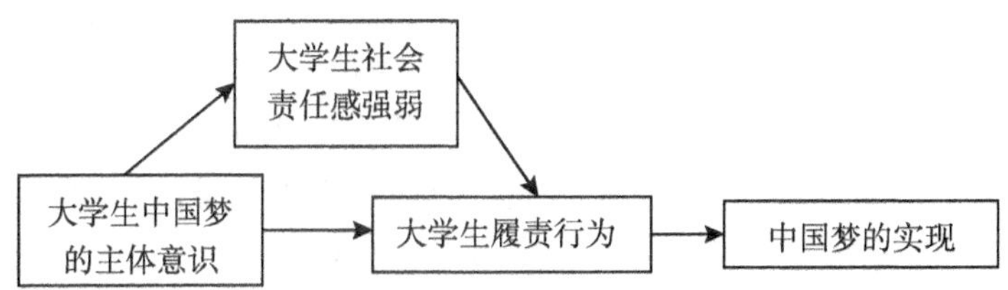

2. 调研方法

我们采用实证研究的方式，对体现大学生中国梦主题意识、大学生社会责任感强弱和大学生履责行为的有关问题设计了若干题目，希望从问卷调研的数据中分析出他们之间的相关程度。基于此，我们希望通过问卷调研，得出以下两个问题的基本答案，即：大学生中国梦的主体意识是否会影响他们的履责行为？大学生社会责任感强弱对履责行为产生怎样影响？

我们具体采取定量的问卷法收集资料，样本的抽取采取多阶段抽样的方法选取调查对象，具体做法是，先从厦门高校中选取有代表性的高校，然后再从这些高校中选取不同学科类型不同专业的学生进行抽样调查。为了保障选取的层次性和代表性，我们选取985高校厦门大学、省属重点集美大学和新建本科院校厦门理工学院的不同学科类型不同专业的学生作为调查对象。

问卷调查所取得的资料采用 SPSS 软件进行统计。此次调研成功访问的样本量为 508 人，其中，男性占 39.4%，女性占 60.6%。为了探讨两个影响因素作为自变量来解释因变量的变化，本研究采用多元线性回归模型进行分析。

3. 变量测量

(1)自变量：大学生中国梦的主体意识。对于大学生中国梦的主体意识进行测量的题目中有“你认为，中国梦与“个人梦”的关系是什么?”备选答案有“归根到底是一致的、紧密联系、有一定的联系、没有任何联系”4 个选项。调查结果显示：35.6%的被调查者认为中国梦与“个人梦”归根到底是一致的，46.3%的被调查者认为中国梦与“个人梦”是紧密联系的，16.5%的被调查者认为中国梦与“个人梦”有一定的联系，只有 1.6%的被调查者认为中国梦与“个人梦”没有任何联系。可以看出，大部分大学生是有中国梦的主体意识的，相信中国梦与“个人梦”是有联系的。

在“你认为中国梦能够在我们这一代青年人手中实现吗”这个问题上，备选答案有“相信能实现、应该能实现、难以实现、不清楚”4 个选项。其中，52.2%的被调查者相信能实现，27.8%的被调查者认为应该能实现，11.8%的被调查者难以实现，而 8.3%的被调查者则表示不清楚。可以看出，大部分大学生认为他们有能力实现中国梦。

(2)因变量：大学生履责行为。在问卷题目中，笔者用对时事关注与集体活动参与两种情况来体现履责行为的问题。为了测量大学生的政治时事关注情况，我们向被访问者询问“对于每年的“两会”(全国人大和全国政协)你的关注度是?”备选答案有“非常关注、关注、一般、不关注”4 个选项。调查结果显示：11.4%的被调查者非常关注，24.0%的被调查者比较关注，52.2%的被调查者一般关注，而 12.4%的被调查者并不关注。我们可以发现，平常对政治时事比较关心的大学生群体并不多，说明大学生的社会责任感仍有待加强。

在“对于集体活动，你通常如何做?”这个问题上，备选答案有“积极参加、较为积极、一般不去、从来不去”四个选项。其中，

41.9%的被调查者表示积极参加，47.0%的被调查者表示较为积极，10.2%的被调查者表示一般不去，而只有0.8%的被调查者表示从来不去。可以看出，大部分大学生对于集体活动还算是积极参与的。

(3)中介变量：主观社会责任感强弱。调查问卷中的“你觉得现在的大学生社会责任意识强吗?”作为中介变量。其中，被调查者对于“你觉得现在的大学生社会责任意识强吗?”的回答均值为2.63，介于“比较强”和“一般”之间，并且更偏向于“一般”，说明大学生认为本群体的社会责任意识并不强。

(4)控制变量：本研究的控制变量包括性别、年级、政治面貌、家乡所在地等。

二、调研结果与分析

(一)中国梦的主体意识对大学生履责行为的影响分析

为了弄清当代大学生中国梦的主体意识对于大学生履责行为的影响情况，我们建立了两种回归模型。我们以政治时事关注度、集体活动参与度为因变量，以“中国梦与个人梦的关系”、“这一代青年能否实现中国梦”作为自变量，同时加入被访者的性别、年级、政治面貌和家乡所在地作为控制变量进行回归分析。

从两种回归模型的分析结果中，我们有如下发现：

1. 大学生中国梦的认知对政治时事关注度的影响

从表1中可以看出，模型A1、A2拟合度都较好，分别可以解释19.9%和32.9%的方差(见表1)。不过，模型A2拟合度更好的主要原因是“这一代青年能否实现中国梦”这一变量具有很强的解释力，不仅具有统计显著性，而且标准回归系数高达0.426。而模型A1拟合度较好的原因主要是性别、年级、政治面貌这些控制变量具有较强的显著性，“中国梦与个人梦关系”这个自变量并不具有解释力，所以模型A1的解释方差相对较小。相比之下，模型A2中的自变量“这一代青年能否实现中国梦”使解释方差上升到了32.9%。我们可以发现，认为这一代青年越不可能实现中国梦的大学生，越不去关注国家重大的政治时事，反之，越认为中国梦会在这一代实现的大学生，越会去关心政治时事。这表明，拥有中国梦主体意识的大学生，关心时事政治，关心改革与发展，把国家的前途命运与个人的成长紧密联系在一起，具有较强的社会责任感。

另外，性别、年级、政治面貌对政治时事关注度有着显著影响。其中，女性相对男性更不关注政治时事；年级越高的大学生，越不去关注政治时事；党员要比群众更关注政治时事。

表 1　**大学生“中国梦”的认知对政治时事关注度的影响**

预测变量	模型 A1：政治时事关注度	模型 A2：政治时事关注度
性别 a	.187(.109)*	.158(.092)*
年级	.375(.401)***	.217(.232)****
政治面貌	-.179(-.119)***	-.389(-.260)****
家乡所在地	.119(.070)	.157(.093)*
中国梦认知：中国梦与个人梦关系	.043(.038)	
这一代青年能否实现中国梦		.373(.426)****
N	508	508
Adjusted R Square	19.9%	32.9%
F	26.127****	50.650****

2. 大学生中国梦的认知对集体活动参与度的影响

从表 2 中可知，模型 B1、B2 拟合度都较好，分别可以解释 14.0%和 21.6%的方差。

不过，模型 B2 拟合度更好的主要原因是“这一代青年能否实现中国梦”这一变量具有很强的解释力，不仅具有统计显著性，而且标准回归系数高达 0.326。而模型 B1 拟合度较好的原因主要是性别、年级、政治面貌和家乡所在地这些控制变量具有较强的显著性，“中国梦与个人梦关系”这个自变量并不具有解释力，所以模

表 2　大学生"中国梦"的认知对集体活动参与度的影响

预测变量	模型 B1：集体活动参与度	模型 B2：集体活动参与度
性别 a	-.246(.176)***	-.253(.182)***
年级	.100(.132)***	-.001(-001)
政治面貌	.121(-.099)**	-.019(-.015)
家乡所在地	-.226(-.166)***	-.241(-.176)***
中国梦认知：中国梦与个人梦关系	-.040(-.043)	
这一代青年能否实现中国梦		.232(.326)****
N	508	508
Adjusted R Square	14.0%	21.6%
F	17.562****	28.900****

型 B1 的解释方差相对较小。相比之下，模型 B2 中的自变量"这一代青年能否实现中国梦"使解释方差上升到了 21.6%。我们可以发现，认为这一代青年越不可能实现中国梦的大学生，越不去参与集体活动，反之，越认为中国梦会在这一代实现的大学生，越会去参与集体活动。这表明，拥有中国梦主体意识的大学生，有一种"社会人"的意识，愿意投身于实践中，具有较强的社会责任感，并会付诸一定的行为。

另外，性别和家乡所在地对集体活动参与度有着显著影响。其中，女性相对男性更愿意参与集体活动；家乡为农村的大学生更愿意参与集体活动。

(二) 大学生社会责任感强弱对履责行为的影响分析

我们知道，中介变量是否存在中介作用应满足以下四个条件：(1) 自变量与中介变量之间有显著相关；(2) 中介变量与因变量之间有显著相关；(3) 自变量与因变量之间有显著相关；(4) 当中介变量引入回归方程后，自变量与因变量的相关或回归系数显著降低

(Baron、Kenny, 1986)。因此我们把大学生对本群体社会责任感强弱的主观认识加入模型中作为中介变量，看是否会对大学生履责行为产生影响。

从表3中，我们有如下发现：

1. 大学生社会责任感强弱对政治时事关注度的影响

模型A2中的“这一代青年能否实现中国梦”对政治时事关注度具有统计显著性，且其与“社会责任感强弱”之间是显著相关的(见表3)。我们可以发现，当加入“社会责任感强弱”这一中介变量后，模型1和A2的拟合度变好了，模型A1的解释方差从19.9%上升到33.1%，模型A2的解释方差从32.9%上升到了39.0%，且这一中介变量具有很强的解释力，具有较高的统计显著性，标准回归系数也不低。这说明“社会责任感强弱”应该是作为一个自变量来解释政治时事关注度产生影响，而不是作为中介变量。

表3　**大学生社会责任感强弱对履责行为的影响**

预测变量	模型A1：政治时事关注度	模型A2：政治时事关注度
性别a	.204(.119)**	.170(.099)**
年级	.251(.268)****	.168(.180)****
政治面貌	-.120(-.080)**	-.287(-.192)****
家乡所在地	.020(.012)	.104(.062)
中国梦认知：中国梦与个人梦关系	.095(.085)**	
这一代青年能否实现中国梦		.280(.319)****
社会责任感强弱	.412(.392)****	.297(.283)****
N	508	508
Adjusted R Square	33.1%	39.0%
F	42.724****	54.959****

2. 大学生社会责任感强弱对集体活动参与度的影响

当我们将“社会责任感强弱”作为中介变量加入后，模型的解释方差几乎没有变化，且中介变量不太具有统计显著性。这表明，“社会责任感强弱”对集体活动参与度影响不大。

三、调研的基本结论

我们通过以上实证研究发现，大学生中国梦的主体意识和社会责任感强弱是大学生履责行为的自变量，他们与因变量——大学生履责行为呈现线性关系。具体来看：第一，中国梦的主体意识对大学生履行社会责任的行为是具有影响的，尤其是大学生对于“这一代青年能否实现中国梦”的认知对他们的履责行为产生十分大的影响。相信这一代青年能实现中国梦的大学生们更愿意去履行社会责任，将个人的发展与国家的发展紧密联系在一起，融入社会之中，关注社会时事，参与集体活动。第二，大学生们对于他们本群体社会责任感强弱的认知也很大地影响到他们对于政治时事的关注，认为社会责任感较强的大学生更愿意去关心国家大事，关注时事发展，但这并不会影响他们对于集体活动的参与。与此同时，我们也发现，从拟合度上，大学生对中国梦与个人梦关系的认知对他们的履责行为并不产生较大的影响，且大学生对中国梦与个人梦关系的认知与大学生社会责任感强弱之间也并不强烈显著相关。这说明，当代大学生对中国梦的主体意识与社会责任意识的相互关系认识还不够到位，还没有自觉把担负起实现中国梦的重要使命作为当代大学生义不容辞的社会责任。

综上所述，我们可以得出，中国梦的实现并不是一个空洞的口号，它需要广大青年特别是大学生以此为己任，不懈地为之努力奋斗。目前，对当代大学生加强以中国梦为主题的社会责任教育，应成为当下高校思想政治教育的一项紧迫的任务。应该通过加强主题教育，不断加深大学生对于中国梦的认知，增强他们的中国梦的主体意识，提高他们的社会责任感，更快地提升他们履责行为，为中国梦的实现助力、加油。

（作者单位：厦门理工学院）

互联网+环境下大学生人生价值观教育刍议

周贵卯

大学生正处于人生观价值观形成的关键时期，其思想素质如何，理想信念如何，将直接影响到我国社会主义建设事业的成败和中华民族的兴衰。当代大学生大部分是90后，他们生活在一个幸福的年代，社会安定，生活富足，加上他们的家长大多对孩子较为娇宠，网络对他们负面影响大，使得有些学生人生观价值观错位，对实现中国梦的理想不坚定，甚至有个别学生娇纵成性、自私自利等。在互联网+环境下，采用正确的方式方法对他们进行人生价值观教育，树立他们科学的理想信念，是当前思想政治教育最紧迫与现实的任务。

一、发挥网络的前瞻性优势，引导大学生树立正确的人生观价值观

1. 发挥大学课堂教学的主渠道作用，为大学生树立正确的人生价值观奠定理论基础

互联网+环境下，大学生人生观价值观教育的主渠道和主阵地仍是课堂教学。大学生是最多时间接触和接受互联网的群体之一，网络信息量大并且快捷，网络中的某些不良因素，潜移默化地改变着大学生学习、思维和生活方式，影响着他们的人生定位和价值取向。大学生们思维活跃、求知欲望强烈、可塑性强，但由于年龄、阅历的原因，往往辨别力弱、容易冲动，面对纷繁复杂的国际形

势，面对互联网上真伪莫辨的海量信息，特别是在那些别有用心的人精心编造的谎言面前，往往会无所适从，片面地看待某些社会问题，常常会发表一些过激的言论。大学生正处于一个人生观、价值观发展成熟的阶段，高校思想政治教育必须发挥主渠道作用，在教学内容上，立意高远，紧密联系学生最关心的时事与现实，把教育引导和解决实际问题相结合、帮困助学与思想教育相结合、思想政治教育与大学生健康成长的实际需要有效结合起来，努力提高思想政治教育的针对性、实效性和吸引力、感染力。现阶段帮助学生从理论高度认识实现中国梦的意义，以社会主义理想、价值观念和思想道德塑造学生的灵魂。

2. 发挥大学课堂教学的灵活性特点，教育大学生树立正确的人生观价值观

互联网+环境下，高校思想政治教育要不断改进教法、创设良好课堂环境，提高教学效率。要根据不同内容，采用不同教学方式，如："启发式、参与式、研究式、探求式、导读式、讨论式"等，充分调动学生学习积极性和主动性，使大学生积极参与到教学中来。要开展丰富多彩、积极向上的学术、科技、体育、艺术和娱乐活动，寓教于乐，让学生在活动中潜移默化地受到影响；在重大节日、重大事件、纪念日、社团活动、开学典礼、毕业典礼等重大庆典活动中陶冶情操。事实证明，开展形式多样、主题鲜明、内容充实的主题教育活动是人生价值观教育的有效途径。可结合改革开放开展周年纪念活动，让大学生体验改革开放 30 多年的巨大成就，认识改革开放决策的深远意义；可结合开展新中国成立周年纪念活动，对大学生进行爱国主义教育；可结合开学典礼、毕业典礼，对大学生进行责任感、荣誉感、使命感的教育。要充分利用现代化的教学手段，增强课堂的吸引力和感染力，引导大学生学会运用科学的世界观和方法论，正确认识社会发展规律，正确把握社会思想意识中的主流和支流，正确辨识社会现象中的是非、善恶、美丑，确立正确的人生价值目标。

3. 发挥大学课堂教学的多样式特点，引导大学生树立正确的人生观价值观

互联网+环境下的思想政治教育教师要实现从被动到主动的转变，走出过去被动地依附于党的政策、路线与方针，局限于文本与教条的被动角色，走向具有积极性、前瞻性的主动角色。思想政治教师要具有一定的前瞻意识，针对社会和人的发展提前运筹，要站在时代的高度去观察问题，预测时代发展的趋势，要遵循以人为本的原则，研究学生的思想观点和立场的发展趋势，要广泛了解当今科技的发展趋势，以便能找到新的理念和方法。要开展学生讲授、课堂讨论、辩论、组织论坛等多种形式，激励大家参与，活跃气氛，形成引发思考的良好课堂氛围。课堂讨论、辩论是深化课堂教学，调动学生学习主动性，提高学生分析和解决问题能力的重要环节，也是调动学生积极参与、活跃课堂气氛的重要方式。学生的成长经历各不相同，对问题的认识往往受到自身经历的影响。通过讨论、辩论使得师生之间通过交流增进了解，化解困惑，促使学生树立正确的世界观、人生观、价值观。

二、发挥网络的互动性优势，让学生成为高校校园网络文化建设的主人

1. 重视校园网络教育，抢占大学生思想政治教育的新阵地，把课堂理论教育与日常思想教育结合起来

如果思想政治教育不去占领阵地，其他负面的东西就会占领。高校应主动开辟、利用、净化和占领网络这个新的阵地，使网络上有正面的声音，向大学生传递正能量。要将课堂理论教育与日常思想政治教育相结合，把人生价值观教育融入学生日常活动之中。当前各种网站鱼龙混杂、良莠不齐，迫切需要高校重视校园网络教育，开设专门的网络道德教育课程，全面系统地讲授有关网络道德知识，介绍网络法规和基本的网络行为规范，帮助学生树立正确的网络价值观。要将网络道德教育贯穿到“思想政治理论课”和各类

专业课程之中，引导学生正确、合理利用网络资源为其学习、生活服务，增强法律意识和社会责任意识，让学生真正成为网络社会的主体。建立学生喜欢的覆盖面较大的可读性、服务性较强的教育网站，要在学生触及的网站、博客、论坛等网络平台上扩大网络教育的积极影响。让大学生在网络上耕耘和思索，如同淋浴和搏击在知识和信息的海洋，享受着灵魂和精神的大餐。

2. 开辟校园网站服务，丰富校园网络文化生活，把显性教育与隐性教育结合起来

高校校园文化是中国特色社会主义文化的重要组织部分，对大学生具有巨大的感染力、渗透力和熏陶的作用，具有重要的育人功能。显性思想政治教育主要指思想政治理论课教学，而隐性思想政治教育是有别于传统灌输式教育的一种渗透性教育。隐性思想政治教育就是要发挥校园网、电视台、广播站、校报校刊等校内媒体宣传的广泛性、权威性优势，将价值观教育的相关内容内隐其中。高校要充分挖掘各类思想政治教育资源，推动显性思想政治教育与隐性思想政治教育优势互补，共同构成高校思想政治教育的教育辐射圈，增强人生价值观教育的实效性。推动显性思想政治教育与隐性思想政治教育相融通，就是要求思想政治理论课教师与党团干部、辅导员、班主任等管理服务人员加强联系交流，在教育目标内容等方面相融通。通过建立深受大学生喜爱的主流网站和网页，开设符合大学生特点、设置一些他们喜闻乐见的与学习、生活和娱乐相关的板块，把学生的兴趣引导到学习、全面发展、完善和增加文化科技素养的正确轨道上来；通过开通网上党校、团校，让网络成为大学生思想政治教育的一个重要平台；通过设立校园 BBS 栏目，了解和收集学生关注的热点话题，掌握学生的思想动态，同时配备精通网络技术、政治素质过硬的专兼职网管员，及时了解网络论坛动态，以正确的舆论占领论坛，及时纠正学生中的错误言论，切实发挥论坛的导向作用，有目的地提高网络环境下大学生思想政治教育的针对性和实效性。

3. 建立思想政治教育网络体系，净化校园精神环境，把有声教育与无声教育结合起来

高校应该构筑网上网下联动、全时关注、全程覆盖的立体交叉网络体系，学校领导、思想政治工作者、网络技术人员、两课教师必须结合起来，形成合力，共同抓好校园网络体系的建立和管理，网站栏目和内容要突出思想性、趣味性，符合学生的特点。要将教育信息穿插在学生喜爱的板块中供学生阅读、思考，适时的引导学生分析、讨论。可以开设网上“辅导员流动站”、“心理聊天室”、“两课在线”、“哲学殿堂”、“世纪中国”、“大学生论坛”等板块，使校园网不仅具有鲜明的马克思主义立场和观点，而且具有知识性、趣味性、可读性，适合学生的思想特点和接收特点，使校园网充分发挥网络信息在思想政治教育中的积极作用，努力拓宽思想政治教育的覆盖面，阻挡消极、负面信息的影响。此外，为保持进入思想政治教育网站的信息积极健康，还要组建网络“清洁工”队伍，以便能及时清除流入思想政治教育网站里的“垃圾信息”，保持这块社会主义网络思想阵地的纯洁性，以引导大学生在正确思想的指导下健康成长。

三、发挥网络的广泛性优势，让大学生成为先进思想文化的宣传者

1. 大学生通过网络文化，引导人民群众成为复兴中国梦理想的坚定信仰者

网络正在深刻影响着人类的文化生活。大学生是网络环境中最重要、最容易接受文化潮流的群体，大学生如果真正树立起健康向上的大学生网络文化，培养了正确的思想观念，就能推动互联网在传播社会主义先进文化、满足人民精神文化需求、促进社会和谐稳定方面发挥更大作用。通过网络信息的可复制性、共享性、实时传输性等特点，成为传播先进文化的重要群体，大学生肩负双重使命，既是主力军，又是宣传员，面对时代和发展赋予的重任，大学

生只要牢牢把握科学发展主题，唱响主旋律、打好主动仗，把体现党的意志与反映人民心声统一起来，把思想性、指导性与可读性、吸引力统一起来，凝聚发展合力，唱响文明旋律，他们可以用“身边的感动”引领网络风尚，用互动式的宣传提升道德教育实效，引导网民及广大人民群众追求高尚精神和道德情操，自觉做复兴中华梦的坚定信仰者、积极传播者、模范践行者。

2. 大学生通过网络交往，引导人民群众成为复兴中国梦理想的积极倡导者

用中国梦打牢大学生的共同思想基础，教育和帮助他们树立正确的人生价值观，永远热爱我们伟大的祖国，永远热爱我们伟大的人民，永远热爱我们伟大的中华民族。大学生有这正确观念之后，应该做有益于祖国和人民的人，应该成为引领社会风气之先的力量，努力做中华民族传统美德的传承者，做体现时代进步要求新道德规范的实践者，做新型人际关系和良好社会风尚的倡导者，现在主要任务就是成为复兴中国梦理想的积极倡导者。对于当代大学生而言，网络扩展其人际交往广度，延展其人际交往幅度和拓展人际交往的深度，大学生运用网络技术的能力，利用自己的影响力，深入到广大人民群众中去，才能吸引和感染群众。

3. 大学生通过网络互动，引导人民群众成为复兴中国梦理想的努力实践者

新媒体的运用在大学生中较为普及，QQ、微博、微信等网络新媒体已成为他们主要的思想表达和情感交流的方式和途径。大学生占领网络新媒体这块思想阵地，利用新媒体发布正面的、积极健康的信息，就能用正能量去对抗网络上传播的各种有害信息和消极腐朽思想，弘扬社会主义核心价值观。实现中国梦必须要靠理论与实践的良性互动，科学理论与合理实践是实现中国梦的两翼，二者缺一不可，必须相互协调、齐头并进，并且要让这种良性互动意识入脑入心，成为每一位公民的自觉追求，化为整个社会具体行动。大学生要善于把所学的知识运用到改造客观世界和主观世界的活动中去，在实践中继续求得真知，增长才干，引导人民群众成为复兴中国梦理想的努力实践者。

加强大学生人生观价值观教育，是互联网+环境下高校思想政治教育的现实要求，是大学生自身健康成长的需要，也是建设中国特色社会主义事业的需要。互联网+环境下大学生思想政治教育必须结合大学生身心发展规律，采用大学生欢迎的行之有效的新方法、新思路、新途径，既要坚持教育学生、引导学生、鼓励学生、鞭策学生，又要坚持尊重学生、理解学生、关心学生、帮助学生，做到思想上“解惑”，精神上“解闷”，心理上“解压”，生活上“解难”，避免那种“二传手”、“传声筒”、“收发室”的工作方法。只有创新大学生思想政治教育内容，开拓教育新形式，才能让大学生形成崇高的理想信念，确立正确的人生价值观，全面提高思想政治素质，真正成为中国特色社会主义事业的合格建设者和可靠接班人。

（作者单位：湖北警官学院）

中国梦视域下高校素质教育对策探析

高竞艳

2010年颁布的《教育规划纲要》强调指出："坚持以人为本、推进素质教育是教育改革发展的战略主题，是贯彻党的教育方针的时代要求，其核心是解决好培养什么人、怎样培养人的重大问题。"由此，引发了对相关问题的思考：素质教育的目标是什么？素质教育的实现途径是什么？如果对以上问题认识不清，极易在具体操作过程中出现误区。为此，笔者拟在中国梦背景下，探讨素质教育的问题存在、价值目标及实现途径。

一、高校素质教育的缺失现状及分析

素质教育经过多年的发展，取得了引人注目的发展和成就，但由于种种原因，当代大学生的人文素质还远远不能适应时代所寄予的殷切希望，无论在理念、具体实施方面都存在种种缺失和不足。

（一）高校素质教育的理念缺失

1. 缺失之一：重个人轻社会

素质教育的"社会本位"目的强调个人对社会和国家责任和义务的承担，而"个人本位"注重的是个人对自我价值和利益的追求。目前教育界对有关社会化功能偏重带来的问题，认识得较为清醒，并在实践中规避因强调"社会本位"而带来的极端民族主义。遗憾的是，由于矫枉过正，却萌现出一种完全以个人为本位的发展苗头，显然是走入另一误区。当素质教育强调个性化功能时，目标的重心会落在专门发展学生的个性，培养其独异性的方面，而缺乏必要的社会化功能的调适和制约，致使学生的多元化、个性化的发展会自由泛滥。目前在大学生中存在的狭隘的“个人主义”、“功利主义”，以及道德水平的下降、团队合作意识的缺乏，无疑都是“个人本位”绝对化带来的负面现象。

2. 缺失之二：科技和人文的分离

伴随着科学技术的大发展，专业教育逐渐替代传统的人文教育，科学主义和实用主义的工具理性占了上风，从而忽视了人的综合素质的全面发展。近年来，偏重工具的误区有所矫正，但依然存在新问题，科技和人文之间的融合互动远远不够，彼此的疏离会导致两种畸形人的产生：“一种是空谈人文不懂科技的边缘人，一种是只懂科技而心灵空洞的空心人。”其实，科技和人文并不是相悖离的关系，相反，两者是共生共荣，相互依赖的关系。所以，如何将科技和人文的有机融合，在关注专业技术知识的同时，也注重人文素养的培养，也应是素质教育必须考量的重要前提之一。

3. 缺失之三：本土传统文化的弱化

在多元化文化和市场经济浪潮冲击下，对高校学生的价值理念和生活方式也产生重要影响。从高校自身发展来看，由于忽视对本国优秀传统文化的传承，因而使得本校的校园文化缺乏民族特色，出现“千校一面”的雷同现象，没有形成独具特色的校园品牌。反映在大学生中，体现在他们对西方文化的盲目崇尚，以及对西方文化的一些腐朽的思想观念和生活方式和照搬和兑现上，这严重影响了其身心的健康成长，而由此产生的无政府主义和反历史、反传统的虚无主义心理更应引起高度警示。

（二）高校素质教育的实施途径缺失

1. 素质课程设置不合理

目前素质课程的开设有以下问题：一是形式单一，基本以思政课为主干，辅以少量选修课。二是课程开设随意性大，没有经过系统的内容整合和规划。对学生选课缺乏适当的引导，学生选课比较盲目，仅仅为拿学分而选，导致学习效果大打折扣。三是对课程重视不够，更有甚者，部分高校根本不考虑学生需求，仅仅凭借现有的师资或者应付检查来决定开设那些课程，更不用说，教学方式和模式的单一和呆板使学生对其兴趣大大消退。以上种种，都导致当前人文课程开设效果不尽如人意。

2. 素质教育活动形式单一

长期以来，由于素质教育仅仅依靠课堂教学和学生自发组织的课外活动来进行，对校外的社会实践活动以及网络教育活动开展得远远不够，对其更缺乏统一教学规划和设计，导致活动形式单一并缺乏系统性。同时，素质教育的实践活动尤其是校外的活动缺乏相应的制度保障，社会各方面也不能为其提供有力的支持，各种资源没有得到充分的利用和整合。

3. 校园文化上缺少自身特色

校园文化建设虽然整体形势不错，但也存在一些不足和误区，主要表现在：一是存在认识上的误区。一些高校不能准确把握对校园文化建设内涵，将校园文化建设等同于校园物质文化建设，以为校园文化建设就是增加一些人文景观或办一些活动，内涵建设远远不够；二是趋同化、庸俗化和简单化现象日趋严重，辨识度不高，缺少自身特色。三是注重表层文化建设，忽视精神文明建设，由于缺少了精神底蕴的支持，校园文化的教育功能被大大削弱。四是随意性强，缺乏系统科学的规划，各方面资源整合不够，导致效果不尽如人意。

4. 素质教育缺乏相应的保障机制作为支撑

学校作为学生素质教育的主阵地，其内在的创新力、生机活力没得到很好发挥，各级领导在素质教育改革上承担的责权不明确，也缺乏相应的激励机制。同时，对学生的素质教育的评估存在单一、不规范和形式主义的现象。另外，相应的服务保障机制没有很好的建立，无论对学生的自我认知还是未来职业规划都缺乏科学测评，配套制度和物资落也存有落实不到位的情况，这些都造成素质教育发展后劲不足。

二、中国梦视域下高校素质教育的应对策略

教育是一个长期、复杂的系统工程，构建当代大学生人文素质

教育机制，需要立足中国梦，结合以上存在的种种问题，从目标定位、课程设置、教育实践活动开展、保障机制建构等多个维度共同完成。

(一)科学定位科学的人文素质教育目标

中国梦视域下的高校素质教育目标的科学定位要从以下三方面努力：一是将“社会化功能”和“个性化发展”目的精髓有机整合，以实现个性和共性的和谐统一的境界。高校大学生在追求个人合理利益和价值的同时，也应该肩负起历史重任，将个人梦想和国家梦想高度融合。二是科技和人文的融合，既要注重学生专业技术的培养，也要培养其积极进取的人生观、兼容并包的知识格局和人文素养。三是注重传统文化的学习、传承和创新，培养学生的文化认同和文化自觉。总之，高校素质教育应该立足于中华民族复兴的伟大梦想，学习优秀的传统文化，为成功转型为高素质的社会人做准备。

(二)开发完善的素质教育课程体系

高校素质教育的课程应立足于实现中国梦的需要，开发以下三个维度的课程群：核心课程、支撑课程和特色课程。其一，核心课程是以社会主义核心价值观为主线的基础课程，帮助学生树立正确的价值观，坚定信念。其二，支撑课程是指建立必要的学习机制，包括人文讲座和论坛、必读和推荐书目、各类人文竞赛等多种形式。其三，特色课程是根据学生专业和自身发展需要，设置相应的特色课程群，满足学生成长的需要。在此基础上，科学设置素质教育课程群，引导大学生以正确的价值观、坚定的信念和深厚的文化底蕴来构筑坚不可摧的精神支柱。

(三)开展长效的素质教育的实践活动

众所周知，大学生通过实践活动，既可以检验、应用所学知识，又可以开阔视野，锻炼各种能力，从而提高人文素质和科学素质，达到文化重建自我和社会本真要求的统一。素质教育可根据教育主题和教育内容，选择具体的实施平台和载体，建立课堂内外、校内外、社会各界参与的一体化开放式实践活动平台。特别是当今大学生受互联网影响甚深，素质教育应充分利用互联网络架构有效实践平台，并做好对大学生网络观念、网络行为、网络心理和网络法律等知识的教育引导，充分发挥其对素质教育的推动作用。

（四）构建全面的素质教育保障机制

素质教育应立足中国梦，构建“三全育人”的保障机制，所谓的“三全育人”的保障机制分别是全员育人的人力保障机制、全过程育人的评价保障机制、全方位育人的服务保障机制。

一是构建“全员育人”的人力保障机制，整合所有的素质教育主体资源，充分依托社会、学校、家庭的力量，给素质教育营造良好的人文氛围。二是构建“全过程育人”的评价保障机制。一方面要明确具体的评价方案。采用过程评价和结果评价相结合、定量和定性评价相结合的方式，及时了解学生人文素质教育的情况及效果；另一方面，对人文素质教育中的相关经验进行总结。三是构建“全方位育人”的服务保障机制。利用专业机构为学生提供兴趣、心理、人格、能力的科学科学的认知测评，帮助他们更好的了解自己，并为其将来的职业发展做好科学规划。同时，加强对素质教育资源保障制度的落实，保证各项资助专项的到位，为素质教育的顺利开展提供人力、物力、财力各方面保障的到位。

（作者单位：武汉学院）

中国梦视域下大学生思想政治教育探析

谭月清

梦想是人们对未来的美好期盼，是国家和民族未来的奋斗目标。2012年11月29日，习近平总书记在参观《复兴之路》展览时指出，“实现中华民族伟大复兴，就是中华民族近代以来最伟大的梦想。这个梦想，凝聚了几代中国人的夙愿，是每一个中华儿女的共同期盼。”从1840年第一次鸦片战争爆发到1949年新中国成立的109年里，许多仁人志士和普通百姓对“中国梦”幻想过，为“中国梦”拼搏过、牺牲过。每一个历史时期都是对“中国梦”的奋斗历程：从清政府的“天朝梦”到康有为、梁启超等人的“维新梦”、从孙中山的“民国梦”到毛泽东的“共产梦”，都是对“中国梦”不断探索和尝试的结果。新中国成立以来，从第一个五年计划的制定到今天“四个全面”战略布局的提出，“中国梦”的轮廓日益清晰，它必将引领我们坚定不移走中国特色社会主义道路，实现中华民族伟大复兴。

一、中国梦的科学内涵

习近平总书记在第十二届全国人大一次会议上指出，实现中华民族伟大复兴的中国梦，就是要实现国家富强、民族振兴、人民幸福。

国家富强是中国梦的必要前提和基础。中国梦首先是“强国梦”。“落后就要挨打”，全面提升综合国力是第一要义。党的十八大描绘了到2020年的宏伟目标：经济持续健康发展，国内生产总值和城乡居民人均收入比2000年翻一番，科技进步对经济增长的贡献率大幅提升，进入创新型国家行列，人民民主不断扩大，文化软实力显著增强。这一指标体系，构成了现阶段“中国梦”的基本图景。

民族振兴是中国梦的核心要素。中国梦也是“复兴梦”。在五千多年的发展中，中华民族创造了绵延不绝、辉煌灿烂的中华文明，对世界文明做出了伟大贡献。然而，近代以来中华民族饱受欺凌，文明衰落了。要实现中华民族的伟大复兴，就必须超越农耕文明和工业文明形态。党的十八大将中国特色社会主义总布局从经济、政治、文化、社会建设“四位一体”升华为包括生态文明建设的“五位一体”，标志着中华文明向更高的阶段演进。坚定不移地推进中国梦的实现，中华文明必将放射出更加灿烂的光芒。

人民幸福是中国梦的最终目的和价值所在。中国梦又是“幸福梦”。“中国梦归根到底是人民的梦，必须紧紧依靠人民来实现，必须不断为人民造福。”为人民造福就是要让中国人民有更好的教育、更稳定的工作、更满意的收入、更可靠的社会保障、更高水平的医疗卫生服务、更舒适的居住条件、更优美的环境，让我们的孩子们成长得更好、工作得更好、生活得更好。也就是说，要让中国人民过上更加富裕、更有尊严的生活，实现每个人自由而全面的发展。

二、中国梦在大学生思想政治教育中的价值体现

当代大学生是实现中华民族伟大复兴的中坚力量，也是实现中国梦的重要筑梦人。中国梦与高校思想政治教育具有契合的维度，将中国梦的精神融入大学生思想政治教育，具有重要意义。

(一)有利于弘扬和培育大学生的爱国主义精神

任何民族精神都有丰富的内涵，也都有核心内容。在五千多年的发展中，中华民族形成了爱国主义、团结统一、爱好和平、勤劳勇敢、自强不息等丰富内容的伟大民族精神，其核心内容是爱国主义精神。爱国主义是中华民族在长期的实践中形成和弘扬的光荣传统，是动员和激励中国人民团结奋斗的一面旗帜，是增强民族凝聚

力、树立民族自尊心和自豪感最有效的精神支柱。中国梦的源泉就是以爱国主义为核心的民族精神。历史告诉我们，每个人的前途命运都与国家和民族的前途命运相连。国家好，民族好，大家才会好。因此，盼望国家好、民族好成为普遍的爱国主义情怀，成为每个中国人共同的理想信念。中国梦承载着中华民族的尊严与希望，彰显着民族的尊严与期盼，代表了民族的气节与精神，反映了民族的要求与理想，同爱国主义紧密相关、联系密切。大学生是祖国的未来、民族的希望，是实现中国梦的后备力量。将中国梦融入大学生思想政治教育，掀起弘扬和培育爱国主义精神的热潮，有助于引导大学生因中华文明的伟大而爱国，因祖国经受的沧桑而爱国，因光荣的历史使命而爱国，充分认同爱国主义是中华民族的精神核心，充分认识到爱国就是要为中华民族伟大复兴的中国梦而努力奋斗。

(二)有利于坚定大学生中国特色社会主义理想信念

理想信念是指引人生的灯塔，是一个人实现目标的动力源泉和精神支柱。在改革开放的新时期，当代大学生应该牢固树立中国特色社会主义理想信念，为实现“两个一百年”的奋斗目标而努力奋斗。由于受西方思想文化的渗透、各种社会思潮的冲击、社会复杂现象的影响，部分大学生出现理想信念缺失的现象，迫切需要正确的引领。正如习近平总书记指出的：“理想指引人生方向，信念决定事业成败。没有理想信念，就会导致精神上‘缺钙’。中国梦是全国各族人民的共同理想，也是青年一代应该牢固树立的远大理想。中国特色社会主义是我们党带领人民历经千辛万苦找到的实现中国梦的正确道路，也是广大青年应该牢固确立的人生信念。”

中国梦作为一种理想信念，它既是中华民族的一种集体理想，也是中华民族每一个成员奋斗的最终归宿。树立崇高的理想信念，既是建设中国特色社会主义的长远目标，也是发展中国特色社会主义文化的客观要求。中国梦的理想信念是马克思主义理想信念与中国当代实际相结合的产物，体现了科学性、时代性和民族性的有机统一。中国梦并不是空洞的理论，其实现与否直接影响着包括大学生在内的中华民族的整体利益，中国梦所体现的世界观、人生观和价值观与中国每一个大学生所应该具有的世界观、人生观和价值观是内在一致的。将中国梦融入大学生思想政治教育，能够帮助大学生树立科学的世界观、人生观和价值观，增强大学生对中国特色社会主义的道路自信、理论自信和制度自信，坚定大学生走中国道路的理想信念。

(三)有利于引导和帮助大学生树立集体主义价值观

中国梦体现一个由国到家的过程，是以集体主义为思想基础的，而中国梦的实现是一个由家到国的过程，并不是仅仅依靠个别人或者某些人的努力，而是依靠汇聚全国各族人民的共同努力。在实现中国梦的过程中，面对社会发展带来的多元化价值取向问题，必须坚持集体主义价值原则。在尊重个人价值实现的同时，要更加强调个人发展服从于国家富强、民族复兴这一目标。只有充分发挥民智、凝聚人心，把中国的个人之梦、小家之梦都汇聚到中华民族的中国梦中来，才能够拧成一股绳，劲往一处使，实现共同的中国梦。因此，将中国梦融入大学生思想政治教育，有利于帮助大学生正确认识到国家、集体和个人三者之间的关系，将个人的价值追求与集体利益和社会发展有机地结合起来，促使人与人之间、人与社会之间、人与自然之间矛盾的解决，让集体主义价值观为实现中国梦提供强大正能量。

三、中国梦视域下大学生思想政治教育的路径选择

(一)将中国梦融入思政课教学，实现思想育人

思想政治理论课是对大学生进行思想政治教育的主渠道。中国梦作为中国特色社会主义的共同理想，其基本内涵和高校思想政治教育在本质上是一致的。这就要求必须把中国梦融入到高校思想政治教育教学中，在课堂上深入宣传中国梦的基本内涵、现实意义和本质要求，科学解读现阶段中国梦实现的具体路径，讲解宣传实现中国梦与大学生成长成才之间的关系。

把中国梦真正融入思想政治理论课教学全过程，首先必须找准中国梦与思想政治理论课程的契合点。具体来讲，《中国近现代史纲要》课应着重帮助学生了解国史、国情，深刻领会“中国梦”的历史渊源和中国特色社会主义道路的历史必然性；《马克思主义基本原理》课应着重帮助学生从整体上把握“中国梦”蕴含的深厚的马克思主义理论基础及人类社会发展的基本规律；《毛泽东思想和中国特色社会主义理论体系概论》课应着重帮助学生系统掌握“中国梦”是马克思主义中国化的具体体现，坚定学生实现“中国梦”的共同理想；《思想道德修养与法律基础》课应着重帮助学生解决大学生成长成才过程中遇到的实际问题。其次，在教学模式上，积极探索适合大学生特点的新模式，吸收和借鉴现代教育理论的研究成果，将中国梦的宣传教育与现代教学载体相融合，把解决实际问题的过程变为升华思想的过程，切实增强思想政治教育的实效性。

（二）将中国梦融入校园文化建设，实现文化育人

马克思在《共产党宣言》中指出：“人们的观念、观点和概念，一句话，人们的意识，随着人们的生活条件、人们的社会关系、人们的社会存在的改变而改变。”文化环境会潜移默化地直接或间接地影响着人的思想价值观念。校园文化作为思想政治教育的重要载体，有情感培养、价值导向、人格塑造、行为约束等功能，对大学生的思想、品格、情感、态度以及价值观等有重要的影响。高校要将中国梦融入校园文化建设，通过各种宣传渠道，倡导中国梦与每个人息息相关的关系，要实现民族复兴的中国梦就是要通过每一个人梦想的实现，要始终以中国特色社会主义理论为指导，结合中国的历史文化和实际，组织开展以中国梦为主题的演讲、辩论、征文、文艺展演等一系列文化为主的活动，激发大学生的爱国之志、强国之愿和报国之志，强化对自身责任感和使命感的认识，树立以实干兴邦精神奋力实现中华民族伟大复兴的光荣梦想。

（三）将中国梦融入社会实践活动，实现实践育人

实践是检验真理的唯一标准。人们只有在实践中才能获得真理

性认识。社会实践是大学生思想政治教育的重要途径，它有助于大学生把自身所掌握的课本知识具体融入到社会实际中去。了解现阶段我国社会发展的基本现状，有助于提高大学生的历史使命感和社会责任感，有利于增强思想政治理论课的实效性。大学生只有积极投身到社会实践之中，才能真正将其对中国梦的感性认识转化为理性认识，才能从思想上将其对中国梦的认识落实到具体行动之中。高校要建立行之有效的实践教育机制，坚持以中国梦为主题，引导大学生积极参与志愿者服务、社会调查、科技创新等社会实践活动，促使他们深入基层了解社会，体察民情，感受社会主义现代化所取得的巨大成就，自觉加强专业学习，提高综合素质，真正成为中国梦的传播者和践行者。

（作者单位：广东海洋大学）

中国梦时代的高校德育思考

鲁 源

习近平总书记在参观《复兴之路》展览时，提出了中国梦的畅想：实现中华民族伟大复兴，实现国家富强、民族振兴、人民幸福。他在十二届全国人大一次会议上，进一步阐述了“中国梦”的现实意义：“实现中国梦必须走中国道路……必须弘扬中国精神……必须凝聚中国力量，中国梦是民族的梦，也是每个中国人的梦。”描绘的语言积极又平实，通俗而深远。当代大学生身处21世纪，肩负着“复兴”使命，如何通过高校德育之教化，使当代大学生能以社会主义国家的主人翁之角色，担当使命，弘毅勇进，建成富强文明民主和谐的社会主义现代化强国，是中国梦时代高校德育工作者必须认真面对和解决的一个重大课题。

一、高校德育面临的时代责任：公民素养教育

高校德育事业的定位，理应成为大学生人格精神修养的科学支持者、社会适应与建设的信心锻炼场，也是助益青年终生的宝贵指引，未来英杰的人生哲理伊甸园。

高校德育的对象是千万计汇入社会的年轻人，其人生中4~5年的大学生涯，智慧成长的“铸金岁月”弥足珍贵。在各国科技文化合作、影响的博弈之中，年轻一代立足生存所承受的，是在各领域内的多重竞争。青年的成长与社会磨砺在开放流动的全球化环境中，为应对快速变革的挑战，（相较85~90后）其遇到的考验标准更高难，

高校德育，是融汇了多门学科的综合教育体系。其内容包含了

为人处世之道的核心价值观教育、自我修养如心理健康、礼仪规范、人际沟通等通识基础教育，及社会法治理念教育、历史与形势政策评析能力教育，古典国学、文艺赏鉴教育等，以“人”的内涵为中心，发展适应社会发展的遵循法治经济、具有政治理性、较高人文素质的公民素养。

现代“公民素养”是文明社会的基本要素。对世，作为理性存在主体的个人，其公民政治意识中，理解“民主、自由、平等”与“社会主义”的内涵与特殊性，能自主思考辨析时政事件与格局，具有责任价值观。对己，作为独立精神的个人，其人文修养的表现诸如，知晓普及性的文史哲艺知识，理解文化与科学的新旧，人际礼仪文明成熟，言谈举止富有情理意趣，伦理道德之中感受美好和快乐，具自我发展理念和意志力，共群与独处均衡等。社会公民素养的内涵与时俱进，并不断发展。公民，是社会经济与文明的共建者，对公共政治与法治身体力行，享受人文生活，是国家民主管理的基础。未来的中国发展，决定于当代大学生的智慧勇敢，也取决于这一群体在现代化进程中的责任能力。在公民教育中，人文素养是人发展的起点与人生价值的归宿，人本教育则是人文关怀精神的培育之道。我国高校德育可通过公民素养教育，以包容宽广的视域和清晰严明的教导为大学生们提供指引。

二、高校德育的发展任务：人本教育

当代大学生承担着实现民族复兴的历史使命，是中国梦的实现者与享有者。因此，高校德育有必要通过人本教育明确当代大学生对自我、对社会的责任认识。德育体系中的人本教育包含以下主要方面：

1. 生命伦理观教育。人文素养的核心，是对生命尊严的关怀和社会公正的坚守。大学生应充分理解“人”的意义，培育良好的生命责任意识与健康心理素质。人的生命是以生物存在形式为基础，受精神支配、社会化的存在方式，包括自然生命、社会生命、精神生命三种形式。人应当保护健康、尊重自然生命的价值，在社会化中实现人的本质，在精神生命的指引下，激发进取创造，提高理性和升华道德，安顿心灵。拥有生命伦理观的人会视所有生命为唯一性、平等性、不可逆性，珍惜言行举止中的真善美，推己及人及物，敬畏生灵的诞生、发展变化与脆弱易衰。人的生命价值并非自我，而是体现于对他人和社会的贡献。高校德育，当以生命伦理学为重要教学内容，减少形式说教或制度化考试应答，增设社会观察与体验课程，感悟与践行并举，引导青年确立庄严神圣的生命观，继而善待生命、保护生命，意志坚定、冷静拒绝各类不良诱惑，守卫仁义良知。同时，生命伦理观的形成与提升，也将促进学生协调自我与他者的相异，尊重他人与团体，汇合于建设和谐社会，在社会化中心智成长成熟。

2. 人文涵养教育。优秀人文素质的熏陶养成，是贯之以终生的主动学习，自然而然的厚积薄发，需要内外兼备、育蕴玉成。大学生的专业知识技能备以岗位工作，其人格完善、生活情感的丰富与抒展有待人文艺术的引领。有时职场亦需有一定的文艺鉴赏能力与礼仪沟通习惯，方能胜任。物理学家李政道先生曾提及，艺术和科学是一个硬币的两面，都追求着深刻性、普遍性、永恒和富有意义。德育涵盖的人文学科体系诸多，如中国古典哲学、诗词学、史学、宗教学、艺术鉴赏通识、美学、心理学、礼仪学等，德育工作者应为学生们化繁为简，选择摘要，优化施教内容，促进学生的道德精神、艺术精神的发展。人文精神包含着对自由、正义、善良的保护。通过人文涵养教育，可以增强大学生明辨是非、慧眼识真的能力，具有基本的社会理性。大学生在人格教养与人文审美的体验学习中，可以收获超越自我的成就，指引他们沿着正确的方向前行。

三、高校德育的应然特性

高校德育，应有自主性。德育不是应试教育，也不是流行时尚培训，而是文化历史的传承事业，是人的内核成长培育事业，不应当赶热闹、随波逐流或唱高调，而应当沉稳、思路清晰且持之以恒，在时代浪潮中淘沙存精，不断凝练提升，“落实落细”生活化，恢复中华美德传统的源远流长。应有中国独有的德育方法、文化提纯取精的必要措施，不可唯西方学术论、望“西”却步。《论语》《道德经》《菜根谭》等经典解读在中外读者大众中的热度不减，国学常识在教育机构内外的活跃，中国古典文艺所蕴含的情志理趣促发了新的产业集群和新的对外交流。中华传统文化在今天熠熠发光，是我们全民族提升道德素养的瑰宝。当下社会各界呼吁中华文艺“复兴”，高校德育工作当举重若轻，依照科学，遵循人的精神发展、行为养成规律，完善教学体系中的古德与新识比重，尊重人文素养的积累沉淀，不急功近利，不套用专业学科应试模式。

高校德育，应有柔和性。“润物细无声”的教学艺术和方法值得探索。在一定程度上，德育是一种“慢体验”教育，或“留白”艺术教育。与“微课”“慕课”相应的短时段有效学习对自学能力的需要相似，经验的历练与反思，再到价值确认与选择，沉淀积累为思维方式，形成心智反应模式，养成性格等……需要实践和时间。大学生看重教育者身教言传的师德师范，也在乎教育者的学养水平和教学方法。在高强的学习氛围中，学子们谦逊内敛，追求卓越、自强不息的学习品德已成常态。德育者亦师亦友，可设置灵活性与原则性并举的课程内容、考核方式，贴近现实生活，不离人本教育目标，为学子适度减压。

高校德育，应注意个性化，保护支持每一个体的独特性与内在创造性，不教条化或程式化。人非同一规格产品，在接受思想教育的熏习过程时，也有自身的秉性色彩与独立视角。在这方面，可以适度借鉴他方山石，如西方教育界从幼教开始保护学子们的自我思考空间、允许试错、奖励创作等。其高等教育的申请与考核更以个人的研究拓新能力为主，并非拘于知识的归纳整理或记忆推理的演示。我国德育事业以人为本，保护学子们的自由意志，了解每一位学生的学习感受，采用多元方法并与点拨提示，（如网络在线互动、小组发言学分等）真正帮助个人成长，应对未来挑战。

（作者单位：江汉大学）

中国梦对大学生道德修养指引作用探析

王焕东

道德是提高人的精神境界、促进人的自我完善的内在动力。道德修养是道德活动的一种重要形式，是指个人为实现一定的理想人格而在意识和行为方面进行的道德上的自我锻炼，以及由此达到的道德境界。大学生道德修养能够提高大学生的道德认知，培养道德情感，锻炼道德意志，确立道德信念，使他们养成良好的道德习惯，为将来服务社会打下坚实的基础。

一、中国梦指引了当前大学生道德修养的方向

当前，我国大学生的道德修养正面临着巨大的挑战。一方面，西方发达资本主义国家凭借其强大的科技和经济实力，通过跨国公司不断向我国大肆推销西方文化产品，随之而来的是各种纷繁复杂泥沙俱下的西方社会思潮和价值观，这些带有强烈西方个人主义的价值观对当代大学生的道德修养会产生严重的干扰。另一方面，当代中国正发生着广泛而深刻的社会变革，社会利益结构发生着调整和变革，各种利益主体都在追求着自身利益最大化。在这样的时代和社会环境之下，由于监管不足和自我约束不够，一些领域存在比较严重的道德失范、诚信缺失等现象。一些社会成员理想信念淡漠、人生价值观扭曲，对是非、善恶、美丑界限混淆不清，拜金主义、享乐主义、极端个人主义有所滋长，以权谋私、造假欺诈、见利忘义、损人利己现象时有发生。这些社会问题和现象在手机、互联网等新媒体的助推下，冲击着当代大学生的道德认识和道德实践。这使得部分大学生不同程度地产生了理想信念迷失、道德意识

淡漠、国家和民族意识弱化等问题。

总而言之，当代大学生道德修养所面临的挑战是严峻的，这种挑战主要表现在两个方面：一方面是西方的价值观冲击着大学生道德修养的主阵地如新媒体；另一方面是无视或漠视大学生道德修养的正当性和必要性，比如有人宣扬“英雄不问出身”，“只要结果，不管手段”，其实扪心细想，没有正确合法的途径手段哪会有真正的成功呢？

党的十八大后，习近平同志提出：当代大学生要勇敢肩负起时代赋予的重任，坚定理想信念、练就过硬本领、勇于创新创造、矢志艰苦奋斗、锻炼高尚品格，努力在实现中华民族伟大复兴的中国梦的生动实践中放飞梦想。总书记提出的中国梦的理念，为当代大学生道德修养指明了方向，强调了大学生道德修养的重要性，鼓励大学生进行自觉的道德实践。

第一，当代大学生道德修养要弘扬“中国作风、中国气派”。所谓“中国作风、中国气派”是指中国自古迄今所形成的注重道德修养的传统和精神，它们即包括中国历史上强调道德修养的历史传统，也包含了中国革命和社会主义建设时期特别重视道德修养的时代精神。继承和发扬这些历史传统和时代精神是当代大学生道德修养教学与实践的重要方向。习近平总书记曾说：“大家都在讨论中国梦。我认为，实现中华民族伟大复兴，就是中华民族近代以来最伟大的梦想。”很显然，要实现中华民族伟大复兴，就应“志存高远”，将民族复兴作为大学生道德修养教学与实践的根本取向，只有先立志立德，才有可能为民族建功立业，个人才会有真正的成功。

第二，当代大学生道德修养要特别重视道德实践。“纸上得来终觉浅，绝知此事要躬行”，只有持续不断地将道德认识和道德情感转化为道德实践，才能够真正体现大学生道德修养教学与实践的宝贵价值。先贤说“勿以善小而不为”，一个个小的善行才有可能汇成一个善的社会。当代大学生生逢盛世，他们的道德理想与民族的复兴繁荣可以高度统一起来，他们个人越成功就越有利于一个文明之邦、道德之邦卓然于世。

二、中国梦指引了当前大学生道德修养的内容

习近平总书记提出的中国梦，就是要实现中国人民的总体价值目标和价值追求，实现整个中华民族普遍认同的理想愿景，它凝聚了几代中国人的夙愿，是每一个中华儿女的共同期盼。中国梦一定程度上明确了当代大学生道德修养的基本内容，高扬理想信念的人生志向，坚持正确的世界观、人生观、价值观取向，践行社会主义核心价值体系和核心价值观原则指导下的社会公德、职业道德和家庭美德。

第一，要将理想信念作为当代大学生道德修养的核心。理想信念是大学生道德修养的核心，也是大学生道德修养的重要内容。我们党历来高度重视理想信念的重要作用，邓小平同志曾经多次指出："我们一定要教育我们的人民，尤其是我们的青年要有理想。为什么我们过去能在非常困难的情况下奋斗出来，战胜千难万险使革命胜利呢？那就是因为我们有理想，有马克思主义信念，有共产主义信念。最重要的是人的团结，要团结就要有共同的理想和坚定的信念！"理想信念是人类社会进步的重要精神动力，也是中华民族发展进步的不竭动力，对此习近平总书记指出："经过几千年的沧桑岁月，把我国56个民族、13亿多人紧紧凝聚在一起的，是我们共同经历的非凡奋斗，是我们共同创造的美好家园，是我们共同培育的民族精神，而贯穿其中的、更重要的是我们共同坚守的理想信念。"

生活在纷繁复杂且迅速变化的社会环境中，大学生能否成长成才，为国家社会建功立业，最重要的是取决于能否树立远大的理想和坚定的信念。习近平总书记在第十二届全国人民代表大会第一次会议上的讲话中对广大的青少年寄予殷切希望："全国广大青少年，要志存高远，增长知识，锤炼意志，让青春在时代进步中焕发绚丽光彩。"理想信念的确立需要有巨大的感召力和强大的鞭策力。理想信念的确立既需要自身的不断鞭策，也需要外部巨大的感召激励。青春岁月是激情年华，这一时期是确立一生理想信念的关键点，尤其需要得到更多的激励，特别是党和国家的号召力感召力，

如果能够让中国梦照亮青春，就能够实现总书记所说的“让青春在时代进步中焕发绚丽光彩”。

第二，坚持正确的世界观、人生观、价值观取向是当代大学生道德修养的基石。世界观、人生观和价值观是人对世界、人生和社会生活的总体看法和评价，是人的精神世界的主体内容，也是其他方面观点和态度的基础和背景。正确的世界观、人生观、价值观，能够使大学生正确认识社会发展规律、国家的前途命运，从而能够自觉认识和承担自身的责任。习近平总书记曾指出：“要用中国梦打牢广大青少年的共同思想基础，教育和帮助青少年树立正确的世界观、人生观、价值观，永远热爱我们伟大的祖国，永远热爱我们伟大的人民，永远热爱我们伟大的中华民族，坚定跟着党走中国道路。”当前，随着经济全球化进程的日益深入和我国对外开放程度的不断扩大，西方国家的各种社会思潮和价值观念也竞相涌入，极大地影响着人们的生活方式、思维模式和价值观念。各种社会意识和思想文化的交流、碰撞、融合，一方面有助于激发社会的创造活力，推动思想文化创新繁荣与发展。另一方面，社会意识的多元化则易导致价值相对主义甚至价值虚无主义。大学生正处于世界观、人生观、价值观形成的关键期，他们极易受社会环境变迁和社会思潮的影响。正确的世界观、人生观和价值观有助于大学生坚定道德认知，有助于大学生在积极的道德实践中锻炼自我的道德意识，培养高尚的道德情操，获得承受挫折和适应环境的能力。只有这样，才能像习近平总书记指出的那样，“始终保持积极的人生态度、良好的道德品质、健康的生活情趣。”

第三，社会主义价值体系和价值观指导下的社会公德、职业道德和家庭美德是大学生道德修养的基本内容。习近平总书记在参加题为“实现中国梦、青春勇担当”的主题团日活动中指出：“广大青年要把正确的道德认知、自觉的道德养成、积极的道德实践紧密结合起来，自觉树立和践行社会主义核心价值观，带头倡导良好社会风气。要加强思想道德修养，自觉弘扬爱国主义、集体主义、社会主义思想，积极倡导社会公德、职业道德、家庭美德。”总书记的讲话集中体现了社会主义道德建设的核心要求，是社会主义道德建设的原则，也是当代大学生道德修养教学与实践的指针。公共生活、职业生活和婚姻家庭生活，是现代社会人们生活的重要场域，也是个人道德品质形成、完善以及践行的重要场域。国家领导人也曾经指出过：道德力量是国家发展、社会和谐、人民幸福的重要因素。加强社会主义道德建设，倡导爱国、敬业、诚信、友善等道德规范，形成男女平等、尊老爱幼、扶贫济困、礼让宽容的人际关系，培育文明道德风尚，是社会主义精神文明建设的重要任务。

当代大学生应自觉注意进行社会公德、职业道德和家庭美德方面的修养实践，将为社会主义道德规范在全社会的落地生根起到正面的引领推动作用，在这种青春力量的带动影响下，整个社会的道德氛围将会有明显的改观，正能量将会大大的加强！而一代又一代的大学生将会持续地把这种富含正能量的道德文化带到各行各业四面八方！

三、中国梦指引了当前大学生道德修养的方法和途径

十八大报告指出："中国特色社会主义事业是面向未来的事业，需要一代又一代有志青年接续奋斗。全党都要关注青年、关心青年、关爱青年，倾听青年心声，鼓励青年成长，支持青年创业。"习近平同志也指出："为实现中华民族伟大复兴的中国梦而奋斗，是中国青年运动的时代主题。共青团要在广大青少年中深入开展'我的中国梦'主题教育实践活动，让更多青少年敢于有梦、勇于追梦、勤于圆梦，让每个青少年都为实现中国梦增添强大青春能量。"

梦想照亮青春，青春点燃梦想，在总书记的号召之下，全社会都要高度关注这个主题，为点亮中国梦的青春版付出最大的努力。当然从具体实现途径来看，还是要坚持高校是主阵地，大学生是主力军，建设巩固主阵地，让大学生充分发挥主力军的作用，或许是当前切实可行的思路。

第一，充分发挥高校思想政治理论课为大学生道德修养提供精神动力和智力支持的作用。高校思想政治理论课是当代大学生获取

道德理论知识，形成道德观念、情感和意识的重要途径。当前，在个人主义、道德虚无主义、享乐主义、消费主义等腐朽价值观的影响下，部分大学生身上出现了价值观扭曲、道德意识淡漠、社会责任感不强等现象。这些现象产生的重要原因之一，就在于这些大学生的道德理论知识缺失或不足。正确的道德认知是正确价值观和道德观形成的前提，因此世界上的很多国家都将道德知识的灌输作为国民教育的重要组成部分。相较之下，我国近些年却出现了忽视道德理论知识教育传播的不适当趋势，这是应该引起反思和矫正的，其中一个方面就是要大力加强对高校思想政治理论课为大学生道德修养提供精神动力和智力支持的作用的认识和评价，十年树木，百年树人，应立足当前，放眼未来，建设巩固好高校大学生道德修养主阵地的重要作用。

第二，大力营造良好的校园道德环境，为大学生道德修养提供道德践行的场所。大学校园是大学生学习和生活的主要场所，营造良好的校园道德环境会大大增强大学生道德修养的自觉化生活化。高校实践性课程和隐性课程(如校园文化氛围)所具有的启发诱导、感染熏陶、体验反省等功能，对大学生的道德观念、道德情感和道德实践会产生良好的影响。比如，大学校园里青年道德模范的榜样作用，就能够发挥巨大的示范效应，因为“榜样的力量是无穷的”(列宁语)。青年道德榜样生活在大家的周围，面临同样的困难和挑战，他们的积极努力更易使学生产生情感共鸣。正如习近平书记在谈到中国梦的时候指出：“青年模范人物是广大青少年学习的榜样，肩负着更多社会责任和公众期望，在青少年中乃至全社会都有着很强的示范带动作用。”

第三，积极参与道德实践活动。西方著名的教育家杜威指出，学生自主的实践活动可以使其获得道德上的发展与提高。大学生要积极参加各种社会实践活动，在这个过程中他们将会碰到许多具体的道德困惑和道德难题，比如在商业社会实践活动中要不要坚持诚信的道德难题，如何平衡道德与利益的关系等；比如在社区社会实践活动中如何践行公共道德，如何践行家庭美德等。具体现实的道德实践活动是道德理论知识的试金石，解决了一个个具体的道德困惑和道德难题，他们一定能够成为道德修养方面自觉自为的人，一定能够成为点亮梦想的青春正能量！

（作者单位：江汉大学）

中国梦与大学生个体精神家园的构建

王晓云

中国梦是习近平总书记提出的重要指导思想和执政理念。他把中国梦定义为“实现中华民族伟大复兴，就是中华民族近代以来最伟大梦想”，并且表示这个梦“一定能实现”，这是新一代中央领导集体对全体人民的庄重承诺，是党和国家未来发展的政治宣言。中国梦是人民的梦，在依靠人民、造福人民中实现伟大梦想。中国梦是个人梦想实现的舞台，中国梦是个体精神家园的重要内容和文化支撑，中国梦的教育对于个体精神家园构建的具有重大意义。

一、中国梦和精神家园的内涵及存在形式

1. 中国梦的内涵。领会中国梦的精神实质就是要把握好“国家富强、民族振兴、人民幸福”的基本内涵。这三者是密切相互联系、相辅相成的，包含了全面建成小康社会的目标，也包含了建设社会主义现代化国家的目标，还包含了实现中华民族伟大复兴的目标，这实际上是一个新的“三步走”战略。中国梦的核心目标也可以概括为“两个一百年”的目标，即是到2021年中国共产党成立100周年和2049年中华人民共和国成立100周年时，逐步并最终顺利实现中华民族的伟大复兴。实现途径是走中国特色的社会主义道路、坚持中国特色社会主义理论体系、弘扬民族精神、凝聚中国力量，实施手段是政治、经济、文化、社会、生态文明五位一体建设。

中国梦蕴含了丰富而深刻的文化内涵和历史寓意，是当代中华民族精神家园的集中概括和体现。首先，中国梦是国家、民族和个

体三重价值维度的有机统一，是国家意志民族理想和个人愿望的充分表达；其次，中国梦在价值观和文化意蕴上既不同于美国梦，也不同于欧洲梦和其他的梦，中国梦的目标要求通过“两个一百年”实现中华民族的伟大复兴，这凝聚了中华民族对世界和中国的历史认知和民族情感，沉淀了中华民族最深层次的精神追求；再次，中国梦不是空想，而是基于社会主义核心价值观的认同，基于对以马克思主义理论、中国社会主义道路和社会主义制度的自信。中国梦的理论意义和现实意义在于通过中国梦的认知和实现过程中，构建起中华民族共有的精神家园，增强民族凝聚力和文化认同感，统一全民族的意志，为实现中华民族的伟大复兴的提供持久的精神动力。

2. 精神家园的内涵及存在形式。精神家园指人的精神支柱、情感寄托和心灵归宿，是人们对生活意义、生存价值和生命归宿的一种精神与文化认同。对个人而言，精神家园也就是其精神世界与心灵归宿，是对其生活世界中间那些具有价值与意义的东西的认识与追寻；对一个民族而言，则与其民族文化内在关联，是一个民族在文化认同基础上产生的文化寄托和精神归宿，包含了一个民族长期的历史积淀所形成的特有传统、习惯、风俗、精神、心理、情感等因素。

精神家园是与人的精神活动相依存的复杂系统。从主体角度看，精神家园存在于主体的心理感受之中，“它是主体所感知到的一种精神状态”即“精神在家”的情感体认。精神家园是人的主体精神(知、情、意)对日常生活世界的认知状态、情感表达和精神追求，它构成人的心理世界。同时，精神家园的存在通常为不同的主体所拥有，可分为人类的精神家园、民族(含群体)的精神家园和个体的精神家园三个不同层次。精神家园是以精神文化为要素的复杂系统。从客体角度看，精神家园的实质内容是人的主体精神的外化即对象化为客体精神，是主体凭借自身知(理性)、情(情感)、意(意志)三种能力创造的并与主体精神相对立的文化世界和意义世界。人是文化的创造者。人类的历史就是一部找寻和创建自己精神家园的文化发展史，它记载了人类探寻和构筑自己精神家园的心路历程。人类以自觉创建的艺术、宗教、道德、政治法律思想、科学和哲学等意识形态，以彰显和捍卫主体意志自由的广度与深度，使人类在不断探索人生意义的过程中找到自己的精神支柱，构筑起精神家园。因此，精神家园存在于两个不同的境界即心理世界与意义世界。

二、个体性精神家园的内涵及结构要素

1. 个体精神家园的内涵。心理世界是精神家园主体精神及活动状态的自发的、主观的和感性的显现，它依托并隐匿于“生活世界”；是由主体精神的认知、情感、意志三种能力要素构成，是人区别于动物的一个基本属性。古希腊的柏拉图从哲学的视角把人的灵魂(精神活动)区分为欲望、意志、理性三个方面，其中欲望和意志属于人的非理性的心理状态首次纳入精神领域来研究。近代心理学家提顿斯从心理学的视角将人的精神活动区分为知(认识)、情(感情)、意(意志)三大要素和功能，认知世界、陶冶情操、磨炼意志，是人的精神生活的主要内容。德国古典哲学家康德关于人的理性的三大批判中，揭示了人的认知、意志、情感所组成的精神生活的价值目标，即认知的科学求“真”；意志的自由求“善”，情感的艺术求“美”。精神家园的存在首先缘于人的心理需求，是人类心灵皈依的地方，面对生活世界诸多不确定性给人带来的恐惧和苦难，人类需要一个“精神的家”来安顿我们的心灵，人类对精神家园的依恋和向往寄托了人生的终极理想和价值追求。因此，从心理学角度看，“精神家园”就是由人类自我身份的理智认同(知)、情感寄托(情)和意志安顿(意)所构建的心理世界。在人类文明的薪火世代相传的历史长河中，人类始终把与知、情、意内在联系的真、善、美作为自己精神追求的价值源头。因此，个体精神家园蕴含了主体的心理世界对真、善、美的价值追求。

2. 个体精神家园主体性的要素。个体精神家园是人的主体精神(知、情、意)对日常生活世界的认知状态、情感表达和精神追求，它构成个体的心理世界和人格特征。这三种基本的主观心理活动，即认知、情感与意志，形成了人与客观事物的三种基本关系如

事实关系、价值关系和行为关系；从其要素来看，精神家园含有文化体验、认知模式、价值观念、情感方式、理想信念、信仰体系等要素，是由这多种要素有机构成的精神文化系统。这多种要素各有其具体的和丰富的内涵，又相互依存和相互协调，内在相关地构成一个精神与文化体系，下面我们主要从精神家园的主体性结构要素三个方面进行探讨。

第一，认知模式要素(核心内容是思维方式，其价值取向是求真)。认知模式主要指主体的认知能力及思维方式，其价值取向是求真。认知模式要素的主要功能在于解决主体对客体"是什么"或"什么事实"的认知和了解的矛盾。人只有首先了解事物的外在特性(或外部联系)和内在规律(内在本质)，即首先了解事物"是什么东西"，才能对它进行其他方面的深入了解，事实关系就是指事物之间客观存在的、不以人的意志为转移的相互联系与相互作用，这些作用都有其客观规律性，人只能承认它、认识和利用它，而不能违背它。因此，在认知过程中形成了主客体之间的事实关系。从哲学角度看，认知的本质就是主体对于事实关系(客体)的主观反映，它构成人的主观意识的最基本形式。认知包括感性认知与理性认知，其中感性认知是指人对事物所发出的刺激信号进行的感觉、知觉和表象，如对物体的颜色、形状、大小、声音、冷热等方面的感性认知。理性认知是指人对概念或概念系统即事物的第二信号系统，所进行的认知、理解、判断、推理、分析、归纳等。认知只需要考虑客观事物本身的运动状态与变化规律，不需要考虑人的利益需要和主观偏爱，因此，主体解决这一矛盾关系的价值指向是以探索真理为己任即以"求真"为目的，认知模式要素为主体认识世界和改造世界提供了基本的思维工具和智力支撑，是精神家园的拓荒者。

第二，情感态度要素(核心内容是价值观念，其价值取向是求美)。情感要素内在的包含着主体的价值观念体系。情感要素的功能主要在于解决客体对于主体"有何用"或"有什么价值"的矛盾，主体只有在了解事物"是什么东西"以及"对我有何价值"，才能对它采取正确的处理措施。《心理学大辞典》中认为，"情感是人对客观事物是否满足自己的需要而产生的态度体验”，因此，情感以价值为基础，情感是主体对价值客体的主观反映，主要表现在：情感的基本状态取决于价值的基本状态、总体规模、变化范围、作用方式及作用强度与方向等方面的状态；价值一旦变化，情感迟早要发生变化。从哲学角度看，情感就是人类主体对于客观事物的价值关系的一种主观反映。情感是态度整体中的一部分，它与态度中的内向感受、意向具有协调一致性。情感体验主要包括喜、怒、忧、思、悲、恐、惊七种体验。其中，情绪和情感都是人对客观事物所持的态度体验，只是情绪更倾向于个体基本需求欲望上的态度体验，而情感则更倾向于社会需求欲望上的态度体验。情感包括道德感和价值感两个方面，具体表现为爱情、幸福、仇恨、厌恶、美感等。伴随着主体情感体验的发展，主客体之间逐渐形成了主客体之间的价值关系，主体解决这一矛盾的价值指向是以探索情感体验的至美为己任即以“求美”为目的，因此，情感要素为主体认识世界和改造世界提供了价值导向和美好的情感体验，是精神家园的核心和主宰。

第三，意志追求要素(核心内容是理想信念，其价值取向是求善)。意志追求要素体现在理想的确立和实现理想的信念之中。意志：意，心理活动的一种状态。志，对目的方向的坚信、坚持。意志，即对实现目的有方向、有信念地坚持的一种心理活动即人的思维过程见之于行动的心理过程。《心理学大辞典》认为：“意志是个体自觉地确定目的，并根据目的调节支配自身的行动，克服困难，实现预定目标的心理过程。”意志是人的意识能动性的集中表现，是人类特有的心理现象。它在人主动地变革现实的行动中表现出来，对行为(包括外部动作和内部心理状态)有发动、坚持和制止、改变等方面的控制调节作用。意志的目的在于解决“怎么做”或“实施什么行为”的问题，这一过程中形成了主客体之间的行动关系。从哲学的角度看，意志的本质就是人对于自身行为关系的主观反映。行为关系体现了主体的能动性，反映了主体运用自己的本质力量对客体施加反作用力，创造新价值的过程，价值增值是行为关系的核心内容。因此，主体解决这一矛盾关系的价值指向是以追求至善为己任即以“求善”为目的，意志要素为主体认识世界和改造世界提供了基本的持久的精神支撑，是精神家园的捍卫者。

据此，在人类的认知、情感与意志所构成的心理世界里蕴含了人类个体精神家园思维方式(真)、理想信念(善)、价值观念(美)三个基本要素，它们是相互依存，相互作用，相互促进，共同建构起人类的个体精神家园，为人类认识世界和改造世界提供源源不断的智力支撑、价值导向和理想信念的精神支撑。

三、用中国梦引领大学生个体精神家园的构建

1. 中国梦是民族精神家园的高度概括和集中体现。从精神家园的存在形态看，它寄托于一定文化体系之中，通过一定的文化形态得以存在，认同一定的精神家园，就是接受一定的文化传统，融入其中，成为与之相通的文化人。而中国梦正是对民族文化的认知、民族精神价值和民族意志的高度概括和集中体现，也是推动民族进步的持久动力。

首先，从民族精神家园的现实形态看，当代中华民族的共有精神家园是以马克思主义为指导、以社会主义核心价值体系为内核、以中华文化为根基并为中华民族各地域、各层次成员所认同的精神文化体系，与此同时，各民族、各阶层、各群体、各单位也有各自所认同和共识的精神内涵。

其次，从精神家园的存在层次看，包括个人的精神家园、职业共同体、民族共同体、国家共同体、人类共同体的精神家园等诸多层次的复合体，这不同层面的精神家园各有具体的内涵，表达着不同层次的文化价值、理想与信念，使人们在不同的意义上求得认同，又都植根于人们的心灵需求、生活样态与生存环境，从而也有直接和间接的内在相通之处，并直接表现于民众的文化生活之中。

再次，从民族精神家园与个体精神家园的关系来看，个体精神家园既是对民族精神和人类精神文化自觉选择的结果，又是民族精神家园和人类精神家园的主体性承担者。如果个体精神认同了中国梦等民族精神，民族情感和民族意志化作个体的情感和意志，中国梦就由民族意志转化为个体精神家园的意志要素，成为个体的理想

信念和精神支撑，因此，对个体精神家园的研究为中国梦的实现和社会主义核心价值观的价值认同提供了重要的理论基础。

2. 以中国梦教育为切入点引领大学生精神家园的构建。首先，在中国梦的学习中用马克思主义哲学指导掌握科学的思维方式，构建大学生精神家园的认知模式要素。通过马克思主义基本理论的学习，可以帮助大学生掌握马克思主义的立场、观点和方法，树立正确的世界观、人生观和价值观，掌握辩证唯物主义和历史唯物主义的思维方法，形成适合个体的认知模式，不断提高分析问题和解决问题的能力，不断提升大学生的创新思维能力，为大学生的人生提供持久的智力支持。

其次，在中国梦的实践中用社会主义核心价值观培育民族精神，构建大学生精神家园的情感要素。我们要研究高校 4 门思政课的内在关系，整合思政课教学资源，探究帮助大学生构建个体性精神家园的实现路径，如《马克思主义基本原理概论》课着力培养大学生唯物辩证法的思维方式，实现思维方式认同和优化；《思想品德修养与法律基础》课着力培养大学生个体精神的自我完善，实现其自我完善和可持续发展；《毛泽东思想与中国特色理论体系概论》课对大学生着力进行社会主义核心价值观教育，实现文化价值认同；《中国近代史纲要》课通过历史的深刻反思对大学生着力进行民族文化认同的教育。大学生只有通过对真善美价值观的追求，才能明白自己肩负的国家、民族和个人家庭的责任，才能真正培养起对国家、民族和家庭的情感，并转化为自觉的动力，实现人生的自我超越。

再次，在中国梦的引领下寻找适合个人的理想和信念，构建大学生精神家园的意志要素。习近平总书记曾指出，中国梦是国家的梦、民族的梦，也是包括广大青年在内的每个中国人的梦。只有把人生理想融入国家和民族的事业中，才能最终成就一番事业。2013 年 6 月，习近平在与团中央新一届领导班子成员就如何做好青年引领工作，习近平强调，“共青团要用科学的理论武装青年，用历史的眼光启示青年，用伟大的目标感召青年，用光明的未来激励青年，使他们不断增强道路自信、理论自信、制度自信，不断增进对党的信赖、信念、信心”。只有远大理想的树立和信念的坚定才能提升大学生的人生境界，为大学生提供持久的精神动力。

综上所述，大学生精神家园建设属于主体精神建设的范畴，根据马克思主义哲学关于主客体之间辩证关系的理论，把大学生作为实践主体、认识主体和价值主体的研究对象来考察，以探求大学生的内心世界，对于大学生个体精神家园结构要素和实现路径的研究，有助于帮助大学生掌握科学的认知模式(知)、对真善美的价值观的认同(情)和树立崇高的理想信念(意)，从而构建起支撑大学生可持续发展的认知模式、生存方式和价值观念，为大学生实现人生的自我超越提供精神支撑和智力支持，具有重大理论和现实意义。

注：此文是作者 2015 年湖北省教育厅人文社会科学项目(2015G068)，个体精神家园的结构要素与大学生精神家园的建设研究项目的阶段性成果。

(作者单位：江汉大学)

大学生思想政治工作篇

新形势下大学辅导员管理工作的方法探讨

张瑞玲

有效的学生思想教育管理工作是培养大学生正确信仰、良好个性、优秀品格、进取精神和创新意识的重要保证，更是维护一个学校正常的教育教学活动的基础。辅导员是学生工作的第一线组织者，在大学生思想教育管理工作中具有重要的地位与作用。

一、新时期高校学生思想教育和管理工作面临的新挑战

针对当代大学生德育水平存在一定下降的倾向，我国高校思想政治理论课曾经三次大调整，即“85 方案”、“98 方案”和“05 方案”，至今已取得了很大成效。与此同时，大学生思想教育管理工作也出现了许多新问题，面临新挑战。

1. 市场经济的负面影响

随着改革开放的深入和社会转型的加速，一些不健康的思潮也随之渗透到校园，如拜金主义、自私自利、弄虚作假、权钱交易等严重冲击着大学生的思想观念、价值取向和行为方式，主要表现在对人生理想和信念，道德价值取向，就业及前途命运的困惑；对所学专业不感兴趣、不思进取、贪图享乐、纪律松懈；集体意识淡漠，重利忘义，以自我为中心，缺乏奉献精神和集体主义精神。

2. 网络时代的冲击

随着信息化的加速和网络化的普及，其虚幻性也诱发了大学生人生观、价值观、道德观等方面的一系列问题，有的在网络中迷失

了自己，价值观念错位，荒废学业；有的道德沦丧和人格缺失，走上犯罪的道路。因此，如何在网络环境下加强高校学生的思想政治工作，已成为一个突出问题。

3. 高校扩招带来的负面因素

自1999年扩招以来，高校逐步由精英教育向大众教育转轨。扩招一方面有利于国民素质的提高；另一方面，势必对生源质量提出了挑战。过去一些按照国家人才培养标准不能进入大学的学生，如今可以堂而皇之地走进象牙塔校园，导致大学生整体质量有所下降。因此，针对不同素质和不同学习基础的大学生，因势利导，因地制宜，改变传统的“一刀切”的教育模式，将成为辅导员工作的一项重要课题。

4. 学生自我管理意识缺乏和心理压力增大

当代大学生多为90后的独生子女，往往得到父母过多的溺爱，缺乏独立面对困难和自我管理的能力。部分学生初次远离父母，生活自理能力差，自我约束力弱，影响了在校学习和生活，同时也增加了高校学生管理工作的难度。再有，大学生自幼形成较强烈的优越感，个性鲜明，思想活跃，但其心理素质还没有真正成熟，一些学生因为学习、生活中遇到一点困难或不如意的事情，便产生挫折心理。此外，持久的紧张学习与竞争压力，容易使部分学生产生茫然、空虚、压抑、紧张的不良心理反应。因此，关注大学生的心理，指引学生学会自我调节、释放压力，也是学生管理工作中亟待解决的问题。

二、辅导员做好大学生管理工作的途径和方法

辅导员是学校学生思想政治教育和学生行政管理工作第一线的组织者。做好辅导员工作，需要从多方面入手。

1. 深刻理解辅导员工作的重要性，明确工作任务和职责范围

学校教育有两个方面：“教”与“学”。“教”是教师的教学，“学”是学生的学习，而学生学习必须有人引导和管理，辅导员就是这个引导和管理的组织者，对学生的思想稳定与教学保障起着重要作用。

辅导员的工作比较烦琐，要想取得成绩，必须明确具体的工作范围，并且分清主次。

高校对辅导员工作职责的要求大体相同。主要有学生思想政治教育工作，班集体建设，引导学生搞好学习，负责学生素质考评和就业指导，抓学生骨干队伍建设以及日常班级管理等。其中最主要的有两项：

首先，思想政治教育，包括学习马列、毛泽东思想、中国特色社会主义理论、“保持党员先进性”等理论、四项基本原则教育、“三观”教育、爱国主义教育、民族团结教育、形势政策教育、民主法制教育、道德公德教育，校风教育等。

其次，班风学风建设，主要有：帮助学生端正学习态度，教育学生热爱专业，遵守学习纪律，改进学习方法，经常与教师、家长保持联系，反映和解决学生学习中的困难和问题，营建良好的学风与班风。

2. 全面加强自身素质，当好学生的“引路人”

大学时代正是世界观、人生观、价值观逐步走向成熟和完善的重要阶段。在这一阶段中，学生面对的环境纷繁复杂，思想也比较活跃，容易受到各种各样思潮的影响，因此对学生思想、政治方面的教育引导格外重要。教师要给学生一碗水，自己至少拥有一桶水，打铁还要自身硬。不具备较高的思想素质和理论水平，对学生的思想工作就难以做到以理服人。首先，辅导员必须不断加强政治理论学习，提高自身的思想理论水平，能够运用系统、科学、扎实的马克思主义理论和观点来教育指导学生，帮助学生解决政治思想方面的问题。其次，辅导员应具有良好的心理素质，包括强烈的上进心和责任心、坚强的意志和坚定的毅力、克服困难的勇气、开放稳重的性格、冷静理性的思维。再次，辅导员还应具有较广泛的兴趣爱好，能与学生打成一片，做到思想性、教育性和娱乐性有机结合。

3. 注重人文关怀，把握与学生的距离，加强与学生的沟通

人文关怀是大学生思想教育管理应有之义。辅导员要对学生时刻保持爱心、真心、耐心和细心。要有一颗像爱自己的孩子一样的

爱心，这种爱不是喊出来的口号，而是实际行动，不是摆花架子，而是真心诚意的想学生所想，急学生所急，是从心理上接纳他们的喜怒哀乐，是他们慰藉的港湾；耐心比爱心更加考验人，为此，辅导员对学生教育要永不放弃，无论是好学生，还是差生。细心是指细心观察，嗅觉灵敏、反应快捷、运转高效，能够及时把握社会思想动向和学生的心理动态，捕捉带有倾向性、苗头性的问题，做到超前预测，见微知著，力争把问题解决在萌芽之中。

4. 针对学生特点，采取相应的工作方式

辅导员应当与学生打成一片，从管理转向引导、服务，并分阶段、分层次、多渠道、多途径地服务于学生的学习、生活和成长。

分阶段，大学的不同阶段，辅导员工作重点也应有所不同。大一的重点应使学生尽快适应大学生活，培养学习、生活良好的习惯、人际交往技巧和组织纪律观念等；大二、大三的重点应在学习目标和专业思想的树立、班级凝聚力和集体感的增强等；大四的重点应在指导学生结合个性、特长、志向明确择业目标和个人发展方向定位，进行就业思想教育、就业指导和离校教育等。

分层次。学生中有“优秀群体”，包括“三好生”、学生干部、党员、入党积极分子等。辅导员要抓紧对他们的培养、教育和引导，使他们成为班风和学风建设的带头人，成为辅导员工作的“左膀右臂”，发挥上传下达、信息通畅的骨干和纽带作用。

学生中的“三困生”，包括后进生、特困生和心理障碍生，他们应是辅导员日常关注的重点。辅导员应付出更多的爱心，帮助和鼓励他们逐步克服在学习、生活和心理上的障碍和困难，使他们感到温暖。

对于“违纪生”，辅导员应学会理解他们，给予其改过自新的机会，使其明白“知错能改，善莫大焉”的道理，在批评教育中渗透出关怀和鼓励。

对于“情感问题生”，辅导员应密切关注，充当起情感顾问的角色。教育他们摆正爱情在大学生活中的位置，变“儿女情长”为胸怀大志，把兴奋中心转移到学习上，让爱情服从和促进学业。

多渠道，辅导员要加强与任课教师、学生家长、班级干部、学生信息员的密切联系，深入了解学生，增强工作的有效性、针对性和及时性；通过邀请知名校友、学者专家、党政干部等社会力量走进校园，对学生进行专业学习和成才就业方面的指导；通过为班级订阅报纸、杂志，以科学的理论、正确的舆论、典型的事例熏陶和引导学生成长成才。

多途径，辅导员应以党校、团校培训班等为阵地，以德育为基础，以“争先创优”、“推优入党”为激励，引导和帮助大学生树立正确的世界观、人生观和价值观。还应以各级党团组织为主导，以学生会和各类学生社团组织为依托，引导学生参加各种实践活动，如：暑期“三下乡”社会实践活动、志愿者服务活动、学术科技活动等，为学生提供适度的自我表现和心理宣泄的机会，促进学生身心的健康发展和综合素质的提高。

5. 加强学生宿舍管理

宿舍是学生休息、学习、生活的重要场所，也是学生思想教育和文明行为培养的重要阵地。生活空间的共同性、年龄的相似性，使得同一宿舍的成员往往会在某些方面达成共识并形成该宿舍的特殊文化。宿舍成员之间的这种互感性、“同一个屋檐下”的趋同性，是大学宿舍文化的一个重要特征。一个和谐美好的宿舍文化，能够提供大学生身心健康成长的主要环境，因此，加强宿舍管理非常重要。

(1)将思想教育和心理健康教育深入学生寝室。

要将思想教育和心理健康教育在学生公寓内深入、持久地开展起来。要结合学生学习和生活的特点，及时掌握学生的思想动态和心理状态，有的放矢地开展好大学生思想教育和心理健康指导教育，指导和督促学生遵守校规校纪，维护学生宿舍正常的生活、学习和娱乐秩序，同时有效地遏制因心理疾病引起的突发事件。

(2)采取宿舍人际关系干预策略。

通过对同寝室学生实施自我检查、求同存异、情谊联络教育，加强室友之间情感联系。当室友之间出现矛盾的时候引导学生反思自己，采取换位思考的方式，最终实现室友间的和睦相处。

(3)完善各项规章制度，加强学生公寓安全管理的宣传和法制教育，增强学生的安全意识。

本着“教育在先、预防在前”的原则，坚持不懈地抓好宿舍安全教育与宣传工作，培养学生遵纪守法的良好行为习惯；通过新生入学教育、安全知识讲座、报告会等形式，帮助学生了解和掌握一定的安全防范知识和技能，提高学生的自我保护能力和安全防范意识。

(4)营造学生宿舍的文明、文化氛围。

引导学生从身边的小事做起，搞好个人卫生、宿舍卫生；倡导文化环境，如举办寝室文化节；要开展各种健康有益的娱乐活动，活跃学生的文化娱乐生活。

6. 科学、合理地运用网络技术，学生工作网络化

网络已经成为辅导员一个新的思想教育管理阵地。互联网进入大学后，学生上网的热情高涨，高校辅导员工作也面临新的挑战，同时也为辅导员拓展新的工作空间和途径提供了现代化手段。首先，应积极利用网络，找准学生工作网络化的立足点和切入点，找到与学生沟通的最佳方案，达到形式和内容、科技与人文的有机融合，充分发挥网络在学生工作中的教育、引导和管理功能。辅导员要利用聊天室、QQ 群、BBS、E-mail 等网上讨论方式，把积极、健康的思想传递给学生，确保网络正确的舆论导向；关注学生点击率高的网站，了解学生的思想动态，从而加强工作的针对性。辅导员要认真对待网络对学生的影响，趋利避害，及时对学生进行网络道德、法制教育，培养学生对网络的辨别能力和抵抗诱惑的能力，帮助学生提高对网络的认识，树立积极、健康、科学的网络思想文化，自觉防范和抵制不良网络文化的诱惑。辅导员还应积极利用网络的舆论宣传和监督功能。一方面，建设好校、院系网络的学生工作专栏，通过网络及时宣传校、院系学生教育管理动态；另一方面，强化对学生监督管理体系的网络化。例如，建立大学生诚信电子档案，结合对大学生综合素质的测评，对其诚信作出定量记载和定性评价，在学生毕业时，将信用档案随学生人事档案一并交给用人单位。

（作者单位：乌鲁木齐职业大学）

论高校大学生孝道文化的培养

闫 朦 赵 松

“羊有跪乳之恩，鸦有反哺之义”，孝道文化作为中华民族尊奉的传统美德，尽管传统的孝道文化已经不能完全适应于当前社会发展的需要，但其中的精髓仍然值得我们去传承和弘扬。孝道文化的培养，有利于我们勇于承担赡养父母的责任，提升自身的基本素质，形成和谐相处的人际关系，对于构建和谐社会意义重大。大学生作为高校思想政治教育的主要对象，是国家的未来，民族的希望。因此，高校加强对大学生孝道文化的培养，可以弥补大学生孝道文化的缺失，提高当代大学生的道德修养水平，继承和弘扬中国孝道文化的传统美德，是实现中国梦的助推器。

一、高校大学生孝道文化培养的现实意义

（一）孝道文化的涵义

“百事孝为先”，孝作为中华民族的优秀传统美德，具有深厚的历史渊源，在公元前 11 世纪，就已经形成了“孝”的观念。孝道是指将孝作为一种社会道德，成为人们奉养父母遵循的社会规则，最早可以追溯到先秦时期。孝道文化，作为中国古代社会的基本道德规范，它强调幼敬长、下尊上，要求晚辈尊敬长辈，子女孝敬父母，爱护、赡养老人的一种文化传统。伴随着社会的发展，孝道文化被赋予了新的时代内涵。当前的孝道文化，就是指社会要求子女对父母履行应尽的义务，同时要求子女不仅给予长辈们物质上的回报，还有精神上的关怀，如经常抽时间回家探望父母、陪父母谈

心等。

(二)研究孝道文化的现实意义

1. 适应老龄化社会发展的需要

人口老龄化问题已经成为世界各国急需解决的问题，当前我国处于人口老龄化的加速发展期，面临着更大的挑战。据最新数据统计，2015 年我国 60 岁以上老年人口将达到 2.16 亿，约占总人口的 16.7%，年均净增老年人口 800 多万，超过新增人口数量；80 岁以上的高龄老人将达到 2400 万，约占老年人口的 11.1%，年均净增高龄老人 100 万，增速超过我国人口老龄化速度；65 岁以上空巢老年人口将超过 5100 万，约占老年人口的近 1/4，老年人照料问题更加突出。面对严峻的人口老龄化现状，如何全面解决老年人的养老问题，调动子女在赡养老人方面的积极性和主动性，缓解社会巨大的养老压力，需要弘扬和传承孝道文化。

2. 传承优秀传统文化的需要

孝道文化作为中华民族传统文化的重要组成部分，是中国传统道德文化的核心，需要继承和弘扬。在现实生活中，由于受多种综合因素的影响，孝道文化被人们逐步所淡化和轻视。对大学生进行孝道文化的培养，是弘扬中华传统文化的时代要求，也是构建社会主义和谐社会的本质要求。高校弘扬孝道文化有利于增强民族凝聚力，帮助大学生树立正确的人生观和价值观。同时，只有大力弘扬孝道文化，才能提升大学生的道德水准，增强民族文化软实力，为实现国家富强、民族振兴、人民幸福的中国梦提供精神动力。因此，孝道文化作为中国传统优秀文化的精髓，理应受到大学生的继承和弘扬。

3. 践行社会主义核心价值观的需要

培育和践行社会主义核心价值观必须立足于中华优秀传统文化，孝道文化作为中华传统文化的精髓，为构建社会主义核心价值观提供了新思路和新途径。在建设社会主义核心价值观的今天，面对家庭结构与社会结构的变化，我们需要理性的继承和弘扬传统的孝道文化。社会主义核心价值观作为社会发展的导向，针对社会的方方面面，而孝道文化作为整个社会价值导向在养老助老领域的具体体现，内在要求建立一种和谐文化，理应为社会主义核心价值观的践行服务。同时，社会主义核心价值观的践行也需要孝道文化。社会主义核心价值观在个人层面要求爱国、敬业、诚信、友善，完全符合孝道文化的基本价值理论以及由此产生的热爱祖国、与人为善等优秀品质，是对孝道文化的延伸。

二、大学生孝道文化缺失的表现

高校作为思想政治教育的主阵地，不仅对学生传授专业知识，更重要的是对大学生进行学会做“人”的教育，孝道文化是人格教育的思想基础和重要内容。目前大学生普遍存在孝道意识不强、孝道情感冷漠、孝道践行弱化的现象，具体表现如下：

1. 孝道意识不强

大学生普遍缺乏孝道意识，不懂父母艰辛，不能满足父母对自己的期待。调查发现，部分大学生没有给自己准确定位，制定好人生规划。不好好学习，只顾自己的吃喝玩乐，不仅表现的对自己不负责任，也从未顾及父母感受。在日常生活中，缺乏吃苦耐劳的精神，自立意识和耐挫能力差，注重追求物质享乐，用父母的血汗钱进行高档消费，购买名牌手机、衣服等，与其他学生进行盲目攀比，超前消费。在学习中，没有明确学习目标，缺乏毅力和上进心，不能按时按量完成教学任务，甚至有的学生逃课去网吧打游戏，利用上课时间去外面搞兼职赚钱等虚度光阴，荒废学业，辜负了父母的期待。

2. 孝道情感冷漠

根据调查，有些大学生与父母情感交流较少，孝道情感趋于冷漠。平时很少主动关心父母，给父母打电话，与父母谈心，关注父母身体状况。甚至在父母生病或者生日的时候，也很联系父母，问候父母。只有当没有生活费的时候才想起父母，打电话问父母要钱。甚至有些学生把父母当做出气筒，在学校遇到不顺心或者稍微受挫后，就打电话责怪父母没本事，没让自己过上体面生活，斥责辱骂父母，完全没有考虑到父母的自尊心和心理感受，更不要谈及去感恩和回报父母了。

3. 孝道践行弱化

部分大学生也懂得感恩父母，体会父母的艰辛，但只是停留在口头上，而缺乏实际行动。有的学生口头上讲我们要尊老敬老、尊重长辈、尊重父母，平时却懒得打电话与父母谈心，向父母汇报自己在学校的真实情况，主动关心和疼爱父母。有些大学生抱怨学校不开展关于孝道文化的志愿活动，但实际上当学校组织大学生去敬老院献爱心等活动时，好多学生就找借口推却。还有些大学生不愿意自觉参与一些扶老助老的社会实践活动，认为那是浪费时间、浪费感情。

三、大学生孝道文化缺失的原因

1. 家庭结构的转变和父母行为的影响

家庭作为子女的第一个学校，对孩子没有过多的进行孝道文化的教育。一方面，随着家庭结构的改变和核心家庭的大量涌现，空巢家庭和老龄鳏寡孤独家庭也随之增加。在城市，大量的老年人因单身或家庭“空巢”而引发的心理不适现象，如孤独、烦躁等已经成为比较突出的心理问题；在农村，由于推进城镇化建设，年轻的劳动力向城市转移，造成农村传统家庭养老功能趋于弱化。然而农村主要依赖于传统的家庭养老模式，农村老人一旦丧失劳动能力或者丧失配偶，就产生养老问题的后患。同时，由于计划生育政策的推行，人们普遍形成的是“421”家庭结构，家里只有一个孩子，扮演的是“小皇帝”“小公主”的角色，受到6个大人偏爱，甚至是过度的溺爱。在孩子的成长教育中，过多的以孩子为中心，全家围着孩子转，而轻视了对孩子孝道文化的灌输和培养。在这样环境下成长起来的孩子，自私意识比较强，受挫意识比较差，很容易形成那种以自我为中心、淡化亲情回报、缺少社会责任感和对人冷漠的性格，孝敬老人的意识较差。另一方面，父母自身缺乏孝道实践，没有为孩子做好表率。在实际生活中，好多年轻人认为父母老了，成为自己的负担和拖累，没有尽到对自己父母的关爱和赡养义务，反而虐待和打骂老人，抢夺老人的财产，干涉老人的婚姻，严重侵犯老年人的合法权益，这就对孩子的健康成长造成误导，引起小孩效仿，造成孩子孝道文化缺失。

2. 学校对孝道文化的重视度不高

学校不仅肩负着对学生进行专业知识的教育，也肩负着道德方面的教育。然而在整个教育体系中，无论是中小学，还是大学普遍缺失孝道文化，在一定程度上归咎于学校对孝道文化的重视度不高。一方面，中小学没有认识到对学生加强孝道文化的重要性，过多地将精力集中于提高学生的智育水平，来迎合当前应试教育的需求和追求较好的升学率，而轻视德育教育，包括对学生进行孝道文化的教育。尽管部分中小学也给学生灌输相关的孝道文化知识，如对幼儿园开展的《三字经》、《弟子规》教育，小学进行的《论语》教育等，但理论往往高于实践。另一方面，有些大学多用于言语式教学，而缺乏实践性的教学活动。在实际教学中，只是单单依靠书本进行相关学科知识的灌输，而没能过对学生进行感恩和回报父母等相关方面的孝道教育。部分学校给学生也灌输相关的孝道文化知识，但不能使学生在实践的过程中去体会孝道文化的重要性，去体会父母们的艰辛，缺乏以实际行动回报父母、感恩父母，造成理论与实践严重脱离。

3. 社会对孝道文化的认识和宣传不到位

伴随着改革开放的不断深入和发展，人们的生活方式、价值观念、道德标准以及社会思潮都发生了巨大的转变，不断地冲击着我国社会传统理念，包括我们的孝道文化。在现实生活中，社会对孝道文化的宣传力度不够大。首先，人们对孝道文化的认识产生误解。当谈及到孝道文化时，人们过多联想到的是束缚人们思想的孝道文化糟粕，如八股取士、言听计从、等级有序等，而忽视了中国传统文化中孝道文化的精华。其次，随着社会主义市场经济的确立，人们的趋利性增强。过多地强调追逐实质性的物质利益，满足自身利益诉求，而轻视了对自己父母长辈的感恩和回报。同时，过多的注重自身发展，而忽视了对家庭、对社会应尽的责任。最后，社会上关于孝道文化建设的法律法规比较欠缺，切实维护和保障老年人合法权益的法律较少，这也是构成高校孝道文化缺失的一个社会原因。

4. 受西方价值理念的影响

由于当今社会处于一个信息极为丰富，信息传播速度极快的网络时代，西方的各种思潮和价值观也随之接踵而来，给我国的传统文化产生冲击，对我国的孝道文化也产生影响。随着改革开放的不断深入和发展，西方的生活方式、价值观念、道德标准等都或多或少的影响到我们的思维方式和生活方式。大学生作为社会的重要群体，求异求新心理较强，也容易受到西方价值理念的吸引。比如西方国家要求子女 18 岁后，离开家庭，进行独立生存；孩子与父母的地位平等，孩子可以直呼父母的名字；甚至各家庭成员之间都是平等独立的，子女不用也不需要赡养老人。这些价值理念与我国所提倡的尊老爱幼、孝顺父母、长幼有序、赡养父母等理念明显冲突，因此也导致大学生们受西方的价值理念的吸引和影响较深，只考虑到自身的发展前途，而淡忘了对父母的感恩和回报。

四、大学生孝道文化培养的对策

1. 以家庭教育为起点

大学生孝道文化的缺失，不是一朝一夕形成的，在很大程度上离不开家庭方面的教育。因为家庭是孩子成长的重要场所，对孩子的健康成长起着关键作用。当今的家长在对孩子进行教育时，一定要改变对孩子的过度溺爱，注重培养孩子的独立意识和耐挫能力，要让他们学会为父母分担责任，体会父母艰辛，而不是所有的事情都替子女包办，这在潜意识里就会让孩子误认为父母长辈们为自己付出是理所应当的，自身缺乏回报父母、回报长辈的孝道意识。同时，父母在家庭里要扮演好角色，充当孝道文化的践行者，为孩子做好表率。孩子在成长的过程中，很看重父母对自身的教育，常常对父母的行为方式进行效仿，如果身为父母不能以身作则孝敬长辈，怎么能指望着孩子长大以后孝顺自己。因此，家长们不仅要使孩子懂得尊老敬老爱老的重要性，更要身体力行孝道文化，从而去感染子女，在潜移默化中培养孩子尊父母、重孝道的意识，为构建和谐家庭、和谐社会增砖添瓦。

2. 学校要高度重视孝道文化

学校要充分认识到对学生进行孝道文化培养的重要性，改变以往将教学的重点仅停留在对学生进行专业知识的教学方面，也要注重对学生智育方面的培养和提升，将孝道文化作为教学内容，加强对学生进行孝道文化的培养。一方面，学校要使敬老、养老、助老的德育教学进教材、进课堂、进入到学生的头脑中去，使它们内化于心，外化于行。要教会学生从自身做起懂得感恩父母、关心父母生活、关爱父母健康、多与父母谈心交流，关爱自己身边的父母长辈。另一方面，学校要注重孝道理论与孝道实践的相互结合，组织学生开展各种实践活动来践行孝道文化，如：讲一个孝道经典的故事、做一件敬老爱老的好事、出一期孝道文化的期刊、进行孝道文化演讲比赛等多种方式让学生们参与其中，对学生进行孝道文化的培养和教育。

3. 社会要加强孝道文化宣传

孝道文化的践行，在一定程度上取决于社会对孝道文化的宣传。首先，孝敬、平等、保障、共享、和谐等作为新孝道文化的内容，这些内容在现实生活中都有广泛的基础，因此社会就可以通过各种新闻媒体对孝道文化进行广泛宣传，规范人们的意识和行为，树立公民新的孝道精神。其次，可以举办多种公益性的养老助老组织，如：设立养老基金协会、助老爱心组织等，通过这些组织开展活动来培养人们的孝道意识，传播孝道文化。同时，各级政府和老龄工作部门要提高对孝道文化的关注度，针对养老尊老等方面制定好的奖励措施，开展敬老好儿女、敬老好家庭等活动，树立先进模范，广泛宣传，从而也使高校的大学们能够积极参与其中，充当孝敬老年人的主力和典范。最后，制定和完善维护老年人合法权益的相关法律法规，如《中华人民共和国宪法》、《中华人民共和国老年人权益保护法》等来加强老年人法律服务工作，确保孝道文化的宣传和践行有法律作保障。

4. 引导大学生正确看待西方理念

面对西方理念对我国传统孝道文化的冲击，大学生们要有强烈的社会责任感，提升辨别是非的能力，冷静思考，理智看待，自觉践行和弘扬我国孝道文化。一方面，作为大学生，我们不能一味地崇拜西方价值理念，而轻视我们的文化，拿西方文化的优势同我国文化的劣势进行比较，要正确看待西方价值理念，自觉继承和弘扬我国传统文化的精髓，如我国传统孝道文化中的精华。同时也不能只考虑到自身的发展前景，而忽视对自己父母的感恩和回报。另一方面，大学生要培养自己的孝道意识，自觉践行孝道文化。大学生要自觉培养感恩和回报父母的意识，做到言行一致。即使我们当前物质上匮乏不能给予父母长辈太多，但我们可以在精神上给予父母长辈们关怀，如经常给父母打电话、抽空回家探望父母、陪父母谈心聊天、帮父母干力所能及的家务等，以实际行动来让父母感受到我们对他们的关怀与牵挂，让父母长辈们真正享受到天伦之乐。

（作者单位：中共陕西省委党校）

加强大学生创新创业教育，促进育人质量的提升

陈　军　赵　兴　赵　静

大学生创新创业教育是大学教育的重要组成部分，是支持和推动国家创新体系建立的基础性内容，对建设创新型国家也会起到非常重要的作用。关心青年成长、支持青年创新创业，是高校的重要工作。

一、大学生创新创业教育的现实意义

大学生积极投入到大学生创业军团当中，不仅能缓解就业压力，还为今后培养一大批高素质人才奠定了基础。因此，认清大学生创新创业教育的重要性、探索大学生创新创业教育途径具有重要的现实意义。

1. 大学生创新创业教育是现阶段高校教育的方向。人才培养是大学所有功能中最核心的功能。党的十八大报告专门提到要“实施创新驱动发展战略”，高校要培养社会主义建设者和接班人，必须为国家的创新驱动发展战略输送人才，提供智力支持。因此，开展创新创业教育、培养创新创业人才是国家和社会发展赋予大学的时代责任。《国家中长期教育改革和发展规划纲要》提出要“全面提高人才培养质量”，并且指出：“加强就业创业教育和就业指导服务。创立高校与科研院所、行业、企业联合培养人才的新机制。”教育部在《关于全面提高高等教育质量的若干意见》中指出，大学要走内涵发展之路，强调要加强创新创业教育和就业指导服务，把创新创业教育贯穿人才培养全过程。这些都说明创新创业教育已经

成为高等教育发展的新趋势。

2. 大学生创新创业教育能为未来经济发展培养合格的建设者。同西方发达国家相比，我国企业目前的管理水平较低，而且由于我国市场经济起步晚，经验少，且企业管理者整体素质也大大低于西方发达国家的水平。因此，为适应国际化发展，我国急需提高企业管理者的整体素质，急需造就一批高水平、高素质的企业建设者。然而，高素质建设者无法凭空产生，他们必须在创新创业中不断成长。高校开设的经济管理类课程以及创业教育和创业实践活动为打造新型的企业管理者搭建了平台，而配套的创业教育则培养了一批具有创新能力，专业技能，经营管理能力和自我发展能力的学生，全面提高了大学生的创业能力，为其成长为未来合格的建设者打下坚实的基础。同时，创业实践活动还培养了大学生的团队合作能力，百折不挠的创业精神，这些都为其今后的发展做好了充足的准备。

3. 大学生创新创业教育能帮助大学生实现“终身学习”、“学会学习”。今天的中国，大众创业、万众创新正在形成新常态。通过互联网、开源软件和开源硬件，以及 3D 打印等新技术的应用，降低了创新创业的成本，促进了更多创业者的加入。互联网时代的土壤点燃了更多人创业创新的梦想，并提供了更多可能。创业的主体逐渐由小众转为大众，创新创业由精英走向大众。创新创业已经形成了一种价值导向、生活方式和时代气息。对于很多大学生来说，创业已成为实现人生价值的主要途径。然而，“创业”艰难，武汉东科创星天使投资中心董事长朱自芳先生说，投 100 个创业项目，能够存活 5 个就是非常不错的结果，所以对大学生而言创业存活乃至发展壮大接受市场的洗礼更是难上加难。所以，无论是社会大环境，还是广大创业学子对自身发展需求的小气候，决定了知识经济时代要求大学生们在创新创业活动中不断学习，不断选择，不断打破和重立，最终在适合自己发展的领域中去发展，以自己独特的思想和优势去超越，去突破，去创新，最终实现自己的人生价值。

二、大学生创新创业教育的历史沿革及现状

自20世纪80年代以来，创新创业教育在国外越来越普及并形成一股强劲的热潮。百森学院和伦敦商学院联合发布的GEM报告显示，2001年美国超过1500所四年制大学和学院提供了创新创业课程，目前几乎所有参加美国大学排名的大学均已开设了创新创业课程，创业教育已成为美国大学教育的重要组成部分。美国的创业教育甚至延伸到中学教育，形成了从中学到大学不同层次的课程。目前，这种创业教育体系仍在不断扩大和深化中。我国的创业教育始于20世纪末，至今只有十几年的历史。1998年，清华大学成立了中国创业研究中心，开始了我国的创业教育研究及推广工作。同年，清华大学还举办了中国最早的学生创业计划竞赛，引发了学生创业热潮，激发了创业教育需求，有力地推动了我国创业教育的发展。2002年，教育部确定清华大学、北京航空航天大学等9所大学为我国创业教育试点院校，给予政策和经费的支持，探索我国高校学生创业教育的基本方法和发展模式。此外，教育部还组织召开高校学生创业教育工作会议，安排部署高校创业教育工作。2003年以来，在大学生严峻的就业形势下，不少高校毕业生毅然走上自主创业之路，成为大学生价值取向和择业的新动向。据统计，2005年全国自主创业的高校本科毕业生达1.35万人，比2004年增加了55.2%。在这种背景下，加强大学生创业教育的呼声日益高涨，我国不少高校纷纷设立创业研究或教育中心，开展创业教育和研究工作，在开设创业课程、探索创业教学方法和创业管理研究等方面初步取得了一些成果。

近年来，我国创新创业教育虽然呈现出蓬勃发展的势头，但由于起步较晚，与国外创新创业教育的发展状况相比还存在较大差距，离学生的创业需求也相差甚远。比较突出的几个问题如下：

1. 校园土壤不够“肥沃”。我国大学创新创业教育的普及程度低，很多大学生甚至是已经选择了自主创业的学生都未曾接受过系统的创新创业教育。腾讯发布的《2014中国城市 & 高校创新创业排行榜》显示：武汉虽不是全国院校创业氛围最高的城市，但武汉的

华中科技大学的毕业生们却是全国科技创业者中最“土豪”的队伍。在中国 IT 界，“华科系”一直都是耀眼的存在——“微信之父”张小龙、前百度 CTO 李一男、淘米庄园汪海兵、海豚浏览器杨永智等。中国最大的跨国通讯公司华为有 30%员工来自华中科大。这里就有个问题提出来了，是不是因为华科大生源质量好，本硕博扎堆；师资队伍强，两院院士令人翘首；学科背景深厚，科研实习突出，才能在创业大潮中独领风骚呢？数据显示，目前，活跃在互联网领域的创业团队中，本科生最有创业激情，大专生一直不如初高中生。目前我国高校毕业生创业收益榜排名前 10 高校：华中科技大学、北京工业大学、浙江大学、北京大学、天津大学、山东理工大学、广东工业大学、上海大学、四川大学、上海交通大学，从排序中我们可以看出清华、北大、上交等名校在各类高校综合排名上虽屡屡领先，但在创业收益上却没有展现出较大优势，反而是综合排名偏下的华中科技大学却一鸣惊人，成功领跑创业收益榜。所以，学历不是决定创业能力高低的标准，而是与华中科技大学近年来全面开展的大学生创新教育与实践分不开。他们坚持将大学生创新实践与创业教育紧密结合，建立全方位服务体系，激励大学生创新创业，学校 70%的学生在校期间参与过创新创业训练。小米雷军曾说过：“风口上的猪都是练过功的。大家千万不要忽略今天在空中飞的那些猪，他们都不止练了一万个学时，可能练了十万个小时以上。”

2. “肥料”不够雄厚。大学生创新创新急需的各种营养配给不充足，如思想认识不到位，创新创业教育定位不科学。有些人认为是因为就业困难，才需要鼓励毕业生创业，自己学校就业好，不需要开展创业教育；也有些人认为自主创业的毕业生是极少数，开展创业教育的需求和意义不大，没有积极性。由于对创业教育认识存在诸多误区，很多高校创业教育尚未成为高校育人体系中的重要组成部分，而是处于“体外循环”，各种政策措施不到位，在开展创业教育上还处于无机构、无场地、无资金、无规范、无制度、无体系可循的状态，只把目光投向少部分学生的创业竞赛成绩和成立大大小小的“学生创业公司”，培养大大小小的“学生老板”上。显然，这些做法使大部分学生只是袖手旁观的“看客”，创业教育受益面受到极大限制，无法满足我国经济发展对高素质人才的需要，特别是无法适应互联网+时代的挑战。又如，师资力量严重缺乏。教师不仅是创业教育的研究者、实践者，还是创业教育的具体组织者。创业教育对师资的创新意识、拓展能力要求较高，既要求具备相关学科的理论知识，更要拥有一定的创业经验，然而，兼备这两种素质的教师还十分缺乏，能洞察学科前沿的专家型创业学者更是少之又少。很多高校创业教育教师属于“学院派”，大多缺乏创业实践经验，甚至没有在企业的就业经历。教师不熟悉企业的运营，对学生进行创业实践指导常常显得力不从心，只能照本宣科，十分不利于学生创业素质的培养。部分高校虽然聘请了一批企业家担任客座教师，但多以讲座形式进行，没有形成体系，加之缺乏组织协调、制度保障和资金支持，教学效果也不尽如人意。再如，创业实践环节被“误读”，相应的创业活动流于形式。创业实践是创业教育的重要内容，是创业教育的高级层次，也是提高创业教育实效的基本途径。然而，实践是我国创业教育与西方发达国家差距最大的地方，是我国创业教育发展的瓶颈之一和薄弱环节。创业教育实践体系缺乏原因有二，一是高校对于创业教育认识存在误区，认为学生的创业实践一定要上升到创办企业的高度；二是创业教育实践环节离不开资金、项目、场所等硬条件的支持，这对高校的实力提出了挑战。一些学校更愿意做短期内能够收到成效的功利性探索，而不愿对创业教育做长线投入。

3.“气候”不够宜人。大学生创新创业的环境不足够宽松。从社会环境来看，尽管大力宣传创业的理念，但实际上对于创业教育的引导力度不够。如在高校人才培养方案中，缺少创业教育的相关内容；在文化传统方面，对创业者还没有形成尊重支持的氛围，“学而优则商、学而优则创”的创业文化远没有形成；经济环境方面，政府确实提出了一些扶持大学生创业的政策，如规定大学生自主创业在一定期限内免交相关行政费用，但相对于大学生创业，政策扶持力度有限，难以起到较大作用；在资金方面，目前有政府设立的创业基金和学校设立的创业基金，银行也可以给予小额贷款，但总体上看，基金不是很多，并且设立的门槛不低或操作不便，或在执行过程中变了样，学生实际获得资金资助的比例不高。近年来，武汉市的青年创业始终能在全国独领风骚，依赖其推出的一项旨在为鼓励和支持在校或毕业5年内的大学生创业而量身定做的青桐计划。青桐即梧桐。青有青年之意，喻指朝气蓬勃的大学生；桐有栖地之意，喻指大学生创业的场所“孵化器”。凤凰非梧桐不栖，实施青桐计划，筑好巢，引好凤，让凤凰栖地梧桐。武汉主产梧桐，寓意我市的气候环境适宜大学生创业。有如此肥沃的创业环境，对于武汉的大学生来说，从创新到创业乃至到创富，已成为大家人生规划选择中的一种新常态。

三、大学生创新创业能力教育的措施与途径

大学生作为具有先天创业优势的一个青年群体，其教育措施和途径也别具一格。

1. 转变教育理念。据不完全统计，当前大多数高校近几年大学生创业比例不到毕业生总数的1%，而发达国家一般占20%～30%。因此，必须尽快转变传统教育理念，深化改革人才培养模式，从就业教育转向创新创业教育，树立起自主创业不仅是大学生就业的重要途径，更是大学生成才重要模式的新观念。促进创新创业人才培养，必须把创新创业教育纳入通识教育的体系，从而培育创新创业意识、树立创新创业精神、启迪创新创业思维、提高创新创业能力、锤炼创新创业品质。要致力于构筑集理论教学、模拟实训、竞赛检验、运转孵化等为一体的立体联动式创新创业教育体系，打通从理论到应用的各环节，覆盖人才培养的全过程，服务于社会发展对创新型人才的需求。

2. 专设创业课程。推进学生职业技能培训和综合素质培养改革，开展学生职业技能培训和鉴定，开发开设创新创业教育专门课程并纳入学分管理，尝试开设面向学生的创业公选课，如《大学生创业模拟实训》课程等。通过开设创业教育课程，进行系统化的创业教育，来培养大学生的创业意识和创业能力。比如，学校可以设置一些有关创业教育的必修课和选修课，为那些有创业意向的同学

提供一个良好的教育平台，并且通过创业教育课来提高大学生的沟通交往能力、团队合作能力、创业财务管理能力以及抗压抗风险能力。

3. 加强师资队伍建设。师资队伍建设是做好创新创业教育的关键，实践型师资和理论型师资同样重要。校园内当前的师资可能更加趋向于理论型，在发挥其优势注重培养学生的创造性思维为学生从事创新活动提供理论支撑的同时，还要加大对他们的“内培”，促其向“双师型”发展。同时，还要面对创新创业教育需要大量具有丰富研发或管理经验的教师参与的现实需要，通过“外聘”的方式，将一些创业大咖和优秀企业家引入校园，让他们切入到各个创业环节，实现对创业大学生的贴身辅导。

4. 举办创新创业大赛。组织学生参加创新创业竞赛、创业模拟等实践活动，培养学生创新精神、创业意识和创新创业能力，探索“创业服务—创业实践—创业/就业”学生培养成才模式，借此营造良好的创业氛围，培养创业意识，提高创业能力，激发创业热情。根据学校的实际情况每年举办一次创业设计大赛，可以是班和班之间、系和系之间，也可以是校际联合比赛。对表现优秀的进行奖励，可以增强大学生对创业的信心。通过创业设计大赛，可以将具有创意的想法互相交流，激发学生的创新性创业思维。

5. 培育创新创业团队。社团及团队是学生自发形成的小集体，在这个范围内传递的信息以及传递信息的手段都是学生喜闻乐见的，在这个范围内加强创新创业的教育成效也是相对较好的，尤其是在形成自身的发展理念和定位更容易达成一致，凝神聚力，更容易确保创业的成功。这些团队，也能成为创新创业的火种在校园内形成燎原之势，带动更多同学参加创新创业的实践。

6. 搭建创新创业实践平台。实践出真知，创新创业是真枪实弹的拼杀，各类创新创业竞赛是一个检验平台。但对大学生创业而言，更加广阔的平台是在校园外，是孕育在社会发展的需求中，所以各类高校要尤其注重加强与地方政府的合作，引进社会资源为大学生创新创业搭建平台。大学生创业本身就是一个将校园成果与社会发展需求无缝连接，实现生产力转换的过程，因此，高校要敢于与周边行政区域的合作，引资金、建平台，将校园创业力量延伸到社会，以接地气的方式促进大学生创新创业的长久发展。

7. 营造创新创业氛围。褒奖成功，同时也宽容失败的环境氛围往往能激发创新创业的火花，在校园建设中注意营造开放、交互和多元功能的公共空间，促进学生平等随意的交流与切磋，激发学生的想象和创意。根据以往数据显示，院校中校友企业家较其他院校较多，校友是学校教育的结果和培养的精英，能以鲜活实例激发在校生创新创业，因此，增强校友会功能、加强校友联系能帮助学校营造创新创业的文化氛围。例如，可组织学院、学校记者团同学走访学校近年来优秀的创业校友，撰写其创业经历，并总结他们的创业经验，在校报校刊上连载刊出，或集结成册出版。用身边的案例激发和启示在校同学们勇于创新、敢于创业。

（作者单位：江汉大学）

试论新形势下大学生公民教育与高校思想政治教育的整合

涂志明

公民教育是现代国家追求现代性当中的一个重要课题。在西方国家高等教育体系中，公民教育是一门重要的主干课程，在加强西方主流价值认同方面起到了重要作用。我国高校没有专门的公民教育体系，与之相对应的具备类似功能的是高校的思想政治教育体系。近些年来，学术界围绕公民教育和思想政治教育的关系进行了诸多探讨，公民教育也被提上了相关部门的议事日程，但这远远还不能满足当前中国发展的需要。新形势下仍有必要探讨在高校大学生这个特殊群体当中如何实现公民教育和思想政治教育的有效整合。

一、新形势下大学生公民教育的现实紧迫性和必要性

公民教育主要是指在教育过程中对加强对学生公民意识方面的教育，而公民意识就是公民对自己在国家中的社会地位、社会权利和社会责任的一种自觉意识，它涵盖主体意识、平等意识、权利意识、义务意识和参与意识等诸多内容。大学生群体作为公民中文化层次较高的群体，也是国家未来的中坚力量，他们的公民意识如何直接关系到未来中国公民社会的成熟程度。然而许多调查研究显示，当代中国大学生公民意识现状令人担忧。虽然当代的大学生身上有更多的现代性特征，比如较少等级和权威观念、更追求个性的自由、生活态度更加积极和开放、头脑中的教条较少等。但在公共领域，他们的素养和表现，在整体上是令人失望的。公共意识淡

薄，大多数人对当代中国的社会现实不够了解也不够关注。公民教育的缺失，法制教育、权利与义务教育被严重忽视，导致青少年一代虽然有较高的智商，但却缺乏一个合格公民所必备的基本素质，自私、冷漠、缺少责任感并非个案。这当然与我国长期以来的应试教育体制忽略了公民教育的重要性有很大的关系。今天中国的公民教育已经远远不能适应当今这样一个全球化、多元化以及信息技术飞速发展的时代。在新的历史条件下，相比较西方国家比较成熟的公民教育，作为紧追世界发展的中国而言，中国大学生的公民教育有着现实的急迫性和必要性：

第一，全球化背景下文化的多元性对大学生公民教育提出了新的挑战。

全球化是一个以经济全球化为核心、包含各国各民族各地区在政治、文化、意识形态、生活方式、价值观念等多层次、多领域的相互联系、影响、制约的多元概念。在新的历史时期，全球化对我国公民教育提出了新的要求，一方面，全球化要求我们从一个新的视域思考我国公民教育的未来走向，实现对传统公民教育的超越，建立与全球化相适应的公民教育体系。另一方面，全球化要求我国公民应具备真正的时代特色，要实现人的发展或人的转型，即成为世界公民。在这样一个时代，大学公民教育的首要任务就是唤醒学生内在的力量，培养他们独立自由的批判精神，以便他们在无法预料的多元与变动的未来作出独具个性的自我选择，具备对他人予以宽容和共事的能力，从而为解决人类面临的共同问题作出有益的决定。而且与全球化相伴而生的文化的多元化也对大学生的思想观念和价值取向产生了深远的影响。以往大学生公民教育的载体思想政治教育主要对大学生进行马克思主义意识形态的灌输，宣传党和政府的方针政策，使学生接受和强化社会主义核心价值体系。但在西方各种政治社会思潮纷纷涌入中国之后，大学生的政治认同很难形成。在我国政治、经济、文化和社会等方面迅速发展的过程中，人们已经意识到大学生政治认同感的缺失已经成为社会稳定发展的制约因素。

第二，社会主义民主政治发展要求大学生公民意识的提高。

没有公民的广泛参与就没有民主政治的实现，公民意识的确立是保证政治文明顺利实现的条件。在政治民主化浪潮的推动下，这已经成为世界各国的一个共识。如何培养社会发展需要的民族精神，提高公民的法律意识和道德意识，增强公民的政治参与能力已成为各国高等教育的重要课题。反观中国，受几千年封建专治文化的影响，中国人更多的熟悉了“臣民”和“子民”的概念，反不知公民为何物，甚而对公民的理解存在着“失真”现象，更不用谈公民意识的建立。三十多年的改革开放，我国公民的经济生活水平提高的同时，要求参与政治和社会生活的愿望也日益增强，这就对公民教育提出了新的要求。党的十七大提出“加强公民意识教育，树立社会主义民主法治、自由平等、公平正义的理念”。这表明，加强公民意识教育已成为中国政府和社会公认的扩大人民民主、弘扬法治精神、建设社会主义政治文明的一项重要内容。社会主义民主政治建设是一个系统工程，大学教育是这个过程的基石，因此建设社会主义民主政治不仅需要完善的民主政治制度，更需要完善的公民教育体系、健全的个体人格，大力发展大学生公民教育是国家和社会的根本责任。

第三，网络舆论对大学生公民意识形成的影响。

随着互联网使用的普及，网络在大学生政治社会化中发挥越来越重要的作用。有调查发现，大学生主要通过互联网来了解政治事件，大部分的社会信息是通过网络来获取的。网络的出现使公民知识的传播由单向的直线关系转变为多维的互动关系。但网络的商业属性和娱乐色彩，也导致大学生对严肃的社会问题缺乏严肃思考。特别是网络上一些大众文化中的不良现象导致了投机取巧、追求享受，传统文化中的一些价值观念被淡化，结果是传统文化中积极的方面没有被他们接受，大众时尚中极端的和消极的东西他们却趋之若骛，这是价值取向的迷失。大众文化在大学生中间的这种影响，也在一定程度上消解了思想政治教育的效果，但这种消解难以有效控制，因为大众文化的多元性、娱乐性、即时性等往往在客观上带来各种思潮的冲击，在一定程度上淡化了大学生的公民意识。如何引导大学生正确对待网络舆论，如何辨别真伪，如何找到自己的价值定位，形成正确的公民意识，是当前高校公民教育面临的一大挑战。

二、当前高校思想政治教育在公民教育上的缺陷

虽然大学生的公民教育迫在眉睫，但在我国高校并没有独立的公民教育体系，取而代之的是具有中国特色的高校思想政治教育。当前高校的思想政治教育在公民教育方面是有缺陷的，这主要体现在以下几个方面：

1. 从主观上，没有理清思想政治教育和公民教育的关系，导致界限混淆，甚至漠视公民教育的重要性。作为革命时代的产物，思想政治教育是中国特色社会主义大学教育的特点和优势，它旗帜鲜明地在市场经济多元价值时代张扬马克思主义的世界观、人生观和价值观，为捍卫我国社会的主流意识形态和价值体系作出了贡献。而公民教育则是要使人们对政治知识、政治系统和政治现象具有明晰的政治认识，进而形成积极的政治参与心态与政治权利意识，逐步成为具有一定政治理论素养和政治品德的合格公民。公民教育实质就是一种符合现代法制社会发展需要，符合现代政治文明发展和人的发展需要的“价值观教育”。公民教育是对思想政治教育内容的丰富与充实，也是高校思想政治教育改革创新的出发点和落脚点，同时还是思想政治教育获取实效的内在要求。一方面，两者是统一而密不可分的，具有质的同一性。另一方面，公民教育又有别于思想政治教育，公民教育的实施有助于克服高校思想政治教育政治化、理想化、绝对化的倾向，是高校思想政治教育改革的一个重要视域。

而目前我国高校思想政治教育往往对公民教育的内涵理解过于肤浅化，存在很多的认识误区：比如把公民教育等同于政治理论教育，错误地认为，只有具备合格政治素质的公民，才是合格的社会主义公民；又比如把公民教育等同于公德教育，错误地认为，合格的公民就是一个具有良好道德素质的人，因此公民教育就是对公民进行的道德教育。甚至有些教育者认为，公民教育会使大学生不听话不好管理。正是这些主观认识上的误区使得高校的公民教育始终

处于一种被忽略被漠视的地位，影响了公民教育的实际效果，

2. 从内容看，目前我国大部分高校的公民教育没有明确的课程体系和目标，主要依托于以“两课”为主的思想政治教育课来进行，在内容上主要涉及一些法律法规教育和道德教育，缺少真正的权利意识、责任意识、法律意识和民族意识的教育。尤其值得指出的是，在具体的教学过程中，很多涉及公民教育中关于公民的权利观、道德观、法制观方面的内容，任课教师往往忽略。而且当前思想政治教育课的理论内容多是对过去理论和实践的总结与评价，注重知识理论观点的科学性、历史性和静止性，缺乏体现时代性与现实性的动态理论观点。随着信息时代的发展，学生面对大量的政治与社会经济问题，迫切需要更多、更新的理论与观念来重新认识与解答，而严重脱离学生个人生活的思想政治教育与学生所要求的贴近现实生活的知识需求相脱节，导致学生对所学的知识缺乏兴趣，政治教育的实际效果被削弱。此外，在思想政治教育工作中，只注重对学生的思想教育、道德教育以及心理教育，只是简单关注大学生在成长成才方面个体本身的一些基本需求，而对社会对大学生成才的社会需求却视而不见，甚至避而不谈。这种只关注个体需求而忽略社会需求的思想政治教育工作，是一种不完全的教育方式，收到的教育效果也是非常有限的。公民教育不仅应满足大学生本身成长的一些需要，更应满足社会对大学生成才的愿望。

3. 从方式方法看，高校思想政治教育现有的教育方法难以真正起到公民教育的实效。西方国家实行的公民教育具有很强的渗透性，这与他们所采用的教育方法是分不开的，教育的效果也比较明显。围绕社会需要的人才规格，在学校教育中开展各种各样丰富多彩的活动，将其价值观和道德观念渗透到人们的思想中，化为人们的行动。同时对人们的公民意识和权利意识的培养也比较重视。一直以来，在社会主义国家中，思想政治教育坚持了列宁的“灌输理论”，以正面教育的方式，将共产主义的世界观、人生观、价值观从外面灌输到人们的头脑中。近些年来，虽然高校也一直在进行教学方式的改革，但高校思想政治理论课从总体上将仍是课堂讲授为主，即以教师的知识灌输为主、学生被动接受的形式。相比较西方

公民教育的隐性渗透，我国的思想政治教育是一种显性教育，虽然它的目标比较明确，旗帜非常鲜明，但也使得它的渗透性不够强。我国高校思想政治教育陷入困境，一方面是高校思想政治课教师的职业倦怠，另一方面是学生对思想政治课的排斥和厌倦，这些都使得大学公民教育的实效性大打折扣。

总体来说，在全球化时代各种非马克思主义思潮影响下，加之传统思想政治教育在内容和手段方面缺乏创新，高校思政课在知识教育、能力教育和价值观教育三方面难以真正走进学生的意义世界，在市场经济时代文化多元主义冲击下，又难以坚守其在大学生意义世界中的既有阵地、创新高校思想政治教育的话语体系以及方式方法，已经成为不可回避的选择。

三、适应新的历史条件，整合高校思想政治教育资源，促进大学生公民教育水平的提高

如何提高大学生乃至全民公民教育的水平，在学术界多年以来一直存在广泛的争议。有学者认为应该用公民教育取代现行的思想政治教育，与国际接轨。但更多的学者认为，中国的思想政治教育是保证中国社会主义特征的重要途径，不可替代。争议多年，公民教育一直没有能够取得更大的进展。针对这种现状，在现有思想政治教育框架内整合公民教育的相关内容，会是拓展公民教育的一种成本较小的方式。但是，二者整合也是一项复杂的工程，新的历史条件对此也提出了新的要求，需要全面缜密的规划。

1. 高校思想政治教育应把培养高素质的合格公民纳入其目标内容

目前，我国高校公民教育尚缺乏正式和系统的规划，国家一直还是以思想政治教育的框架来进行相关建设，无论是在课程设置还是学科建设方面，公民教育都只是研究者的学术研究和个别试点，而不是一套正式的话语体系。为此，应在现行国家层面的思想政治教育框架内对公民教育进行恰当而充分的定位，并进而作出发展规划。在我国高校的目前情况下，该问题的核心是如何充分认识到公民教育的重要性。所有涉及思想政治教育的教育主管部门、各高校

党委和普通教师应具备国际视野、时代精神和危机意识。公民教育决不仅是对思想政治教育的丰富和充实，更不是思想政治教育摆脱困境的应时工具，而是市场经济、信息技术和全球化时代的一种常态，也是我国思想政治教育的远景和目标所在。中国走向公民社会是大势所趋，民众的独立意识、平等意识、尊严意识、公共意识、参与意识的增长，是社会发展的必然产物，也是社会进步的表现。面对这种不可遏止的发展趋势，作为高校的教育者，需要做的就是培养大学生形成现代公民的人格和促进大学生公民意识的增长，这对国家未来的发展是一个积极的因素而非消极因素。在此基础上，应进一步设想用公民教育目标来统领目前高校的思想政治教育体系。

2. 充分利用已开设的高校思想政治理论课，将公民教育深入渗透其中

大学生的公民教育需要渗透到高校工作的各个环节中。课堂教学是最直接的教学形式。当前我国大学没有独立的公民意识教育课程和教材，而如果只是通过第二课堂的活动来实施培养高素质公民的教育任务，显然是不合适的。公民教育必须要纳入课堂，除了各学科专业的课堂教学要体现公民教育外，还需要有一门课作为主要支撑，思想政治理论课是最能担负起这一重任的。

一是思想政治理论课的高覆盖性。作为高校开设的公共必修课，思想政治理论课是所有学生必须要参加学习的，这种覆盖了全体学生的课程正是公民教育的全民性所要求的。二是目前在各高校开设思想政治理论课本身所具有的理论性、政治性、思想性和德育性，也是公民教育所必需的，思想政治教育为公民教育奠定基础。“马克思主义基本原理概论”的教学目标是帮助学生理解、把握马克思主义的基本概念、基本原理，掌握马克思主义的世界观和方法论，培养学生运用马克思主义世界观、方法论观察、分析和解决问题的能力。“思想道德修养与法律基础”主要进行社会主义道德教育和法制教育，帮助学生增强社会主义法制观念，提高思想道德素质，解决成长成才过程中遇到的实际问题。“中国近现代史纲要”、“毛泽东思想和中国特色社会主义理论体系概论”主要引导大学生

坚定对马克思主义的信仰、对社会主义的信念，增强对改革开放和现代化建设的信心、对党和政府的信任。公民教育首先要以这几门课的主旨为指导，把公民意识教育与社会主义核心价值体系教育结合起来，与国情教育结合起来，与国家制度、政治制度、政党制度教育结合起来。

3. 探索校园参与民主的实现方式，改进公民意识教育方法和途径

公民参与既是完整的公民教育的重要组成部分，也是促进公民意识提升的重要途径。通过生活场域的参与，不仅可以锻炼公民的公民事务参与能力，同时可以深化个体对公民现象的认知和理解，强化个体对于国家和民族的认同。在实践中，许多国家都越来越强调参与型或经验型公民教育，即强调通过学生在学校生活与社区中的参与，强调将知识的学习与鼓励调查、讨论和参与有机结合起来，以培养学生的参与意识和能力。我国高校公民教育中参与式公民教育严重缺失。因此，在我们的高校公民教育中，可在“两课”等政治理论课和其他人文教育课程中的公民教育的基础上，通过学生会自治、学生参与学校决策和管理、参与校内外的社会实践等活动来锻炼大学生的公民参与能力，强化大学生的公民意识，从做中学，促进大学生公民意识和行为的知行统一。

但实践性教学环节是一项涉及面广的系统工程，它需要社会、学校的重视和各部门的配合，需要人、财、物的投入和社会多方面的支持。高校应该创造条件让大学生参加多种多样的公民教育的实践活动。比如，可组织志愿者参加西部支教服务活动，参加社会救助和灾后重建活动，参加人民代表选举、社区法律咨询服务活动，参与社区民主管理及公益活动，赴厂矿企业与农村进行社会调查，等等。这些实践活动，不仅扩大了大学生社会参与面，增强了公民教育的感性认识，而且它还是一种教育的无形灌输形式，有利于实现大学生公民教育的目标，培养合格公民。

（作者单位：江汉大学）

新时期高职院校学生特点及学生管理工作探究

沈　燕

我国高等教育正面临着大众化发展时期，人们开始对高等教育有了更多的关注和更进一步的认识。从 1999 年开始，我国高校连续五年进行了大规模扩招，在高等教育的各个层次中，高职高专教育也得到了迅速发展。在十八大报告中也明确提出了要加快发展现代职业教育，推动高等教育内涵式发展。

高职院校学生管理工作是学校整体工作的重要组成部分，是实现高职教育目标的基础，是保证学校教育教学工作顺利完成的前提。高职院校在进行学生管理中不仅要借鉴普通高校的管理模式，更要根据高职学生的特点来进行管理。随着我国经济的发展，高职教育规模的不断扩大，由于生源结构复杂、养成教育欠缺、自制力薄弱等因素，使学生整体素质下降，给学生管理工作带来了很大的难度，如何在新形势下做好高职院校学生管理工作，已经成为一个急需解决的课题。

一、高职院校学生特点

目前，绝大多数高职院校的学生都是“90 后”，因社会经济的迅速发展和文化思潮的影响，其思想观念和价值取向都有了很大的改变，在学习、生活等各个方面表现出不同的特点：

1. 思想独立，具有反叛意识，过于以自我为中心

现阶段社会文化思想的“百花齐放”，多种思想的碰撞，使成长起来的“90 后”大学生不是盲目地接受某种思想和理念，具有一

定的选择性和自我性，导致一部分学生缺乏理想和信仰。许多“90后”的大学生有自己的观点，敢于反抗，对父辈、学校一些不甚合理的说法和规定敢于质疑，但有时他们的反叛意识也会出现偏差，一旦学校和集体出现意外事件，如偶然的停水、停电，有些学生会通过起哄、制造混乱来宣泄心中的情绪和不满。“90后”大学生大多是独生子女，父母的管教趋向于对孩子的过分呵护，导致自我意识增强，存在以自我为中心、合作意识淡漠等不足，比如说一些城市中的孩子从小娇生惯养，衣来伸手，饭来张口，生活条件比较优越，从而逐渐形成了自私自利的性格特点。在校园生活中，往往表现出上课迟到早退、骄傲自大、目中无人，对班级的活动漠不关心，任何事情都以自我为中心。而在高职院校中学生家庭也相对较多，来自单亲家庭、离异家庭的学生占有一定比例，这些学生对家庭的概念也比较淡漠，往往产生社会、家庭对自己是不公平的想法，内心世界从童年开始变“老”。

2. 文化基础差，入学成绩普遍偏低

近几年来随着高校的全面扩招，高等教育的学生综合素质也在明显的下降。专科这个层次的学生已是高等教育的最低层次，学生的整体素质特别是文化课的成绩也成了最头疼的问题。很多高职高专学校只要考生过了提档线就可以上，所以其文化基础可想而知。这对于学生本身的自我控制能力以及对他们的管理带来了很大的问题。

3. 思想放松，缺乏上进心

根据我院近几年的新生入学调查，分析结果显示有一部分学生进入到大学后就有了“如释重负”、“熬出头”的感觉，加上传统想象中大学生活是自由、轻松、美好的，促使其进一步放松自己，他们认为没有了新的挑战，没有了竞争意识，没有了认真的态度，对待任何事情都比较消极。反映在行为上就表现为没有组织观念，没有时间观念，上课迟到，甚至无故旷课，不重视良好生活习惯的培养、个人素质的提高，缺乏公民道德意识，对学习、集体活动缺少热情，认为进入大学就是“修身养性”，学习不是重要内容，缺少紧迫感，放松了对自己的严格要求，对老师的要求也会当做耳边风，作业不完成，考试作弊打小抄，甚至对学校的管理不屑一顾，我行我素。

4. 学习目的不明确，学习动力不足

纵观当今的高职学生，他们当中大多数人基础差、底子薄，说起学习目的很多学生无从回答。他们当中一些学生对所学专业缺乏热情，究其原因，一方面在于高考成绩在很大程度上限定了报考学校与专业的选择自由，使许多学生无法进入自己喜欢的专业或学校就读，因而造成学习动力不足。另一方面在于部分学生的主体意识不强，是在为老师、家长“学习”，这一点新生表现得尤为突出。同时由于扩招，高校的整体生源质量有下降现象，因此，一部分学生基础不扎实，自学能力较弱，加之自身不够努力，考试常会不及格。

5. 学习能力较弱，学习习惯不好

高职院校学生学习基础相对薄弱，分析问题能力、思维和提炼能力也相对不足，多数学生虽然有学习意愿，但同时又普遍存在心态浮躁、缺乏学习热情、学习方法不当等现象，往往使他们在接受知识上比别的同学慢一些，而且在课余时间，他们也不能自我加压。许多学生的学习也不具有计划性，不考虑各学科之间的关联性，基本上是被动上课，课后也仅以完成作业为主，基本上不涉及预习、学习、复习的简单而基本的过程，学习中不擅长用脑“理解”。

6. 自身定位高，难以面对就业压力

多数高职学生不愿从事体力劳动，认为工作不体面，又辛苦又赚不到钱，有一些学生动手能力稍差，缺乏社会经验，从而形成了学生“眼高手低”的局面。有许多学生在实习期间不珍惜锻炼机会，经常是工作一段时间不满意就会更换新工作，这也是学生自身定位高的一个表现。

7. 学生心理问题日渐明显

由于人们对高职教育还存在着某种偏见，导致考入高职的学生容易产生自卑心理，在自卑的阴影中一旦受到挫折就会出现心理脆弱，承受能力较差，容易自我否定、自暴自弃，甚至走向极端。这种自卑心理还会引起对学习、人际交往、就业等产生极度焦虑，致使个别学生存在程度不同的心理疾患，影响到他们的身心健康和学习生活。如有的学生感到迷茫、苦闷、烦躁、焦虑，这往往是因为学习压力、经济压力或就业压力等几方面的负担，造成部分学生消极和心理不适应，日渐显露出不同程度的心理障碍。面对压力，许多学生采用消极的应对方式，上课分心，下课揪心，平时上网，考试作弊。

8. 网络文化影响较大，但学生缺乏一定的辨别能力

网络是“90后”学生离不开的学习工具，从网络等媒体中学生可以轻易获得各种文化信息，扩大了知识面，开阔了视野，但正是这种便利让“90后”大学生出现了“浅阅读”文化现象，获得了大量信息，却没有进一步学习和借鉴。通过虚构的世界学习，缺少了与现实的沟通与交流，很容易出现内心的空虚和无助。在高职院校，因为生源的成绩相对较低，进入高职院校的学生本身带有不同程度的自卑感，因年龄关系自我控制力较差，存在着依赖网络的现象，不愿与老师、同学相处交流，在班级中成了“隐形人”，甚至有大批学生沉迷于网游。

二、寻找有效途径，加强高职学生管理

面对新时期部分高职学生在思想上、学习上、纪律上存在的一些困惑或偏差，我们必须积极探索适应现阶段学生特点的科学规范的、有利于学生成长和发展的有效途径，加强高职学生管理。

1. 提升学生管理理念

随着社会的发展和时代的变迁，要让学生认可并积极配合管理工作，应当从管理者的管理理念上加以改变，就是要克服教育管理者以我为中心的观念，牢固树立“以学生为中心、一切服务于学生、一切为了学生”的管理理念，从以教师为中心的模式转变为以学生为中心，充分肯定学生的优点，给予学生相对自由的空间发挥其自主性和创造性。以往的学生管理主要是命令式的，学生管理者具有绝对的权威，而现阶段“90后”大学生具有强烈的参与意识，喜欢竞争且个性独立，他们希望被尊重，不喜欢被强迫接受某种观

点和理论，根据这些特点应该提倡学生的自我管理、自我教育，学生管理者应担当指导者的角色，引导学习和工作的方向，并且在其过程中给予提示和警告。

2. 加强德育工作的构建

高职院校部分学生理想信念模糊、文化素质较低、价值取向扭曲、法律意识相对薄弱、人生目标迷茫，更容易被不法分子利用，因此通过开设德育课(法律公共基础课)使学生学法、知法、懂法、守法，增强学生的法纪意识，减少违纪事件的发生。德育工作采用学习、体验、省悟、成长的模式，将理论教育与品德践行相结合、情感陶冶与榜样树立相结合、教育与疏导相结合，提高学生的思想政治觉悟，使学生具有良好的道德品质、职业素养和健康的心理素质。

3. 帮助学生建立目标导向激励机制

虽然每个学生的学习都有一个基本的目的，但是具体目标以及达到目标的途径和方法并不明确，甚至根本没有。由于不能把学习的目的具体和细化到现实的学习中，成为激发学习的原动力，因而难以达到学习的最终目的。为此，应对学生进行职业生涯规划和激励教育，指导学生对学习和生活目的进行过渡性地分解，使学生通过渐进性和阶段性的方式逐步实现目标。同时，老师也应掌握学生的心理动态，帮助学生明确学习目标，树立学习信心，激发学生的学习热情，并使学生从学习中获得自我的满足。

4. 真正做到“因材施教”，重视学生个体在思想上的差异

针对学生家庭、受教育水平不同的多层次、多类型的特点，选择相适应的教育方式和教育方法。尊重学生的个体差异，不以道德宣讲、理论灌输为主要的教育方法，对思想上存在偏差的学生应积极地了解并以朋友的角色沟通交流，建立相互的信任，让学生愿意接受劝慰和指导。

5. 利用网络优势，引导学生正确利用网络来为学习和成才服务

网络在学生学习和生活中起着越来越重要的作用，成为学习、生活不可缺少的一部分。学校可以利用校园网络，充分利用网络让

学生接触更多精彩的学习内容，使网络成为学生学习的重要手段，同时通过网络加强与学生的交流、沟通，拓宽高职院校学生管理工作的途径和方法；另一方面，要通过因势利导，抵制网络传媒中不良信息对大学生的负面影响，对于个别学生沉迷网络的现象，更要善于谆谆教诲，帮助学生更好地完成学业。

6. 关注学生的心理健康教育

当今社会人们面临的竞争和压力也愈来愈大，针对高职学生心理素质不高、易产生自卑心理的现状，高职院校心理健康教育工作迫在眉睫。首先可以开展团体辅导、心理咨询等方式为学生提供心理健康指导，帮助学生树立自信，消除困惑；其次应开设心理学课程和健康知识宣传、讲座等活动，帮助高职学生正确认识心理健康教育的重要性，培养学生正确的心理健康意识，学会对焦虑、烦躁、自卑等情绪进行自我调节的方法，掌握人际交往中的技巧，沉着地应对学习与就业的压力，帮助他们树立正确的世界观、人生观、价值观，提高高职学生的心理素质。

7. 规范管理，完善规章制度

从学校的实际、学生的实际出发，把学生管理的内容和要求体现在管理的各项制度中，使学生在日常的学习和生活中受到潜移默化的教育。同时在学生管理过程中会不断遇到新问题、新现象，所以各种规章制度也要不断修改、不断完善，它既使管理者在管理过程中有章可循、有据可依，也是约束学生行为的依据。各项规章制度要从新生入学教育抓起，使每一位学生明确校规校纪和自己的责任与义务，规范自己的行为，严以律己，同时对违规违纪学生的处理一定要及时，做到公平、公正、公开，以便对其他学生起到一定的警示作用。

8. 坚持教育与严格管理相结合，把工作做到实处

对学生进行思想教育是学生管理的重要环节，但思想教育又不是万能的，它必须与严格管理相结合，才能获得良好的效果，尤其是招收的文化基础较差的学生，多纪律较为松懈、作风比较拖拉，严格管理更显得尤为重要。实践证明，只教不管为“空”，只管不教为“死”，管教结合是学生工作的必由之路。在建立健全和认真

实施各项规章制度的同时，表彰先进，严肃奖惩，对违纪学生实行将其家长不定期请来学校、配合教育的制度，使学生在日常生活及学习中，养成遵纪守法、努力学习、团结互助的高尚品德。

9. 强化学生管理队伍，加强学生管理工作

建设一支综合素质高、政治素质好、业务能力强并有经验、懂管理、责任心强、热爱学生工作的辅导员、班主任队伍，是搞好学生管理工作的关键。在加强学生管理工作方面，要严格要求学生管理者按照规章制度执行工作职责，建立完善的工作监督体系，还要做到在工作、生活上关心他们，充分调动其工作积极性，同时也要大力加强学生管理者的培训与学习，经常安排他们参加各种业务培训活动，提高业务水平。

总之，学生管理工作在新形势下不断涌现出新情况、新问题，我们应针对新时期高职院校学生的特点，切实增强学生管理工作的责任感和紧迫感，提高做好学生工作的实效性，切实做到全员育人、全过程育人、全方位育人，并且不断寻找更加有效的学生管理方式和方法，把高等职业教育学生管理工作推向新的阶段。

（作者单位：江汉大学）

大学生不良社会心态的表现形式与矫正
——基于思想政治理论课程视角

代大成

从党的十七届五中全会将“社会心态”首次写入“十二五”规划中，到党的十八大报告再次强调“培育自尊自信、理性平和、积极向上的社会心态”，表明“社会心态”越来越受到党和政府的重视。面对复杂的社会经济形势，如何培育良好的社会心态成为我们亟待解决的一项重要课题。积极健康的社会心态，使人奋斗进取，为个人和社会的发展提供精神动力和心理保障；消极错误的社会心态，使人愤懑颓废，不利于个人的进步与成长，也不利于社会的和谐与稳定。大学生是富有朝气、充满活力的群体，是中国特色社会主义的建设者和接班人。因此，培育他们形成良好的社会心态，有利于带动整个社会建设平和、理性的心态。思想政治理论课是进行大学生思想政治教育工作的主要渠道，对培育大学生具有良好的社会心态负有义不容辞的责任。

一、社会心态与大学生不良社会心态的主要表现形式

社会心态是人们对自身及现实社会所持有的较普遍的社会态度、情绪情感体验及意向等心理状态。时代决定心态，心态映照时代。社会心态产生于社会个体心理，又以整体的形态存在，进而影响着每个社会成员的社会价值取向和行为方式，影响着国家经济政治和社会发展大局。良好的社会心态，是促进个人、社会、国家发展进步的重要心理基础，是国家文化软实力的重要组成部分，社会心态是改革发展的“风向标”、文化建设的“晴雨表”、社会稳定的

“安全阀”。当前大学生不良社会心态的表现形式可谓是色彩斑斓，其中较为典型的有以下几个方面。

(一)浮躁心理

浮躁是指在面对、分析和解决问题时所表现出的一种急躁和不沉稳的态度，它是社会高速发展和社会急剧转型的衍生品。大学生浮躁的表现之一是缺乏认认真真做人、踏踏实实做事的实干精神。部分大学生倾向于急功近利，不想通过自己的努力和奋斗而取得应有的成果，却钟情于所谓的“一夜成名、一夜暴富”等的“闪富”。据《中国青年报》一项调查显示，76.8%青年认为靠踏实工作难以致富；70%左右的青年欲做炒钱族。因为一首神曲或一段奇葩视频而一夜成名，因为参加选秀节目而在人群中脱颖而出，因为买彩票或炒股而一夜暴富等事件通过网络环境快速而广泛地传播，使得“一步登天”的速成思潮在大学生群体中具有了广阔的市场。大学生的浮躁还表现为情感上的盲从。因为“你笑、他笑、她也笑，所以我笑”，到处都是笑声，可是却不曾思考为什么笑和值不值得笑。在盲从的笑声中放弃了价值判断力、放弃了思考本身、甚至放弃了基本的感情冲动，这种笑到底有多少价值颇值得怀疑。大学生的浮躁最后表现为没有崇高的理想追求和奋斗目标。他们的学习目标模糊、学习动机缺乏、学习态度消极。对于上课，有些学生必修课选逃，选修课必逃，即使不逃也忙于手机；对于写论文，有些学生是网上下载，东拼西凑更甚者对于他人的劳动成果原封不动地搬来应付老师完成任务；对于考试，考前可以熬夜做小抄却没时间复习，考试期间尽可能抓住一切机会抄答案，甚至现场百度搜答案。学生中流传的“六十分万岁，多一分浪费”的说法，也恰恰体现出大学生的浮躁心理。

(二)怨恨心理

怨恨是指由于某些原因内心充满强烈不满或仇恨，是一种对他人不满的情绪反应。首先是仇官心理。大大小小的官员贪污腐败行为通过网络途径不断地曝光，使得部分大学生对一些党员的党性和政府的执政能力产生怀疑，对官员产生不信任甚至仇视的心态。其次是仇富心理。“富二代”、“官二代”、“星二代”与“穷二代”、“贫二代”、“农二代”的鲜明对比和“高富帅”、“白富美”与“屌丝”、“矮锉穷”的巨大反差，为大学生仇富心理的产生渲染了氛围、提供了温床。同样是在高校念书的学生，有的月生活费几千元，而有的学生却只有五六百；有的学生念书的同时，课外还需要做兼职挣生活费；而有的学生课外时间主要用来娱乐、消遣、电影、淘宝和旅游等。身边现实的生活反差助长了大学生的仇富心理。

（三）极端心理

极端指在面对和处理问题时不能够保持理智的头脑，容易情绪化，比较冲动。在这里的极端主要表现为言行上的冲动和不理性。大学生的极端心理主要表现为极端言论和极端行为。极端言论在网络环境中表现得尤为突出。一些大学生由于各种原因心理失衡，便利用网络环境的虚拟性和开放性在网上发表和散播一些极端的言论。例如，为一些破坏性行为叫好或是散播一些不负责任的虚假信息，拭图铤而走险，报复社会。所谓极端行为，是行为主体由于内外各种原因而产生的紧张心理状态和情绪反应时所作出的以事情发展极限作为行动结果的行为。大学生极端行为主要表现在两个方面：一是对自己所实施的如自杀、自残、自毁等恶性行为；二是对他人所实施的如暴力、攻击、故意杀人等恶性行为。作为人类社会的一种特殊行为，极端行为的发生发展乃至实施过程具有的外在表现，无一例外地由极端行为人相应的心理所支配并表现出独特的认知、动机、情感和性格等心理特征。

二、大学生不良社会心态成因分析

（一）复杂的社会环境给大学生带来的压力

大学生面临着学习、经济、就业、父母期望等多重压力。这些压力给他们的心态形成造成极大的影响。在压力面前，有的学生能够正视压力，化压力为动力，更加认真地学习；而更多的学生在多重压力面前，思想浮动、狂躁、急功近利、郁闷孤独，难以继续保持纯净的求学心态而随波逐流。他们缺乏信仰，没有生活的动力，没有追求的勇气，更没有奋斗的目标。因此，产生精神流浪、空虚、苦闷，从而一味地寻求刺激。

(二)家庭环境对大学生心态形成的重要影响

家庭是人生的奠基石。父母是孩子的第一任老师。家庭和父母对学生的成长成才影响深远。现在的大学生大部分是90、95后，多数是独生子女，是家庭里的核心，多重恩宠集于一身。家庭的溺爱形成了他们以自我为中心的个性和过分依赖父母的生活习惯，自立能力差。来到大学以后，脱离了父母的庇护，一切都要靠自己，很多同学无法适应。另外，来自贫困家庭的学生，由于经济条件的巨大差距，往往造成很大的心理落差，自卑自惭羞于表达，有时候会刻意躲避集体活动。

(三)教育资源不足对学生心态的影响

高等学校迅猛扩招带来的是教育资源极其紧张的局面。一是硬件资源不足。实验室、教室、自习室紧缺，大学生要花费大量时间寻找教室。学习环境不好势必会影响他们的学习积极性。在这种情况下，有的学生产生了惰性心理，待在寝室、网吧成了他们的选择。二是教师的数量和质量难以达到要求。教师的水平是学校发展成败的关键，而扩招带来了教师数量紧张，很多教师带很多课程，教学工作量巨大，面对众多的学生，教师是很难用心地对每个学生进行指导的。此外，部分教师素质不高，教学技能、专业水平低，不能够激发学生的学习兴趣。有些课程设置难以引起学生的学习热情，教材落后，不能紧跟时代发展的要求，导致学生对自己所学专业信心不足。

(四)个体自我认知上的偏差

大学生的很多心态问题是由其自身认识出现偏差而没得到及时

纠正所致。一是自我估计过高。有些大学生自身期望值很高，要求自己必须成功，一旦达不到预期，便极易陷入情绪困扰之中，认为自己没用，是失败者，从而导致自卑自弃，如果别人稍有不敬，就认为他人一无是处，责备他人甚至产生敌对冲动情绪。二是自我评价过低。有些大学生常通过与他人的比较来进行自我评价。在比较过程中，他们往往发现自己与其他同学在学习、生活、能力等方面存在较大差距，心理上极度不平衡，给自己带来痛苦和心理问题。三是不能正视心理矛盾。性格内向、抑郁、孤僻的大学生常对心理矛盾无所适从而产生心理冲突，并对自己造成较大的心理压力。他们不善或不愿与他人进行交流沟通，不喜欢参与集体活动，知心朋友少，将自己的思想活动封闭起来，心理扭曲、空虚、寂寞、压抑、失落等时有发生，同学间感情淡漠，给自己造成了沉重的精神压力，从而产生不良心态。

三、高校思想政治理论课视野下的大学生良好心态的培育

思想政治理论课作为大学生思想政治教育的主渠道，无论从理论解释还是价值引领角度，无论从教学内容还是教学方法方面，都对培育大学生良好的社会心态起着至关重要的作用。

1. 了解世情国情，解决心理疑惑

社会心态作为一种社会意识，是由社会存在所决定的。因此，我们不能只关注“心态”，还要关注“心态”背后的社会存在。毛泽东说过：“认清中国的国情，乃是认清一切革命问题的基本的依据。”同样，认清我国现在的基本国情也是认清一切建设和发展问题的基本依据，是培育大学生良好社会心态的首要前提。大学生由于社会经验不足，对造成社会问题的深层次原因难以厘清，思想政治理论课正是他们了解世情国情的主要渠道。马克思说过：“理论只要彻底，就能说服人”。思想政治理论课不是一些社会热点问题的简单介绍或一系列数字的简单罗列，而是除了让大学生知道是什么之外，还让他们知道为什么、将来会怎么样，对产生问题或现象的原因进行深入分析，并对未来发展趋势作出科学预测。通过问题

(现象)——原因——趋势的逐步深入，思想政治理论课使“纯粹的理论”焕发活力，使人信服，从而解决大学生的心理困惑，引导大学生树立科学的人生观、价值观、世界观。另外，了解世情国情有利于增强大学生的社会责任感和历史使命感。我国究竟在世界上处于什么地位？我们的生存环境究竟如何？这是每一个大学生都应该关心的问题。帮助他们认清这些问题和面临的严峻形势，使他们不至沉醉于幻景中，盲目乐观，使他们明确只有通过艰苦努力才能改变这种局面，从而增强他们的责任感和使命感。

2. 坚定理想信念，填补心里空虚

社会转型是一个阵痛的过程，人们在感受经济发展带来的日益丰富的物质生活的同时，也正经历着“理想真空”、“信仰真空”所带来的精神失落的痛苦。理想信念是人的精神内核，有理想信念的人，思想行为积极向上，生活态度乐观进取，即使遇到逆境也能保持一种健康的心态。而缺乏理想信念的人，不能把握人生的方向，怀疑生活的意义，对周围世界无所适从。理想信念教育是思想政治理论课的重要教学内容之一。《马克思主义基本原理概论》讲解了马克思主义的世界观和方法论，为科学理想信念的确立奠定了理论基础。《中国近现代史纲要》有助于大学生了解近代以来中华民族屈辱、曲折的发展历程，深刻领会只有中国共产党才能救中国，只有社会主义才能发展中国的历史必然选择。《毛泽东思想和中国特色社会主义理论体系概论》通过介绍社会主义现代化建设和改革开放的伟大实践，使大学生树立在中国共产党领导下走中国特色社会主义道路，为实现中华民族伟大复兴而奋斗的共同理想。《思想道德修养与法律基础》则专门设有理想信念教育的章节。这几个方面一脉相承、相互补充。思想政治理论课通过自身课程体系架构的合作与分工为建构大学生的精神家园，培养大学生的理想信念提供了理论支撑和方向引导。理想信念是一个思想认识问题，更是一个实践问题，大学生只有在科学理想信念的鼓舞下，才能拥有博大的胸怀，才能摆脱“空虚无聊”的心灵藩篱，获得真正的自由和解放。

3. 提供人文关怀，抚慰心理无助

人文关怀以尊重人、满足人的生存和发展需求，特别是精神发展需求为出发点，以弘扬个性、促进人的全面自由发展为落脚点。思想政治理论课经过多年的改革，基本形成了人文关怀的教育理念。从教学内容来看，思想政治理论课是以马克思主义及其中国化为主线，辅之以国史、党史教育和思想道德素质培养。教学内容设置充分考虑到了大学生的思想和心理特点及其成长规律，遵循贴近生活、贴近实际、贴近学生的基本原则，满足了大学生的精神需要和发展需要。在教学方法上，采用探究式教学法、启发式教学法、案例式教学法等，避免强制灌输的方法。鼓励大学生参与到思想政治理论课的教学过程中，注重学生的主体地位，从而帮助大学生形成积极向上的思想、行为和价值观念，避免和消除消极悲观的情绪和心态。从师生关系来看，思想政治理论课教师一改以往“学究式”、“权威型”的特点，注重与大学生平等地进行思想和感情交流，从而破除人为的感情屏障，成为大学生可以吐露心声的人。注重、关心、爱护大学生是思想政治理论课教师的应有责任，在此基础上形成平等和谐的师生关系，使思想政治理论课教师不仅是传授知识的良师，而且是引领大学生精神追求的心灵导师。

4. 加强心理疏导，缓解心理焦虑

面对大学生心理问题上升的趋势，培育他们具有良好的社会心态的关键点还是要落在“心”上，也就是如今网上很流行的一个词叫“走心”。心理疏导是遵循人的心理和思想活动规律，通过解释、说明、沟通、共情等方式，疏通人们的心理障碍和思想矛盾，使人的心理状态和思想活动趋于健康。心理疏导与思想政治理论课教学是有机统一的。思想政治理论课的教学内容包括心理健康教育的内容。比如在《思想道德修养与法律基础》课中，专门有一节介绍如何科学对待人生环境，包括促进自我身心的和谐、个人与他人的和谐、个人与社会的和谐、人与自然的和谐等，并详细讲解了保持心理健康的途径和方法、创造良好人际环境应遵循的原则等内容。在思想政治理论课教学中融入心理健康教育有利于帮助大学生自觉地调适心理，保持心理健康。

总之，思想政治理论课始终把对大学生良好社会心态的培育贯穿在整个教学的过程中，并通过国情世情教育、理想信念教育、提供人文关怀和心理疏导等途径加以实现，对大学生良好社会心态的培育起着不容忽视的作用。

注：本文系湖北省高校优秀思想政治理论课教师择优推广计划“大学生道德价值观冲突”（批准号：15Z217）的阶段性研究成果之一。

（作者单位：武汉纺织大学）

试论礼仪教育在大学生德育建设中的重要作用

戴　浩

在儒家德教框架中，礼仪教育向来是浓墨重彩的一笔。这种道德构建模式的影响一直延伸到现代——2001 年中共中央公布的《公民道德建设实施纲要》中明确提出“明礼诚信”，把礼仪作为道德规范的不可或缺的组成部分，肯定了礼仪教育在公民道德建设中的地位和作用。

那么，要了解礼仪教育何以在德育建设中占据如此重要的地位，就需要我们对礼仪和道德的关系作深入剖析：道德是由社会经济基础决定的一种特殊的社会意识形态，是调整人与自然、人与社会、人与人之间相互关系的行为规范的总和；礼仪则是人们在社会交往中形成的，以建立人与自然、人与社会、人与人和谐关系为目标的符合礼的精神的行为准则和规范的总和。道德是一种内在的要求，而礼仪是道德的外化形式。两者实质上是一种内容和形式的辩证关系。因此，礼仪和道德具有内在的统一性，礼仪作为一种外在的形式，从根本上来说是符合道德的内在要求的，良好的礼仪有助于道德的形成与培养，两者无论是在思想的层面，还是在行动的层面都达到了高度的统一。道德作为礼仪的内化，对于礼仪有着决定性作用，并通过礼仪表现出来，没有内在的道德修养，外在的形式就会失去根基；礼仪作为道德的外化，可以彰显出内在的道德品质和道德修养，并且在一定程度上能够对于道德的培养形成起到引导作用。《论语》中提到“不学礼，无以立”，讲述的就是这个道理，通过礼仪训练，引导人们增进道德信念，加强道德修养，提升道德品质，成为“有德之人”。而礼仪作为道德的外化形式，具有极强的可操作性，能够在社会交往中进行标准化操作，从而保证道德原则的实施。

由此可见，自古而今，通过礼仪教育进行道德的培养和建构一直是极有效的方式和手段。身居礼仪之邦，知书达理，待人以礼，应该是当代大学生的基本素养，然而在当今的大学校园里却存在着一些不文明不守礼的不和谐现象，例如部分同学缺乏卫生意识，随意乱丢垃圾，吐痰；缺乏规则意识，乱写乱画，迟到早退，在公共场所随意大声喧哗；缺乏礼让意识，图书馆、食堂等公共场所占位、插队现象屡有发生；缺乏敬畏意识，对师长缺乏最起码的敬意，对他人的帮助觉得理所应当，以自我为中心，甚至漠视他人健康乃至生命……这些现象轻者影响校园和谐和正常人际交往，重者会造成偶发的一些极端事件，近年来校园暴力案件愈加频繁发生，折射出礼仪教育是当代高校德育的盲区。

一、当代大学生“失礼”的原因分析

1. 社会环境中礼仪的淡化

在现代化进程中，传统文化不免会受到不同程度的冲击，20世纪中国经历了“新文化运动”和“文化大革命”两次反传统运动，一些传统的基本礼仪几乎荡然无存，在社会急剧转型时期，这一现象益发突出。当今社会竞争激烈，在市场经济大潮的冲击下，社会环境中的一些不良因素以及网络中的暴力和不当言论，都会对大学生的礼仪观念产生负面影响，不少青年学生误把礼仪与自由决然对立起来，认为礼仪教育是一些“繁文缛节”，碍手碍脚，抑制了个体的自由，束缚了个性的张扬。

2. 家庭教育中礼仪的缺失

我国在计划经济向市场经济转型的过程中，涉及的整个国家政治、经济、文化调整的过程中也出现了一些非法或非道德的现象。目前我国在校大学生基本上都是90后，生长在市场经济的大环境下，一些家长在成长教育中有意灌输孩子利益至上、弱肉强食等扭曲的竞争观念，再加上中国应试教育的大背景中，家长的教育过于趋向于功利化。关注点集中在孩子的学习成绩上，淡化了家庭教育中对孩子礼仪方面的培养，造成部分青年学生“不知礼”的现状。

3. 高校德育中的礼仪教育盲区

我国教育一直致力于培养“德智体美劳”兼备的人才，但是在应试教育的大环境下，中小学阶段德育培养始终是其中比较薄弱的环节，而高校德育教育虽受到一定的重视，但在实践中存在着一些盲区，表现在更多地重视“思想政治教育”，忽视“礼仪行为培养”，尤其是关乎学生生活实际和社会交往方面的礼仪更是严重滞后，道德践行遂成为高校德育中的低效环节。即使实在一些高校已经开展了部分礼仪教育的课程，但是一来覆盖面不够广，再者教学内容枯燥陈旧，不能很好融合中西方不同的礼仪观念，再加上理论和实践相脱节，教学效果差强人意，这些客观因素都制约了礼仪教育延续性和实效性。

二、礼仪教育在大学生道德建设中的重要作用

鉴于以上所述，礼仪教育的缺失，阻碍着目前高校学生道德的构建和培养，因此，目前的高校德育工作应当高度关注大学生的礼仪教育。礼仪教育作为一种可操作性极强的道德规范和准则，在大学生道德意识的形成和培养中充当着显性的标准和媒介；而当礼仪内化为大学生行为习惯和个人修养的时候，又称为良好道德形成的体现。因此，礼仪教育在高校德育中扮演着极其重要的角色。

1. 礼仪教育有助于提升大学生的思想道德素质

真正的人才，不仅仅要有高端的专业知识，还需要有良好的品德和礼仪修养。礼仪作为道德的外化形式，一方面与道德有着内在的统一性，另一方面具有较强的可操作性，为道德教育提供了一种简约的手段，成为道德建设的一种重要途径。通过适当的礼仪教育培养和建构道德意识，在我国有着两三千年的历史，无论在理论还是实践上都已经十分成熟。“克己复礼”是孔子仁学的重要内涵，他把礼看作修身、齐家、治国、平天下的基础，“礼”作为“六艺”之一，是古代知识分子必修的课程，旨在培养“文质彬彬”的君子，即注重礼仪与质朴本质相结合的真正有道德的人。在当代高校道德

建设中，我们也可以借鉴传统文化的优秀资源，对大学生进行系统的礼仪教育，正确引导他们约束自己的不当行为，树立正确的道德意识，做到“诚于中而形于外，慧于心而秀于言”，把外在的“礼”的形式与内在的“德”的内容有机结合，从而有效提升当代大学生的思想道德素质。

2. 礼仪教育有助于大学生建立良好和谐的人际关系

马克思提出人是社会动物，人的本质在其现实性上是一切社会关系的总和，人与人之间的交往都离不开基本的礼仪。大学阶段是学生走向社会的一个重要过渡，他们离开父母和家庭，开始过集体生活，随着高考压力的消散，他们开始融入社会，加大交往的幅度，在这样的一个特殊阶段，如果不能建立良好的人际关系，将会引发一系列的问题，要么出现人际交往障碍，情感封闭，惧怕交往，影响心理健康，要么扩大人际交往中的摩擦和冲突，严重的会造成恶劣的社会后果，近年来不断发生的各种校园暴力事件，很大程度上都是由于人际交往不和谐而引发的。《礼记·礼器》中提到“君子有礼，则外谐而内无怨”，由于礼仪是建立在真诚友善，敬人律己的道德基础上的，故可以联络感情，增进友谊，协调各种人际关系，营造和谐友善社会氛围。即使在人际交往中出现一些摩擦，也可以通过“礼”的方式巧妙化解，重新架构人际关系。因此，在大学生道德建设中加强礼仪教育，对于建立良好的人际关系，增进校园和谐十分必要。

3. 礼仪教育有助于大学生树立信仰，增强社会责任感

当前我国正处于社会急剧转型时期，人们的道德观念和信仰都受到不同程度的冲击和挑战，社会环境中的一些负面因素导致了当代大学生中出现了道德滑坡，信仰迷茫，社会责任感缺失等现象，而礼仪教育成为解决这些问题的重要途径之一。中国传统的礼文化有着浓厚的道德情怀和人文精神，对于坚定信仰、陶冶情操、培养社会责任感等方面均可起到积极作用。

三、高校道德建设中加强礼仪教育的方法

一个合格的大学生，不仅要“知书”，更要“达礼”。孔子有一

句至理名言，“不学礼，无以立”，对现代高校道德建设极具启迪作用。目前在高校开展礼仪教育，应该采取一些有效的措施和方法：

1. 明确礼仪教育的内容

一方面，目前高校礼仪教育的内容应当对中国传统的礼文化批判继承，传统礼文化中的仁爱、诚信、谦让、尊师敬长、勤俭节约等基本的道德规范，至今仍有着普遍的积极意义；而传统礼文化中严格的等级、尊卑观念则需要我们彻底地否定。另一方面，高校礼仪教育的内容应具备时代气息和国际视野。在批判继承传统礼仪的同时，要勇于开拓创新，根据时代的需要，汲取各国优秀的礼仪文明，结合国际形势，致力于培养“明礼诚信”的青年学生。

2. 增强礼仪教育的实效

目前，礼仪教育仍然是我国高校德育建设中的一个盲区，虽然近年来许多高校纷纷开展各种礼仪课程，但一来覆盖面不够广，二来教育力度不够，导致礼仪教育效果甚微。高校可以在思想道德修养课程中增添礼仪教育的内容或者开设相关的选修课程，有针对性地对大学生进行系统规范的礼仪教育，还可以定期邀请礼仪教育的专家开展系列讲座，加深学生的认识，引发学生的兴趣；还可以形成完备的制度，将学生的日常礼仪纳入综合素质考评体系之中，以强化大学生的道德自律意识；另外，营造良好的校园文化氛围，可以通过定期开展丰富多彩的礼仪活动，借助各种媒介介绍和宣传礼仪知识等，激发学生兴趣，推进校园文明建设，加强礼仪教育的实效。

3. 树立礼仪规范的榜样

首先，老师应以身作则，尤其是思想政治教育专任教师，要能够做到言传身教。正人必先正己，教师应严格要求自己，重视自己的道德修养和礼仪素质，带头注重仪表仪态，成为学生仿效的表率；其次，可以采用灵活多样的手段，在校园里评选出一些“礼仪标兵”并加以宣传和奖励，树立礼仪规范的榜样，引导学生注重礼仪。

4. 规范各种仪式和典礼

校园里的各种仪式典礼，比如开学典礼和毕业典礼、颁奖典礼；入团入党的仪式等，都应该加以重视和强调，通过组织隆重正式的仪式和典礼，能够帮助学生获得认同感和归属感，激励学生的热情，振奋学生的精神，取得意想不到的后果。

礼仪教育是高校道德建设的重要途径，通过礼仪教育，使大学生养成得体恰当的行为习惯，建立自觉的道德意识和道德规范，提升大学生的道德素养，解决现实社会由于“失礼”而导致“失范”的社会问题，是每一位德育工作者都面临的迫切而长期的任务。

（作者单位：江汉大学）

论大学生责任教育创新的理路

——从理念的转变到方式的革新

陈　菲　周　冉

加强大学生责任教育既是培养社会主义建设者和接班人、构建社会主义和谐社会、实现伟大复兴“中国梦”的必然要求，也是促进大学生自我完善和发展的内在要求。要实现大学生责任教育的创新，就要以促进学生的全面发展为理念，以引导学生“理解负责”为目的，以提升学生的道德能力为内容，构建起以学生为主体、教师为主导的责任教育体系，既要充分发挥高校作为责任教育主阵地的重要作用，积极引导大学生的自我教育和自我提高，也要借助家庭教育和社会舆论导向的辅助作用，建立起大学生责任教育的联动机制。

一、责任教育理念的转变：超越“知识人”培养“全面发展的人”

高等学校是培养全面发展的高素质人才的场所，亦是造就学生身心全面发展的精神花园和文化殿堂，它不能沦为“知识工厂”或高级职业培训机构。责任教育就其本意而言，是要引导学生去追寻一种“责任生活”，培养学生成为具备责任品质和责任人格的人。从这个意义上来说，责任教育是“真正的人”的教育，它的要旨在于引导学生成为一个真正意义上的人，成为一个个性自由而全面发展的人。

1. 从“实然”到“应然”，引领学生德性世界的自我构建

人既是以一种实然状态存在着，同时又是以一种应然的方式存

在着的。人的本性的二重性决定了人的本质在于超越。人的自我超越，是建立在意义世界的构建之上的。也就是说，人总是基于对现实生活的不满与反思，从而不断通过自身的建构活动，使生活朝着理想中的意义世界发展。教育、道德教育是指向未来的。从这个意义上来说，教育就是为了受教育者自我超越的实现。因此，责任教育的目的，就在于引导大学生反思现实生活并积极构建可能的生活，并通过这种意义世界的构建把其铸造成一个有德性和负责任的人。责任教育就是要帮助学生不断地去丰富、扩大、提升自己的生活领域和生活境界。促使他们真正走进自己的生活，主动地承担各种不同的角色与责任，引导他们在各种不同的生活建构活动中丰富自己的个性，促进自身责任人格的生成。

2. 从“教会负责”到“理解负责”，高校责任教育的终极价值

理解负责”包含了双重维度。一是理解，即“理解责任”，理解为什么负责（责任的缘由）、负什么责（责任的内容）以及责任之于自我的意义；二是负责，即“践行责任”，是个体对责任的自觉履行和对自身行为后果的承担。无论是“理解”抑或是“负责”都是责任主体积极主动的行为，带有主动获得和主动践行的意蕴。“理解”作为人的基本的生存方式，赋予人以关于世界的、社会的和自我的意义。因此，“理解负责”将责任教育导向了“引导”、“激发”和“主动”的向度。引导学生“理解责任”，意味着帮助学生了解、认知责任之于他自身的意义。学生对自身责任的理解越丰富、越深刻，他所获得的意义就越多，他的责任人格就越趋于完整和健全。“负责”，是在责任意义理解的基础之上，对自身责任的履行。“理解负责”，就是要求每个个体在理解自身角色和社会要求的基础上，把握自身行为及其结果，使之符合社会要求的观念、情感和意愿。

二、责任教育内容的拓展：从知识灌输到能力提升

大学生责任教育并非“责任知识”学习，责任教育的内容更不能拘泥于简单的“责任规范”。事实上，责任需要知识，更需要能力，责任的践行正是人的能力的彰显。人们逃避责任，一方面，是

由于自身意识和观念层面的原因，另一方面，也受到自身道德能力的制约。这也是当前大学生普遍具有较好的责任认知，但在责任践行层面缺失严重的原因。因此，大学生责任教育在注重责任意识、道德观念培养的同时，更应重视大学生道德能力的提升。

1. 道德回应能力培养

首先，道德回应能力表现为一种积极的责任情感，包括“自爱”、“爱人”、“同情”、“勇敢”等。大学生们往往在面对“国家危难”、“自然灾害”时，体现出极大的愤慨和同情之心，体现出较强的责任感。然而，仔细分析这种责任情感，它往往是一种被动的、被激发的缺乏理智的情感，体现出一种“受害者心态”。基于外在刺激下产生的爱国情感，是一种仇外心理和怨恨情感交织作用的扭曲的爱，它不是我们所强调的责任回应中的积极情感。因此，在大学生责任教育中，我们强调的是对学生内源性的、积极的情感的激发和引导。

其次，道德回应也是一种预见与判断的能力。“回应”是一种积极情感，其关键在于对责任的承担不仅仅局限于对已发生的事情负责，而且还要对未来可能发生的事情负责。这是一种事先的顾及后果，是对行为结果的预见和判断。因此，道德回应能力的培养，不单单要注重学生积极回应情感的培育，也应当注重学生道德预见和判断能力的锻炼。

2. 道德选择能力培养

人在面对着多种道德可能性时，对它们进行思考、权衡、取舍，最终作出选择，这种选择是他自己作出的，他就必然要为这种选择的后果负责。选择是责任履行的前提，而责任则成为选择的必然属性。在大学生责任教育过程中，要为学生创造更多的机会，引导他们认知道德的多种可能性，并作出符合道德准则和道德要求的选择。教师不再是凌驾于学生之上、操控整个教育进程的统治者，课堂不再是一言堂，学生才是教育活动的真正目的指向。

3. 道德实践能力培养

道德实践是德性外化为德行的过程，也是个体责任人格的体现。无论是促进大学生的全面发展还是引导大学生理解负责，其本质都是指向实践的。完整意义的责任教育，必须做到在责任规范认知的基础上，通过使学生在教学过程中感受责任，引导学生选择行为方式，并最终践履责任。所以，高校在实施责任教育时，应当为大学生提供更多的自主选择和参与道德实践活动的机会。努力创设一种相互尊重、民主平等的氛围，培植大学生的主人翁责任感，充分发挥主观能动性，开展各种讨论与活动，在不同的活动中应尽量让学生有机会担任不同的角色，使其学习和实践为角色所要求的各种责任规范，获得对不同角色之不同责任的感受。同时，还应当重视社会实践在责任教育中的育人功能。责任作为品质，作为习惯，需要在实践中培养，在生活中积淀。责任教育是一种养成教育，生活的每时每刻都在实践着所学的理论，责任教育中要重视社会实践的育人功能，实现责任认知与责任行为的统一。为解决责任践行的问题还需要从践行中去获取动力和相应的资源，“在践行中学习践行”这正是责任教育的独特之处。

三、责任教育方式的革新：从单一的课堂教学到联动机制的建立

要提升大学生责任教育的实效性，就必须有机整合大学生责任教育的外部和内部因素，将社会教育、学校教育以及大学生自我教育有机结合，构建起责任教育的联动机制，从而形成合力。

1. 充分发挥高校作为责任教育主阵地的作用

首先，高校的德育课程是大学生接受责任教育的基本方式与核心载体。高校德育课的学科建设、课程设置、教材编写以及教师队伍建设必须进一步得到加强和改进，以更好地发挥其责任教育主渠道的作用。德育课教学要联系我国社会发展的实际情况，结合当前大学生责任诸方面的现状，力图实现将责任教育与思想政治教育相结合、系统教学与专题讲座相结合、理论武装与社会实践相结合，并切实改革教学方法、改进教学内容、完善教学手段，从而有效地提升大学生责任培养的有效性和实效性。在大学生责任教育的过程中，要遵循大学生身心发展各方面的特征以及客观规律，促使传统的德育模式向现代德育的转型，以科学的理论视野和思想来充实高

校责任教育的教学内容，力图从深度和广度上加深大学生对自身责任的认知。

其次，还应当充分发掘和拓展大学生专业课程作为责任教育的隐性载体的功能。在大学生专业课程的学习之中，不仅仅要注重对学生传授专业知识，更要深入挖掘该学科所内在蕴含的道德价值。在专业课教学中，以科学知识、专业知识的传授带动责任认知的学习，这使得大学专业课不仅仅只体现了其知识性和实用性的工具性价值，还彰显出了其育德、成人的人文情怀。同时，良好的课堂氛围和教师的言传身教也同样具有不可小觑的潜在育人作用。因此，大学生责任教育应当摒弃以往只在德育课堂上讲道德的方式，更应当警惕高校专业课程学习中的“去道德”化现象，应当将责任教育深入到各门专业课程的学习之中。这要求教师们，要以高度负责的态度，以良好思想道德品质和极具魅力的人格给大学生以潜移默化的熏陶。大学生责任教育应当充分挖掘专业课程之中的责任教育资源和因素，如自然学科中的科学精神与人文关怀、艺术学科中的德性认知与审美体验等，都能使学生的精神世界得以丰富和滋养。

以校园文化育人：为学生责任能力的生成营造良好外部环境。良好的道德环境会对个人的道德行为产生一种激励作用，使行为主体主动向着道德要求的方向发展，同时克服自身存在的弱点。因此，高校需要发掘校园文化资源，发挥环境的育人功能，构筑氛围型德育模式。校园精神文化包括校风、班风、学风等，良好的校风、班风等校园精神文化能对学生起到潜移默化的影响。校园组织与制度文化是校园文化的内在机制，其内容包括学校的传统、仪式和规章制度，它是保障学校正常秩序必不可少的机制。在校园文化的建设之中，有意识地加入引导学生责任践行的要素，为学生责任能力的生成营造良好的外部环境。

以网络载体育人：构筑大学生的网上精神家园。网络德育开拓了一个崭新的学习空间，网络德育实现了传统德育的现代转型，体现了当今教育改革与发展教育技术现代化和信息化的特点，增强了德育内容的现实性、生动性和丰富性，使德育过程形象生动，富有吸引力，可以提高学生学习的参与性。利用网络提供的模拟场景，让学生在虚拟的社会道德情景中开展道德实践，既有强烈的娱乐性，又有相对的真实性，增加道德体验，寓教于乐。网络还能提供文字、声音、图片、影像等众多信息，大学生能够更好地感受氛围，表达态度观点、展开积极讨论，达到最佳的教育效果。

以实践活动育人：促进大学生的责任体知。在大学生责任意识培养过程中，创建角色体验活动是行之有效的培养方式。我们可以在教学活动中为学生安排一定的角色，让学生换位思考，以角色的身份活动，使学生养成与所扮演角色相关的道德品质，构建新的道德价值体系，形成道德品质的内化。大学生的活动时间、空间是比较有限的，不可能事事都有亲身体验、亲身经历的机会，但是通过角色扮演等角色体验方式，大学生可以在具体的已定情景模拟中，以特定的角色来实际处理问题，从内心深处体验到自身所担负的责任，从而表现出我们所期望的行为反应，形成自觉履行责任的习惯。角色体验要经过多次行为训练、反复强化，才可以使学生获得的情感体验巩固下来，形成持久的内心意识和行为习惯。通过角色体验可以使当代大学生改掉以自我为中心考虑问题、行为处事的缺点，与他人将心比心，换个角度设身处地地为他人着想。大学生可以从中学会调控自己的言行举止，当在现实生活中真正遇到问题时，可以理智正确地作出符合道德规范的抉择，能在道德情境中设身处地、站在他人角度看问题，并将其转化为责任行为。

以教师德性育人：树立榜样促进学生的责任学习。教师是学生道德行为的引导者，教师要以自己高度的责任意识去教育学生，用良好的道德行为去影响感染学生，要以身作则、身先示范，利用教师劳动的示范性为学生责任意识的养成起榜样作用。教师既要在向学生传授知识和观念过程中教育学生；还要以自己的教学行为来影响学生，要具有强烈的育人意识。高校教师要以自己强烈的事业心和高度的责任感为学生树立“欲正人，先正己”的榜样。教师要在日常生活中对学生进行和风细雨的教导，“润物细无声”地关心关怀学生的生活学习，让学生在充满爱的氛围中去感知爱、去关爱别人。一个自身缺乏责任意识的教师在培养学生责任意识的过程中是没有说服力的。高校不仅要注重教师的科研能力和教学能力的深造，更要注重教师道德精神品质的提高，因为，只有师德高尚的教师才能够真正教育培养出具有责任担当的学生，同时也只有师德高尚的教师才能够真正走进学生的心灵。

2. 积极引导学生开展自我教育

大学生的自我教育和自我提高是高校责任教育的内部动力，亦可视为大学生责任教育的核心。首先，大学生应当将学习与思考相结合，促进自我的责任认知。在虚心学习和获取相关道德规范和责任知识的基础之上，通过对社会道德现象或个人道德困惑进行积极的思索以明辨是非、辨别善恶，将学与思相结合，从而提升自我的责任认知能力。其次，将实践与反思相结合，提升自我的责任判断能力。在大学生的社会实践生活之中，应当自觉地通过内省和反思来检验自身的思想与行为是否符合社会道德规范，是否符合自身的责任的要求，及时发现自我思想和行为中的不良倾向并且加以抑制和克服。大学生要通过自我意识对自身的思想和行为进行有效的控制与调节，不断矫正自己的言行举止，提升自我的道德洞察和预见能力。再次，将监察与自律相结合，激发自身的责任情感。强烈的责任情感是大学生实现道德自律的重要保障。责任本身强调的就是一种自律的能力，要求人们在不依赖于外在强制力量的情况下，依然能够坚守道德信念，自觉践行责任。

3. 充分开发和利用社会资源

在家庭和学校生活之外的社会生活是培养大学生责任意识的大熔炉，在社会生活中，利用社会所提供的丰富的资源，大学生既能将所学的知识技能学以致用，得到实践锻炼，又能在道德行为水平上得到强化提升。因此，社会资源是培养大学生责任意识重要的组成要素。在高校道德教育中，社会实践活动是必不可少的重要内容。通过参加社会实践活动，大学生们不仅可以汲取宝贵社会经验补充在校学习的不足，还能提升自身责任意识水平，是实现“知行合一”的重要渠道。丰富多样的社会实践活动能够帮助大学生们磨砺成熟的个性，形成完善的思维意识。不论是志愿者服务活动，还是去企业中的实习锻炼，都能让大学生们在实际行动中去检验、修正以及完善自己的思想。

积极健康的舆论导向能促进大学生确立正确的责任认知、激发强烈的责任情感，提高他们责任判断和行为能力，对大学生责任能力的形成具有极为重要意义。不可忽视的是，在现实的社会生活，社会舆论既包括了积极的、进步的舆论，也无可避免的涵括了消极的、落后的言论。因此，在发挥社会舆论对大学生责任教育的引领作用之中，一方面要坚持弘扬主旋律，宣扬社会正气，褒扬和崇尚符合社会要求的言行；另一方面，也要反对和批判那些与社会道德要求相违背的言行，自觉抵制各种腐朽、消极和错误的舆论思想。

（作者单位：江汉大学）

浅谈如何提升大学生幸福感

赵 琰 高 璇

幸福感是人们对于自己生活的评价和体验，是对人生价值的自我肯定。对于当代大学生来说，幸福感对于他们人生发展和自身价值实现都具有重要的影响。幸福感是衡量大学生生活质量的标准之一，也是大学生心理健康的重要指标之一。幸福感的提升对于大学生成长成才具有着极大的影响和重要的意义。

一、影响大学生幸福感的几大因素

1. 社会影响因素。大学生的幸福感来源于对于自身生存环境的和谐与遇人遇事的公平公正。随着社会市场经济改革，社会中出现了一些不良现象，比如：社会地域贫富差距较大，就业择业不公平、不公正、教育程度偏差、腐败贿赂、黄色暴力、不劳而获等，严重冲击着当代大学生的思想，不良的思潮影响着大学生的内心，心理承受能力差一些的学生，很容易被腐蚀，使得大学生对社会不满、抱怨，甚至是非不分明，影响着大学生幸福感。

2. 学校影响因素。高中教育一直强调数理化、大学教育一直强调就业专业教育，虽然很重视对大学生能力素质的培养，但无形中也带给大学生很多的压力，让他们认清了社会的残酷，却忽视对大学生幸福感教育。大学生对未来是憧憬的、对幸福生活是渴望的，然而，大学生有着较大的学习压力，压力过大无法排解，会对大学生的心理健康造成不利影响，大学四年的教育本应该是一名大学生塑造人生观、价值观和幸福观的黄金时期，但是繁重的学习压力和就业压力，使他们无暇顾及其他，他们从校园走进社会，不仅仅需要有过硬的专业知识，还需要有心理教育，适应千变万化的社会，适应环境是必不可少的。现在，学校教育往往忽略了对于大学生的幸福感教育，幸福教育的缺失影响着大学生对幸福的理解、对幸福的体验，可见，幸福感教育是大学心理教育的必不可少的重要组成部分

3. 家庭环境影响因素。都说父母是孩子的第一任老师，家长的行为举止影响着孩子，家长的人生观、世界观、价值观也影响着自己孩子对于人和事物的态度与观点，大学生家庭幸福感的体验来自于家庭的和睦和关爱以及家庭经济状况。如果一个家庭孝敬老人关爱子女，有着和谐的亲子关系、相濡以沫的夫妻关系，经济状态良好，他所感受到的幸福感越大，相反，家庭关系紧张，则会使大学生产生抑郁、焦虑等消极情绪，家庭经济情况较差，他所感受幸福感越小。特别是有些大学生过分看重金钱，喜欢用金钱作为衡量幸福的指标，一味地追求名牌、这种享乐主义对大学生幸福感产生错误认知，经济条件困难的大学生往往会非常自卑心理，人际关系敏感紧张，幸福感自然较低。

4. 个人影响因素。人格是构成一个人的思想、情感及行为的特有模式，积极正面的人格品质是大学生幸福感的重要来源。但由于大学生自身身心发育尚未成熟，其人格发展也会受多方面影响，人格在一定程度上会影响大学生的生活，因而这也会影响大学生为人处世、感受生活的能力，影响大学生幸福感。部分学生又会因学业、就业、人际交往等压力出现消极的人格品质，如敏感、抑郁、虚荣、焦虑等，阻碍了大学生追求、感受幸福。

二、提升大学生幸福感的途径

1. 充分发挥大学生主体作用。首先，引导大学生正确认识自我。运用辩证法正确认识自己，无条件地接纳自己优点与缺点，客观公正地评价自己。其学会欣赏自己的优点，接纳自己的缺点，并努力改正。要以积极的生活态度看待事物，一分为二的认识事物发展变化，引导自己朝着积极健康正能量的方向发展。对于自身价值的追求，可以使大学生的学习生活变得更加有目标有意义，既有利

于实现自我价值，又可以从中提升自身幸福感。其次，引导大学生培养良好的人格品质。了解自己的人格状况，明确自我人格塑造的目标，完善自我人格发展，促使人格健全。人格外倾型的大学生幸福感体会更加明显，他们乐观、开朗、即使遇到困难挫折，也会朝好的一面去想，而对于内倾型人格的大学生感受幸福感就不够强烈，如果他们能积极主动参加集体活动，关注人际交往，可以在一定程度上提升自身幸福感。再次，引导大学生构建良好的人际关系。卡耐基说过，一个人的成功等于85%人脉加上15%知识。可见，良好的人际关系是决定着于一个人事业成功的关键因素。大学生要学会人际交往的技巧，克服人际交往中的社会知觉偏差、自我心理交往障碍，善用交际的技巧，提升个人魅力，体验与人交往的关爱和幸福。学会从自身做起，如尊重师长、孝敬父母、帮助同学、关爱他人，在他人需要帮助时能够及时提供帮助等。

2. 充分发挥家庭引导作用。家庭是大学生获得情感慰藉和支持的源泉，是大学生成长的支撑和心灵的港湾。良好和谐的家庭氛围，可以使大学生生活更加的愉快、能够较好地完成学习任务，处理人际关系，形成性格开朗、诚实谦虚、乐于助人等良好的人格特征和优质的品德。因此，要提升大学生的幸福感，家长也要积极的配合，要努力构建和谐家庭气氛的成长环境，让自己的孩子感受到更多的温暖，感受到家庭成员之间互帮互助，家长可以与自己的孩子建立朋友式的关系，不要一味地溺爱，盲目地满足，孩子更需要的是倾听和理解。多听听孩子的烦恼、不悦，多接受他们的建议，试着多与孩子沟通，了解他们的想法，良好有效的沟通，有利于孩子的成长成才，同时，父母要做好榜样示范，家长是孩子的第一任老师，为了孩子成长，注意自己的言谈举止。

3. 充分发挥学校教育主导作用。首先，学校应注重幸福教育，使之常态化。学校应在重视知识教育的同时，也注重对大学生幸福观的教育，教育不一定非要开设一门课程，但幸福感教育应该是贯穿大学四年，大学生在教育中学会幸福的真正内涵，什么是幸福，怎么体会幸福，怎样珍惜幸福，懂得保持积极良好的心理品质和提升幸福的能力，把大学生培养成一个实现自我、全面发展、感受幸福并积极建构幸福生活能力的人。其次，积极开展提升幸福感的活动。学校应抓住可以传播幸福文化的每一次契机，多方位、多角度向大学生传播幸福力量，积极、和谐的校园文化环境利于大学生的健康成长。开展多种积极、向上、健康的校园文化活动，丰富大学生的业余生活；开展挫折教育，提高大学生的耐挫力，为大学生的幸福成长构建和谐、健康、积极的校园文化环境。

4. 充分发挥社会影响作用。首先，不断完善相关的制度。社会与个体之间存在密切的联系，和谐社会环境有利个体建立，增强个体对社会的归属感；个体的满足有利于社会的不断进步与发展。社会应有完善配套的政策制度来维持社会的和谐与统一；应建立收入分配公平制度，缩小农村与城市贫富差距，扶持社会弱势群体；应完善教育制度，杜绝教育不公平现象；应健全用人制度，杜绝用人不正之风；应完善就业制度，拓宽就业渠道，给大学生提供更多的就业机会，尤其对于家境贫困的大学生给予政策上的扶持。要确保各项政策实施和落实，为大学生构建良好的社会氛围，提高大学生社会主人翁地位，增强归属感和安全感。其次，正面运用社交网络。随着网络的普及，大学生几乎每人都会用 QQ、用微信、发微博，大家除了面对面的交流，这种通过媒介交流的方式更符合当下潮流，网络虽然有它自身的弊端，从另一方面来看，也是人们抒发情感，表达自己内心的地方，大学生通过社交网络把真实的自己展现在虚拟世界里，无形也为自己缓解了压力，放松了心情，对于提升大学生幸福感有辅助作用。

（作者单位：沈阳工程学院）

大学生思想教育的新探索
——以微道德观培养为视角

葛雨菲

一、历史语境下道德观念的嬗变

(一)人人争而为善与统一的道德

恩格斯在《反杜林论》中系统地论述了道德的起源，揭示了道德的阶级性、历史性和主体性等基本特征。恩格斯指出，“人们自觉地或不自觉地，归根到底总是从他们阶级地位所依据的实际关系中——从他们进行生产和交换的经济关系中，获得自己的伦理观念”[1]，在历史唯物主义视野下，20 世纪 80 年代以前，中国一直盛行由传统村落演变而成的公社这种集体经济形态，依赖地缘和血缘形成的道德伦理关系逐渐上升为公社道德，经济上的绝对统一促成公共意识的高度统一，集体观念深入人心，每个人都恪守原则、规范行为，以期获得“组织与集体的信任”。国家与集体成为社会主义道德的威武的代言人。同时，学雷锋时代伊始，人的选择并非自由，政治力量对人性的控制与教化使人的道德选择十分单一，人人争而为善，如果不为，个人将会承受到巨大社会压力，恶行必然遭到口诛笔伐。这种压力也会带来个人行为服从集体道德，服从后的被肯定与归属感又促成个人道德的高度自觉。

(二)“不作为”危机与过度的道德自由

20 世纪 80 年代后，家庭联产承包责任制打破了这种大集体性，社会生活成为单个的小集体生活，新型市场经济及消费主义，让个人的自我觉醒，“共同生活”的概念不断被模糊，“各奔前程”的思潮让个人道德也不再要遵循某种公共契约。

对于这种集体主义向私人生活的变革，在新时期成长起来的大学生看来，是有着微妙的感情。一方面是感受逐渐富裕了的社会带来的物质充实感，一方面也“向雷锋叔叔学习”，听着草原英雄姐妹、赖宁的故事长大，并从中感受到这种道德所意味的自我牺牲：出让刚刚得到的，放弃目前享受的，是个人利益向集体利益妥协，是最大限度的利他主义。然而，新人口论下计划生育政策的实施，塑造了无数421的家庭模式，80年出生的一代，在相对自由、纯利己的环境中成长，长辈的爱累积汇聚在一个人身上，个人权利在家庭中被无限放大，这种孤独的成长势必无法让其形成集体与义务的概念。国家的道德震慑与干预能力没有了以前的强硬，家庭伦理道德似乎得到回归，但独生的孩子在自由的市场经济社会中，将个人情绪发挥到前所未有的程度，也随之产生出各种青年道德现象。道德新观念则随着多元化社会的发展不断流变。

道德有先天素质，徒有善心，没有行动，和冷漠的围观者无异。面临他人陷入困境却要犹豫不决、左右为难，计算道德成本，作下这个决定，是利他利己，还是利他害己？例如佛山小悦悦事件，由于事态模糊不清、真相不明，众人“下意识”地放弃了“善念义举”，背后是怕惹祸烧身的集体恐慌，于是连触碰真相的勇气都没有。“勿以善小而不为”，本应该是锦上添花，积善成德，但面对类似的事件不作为、冷漠处理，会给社会带来恶劣的影响及较为严重的后果。这种不作为危机让整个社会如鲠在喉。过度的道德自由，易引发内心的膨胀及自我的粗放型增长，从而导致个人行为与社会契约的冲突和矛盾，引起道德危机。

二、微道德观的心理学基础

微道德，顾名思义，就是微小的道德，它是以自我接受的道德原则为标准的，建立在一般性的道德观念和良心行为基础上的道德观念。微道德，是一种包含日常行为的品格道德或素质道德，即是平常道德。它是相对于宏观道德的概念提出的。微观道德与社会权威式的宏观道德、理想道德有着一定差异，它的道德意图更为明确、道德诉求更加具体，而在道德目标的达成上更加快速。而宏观道德是非常道德，它不是每个人都能践行的或者说需要非常大的成本才能实践成功。

美国当代心理学家科尔伯格，在研究儿童的道德认知发展时发现个人的道德与行为常存在不一致的现象。而导致“知行不一”的因素众多，如道德认知能力和判断水平较低、传统的品格教育理论存在问题、现代价值认同理论有缺失等，于是他提出著名的三水平、六阶段的道德认知发展理论体系，将人的道德认知水平分为前习俗水平、习俗水平、后习俗水平，其中又可细分为六阶段：服从与惩罚的道德定向阶段；朴素的快乐主义和工具定向；好孩子道德阶段(即能否获得他人赞扬并维持与人的良好关系)；维护权威或秩序的道德定向阶段；社会契约的道德定向阶段；普遍原则的道德定向阶段。

由此观之两点：第一，个人对于道德的认识是一个渐进的过程，它的阶段性和不可逾越性是柯尔伯格提出此理论的基础；第二，科尔伯格实际上是以个人接受道德并自愿实践的程度高低、或者说个人道德人格的成熟程度为标准来划分理论体系的。结合当下大学生在思想道德方面存在着许多知行不一的现象，试做进一步探讨：

(一)主观上：崇尚个人道德哲学，道德认知停留在习俗水平

青年大学生们具有鲜明的个人观点，推崇西方自由化、民主化的社会环境，对于国家赋予的义务和责任时常有批判精神。但权利感极差，对自己参与公共事务缺乏应有的信心与热情，表面上遵守一切原则和道德规范，但由于网络制造了隐匿的空间，其所滋生出的虚假安全感及社会多元化给予的足够宽容，让他们与社会形成了一种特殊的个人义务体系：不违反社会公德，却会冷漠，喜欢围观各种事件；有较好的素质，但不会轻易相信别人，乐善好施，他们的“不为”更多是要与社会与集体保持绝对的私人距离。作任何决

定，一律有效合理，他们希望自己是生活的导演，但仅仅是个人生活，尊崇的是个人道德哲学，与时代无关。

这种后天道德的“习得性无助”，实际上体现了个人的道德意愿不强烈，履行道德义务的动机来自于满足社会期望，“对道德行为的评价标准是是否被人喜欢、是否对别人有帮助、是否会受到赞扬，更多地从人的动机和感情来评定行为，希望维持人际间和谐的关系”。[2]因此，他们的道德认知的程度并没有达到科尔伯格所述的第三阶段，即大多数还没有形成一种成熟道德人格，能将道德权利视为高于一切事物的终极利益。因为“道德判断原则是不能直接教给学生的，道德思维是从他内心产生，其变化是渐进的，个人的道德判断不可能逾越其特定的发展阶段”。[3]此观点同样适用于当代的青年学生，正视了这一点，我们就可以理解，为什么当学校的道德教育千篇一律地强调终极道德，或者弘扬远远高于基本道德要求的目标时，青年学生大多表现出“我接受这个道德目标，但永远停留在道德理论上”。因此才会出现他们认可诚信教育，但考试作弊、毁约或者拖欠学费时有发生；他们认同高尚的道德形象，但仍会有斗殴、偷窃的行为发生；他们道德判断能力很强，但遇到两难情境，仍会犹豫不决，不去轻易实践他们所认可的道德。

(二)客观上：缺乏道德实践环境，小善小恶界限被消弭

青年学生在处理道德问题时认识与行为的巨大差异，很大程度是由于个体的道德人格没有形成而导致的，他们时常会出现自我的分离，一方面他们迫于压力去实践某种道德以此享受带来的成就感，一方面要承担由于自身人格的不成熟而选择不去实践某种道德所带来的愧疚感。他们还没有形成一种道德契约观念，自愿认为实践道德是不可逃避的责任。对于外界“压力”，柯尔伯格认为，个体的道德认知结构的形成是个体在与个体所处的社会道德环境中的各种因素的交互作用中建构起来的，不是道德规范从个体内部生长出来的。因此，供人成长的环境异常重要，没有可以实践道德的环境，谈道德教育便是纸上谈兵，毫无意义。

目前，中国高校的道德教育，主要落实到以辅导员为核心的思

想政治教育，辅之以思想品德教育课程、职业教育课程及其他文化活动，弘扬主流文化精神及崇高道德理想，对大学生的价值观以正确引导。但他者的道德目标如何被受教育者自我践行，却没有一个明确的检验标准，也没有这种实践环境。当学校不考虑受教育者的道德认知水平，定下过高的一般人难以达到的道德目标，也是不可能被实践的，说到底"道德教育的实质是一种养成实践的教育"[4]。以某些高校为例，开主题班会重形式重材料，却不重视道德个体的交流；面对学生道德困境，强硬地将个人权利与社会利益对立，而不注重柔性与协调；过于制造大是大非的道德压力，而对于日常中小善小恶采取漠然态度；教育学生站在道德制高点，上纲上线，忽视道德教育的过程性和层级性，这种道德教育违背了人的认知规律，道德教育也流于填鸭式。道德教育实际上是一种微妙的人文关怀。这种传统的道德威慑是不能适应当前社会形势下，个体对于道德的新要求的。

三、微道德观在学校思想教育中的践行

在科尔伯格的理论中，他提出了设置道德两难情境的方法。通过一系列道德两难问题来增强学生的道德判断能力，并强调了提出问题者即教育者的引导和示范作用，通过观察学生的日常行为，来检验他的教育结果，而这些都取得了非常积极的效果。这为当下思想教育工作者带来两点启发：首先，道德教育的考察内容可以着眼于学生外显的日常行为，判定他是否形成良好的道德人格，将道德与个人素质、人的品格挂钩，通过个体对于微小事物、平常道德的态度，以道德实践程度来确定他的道德水平。其次，崇高道德目标与微观道德观并举，发掘个体道德潜力：

(一)倡导微道德观，培养学生的小善精神

提倡微道德意识，即是"勿以善小而不为"这一传统道德教育的回归。思想教育者应在道德的概念范围上变宏观为微观，将道德目标明确化，关注个体可以短期实现的道德行为，而不再"神化"道德，不制造道德和道德实践者之间的距离感，去道德典型化、伟

人化、纲领化，使道德行为责任归属更明显，能马上辨别，让道德目标平常到“人人都能做到”。

充分利用校园的人文环境、公共信息平台，对学生中间发生的良好道德行为予以鼓励和赞扬。例如学生资助工作中，自动放弃资助名额让给更加贫困的同学；拾到钱款、物品主动上交且不留姓名；严格遵守考场纪律、没有舞弊历史；保持良好生活习惯、尊重他人隐私；作为班干部开展各式活动，真正带领全班进步；慎重对待工作机会、不肆意毁约等。通过肯定一系列日常行为来宣扬行为背后的道德精神，如诚实、奉献、正义、公德心、守信等，从而消弭道德的神秘感和崇高感，让人人都参与到“小善”的实践中，充分挖掘学生道德潜力，将人性中善的一面发挥到最大。

（二）注重个人与集体利益的协调，完善道德人格

道德认知与实践能力要承认“人们在道德成就方面的差异，并以此作为整个社会道德进步的前提，因而鼓励每一个人尽其所能，以实现自身在道德上的完善”。[5]道德实践中的困难，大多来自于自身道德选择与社会期望的不对等，当自身为了满足社会契约式的道德要求，而必须牺牲一部分自己的利益时，个人由于人格的不完善，就易出现失衡的心理，从而出现犹豫或者干脆放弃原本的道德选择。要求学生在短时间内接受重大的道德问题，只能形成他们成为“依附性道德人格、依赖于社会给其灌输的道德思想”[6]，而真正的道德教育是一种微妙的内心关怀，由此所形成个体由衷的道德行为，和维护社会契约的内在愿望才是成功的道德教育。

因此，在学校教育中，教育者应该建立一套两难平衡机制，在处理学生的道德两难问题时，不能一味压制个人诉求，粗暴灌输个人必须服从集体的观念，简单机械地将小我与大我视作对立，而应该在尊重个体的正当权益基础上，深入了解个体的价值判断和道德思维，通过一系列关于道德议题的辩论会、主题班会，及独立的咨询和对话活动，从完善人格的角度帮助学生认识到自身问题，一点一滴地化解“学生在道德实践中可能会出现的犹豫、放弃等情绪”[7]，并提供有效的策略和方法，引导学生协调自身与社会的关

系，达到个人利益与集体利益的渐趋统一："既承认每一位社会成员平等的道德潜力，又充分鼓励人们在道德上独立自强、卓尔不凡。"[8]

参考文献：

[1] 马克思恩格斯选集(第三卷)[M]. 北京：人民出版社，1972：133.

[2] [美]柯尔伯格. 道德教育的哲学[M]. 魏贤超等译. 杭州：浙江人民出版社，2000.

[3] 史玉玲. 道德发展认知理论对当前学生道德发展中知行矛盾冲突解决策略的启示[J]. 河南职业技术师范学院学报(职业教育版)，2008(4)：77~80.

[4] 史玉玲. 道德发展认知理论对当前学生道德发展中知行矛盾冲突解决策略的启示[J]. 河南职业技术师范学院学报(职业教育版)，2008(4)：77~80.

[5] 李都厚. 论柯尔伯格"三位一体"的道德发展理论及其现实意义[J]. 理论导刊，2006(9).

[6] 胡斌武. 学校德育的现代化[M]. 北京：中央编译出版社，2006.

[7] 郭本禹. 柯尔伯格道德发展的心理学思想述评[J]. 南京师范大学学报，1998(3).

[8] 唐士其. 主体性、主体间性及道德实践中的言与行——哈贝马斯的论辩伦理与儒家道德学说之比较[J]. 道德与文明，2008(6).

(作者单位：武汉软件工程职业学院)

高职院校辅导员在思想政治工作中开展心理疏导工作的几点思考

周闻峥

近年来我国的高等职业教育迅速发展，学生的心理健康问题也越来越得到学校和社会的关注，辅导员作为高职院校学生思想政治教育工作和日常教管理的中坚力量，引导学生养成良好的心理品质是其主要的工作职责之一。针对于高职院校学生的特殊心理，辅导员应努力提升自身的心理学素养，积极有效地开展心理疏导工作，积累经验提高水平，帮助学生获得身心的全面发展。

一、开展心理疏导是高职院校辅导员思想政治工作中的重要环节

辅导员是开展大学生思想政治教育的骨干力量，是高校学生日常思想政治教育和管理工作的组织者、实施者和指导者。辅导员应当努力成为学生的人生导师和健康成长的知心朋友。帮助高校学生养成良好的道德品质，经常性地开展谈心活动，引导学生养成良好的心理品质和自尊、自爱、自律、自强的优良品格，增强学生克服困难、经受考验、承受挫折的能力，有针对性地帮助学生处理好学习成才、择业交友、健康生活等方面的具体问题，提高思想认识和精神境界是高校辅导员的主要工作职责之一。

思想政治工作视野中的心理疏导，不仅仅是指在医学角度存在于心理医生和患者之间的一种心理治疗方法，而是一种广义上的心理疏导。广义的心理疏导是指通过解释、说明、支持、同情、相互之间的理解，运用语言和非语言的交流方式，来影响对方的心理状

态，改变对方的认知、信念、情感、态度和行为等，以达到排忧解难、降低心理压力，促进人格向健康、协调方向发展的过程。心理疏导主要针对的是一些处于“浅灰色”的人群，即在学习、工作和生活中遇到各种心理压力，引起矛盾冲突而产生适应及情绪障碍者，同时心理疏导也可以面对正常的人群，提供发展性咨询。

由此可见有效地开展心理疏导工作，进行心理育人，帮助学生们认识自己、接纳自己，进而欣赏自己，克服成长中的障碍，充分发挥学生们的个人潜能，积极地引导学生养成良好的心理品质，其是辅导员思想政治工作中的重要一环。

二、高职院校学生存在的主要心理问题

高职院校主要培养高素质的技术应用型人才，学制一般为 3 年，而且一般高职院校规定学生在进校的第三个年份的 11 月底要到企业参加顶岗实习，这就意味着进入高职院校的大学生在校期间实际只有两年多一点的时间。在这两年的时间年，学生要在短期内迅速调整好角色定位，适应大学生活，而在他们刚刚适应了大学生活时，他们就要学会开始融入到社会之中。角色转变的迅速，使他们往往难以有充足的时间在心理成长上获得充分的自我调节。同时，他们正处于青春发育的中后期，面临着从青年向成年人的突然转变，心理起伏比较大，他们对未来既迷茫又憧憬，对社会既陌生又向往，对学习既熟悉又陌生，对人际交往既有强烈的好奇心又困惑不知所从。另外，作为高考第四批次录取的高职院校的学生，不可否认在当代社会给予大学生中的评价中，他们属于弱势群体，他们是大学生中的一员，社会却没有给他们如同本科院校学生一样的光环，他们的内心中甚至没有作为一名大学学生的自豪。学制的特殊性、年龄的阶段性和社会认可的压力性，使高职院校的大学生们形成了一些特殊的心理特点。

1. 认知偏差而引起的自我肯定不足

在高职院校学生中，没有考上憧憬中的本科院校而来到学校的占有很大的比例。他们有积极向上的愿望，但由于又受高职文凭含金量低，高职生不如普通高校生等社会舆论的影响，对高职教育性

质、作用、地位的认识不足，不能给自己恰当的定位确立新的奋斗目标，从而否定自身的素质、能力，往往自责、贬低自己，潜意识中自卑和压抑，心理负担和精神压力很大，造成自我肯定不足。这种由于认识的偏差，而引起的自卑心理在高职生中较为普遍，使得高职院校的学生存在一种天然的自卑感和对自身的不自信。

2. 学习模式的变化带来的困惑

从中学进入到大学后，无论是学习环境、学习目的、还是学习方式都发生了很大的变化。高中学习生活紧张而充实，上大学后自由支配的时间增多，有些同学产生了歇一歇喘口气的想法，部分学生每日无所事事，茫然不知所措、情绪低落，有些学生在学习上缺乏自学自控能力，把注意力转移到一些与学习无关的事情上去，沉迷于网络游戏等。由于高职教育是培养高技能人才的教育，学生既要学习专业基础知识，更要锻炼实际动手能力，教学进度较快，且着重培养学生的自学能力及独立思考能力，有些学生存在跟不上学习的进度而信心受挫。此外高职院校更加注重学科专业的侧重，有些学生所学的学科并不是自己选择的，他们对自己所学的专业缺乏了解和兴趣、缺乏学习热情和行动而感到失落。这些学习模式带来的突然变化使得许多高职学生在学习模式上难以适应，便易产生困惑和迷茫。

3. 生活和人际交往经验的缺乏带来的失落

绝大多数高职院校的学生是第一次离开家庭进行独立生活，在中学时代他们一般不独立支配时间、金钱和处理人际关系，他们在生活上存在严重的依赖思想，生活自理差，缺乏人际交往经验。而进入大学以后，往往依赖父母和老师的环境不复存在了，而面对的是来自四面八方的新同学。很多学生希望能在新的集体生活中充分展示自己，但由于彼此生活习惯、饮食风俗、性格特征等不同，且行动上以自我为中心，往往产生许多隔阂和矛盾，而经验的缺乏却使得这些矛盾不能及时得到化解，干扰了学习和生活。但面对生活和人际交往出现的问题，学生们往往不知如何去应对，一些学生难免会感到茫然不知所措，感到苦闷和孤独，陷入失落之中。

4. 就业压力带来的心理焦虑

高职院校相对于本科来说，学制较短且进入企业实习时间较长，所以高职院校的学生实际上在大学二年级就面临着寻找企业的压力。目前，高校的就业压力还较大，在寻找企业的过程中，高职学生的自我肯定不足，自卑感会放大，使学生对自身的素质和就业竞争能力评价过低，不敢主动参与就业竞争。在寻找企业的过程中，常常认为自己事不如人，自惭形秽，常常抱怨和责备自己，这种不自信使得他们在招聘人员面前不能适时展示其优势和长处，因而失去好的发展机会。当实习和就业不顺时学生会对自己的前途感到担忧，害怕被用人单位拒之于门外，出现紧张烦躁、心神不宁、萎靡不振、意志消沉等焦虑表现。

三、高职院校辅导员开展心理疏导工作的思考

面对具有特殊心理特点的高职学生，如果不能及时排解心理上的焦虑和困惑，就可能引发各种心理疾病，辅导员在思想政治工作中的帮扶、指引作用是不可或缺的。辅导员要加强自身的心理学知识的修养，主动去了解学生们的心理发展状态，全面深入地开展形式多样的心理疏导活动，成为学生的知心朋友，帮助学生们走出心理的灰暗面。

1. 加强辅导员心理学知识的培训

要开展心理疏导工作，必须要求辅导员掌握心理学的相关知识，提升辅导员心理疏导知识的素养。目前，高职院校的辅导员一般都是高校毕业的本科生或研究生，与高职院校的学生们年龄的横沟不是太大，在思想上与学生较易沟通。但不是所有辅导员都具有心理学专业的背景，对心理学专业知识的欠缺，可能会导致在其帮助学生解决心理问题心有余而力不足。只有提高辅导员心理学理论素养，学习心理疏导相关技巧，才可以更好地解决学生的心理问题。广博而丰富的理论知识和咨询技巧不仅使他们能从容地解决学生在学习和生活中遇到的问题和难题，而且便于他们与学生进行近距离的交流，建立融洽和谐相互信赖的师生关系。因此，加强辅导员对心理健康知识的了解，尤其是心理方面的专业知识培训尤为重要。

2. 做好心理健康舆论宣传

结合高职院校学生的心理特点，开展形式丰富多样的舆论宣传，创造良好的心理健康疏导和咨询氛围。可以开展系列心理讲座，例如：如何树立正确的自我观、如何建立良好的人际关系、青春期心理特点等。也可以通过心理刊物、海报、心理信箱、心理热线等载体来普及心理健康知识。还可以通过建立博客、邮箱、网站等多元化的心理宣传平台，让学生更加方便地了解心理的作用，认识到心理健康的重要性，为“助人自助”起更好的宣传作用。通过宣传使学生理解心理健康知识，了解心理疏导工作，并从心里接纳心理疏导工作的开展。

3. 贴近学生解决学生实际心理问题

虽然，现在大部分高职院校都建立了专门的心理健康中心并开展工作，但不可否认的是我们的学生对心理健康的认识上还存在着不足之处，很多学生仍认为去心理健康中心就意味着自己心理有病，还有一部分学生虽然自己很想求助心理中心，但怕其他同学知道后会嘲笑自己。因此要想心理疏导工作能够真正地贴近学生，解决学生实际的心理问题，就需要我们的辅导员将心理疏导带进教室，甚至带进寝室。在进行思想政治教育的同时，通过和同学们面对面的交流，把一些普遍的问题当场解决，对于一些涉及隐私的问题可以和学生约定时间到咨询室或办公室进行进一步面谈。而且通过走进寝室和教室，告诉学生们心理健康中心不仅提供障碍咨询，还提供如就业指导等发展性咨询，让学生们真正地了解心理疏导，相信心理疏导。

4. 营造良好集体氛围提高学生人际交往水平

辅导员可以采取集体帮助的方法，通过班级的心理委员和寝室的心理呵护员，积极推动以宿舍为单位的“小家”和以班级为单位的“大家”建设，创造出互帮互助、亲密无间的良好氛围。寝室已经成为大学生人际交往群体的最小单位，寝室关系已经成为大学生最重要的人际关系，不良的寝室关系直接影响学生们的心理健康。以寝室为基本单位，每个寝室配备心理呵护员，积极开展各种文化建设，增强寝室“小家”的和谐氛围，并进而创建和谐的班级“大家"建设，增强同学之间的情感交流和团队合作意识，营造积极团结的班集体，通过朋辈和集体的力量来引导学生们构建自身积极的心理。学生通过相互的影响，相互交流，彼此启发，互相支持，从而改善人际关系，增强适应能力，可以起到团体咨询辅导的部分功能，促进学生人格的成长，让高职院校的学生在身心上共同成长进步。

5. 进行健康的择业心理教育增强学生适应社会的能力

辅导员需加强就业指导工作，在学生一进入高职大二阶段就开始进行健康择业的心理教育。通过帮助大学生客观地认识自己，分析自己的优势和不足，使学生对自身条件和择业环境有全方位的了解。择业心理指导教育是一项实践性较强的工作，可采用理论教学加体验式培训来帮助学生获得职业生涯的基本概念和理论，对学生进行有关求职择业的专业培训，使他们了解国家相关的求职政策，掌握一定的求职基本技能和技巧，可以安排学生用如，小组讨论、深度会谈、情景活动、角色扮演、作业练习、行动指南等方式，进行自荐材料的准备、自我推荐和应聘面试等环节自我体验，使学生通过亲身体验获得经验，明确自己的职业发展方向，掌握就业技巧，提升面对企业的自信心，提高学生适应社会的能力。

总之，高职院校辅导员在思想政治工作中开展心理疏导工作刻不容缓，工作的方式方法还需要进一步的探索和研究，也相信通过不断地努力和实践，一定能进一步促进高职院校学生的身心的全面健康成长。

（作者单位：武汉软件工程职业学院）

道德教育及其使命

马　兰

随着科技领域的快速发展，人们享受到了前所未有的便捷与舒适，实用主义价值观深入人心：重科技轻人文，将道德问题搁置一边，因此我们的教育仅仅成为职业与技能训练的场所，只重视专业知识与技术的传授，对“我们要过什么样的生活”，“我们要成为什么样的人”，“什么样的生活才是美好的生活”，“这样做是善还是恶，是对还是错”，“如何做一个有道德的人”这些道德问题，大多数人都漠不关心。但另一方面，社会中呈现出的道德滑坡的现象引起了各种批评，尤其是在教育层面，认为是我们的道德教育出现了问题。那么什么是道德教育？其使命和作用有哪些？道德教育有什么样的社会意义？在当下的现实社会中探讨这个问题还是具有现实意义的。

一、什么是道德教育

“道德”与“教育”结合起来，生成了道德教育一词，顾名思义，当然是通过教育的方式使人们成为一个有道德的人。那么这里首先要探讨什么是教育？教育是一个大概念，有各种不同的表述和解释。尽管如此，通常还是认为，教育是传播知识、培养人才的活动；也主张教育是人类文明的成果，是一种社会活动，承载着继承人类已有文明并开创新文明的社会功能。有了这种对教育概念的认识，我们可以说，道德教育是传播道德知识、培养道德素质的活动，其社会功能当然是传承发展人类文明中的道德文化。

常言道：先做人，后做事。一个人首先要学会做一个好人，一个有道德的人，那么他的知识、才能、智能才能更好地发挥作用。那么什么又是道德？所谓“道”，原指由此达彼的道路，“德”与“得”通，于是有了“得道”之意。将“道”与“德”连用，在中国古汉语中就有相关的记载。根据《礼记》中的记载：“道德仁义，非礼不成”，以及《荀子》中所言：“赏不用而民劝，罚不用而威行，夫是之谓道德之威。”可以看到，中国自古就将“道德”视为德行与德性的规范之意，也有符合规范的德行和德性的意思。

今天，虽然谈论“道德”这个问题有时被认为是教条与迂腐，但是，对于道德能够规范社会生活中的人类行为这一点大概没有人会否认。按照现在一个共同的观点，道德是对所有文化都适用的一套行为规则，不管那些文化具有什么样的习惯或传统。这个思想的理论基础就是：尽管人类社会在地域、历史、文化和传统等方面都显示出一定的差别，但是，人类生活必定具有某些共同的特征，因为人具有某些基本的共同属性，而且人类生存的条件也具有某些相似性。因此，就必定有一些共同的规则，制约着使人类生活得以可能的条件。这些规则就是道德规则。比如说“欠债还钱”这个道德规则就必须遵守和服从，否则人与人之间的关系就会受到损害，甚至可能会导致社会解体。道德是生成并维持社会秩序的一个极为重要的因素，调整人与人之间的关系，能够引导人们的利益追求，规范人的行为。道德涉及对规则的服从，用一套规则告诉人们什么样的事情是要做的事情，什么样的事情是不要做的事情。比如“一个人应该归还债务”这样的规则，离我们的日常生活并不遥远，可以说“道德”的东西在人类生活中无所不在，“道德教育”也与我们日常生活密切相关，通过教育的方式要求人们尊重、遵守规则，告诉人们做一个有道德的人的重要性及意义。

实际上古今中外的思想家都不乏对道德教育重要性的认识。

中国古代的大教育家孔子就十分重视道德教育，他在《论语·为政》中说：“道之以政，齐之以刑，民而无耻；道之以德，齐之以礼，有耻且格。”意思是要通过礼义去教化约束人们，人们才能有真正的羞耻之心而不犯错误。孔子还在《论语·尧曰》中阐述了德教礼治的重要性，反对“不教而杀”，主张将“不教而杀”列为从政的“四恶”之首。并且孔子还在《论语》中把道德教育的内容概括为“文行忠信”，使学生做到“入则孝，出则弟”、“居处恭，执事敬，与人忠”，要求学生在做人方面做到忠正诚信，唯义是从，如此才能成为承担社稷重担的优秀人才。汉代大儒学董仲舒认为：“王者承天意以从事，故任德教而不认刑，刑者不可任以治世，犹阴之不可任以成岁也，为政而任刑，不顺于天，故先王墓之肯为也。”唐代大思想家韩愈指出：“夫所谓先王之教者，何也？博爱之谓仁，行而宜之之谓义，由是而之焉之谓道，足乎已无待于外之谓德。”近代教育家徐特立主张把道德教育放在首位，如果只顾传授知识面忽视培养方向和锻造人格，这样的教育就是失败的教育。

在西方，古希腊时期的苏格拉底、德谟克利特、亚里士多德就十分强调道德教育的重要性。德谟克利特指出：“用鼓励和说服的言语来造就一个人的道德，显然比法律和约束更能成功。”近代英国的哲学家洛克在《教育漫话》一书中指出：“我认为一个人或者一个绅士的各种品性之中，德行是第一位，是最不可缺少的；他要被人看重，被人喜爱，要使自己也感到喜悦，或者也还过得去，德行是绝对不可缺少的。如果没有德行，我觉得他在今生今世都得不到幸福。”在洛克看来，道德教育是绅士和绅士教育灵魂。伟大的物理学家爱因斯坦曾指出：“用专业知识教育人是不够的。通过专业教育，他可以成为一种有用的机器，但是不能成为一个和谐发展的人。要使学生对价值有所理解并且产生热烈的感情，那是最基本的。否则，他——连同他的专业知识——就像一只受过很好训练的狗，而不像一个和谐发展的人。”

二、道德教育的使命

1. 守望道德

人为什么要有道德，守望道德呢？人是社会的人，一切人都有许多共同的需要、欲望、目标和目的。例如，在生活中，人际间的交往需要友情、爱情、幸福、自由、平等、和平、安定与和谐，这些目标不是为了个人利益，而且也是为了他人。无需太多的理性和思考，人们在实际生活中就会发现，为了满足这些需要，人们必须确立和遵循一定的道德原则和道德规范，使社会中的人不必生活在恐惧之中，不必担心自己会被无故的杀死、被残害、被偷窃、被欺骗或是欺诈、或是被监禁。可见道德是人的共同的需要。基于自觉的利益考虑，也是人要有道德的另一个方面。行善一般比作恶要好，建立一个美好的世界和社会肯定比破坏一个世界好。如果人人都尽力做好事，做好人而避免和制止坏事，这就会符合每个人的自身利益。例如，如果一个团体内没有任何人杀人、放火、偷窃、欺骗、说谎，那么该团体中的每个人都会在这样道德规则下得益。

也就是说道德涉及个人与自身的关系，也涉及个人与其他人的关系。个体的道德的守望，指的是个体道德原则和准则，例如，不伤害他人，尊重他人，等等。是由个人信念内化于自身的，这种内化有外在的教育的作用，也有文化的传承。在处理与别人、甚至与死人的关系中，思考如何做才是正确的个人信念。建立好与他人的关系是守望道德的重要方面，当人们结为社会团体、开始彼此冲突的时候，在大多数伦理学家看来，最重要的人类道德问题就随之产生了。所以，使用道德一词时，也是在表达个人与他人的关系，如互尊、互助、互利。互尊出于人与人要互为目的的需要，承认和尊重他人也同样与自身的自由发展权利相联系。互利是指在自己与他人发生关联时，做双方都有利的事。互助指日常生活中，注意相互关心、相互帮助、共同进步，体现了人与人之间的互为目的和互为条件。

无论是人们约定的道德规范还是社会制度下的规范，作为对人自身提出要求的规范，都是人为的价值规定，需要通过教育的方式，如家庭教育、学校教育、社会教育、传媒教育等途径实现教育的使命。教化什么是符合为好、正当、对的价值规范，什么是坏、错、不当的规范。所以守望道德，实际上也是规范一定社会群体中约定俗成的行为准则，并符合绝大多数人的利益与效益。

2. 培育良知

苏格拉底说，无知是人类一切不当行为的万恶之源，没有人因为知道什么是善而不去行善，没有人因为知道什么是恶而还要去作恶。也就是说，无知是会导致恶的。尤其对于未成年人来说，无知更是其作恶的主要原因。即使人们知道为什么要讲道德，以及道德对个人与社会的重要性，然而在实际生活中也不一定必然会按照道德的要求作为。所以，道德教育只停留在守望道德的层面上还是不够的，需要通过良知的培育，将之变成内在的信念和自觉性，这就需要道德教育。

良知的作用是在个人的道德生活可以指导个人作道德判断的。就是说，有良知的人在面临道德选择时，不用经过分析、比较，就知道何为善、何为恶，也不用经过推理能知道自己此时该如何选择，如何做。用孟子的话说就是“良知良能”。孟子主张良知良能说，认为这些良知是心之本，自然会有，天生具备的，不需要教育。康德也将良知视为内在的认知，认为良知是一种本能，即善良意志。但是，一个不容辩驳的事实是，良知在不同的人那里会有强弱之分。这种状况不是先天的，而是个人后天的体验阅历。洛克认为，良知不是先天的，而是通过社会心理学意义上的培育才能出现的。比如，狼孩的案例，也证明羞耻心是后天造就的。既然后天造就的，那道德教育在其中发挥的作用当然就尤为重要。应该说，不论正规的还是非正规的道德教育，都是培育个人良知的重要方式。

一个有良知的人，能让自己自觉地遵从道德原则，也能对自己下达道德命令，不会因为别人的不同意见和不同做法而动摇，也不会因无外在的监督而改变。不仅如此，有良知的人会遵从出于对道德的信念，作出道德的选择，而不是出于个人的利益得失来考虑，有点道义的色彩。良知是对社会秩序必要性和道德规范的理性把握而生的道德自觉，通过教育的方式实现个人良知的生成并不是一句口号，在现实的人际关系中能呼唤人们对道德与合乎道德的人际关系的向往。

3. 道德情感

道德情感是情感的一种，在对道德有所认知的基础上，建立的含有道德意蕴的情感，可称为道德情感。道德情感是道德认识的一种具体表现，是人们根据自己所掌握的道德规范对社会现象的真假、美丑、善恶表现出的喜怒、哀乐、爱憎、好恶的情绪情感体验，如“路见不平一声吼”。因此它和其他情感一样，不仅是客观现实的反映，而且也是表现人对当前现实的一种态度。

亚当·斯密在《道德情操论》中指出：无论人们如何赞扬或是责备一个行为，首先是依据行为人的内心意图或情绪，其次是这种感情所引起的身体的行为或举动，最后是行为实际产生的或好或坏的结果。对道德的认识虽然可以让人知道在何种情况下需要遵从何种道德规范及其意义所在，但还是不能保证人们一定会按道德规范的要求去做。事实也证明没有炽热的道德情感的动力，就不可能具有公正、仁慈、谨慎、自制的道德美德。康德也承认，对一个上门为穷人募捐的人他也许会拒绝，而在外看到路边的乞丐他则会施舍。这其中的原因就是在情感的触动。道德情感不是理性的东西，对它的陶冶可以通过情感与唤醒。如仁慈、怜悯、同情等情感，能快速启动人们的道德行为，作出道德选择。那么道德教育则需要以各种方式唤醒人们的道德情感，培养人们爱憎分明的是非感，也可以唤醒人们的同情心或是对他人的关爱之心。

三、道德教育的社会意义

1. 为建构合理的社会制度提供价值指导

社会制度是社会以各种明文化的方式制定各种正式规则，法律、法规、政策、政令、纪律、条例、规章等，以规范人的行为，有利于国家的经济制度、政治制度、文化制度和社会保障制度。任何制度的价值都不是自生自决的，而是源自道德并以道德为基础，公正的制度的前提是以优良的道德作为价值基础的。制度是以国家共识的强制性为后盾，要求人们认识到行为规范的边界，硬性的规定在社会层面中往往比道德与习俗显得更为有效、更为迅速。但是制度的实施也有合理与不合理的区别，道德教育使制度的实施者从构建良好的合理的社会秩序方面考虑，进行正当的善的制度安排，方能达到社会公认的合理制度的效果。所以，这里就凸显了道德教育的社会意义，制度合理安排前提是以优良的道德为价值标准，对各种制度进行伦理审视，判断其好坏和优劣，始终能保证制度的公正合理性。

2. 为社会的道德文化的运行服务

文化作为人类创造力的成果，既有器物层面的，也有符号层面的。道德作为对人有劝诫作用的符号，它是在一定的社会群体中约定俗成并自发流行的规则，属于人的创造物，道德也是这种习俗中的一种，是人创造出来的满足自己需要的文化。既然是为人服务的，就是围绕着人而旋转的，并随着人的生存发展而变化、发展，是人类社会独有的文化符号。而道德教育通过专门的研究则为现行道德文化的设计、建构提供可选择的思路和方案，并发挥其社会作用，为社会的道德文化的运行服务。这是因为道德教育要考虑复杂的社会文化的层面，教育的方式以及教育的渠道是否能满足道德文化运行的各种社会因素的复杂性的要求。事实证明，教育的一个重要方面是满足社会的需求，为社会文化服务。那么道德教育实际也是为社会的道德文化的运行服务。

3. 为人类实践遭遇的道德难题提供指导

每个人每天都会遇到各种道德难题，随着科技力量的日新月异，人类实践遭遇到了前所未有的道德困惑。如“是否应该克隆人”、“是否应当增强人的认知能力”。这些问题已超越传统道德领域，需要在道德教育的层面教会人们更清晰的道德思考与道德分析能力，指导人们的道德判断。没有道德教育，无法辨明如何做才是合理的符合大多数人的利益的选择。因为这些问题涉及面甚多，又是异常复杂的道德难题，没有一定的学校和社会以及传媒的引导，进行深入、细致、全面、充分的探讨，如何在立法之前在全社会达成共识只会增加大众的道德困惑，甚至是对科技的误解。所以，这还是需要进行适当的道德教育，提出解决这些人类实践过程中遇到的道德难题的具体思路、理论、方法、对策，等等，为现实的层出不穷的道德难题指明路径。

（作者单位：江汉大学）

高校生态德育探析

谢 玲

随着社会经济的发展，生态系统的失衡，生态德育也逐渐成为重要的课题。大学生是社会发展的生力军，他们的素质对社会可持续发展起着至关重要的作用，因此，在大学生中开展生态德育，培养他们的生态意识，塑造他们的生态行为，使大学生的道德情感和道德认知水平上升到一个新的高度，显得尤为迫切。

一、高校生态德育的现状

生态德育是伴随着人类生态环境恶化，环境保护事业发展而逐渐成为一个新的教育领域，它旨在唤起受教育者的环境保护意识，使其理解人与自然的关系，进而发展解决环境问题的方法和技能，从而树立起正确的生态价值观。对于高校而言，高校的生态德育与学生的素质教育是分不开的，大学生是社会未来可持续发展的重要力量，应该重视生态教育，使他们具有较强的伦理道德水平，自觉地养成爱护自然环境、保护生态系统的意识，并形成相应的道德行为习惯。

目前，我国的生态德育在培养大学生生态道德取向、生态价值判断、生态观念形成等方面取得了一定成效，但仍然处于起步阶段，在教育内容、方法、途径等方面存在一些问题。

1. 生态德育工作队伍师资力量不足。生态德育工作的开展依赖于高校教师，教师的数量和质量对生态德育工作有着重要的影响。从数量上看，高校中专业从事生态德育工作的人员不多，大多由其他专业教师兼任；从质量上看，高校中的生态德育工作开展时间不长，生态德育工作者组成结构松散，没有受过专业系统的理论知识培训，专业性不强，难以承担高校生态德育传道、授业、解惑的重任。加之高校生态德育没有系统的教材作支撑，也没有固定的生态德育课程，大多是和思政类课程及专业课程相结合，此外，还缺乏配套的实践环节，都使得生态德育在高校举步维艰。

2. 高校对生态德育重视不够。高校对生态德育的认识不足，重视不够体现在高校的生态德育课程体系建设还不完善，校园生态环境建设不齐备，生态德育机制不健全等方面。高校的生态德育不仅仅是增加几门环境课程或是加重德育中的生态成分，而是要将其落到实处，不能仅仅流于形式。从目前已有的课程和教学内容安排上来看，生态德育局限于自然科学和工程技术科学的范畴中，缺乏人文科学与社会科学的结合，缺乏系统性和前瞻性，无法达到可持续发展。

3. 高校生态德育课外实践缺少支撑。生态德育不仅仅是一门理论课程，而更重要的是实践。如果说课堂中的生态德育课程要加以重视，进行有计划、有目的的安排，那么在课外的实践更需要这种计划性和目的性。实践是认识的基础和源泉，课外实践能使学生将所学到的知识和技能加以练习和运用，深刻体会和认识人类活动对生态环境造成的影响。但是，目前高校生态德育中，学生参加课外实践的机会十分有限，缺乏有组织的生态德育实践活动。

二、高校生态德育问题的原因分析

1. 高校对生态德育缺乏主动建构。我国的高等教育在很长一段时期推崇专业教育和专才教育，导致学校对生态德育的认同和重视程度不高，实施生态德育的自觉性不高。生态德育没有被作为德育的重要组成部分加以重视，在课堂教学中十分缺乏，在学校各类活动中也难有体现。对高校生态德育缺乏主动建构性，教育形式单一，师资不足，难以使学生的生态素质得到提高，难以形成新的道德观念。

2. 经济发展的影响。改革开放以来，我国的经济发展水平得到了极大的提高，社会经济持续增长，人民物质财富较为丰富，市场经济的确立改变了人们生活的同时也使得人们的价值观念发生了翻天覆地的变化。经济逐利的本质破坏了环境，也使得人们的精神和道德偏离正轨。整个社会对生态环境问题没有真正地重视，没能形成重环境、促发展的良好氛围，也难以在高校中营造这样的环境，高校生态德育必然受到影响。

三、高校生态德育的思考

1. 强化意识，提高能力。百年大计，教育为本，教师更是其中的重要组成部分，要强化教师自身的生态意识，强化生态德育理论。只有教师提高了自身的能力，才能将所学的知识进行转化，进而传播出去。在授业的过程中教师还需要加强教学方法的研究，将理论与实践相结合，不但重视课堂中理论的讲解，并且要积极开拓课外实践场所，组织学生开展参观、社会调研等实践活动，将生态德育贯穿整个教育始终。只有先强化教师的生态意识，提高教师的授业水平，才能使学生的道德素养得到提高，形成新的道德观念。新的道德观念包括保护环境光荣与污染环境可耻，它要求学生把善恶、平等等传统的用于人与人关系的道德观念扩展到人与自然的关系上，进一步明确人对自然应该承担的责任。这种新的道德观念的形成和提升，有赖于教师的不断努力，从自身做起，使生态德育落到实处。

2. 完善体系，建立机制。高校生态德育是关乎人的发展的课题，人的全面发展应该放置在人与自然和人与社会两大系统之中，关注提升人的综合素质，其中就包括了人的生态素质，高校培养的学生应该具有良好的生态素质，这是社会可持续发展的关键。因此，高校应该将生态德育主动地纳入大学德育体系中，并逐步完善这一体系。90后、00后的大学生有着自身的特点，他们积极向上、乐观进取、个性张扬、接受能力强，但也容易受到不良社会思潮的影响，产生诸如漠视生命、个人主义、功利主义等倾向，因此高校生态德育受到挑战，亟待形成完善的体系来应对。高校生态德育要想取得提高，其教育内容不仅要根据社会可持续发展的要求，把环境教育、生态责任意识教育、科学消费观教育以及环保法律等纳入生态道德教育教材，还要密切关注学生的内心，把爱的教育、生命教育、生态责任教育纳入其中，丰富高校生态德育内容，完善生态德育教育内容体系。要把是否具有良好的生态道德意识，是否愿意承担对自然环境的道德责任，作为衡量大学生全面发展的尺度。

2004年，生态德育正式纳入到全国基础教育新课程，成为国家教育计划中一个组成部分，高校也应该建立相应的机制保障生态德育的顺利实施。首先，要以生态课程为依托。高校的思想政治理论课承担着政治教育和思想教育的艰巨使命，也承担着培养大学生良好思想道德素养的重要任务。在原有课程的基础上加大对可持续发展、人与自然的辩证关系、人的价值、生态资源价值等方面的讨论以及建设“资源节约型、环境友好型”社会的意义探讨等，这都将有利于生态德育的建设，有利于学生形成正确的生态观。其次，要以生态实践教育为载体。生态德育仅仅在课堂上进行是不够的，课堂教学中的原理、方法教学固然重要，但丰富多彩的生态德育实践活动不仅能强化课堂教育的作用，还可以使学生更为直观地体验和感受生命的意义及保护环境的重要性。再次，要以生态文化营造为支撑。马克思主义及中国传统文化都包含着丰富的生态伦理思想，它们都关注着人与自然的和谐共处，高校的生态文化构建应引导学生形成正确的自然观、生态消费观、生态科技观和可持续发展观，在校园中建设绿色校园，倡导可持续发展理念、绿色意识，建设现代环境友好型大学。

3. 加强实践，促进德育。生态德育的目标是使学生形成正确的生态价值观，从而转化为自觉的行为，积极主动地参与到保护自然、保护生态环境的活动中。因此，丰富的课外实践除了能巩固课堂知识外，还能让学生更深刻地感受和体验到人与自然的关系，并学习如何去处理这样一种关系，使得社会健康持续地发展下去。

首先，注重开展以学生社团为载体的校园实践教育。高校学生社团是十分活跃的，应充分发挥学生社团的载体功能，给予他们引导，鼓励他们开展富含生态德育内容的活动，如废旧电池回收活动、废纸创意、垃圾分类、节水行动、环保设计大赛等活动，从而带动全体学生参与到环境保护中来，切实感受生态和谐的重要性，领悟生态保护的意义，从而增强生态道德观念，自觉承担社会责任。其次，开展以感受体验为依托的社会实践教育。纸上得来终觉浅，绝知此事要躬行。没有什么比亲自去做的体验更深了，组织引导学生走进社区，向广大市民宣传环保理念、展示环保创意、提供环保建议，这不但宣传了生态环保，同时也加深了学生自身的生态道德责任；组织学生野外考察，检验水质、监测大气、化验土壤等，从而达到在实践中学习，在学习中强化的教育效果；组织学生参观环保处理企业，了解新的环保技术，触发新的领悟；组织学生参加绿色志愿环保活动，接触实际，了解社会，深化生态德育的作用。

（作者单位：广东东软学院）

基于主体间性的大学交往德育模式实施探讨

刘平秀

大学交往德育是一种主体间性德育。大学交往德育是大学教师之间、大学教师与大学生之间、大学生之间相互沟通、相互理解的过程，是由多极主体之间进行自主的、民主的、创造性的平等对话，实现大学交往德育交往合理化，产生良好的德育影响和德育效果，最终师生达成共识的交往活动。大学交往德育模式强调大学德育功能同时关注社会功能和个体功能，个体在大学交往德育的过程中同时实现社会个体化和个体社会化；强调师生同为大学德育主体，表现为主体间性；强调大学德育过程是师生的对话、理解、生成和共享；强调大学德育目标是使大学生接受、认同社会道德规则和道德规范的同时关注大学生全面自由发展的需求、提升学生的生命质量；大学德育内容在传授德育知识、道德规范的同时，回归学生的生活世界；强调大学德育的结果是师生道德品质的共同提升。

一、大学交往德育模式运行的基本原则

(一)主体间性原则

主体间性具有如下特点：其一，主体之间在相互尊重前提下形成的平等合作关系。处于关系之中的各方首先是具有独立人格的人，是主体特性的充分展现者；其二，在交往的基础上形成的一种相互理解、融通的关系；其三，在理解融通的基础上通过共识等表现的一致性；其四，呈现出一种客观性。现代德育的理论与实践也

已经证明，道德发展过程实际上是作为德育主体即教师和学生之间相互作用的交往活动过程，是主体借助自己的智慧和努力探索，不断构建，从而达到自主、自觉的过程。交往德育强调师生、生生在各自主体特性的前提下，主张双方在交往互动中并行前进、共同发展。这样，就找到了教师“价值引导”与学生内心世界“自主建构”的结合点，将主体间交往的和谐共存性与合理性，人与人、人与社会、人与自身的相融和谐定位为其追求的最终目标。交往意味着交往双方均为具有独立人格的自由主体，师生关系就是教师和学生在德育过程中通过直接交往所建立起来的交互主体性(主体间性)关系。在德育交往关系中，每个人都是主体，都是彼此相互关系的创造者，并且都把与自己有关的其他交往者的主动性、自主性作为对话、理解和沟通的前提条件。真正的主体只有在主体间的交往关系中，即主体与主体相互承认和尊重对方的主体身份时才存在。在德育交往中，师生双方相互作用、共同建构，两者形成了“我”与“你”的关系即主体间性，双方之间不是“主—客”关系，而是人与人之间相互承认与理解的社会性关系。主体间性原则渗透到高校德育中，对传统的教师为主体、学生为客体的主客二分的工具性德育模式形成冲击，教师和学生将共同作为德育主体，从事意义、精神方面的重新建构并达成参与者之间的相互影响和理解，无论是教师还是学生都不存在霸权的、支配的和中心的地位。

(二)情境性原则

德育是情境性的教育，只能在现实的人的生活世界中展开。生活世界是构成学生各种道德认识素材的主要来源，是帮助学生确立信念的动力之源。生活世界是道德认识践行的土壤，是良好个性品德发展的基础。在德育过程中，情境总是成为各交往活动参与者在生活世界相交的聚焦点。相对于行为者而言，情境就是由生活世界中受到某个主题规定的“段落”。说到底，德育情境是学生形成思想品德的意义背景。在德育过程中恰当地利用情境，能够使主体加深对德育内容的理解，也有助于学生把道德原则践行在实践中，内化在自己的思想品德结构中。重视生活世界中道德资源的开发和利用，创设具有生活气息的道德情境。在德育中增加具有生活气息的情境，以知觉、感染、渗透等形式使学生产生强烈的心理体验和心理对比，在心灵震撼中，在被激发的内心冲突中，自觉地调整道德认识，积淀情感体验。柯尔伯格认为：冲突的交往和生活情境，最适合促进道德判断力的发展。人的道德品行的养成与体现发生在每个具有偶然性的真实生活情境中，德育不可能建立在远离人实际生活的空中楼阁中，它关注现实具体的生活场景，关注具有鲜活生命的个体当下所需，在个体对生活的体验、感受中养成德性。

(三)平等对话原则

德育交往是一种精神交往，是心灵的沟通与对话，表现为师生之间以平等的姿态交流自己生命活动中的真实体验，诚恳而感情真挚地交流生命的感受，必须由独白式转向对话式。因此，在德育过程中，只有言说者和听者的言语行为满足这四条有效性的要求，才有有效的言语行为，才能使交往行为顺利地进行，交往双方才能以语言符号为中介进行“对话”，达到相互一致的共识性理解。在德育过程中，主体间直接的平等自然地对话沟通有着不可或缺的重要作用。对话吸引着师生全身心地投入，围绕着共同的“话题”，相互走进“你”、“我”的世界，双方的精神在对话中接受洗礼和启迪。因此，对话不仅是指两者之间的言谈，而且是指双方的“敞开”和“接纳”，是指双方共同在场、互相吸引、互相包容、共同参与的关系。在教师与学生阐释、商谈、同意的协调过程中，他们同时与道德现实的客观世界、道德规范设计的社会世界和道德主体表达的主观世界发生关联，并在主观世界的交流中，在评判客观世界、社会世界中达成共识。强调德育过程中师生之间必须进行双向平等的对话，可以使双方获得理解和沟通，也可以促使德育回归生活世界，与社会发展合拍，与学生的身心发展合拍。

(四)互动交融原则

交往行为合理化的核心是让行为主体之间进行没有任何强制性的诚实的交往与对话。在德育交往中，师生之间不是道德权威对受教育者的道德驯化，而是教育者的启发、引导、指导和受教育者的认识、体验、践行相结合的过程，师生都是主体，缺乏任何一方主体的积极主动参与，德育过程就会中断。在交往中，他人的语言行为和思想对个体个性的发展一直具有或隐或现的刺激，从而导致被刺激者的行为、观念进行着适应和调整。通过师生之间平等的交流思想、观念，不仅教师对学生具有道德影响，学生也影响着教师，师生双方的道德水平之间的冲突及其化解的动态过程同样具有重要的影响力。通过生生之间的交往互动，主体之间在开放中相互交往、相互合作，在交往中不仅学会评价别人，而且学会评价自己，在比较中逐渐加深对自我的认识；同时，主体之间形成和谐的集体融洽性，这样渐渐在交融互动中让学生爱己与爱人统一起来、个人的成长与集体的发展统一起来，培养团结协作精神和集体主义思想。可见，在德育交往中，主体之间相互开放，是师与师、生与生、师与生心灵的实实在在的相遇，在相遇中发生碰撞也发生融合，在碰撞中融合，实现师生间的情感交融和沟通，达成视界的交汇与融合，从而最终达成共识。这种融合是主体间性和主体性的阈界融合，交往主体仍保持着自己独立的个性，并不意味着个体主体性的丧失。只是交互主体间的部分的融合，不是一个主体取代另一个主体，或覆盖另一个主体。由于交往，个体主体性会得到补充、改善，从而能使其更充分地发挥。师生作为独立的德育主体，平等交往、双向互动、相互影响、相互渗透，这与现代社会人们对民主个性的向往是一致的，理所当然成为高校德育的一个基本原则。

二、大学交往德育模式实施的情境模式创设

(一)构建以“问题为中心”的课堂教育情境

在课堂上，教师通过有意识地设置“问题”情境，所提出的问题与学生原有的认知结构形成冲突，从而发现问题、提出问题、解决问题。教育者在进行问题创设时要注意以下几个方面的问题：第一，教师所设置的问题要能明确地暗示学生思维的方向，问题层次要明确，结构清晰，所设问题从简单到复杂。第二，教师所提问题

语言精练、准确，言简意赅，突出重点和难点。第三，教师所提问题要符合学生的年龄、经验、知识背景及需要的实际，因材施教。第四，教师设问要具有典型性、代表性，使学生能“问一反三”、“触类旁通”，让大部分学生都能消化吸收，并从中得到启发。教师创设以“问题为中心”的课堂教育情境需要体现“以人为本”的课堂教育氛围。首先，教师要精心准备课堂教育的内容，紧紧围绕大学德育目标，最大限度地激发学生的学习兴趣，合理利用现代化的多媒体教学设备，增强课堂教学的感染力；其次，教师要注意活跃课堂气氛，通过提问、讨论、游戏、情境表演等形式，有意识地引导学生进入师生间良性对话互动的教育情境；再次，在课堂教育情境中，教师一方面要体现其教育主导地位，另一方面要让学生的主体性得到彰显，可以让学生根据教师提出的问题，由学生自己组织课堂教学，教师起到引导的作用。

（二）构建“回归生活世界”的生活交往情境

大学德育是一门应用科学，具有极强的实践性，大学德育必须融入大学生的实践生活中才能真正得以开展，它才真正具有实效性意义。“回归生活世界”的生活交往情境能充分把握大学交往德育的要点——回归生活世界，回归学生真实的现实生活中。

创设道德教育生活交往情境：首先，教师要走进学生生活中去，真正站在学生的角度，用学生的眼光看待世界，展现给学生的是真实的社会世界；其次，教师要积极引导学生在生活中去认识和思考各种有关家庭、爱情、事业等人生与道德问题，使他们从生活领域走向知识领域，再由知识领域回归到生活世界，拓宽知识建构的渠道，最终实现自我完善和自我发展；再次，教师支持学生建立自治组织，使学生们通过彼此的沟通和互动创造属于他们自己的生活，教师在这一过程中是学生的引导者和支持者。

（三）构建“互动合作”的主题活动情境

大学交往德育模式强调创设真实的活动情境，将学生的“个体学习”模式转变为“互动合作学习”模式。在大学德育主题活动情境中，教师通过开展形式多样的主题活动，对大学德育过程施加外在的影响，使学生品德的形成过程发生内在的变化。道德教育主题活动情境的创设包括：首先，德育主题贴近生活，贴近大学生的生活理念，根据道德教育的重点内容，确定活动的主题；其次，主题确定以后，通过头脑风暴法，师生间集思广益，设计主题活动方案；再次，教师要引导学生对主题活动的方案进行论证，增强方案的科学性和可操作性。在主题活动的实施过程中，首先，教师要充分发挥其指导作用，把握主题活动的导向性与教育的价值；其次，教师要积极激发学生参与活动的热情和意识；最后，对活动的结果进行效果评价，在师生评价过程中内化主题活动思想，最终实现德育目的。主题活动要多采用主题论坛、主题辩论、主题文化宣传活动、主题生活实践等学生喜闻乐见的方式来实施，同时教师在主题教育活动中引导大学生不断探索主题活动的新内容、新形式、新方法。

三、大学交往德育模式实施路径

(一)建立科学的评价机制

以学生的兴趣为出发点，着眼于学生创新意识和自主意识的发展，关注学生的进步和对话潜能的发展，着力培养视野宽广、意识领先、素质优良、能力突出的创新型人才；其次，以学生学习效果作为评价的落脚点，规定学生学习效果的基本内涵，从而归因影响学生学习效果的基本要素，进而分析各个要素分别对学生学习效果有什么样的影响以及影响程度，不同学校就可以根据各个要素与学生学习效果的关联去查找自己学校的实际情况，以便对症下药，有针对性地改善影响学生学习效果的工作和条件。学校可以把学生的学习效果至少分解为以下几个方面：知识是否有所增长，技能与能力是否有所提高，学习与教学是否有互动，道德态度和道德情感是否有所改变，道德行为是否得到优化；再次，交往式德育强调对知识、生活世界及人生意义的评价。因此，在教学评价中不仅关注学生的学业成绩，更要关注学生学习的过程，发展学生多方面的潜能，促进学生逐步形成良好品德。教师要尊重学生智力水平和个性差异，根据学生个性和知识结构的不同采取不同的评价标准，注意培养学生的独特个性，不能机械地采用统一的标准来对待不同的学生，而应给学生提供更多的机会以展示他们的潜能和强项，使不同个性特点的学生的主体素养得到充分发展，从而培养出具有不同个性的多元化人才，满足社会多样化的人才需求。

（二）加大对德育课程的扶持力度

一个不从根本上重视道德教育的社会，德育主体就得不到起码的尊重，德育主体素养提升的动力就会下降。单纯依靠教师的力量来优化交往式德育模式的环境与氛围是不够的，整个社会对德育要引起高度重视。在政策导向上应该加强对思想政治教育功能的认识，克服高校重视智育、轻视德育的不良倾向，使社会认识到德育具有智力价值、审美价值和情感价值，可以通过促进个体品德发展和德性成长，从而间接地对社会政治、经济、文化乃至生态发挥积极的作用。德育不仅仅是教师的职责，而是包括学校、社会、家长在内的全社会的重要职责，要努力整合各方资源，形成全员育人的教育环境。学校在政策和资金上应该大力支持，把实践教学、体验教学等教学方式纳入到教学中来，满足学生对扩大学习视野、了解社会、进行社会实践等多方面的需求。学校对德育课教师研发的新教学方法应给予资金、政策上的支持，鼓励教师大胆探索新的教学方法和开展教学实验。鉴于一些高校“重科研、轻教学”的状况，必须建立科学的绩效评价机制，改变职称评聘时只重视科研指标的倾向，将教师的教学质量作为教师考核的重要指标，对于上课课时量比较大的教师在职称评聘时适当降低科研方面的要求，对于上课教学效果优秀的教师在职称评聘时给予政策倾斜，适当提高教学的课时费，增加教学教改项目的立项数目和经费，不断探索改善教学质量的新方法和新思路。

（三）强化教育者的角色承担意识

教师应当强化自身的角色认知，具有坚定的道德信念和优良的道德行为。否则，道德教育只能变成难以使人确信的一般的知识教学。教师应当摒弃将自己的角色矮化为不涉及道德教育的一般教书匠的意识，“既作‘经师’，又作‘人师’，只有教师有了德育使命的意识，教师才可能找到道德教育工作的最大意义，才能确立起德育主体意识和进行自修的真实动机。在交往式德育模式的实施策略上，教师要尊重学生的主体身份，用生动的教学语言和生活化的教学内容与学生达成相互间的理解与共识，在教师和学生双主体间的互动中实现共享经验、共享知识和共享精神。一般而言，教师的主导作用发挥得越好，学生的主体性就越能得到充分的调动。教师要不断加强自身素养的改善，使道德教育过程本身成为一种教育艺术、一种展现人类自由本质的活动，进而使教师的主导作用能够得到充分有效的展现。

(四)创新德育课程方法

通过讨论教育法，加强师生间互动和交流，引导学生形成正确的思想和观点；通过生活交流教育法，将道德教育重回生活世界，加强道德教育活动在生活中的渗透性；通过熏陶感染教育法，在教师的潜移默化中，使学生的道德品质得以提高；通过生活实践互动法，引导大学生开展丰富的社会实践活动，使大学德育回归师生的生活世界。

总之，道德和教育均在交往实践中产生，大学交往德育模式使大学德育实践重回德育主体的生活世界，回到人自身的精神需求，达到了个人与社会需求的统一，从根本上获得了提高大学德育实效性的理念和方法。大学交往德育实施策略的提出，对指导大学德育实践和改善大学德育实效性具有积极意义。

(作者单位：江汉大学)

基于新媒体环境下德育模式的创新

刘 刚

科学技术的飞速发展带来了信息时代的瞬息万变，以网络媒体为代表的新媒介技术在为学生带来诸多便捷的同时，也对高校传统德育模式造成了从内容到形式上的极大冲击，直接影响了高校德育工作成效。

一、新媒体环境下大学主体性德育模式面临的挑战

新媒体的普遍应用，为大学生在道德学习过程中充分发挥自主性、选择性、能动性和创造性提供了良好的机遇，改变了大学生的道德认知、道德判断和道德实践方式。同时，由于信息的剧增，选择的过度自由以及缺乏教师的有效引导，使得大学主体性德育模式面临着严峻的挑战。

(一)大学德育模式的主体融合性较弱

大学德育模式强调学生的主体性，主要是通过发挥学生在德育过程中的主体作用，使学生成为德育工作中的一个重要的主体。具体的做法是通过德育教师在课堂的组织过程中引导学生进行相应的德育讨论、问答等形式帮助学生进行思考，这种固有的教师权威性很难发挥学生的主体性，使得主体性德育模式主体融合性差，无法有效地进行大学生德育教育。在新媒体环境下，德育的教育者与受教育者可以通过各种新媒体平台进行自由的交流，从而使师生之间获得一种平等的关系。而新媒体环境下信息获取途径的多样化和便捷性，使得学生有可能掌握比教师更多的信息和德育资源，而大学

生已经具有较强的分析和思辨能力，在这种条件下实现了德育角色的互换，作为受教育者的大学生可以通过自己制造的内容将自己变成教育者，教育者也在分享大学生具有创新性的观点中变成受教育者，这种角色的互换增强了德育主体的融合性，让主体性德育模式得以充分地体现。

(二)大学德育模式的内容缺乏吸引力和渗透力

大学德育模式以马列主义、爱国主义、理想信念教育为主，甚至有学者认为：凡是与学生全面发展有关的所有内容都是高校主体性德育模式所涉及的内容。德育内容理论化、系统化，往往以高于现实的理想人格，缺少以现实为基础，培养出适应现实社会所需的各种意识、品德和行为为德育内容，但在市场经济条件下，金钱信仰被大学生所接受，马克思主义的主导地位受到极大的挑战。这种固有的学习体系和内容很难引起学生的高度热情。新媒体时代，德育内容以草根性和个性化的方式通过信息交互平台快速地进行传递，这些内容注重细微之处，体现德育的关怀，考虑学生的体验，深深地吸引着大学生，并激发了他们的兴趣。在内容的呈现形式上，教育者可以借助丰富多彩的新媒体技术手段，通过声音、文字、图像等方式生动地表达德育内容，实现德育内容由传统的静态、单一的形态向动态、多样的形式转变，提高了德育内容的传播速度，增强了德育内容的生动性和感染力。

(三)传统的德育环境不适应主体性德育模式的发展

网络化的交流方式已经成为大学生的主要交流方式。与传统媒体相比，新媒体具有虚拟性、开放性、去中心化的特点，新媒体条件下的德育环境在信息沟通中具有双向互动性。

传播者与受众之间的关系具有平等性，信息的来源多元化等特点，使得大学生的“个体意识”也得到了前所未有的凸显，主体的声音可以呈现在不同的地点、不同的国家和不同信仰的网民面前，为当代大学生所追捧。传统的德育环境主要以现实社会和生活为主，非常真实，但是德育信息的传播具有单一性、单向性的特点，信息量相对较少，信息反馈具有延时性，德育的传播者与受众之间的关系具有不平等性，不能很好地适应当代大学生的交流和生活习惯，更不能适应主体性德育模式的发展，导致现实德育与网络德育脱节的问题。

二、新媒体环境下的德育模式创新

(一)积极运用新媒体开展德育工作，形成具有实际引导作用的校园媒体体系

首先，高校德育工作者应充分实施新媒体的影响的两面性，不能片面地放大新媒体带来的教育难题，采取限制学生接触和运用新媒介的做法。在新媒体迅速发展的今天，在网络、电视、广播、文字、图片、手机等媒体逐渐融合的趋势下，每个学生都有权利并且应该掌握成为信息的接受者和发布者的技能。其次，新媒介如网络微博以其“简、短、快”的信息发布方式受到了高校大学生的热烈欢迎，在学生中使用普及率相当高，高校德育工作者可以通过微博等新媒介了解德育工作开展实效及学生中存在的问题，及时开展相应内容的德育工作或调整德育形式。再次，德育工作者应提高自身的新媒介使用水平，了解各类媒介的传播特性，运用新媒介开展德育工作，促进信息的收集和发布效率，充分发挥网络、视频、图片、文字等媒介的传播作用，丰富高校德育的内容及形式。

通过各种方式促使学生积极参与其中。新媒体环境下高校德育工作的开展必须发挥好校园各类媒体的平台作用，综合利用学校网络、各类论坛、校报、校园电视台、校园广播电台、宣传橱窗等媒介平台，整合信息资源，促使学生主动参与，在此过程中，潜移默化地进行道德教育。在传播形式上，音视频图片文字多媒体的有效结合，是新媒体传播时代德育工作开展的必然选择。对于视觉在信息传播中的作用，美国著名心理学者艾伯特博士研究认为，在人际传播的过程中，55%的信息是通过视觉获得的；从更广义的大众传播角度来看，在人类所有的感知信息中，视觉信息占 83%以上。可以说，视觉形式的信息接收是人类最主要的信息来源。高校在进

行德育教育时，需要大量使用相关的图片以及视频，将生动活泼的形式和积极健康的内容有机结合起来，大力弘扬主旋律，培养学生的道德情操。

（二）构建新媒体虚拟空间与现实空间结合的德育模式

一方面，新媒体德育与现实德育的区别体现在：现实社会德育主体身份具有确定性，新媒体德育交往主体具有模糊性和不确定性；在现实德育中，主体往往处于主导、权威者的位置，新媒体德育在主客体关系上则更多地强调主客体之间的互动和平等交流；新媒体社会中的道德意识比传统道德意识淡化，道德关系具有不确定性且更简单化；新媒体德育中教育内容形态变为立体化、动态、超时空的；现实的“熟人社会”的道德约束在新媒体空间的陌生人之间、虚拟社会中失去了作用。另一方面，新媒体德育与现实德育具有内在联系。现实德育是新媒体德育的基础，离开现实德育，新媒体德育会成为无根基的德育，会走向现实德育的反面，更无助于人类道德水平的提高；新媒体德育是现实德育在新媒体上的延伸和发展，现实德育居于支配地位，起着决定作用，新媒体社会在虚拟的实践条件和环境中形成的判断和观念，必须回到现实社会实践中去考察和检验。新媒体带来的积极因素，促进了教育手段的现代化。在新媒体环境下创新德育，应以现实德育为基础，以新媒体德育为拓展，建立新媒体德育与现实德育相结合的有效模式，实现两者的互通与融合。

首先，在新媒体飞速发展的时代背景下，强调德育以现实教育为基础，使新媒体德育成为现实德育的有益补充。由于新媒体对高校和社会的影响和渗透，其潜在的建设和破坏能量伴随着不断创新的技术逐渐释放和显现，与大学生的价值观形成越来越显著的互动和冲突。因此，在加强新媒体德育的同时，要注重新媒体德育与现实德育的统一、融合与互补。德育工作者在鼓励大学生通过新媒体获取信息的同时，要引导大学生立足现实世界，正确理解新媒体世界，使新媒体空间丰富的信息成为培养大学生全面素质和良好道德品质的有效补充。德育应从“灌输信息”为主转变为“引导选择”和

“灌输信息”并重，把新媒体法制教育和新媒体德育、媒介素养教育作为德育的新内容，引导学生有效地利用信息，在道德判断的基础上进行道德选择，提高道德素质。

其次，实现新媒体德育与现实德育教育目标的统一，教育内容的融合，教育方法的互补。在教育目标上，新媒体德育与现实德育是一致的。其最终目标都是培养社会主义合格建设者和接班人，其基本目标都是将社会主义核心价值观内化为学生的道德观念，外化为自觉自愿的道德行为；在教育内容上，新媒体德育与现实德育应实现融合。现实德育与新媒体德育都应以社会主义核心价值体系教育为主导和主要内容，同时应加强伦理意识和道德责任感教育、网络德育、媒介素养教育；在教育方法上，新媒体德育和现实德育可以互补。新媒体德育方法是传统德育方法的拓展和延伸，一些基本的方法如理论教育法、自我教育法、社会实践法等，是现实德育与新媒体德育共用的方法。而许多教育方法在新媒体环境下进行了创新，如传统的说服教育法向新媒体的情景陶冶法递进，理论教育法、情理渗透法、典型教育法、陶冶教育法、自我教育法在新媒体的环境下都得到了很好的继承和发展。新媒体德育除了具备传统德育方法的特点之外，还具备新媒体自身的特点，如注重针对性、突出隐蔽性等。

再次，实现新媒体德育对现实德育资源的整合。新媒体德育可以借助传统现实德育的理论和原则，中国优秀传统道德文化、西方道德的有益因素等，应当成为新媒体道德整合的资源。新媒体环境下的德育，应以科学务实的态度对传统伦理道德思想进行价值选择，根据时代的发展将其中积极的成分进行新的转化，使之适合新媒体环境下的社会发展现实，并对社会发展起到一定的推动作用。

最后，建立虚拟世界的实践干预策略。在德育环境的建设中，要把虚拟社区的管理与现实社区的管理结合起来，把新媒体内部德育资源的开发与新媒体外部社会实践的支持系统建设结合起来，使社会实践活动成为新媒体德育的重要途径。

（三）建立新媒体环境下学校、社会、家庭、学生相结合的立体德育模式

新媒体传播创造了虚拟与现实共存的德育环境，拓展了德育的主体、客体、介体，因此，应根据新媒体的特点，建立新媒体环境下学校、社会、家庭、学生相结合的立体教育模式，充分发挥德育的合力作用，提升德育的效果。

首先，新媒体使德育环境、主体、客体和介体发生了较大变化。新媒体在很大程度上影响了德育环境。从宏观讲，新媒体影响了社会经济、政治、文化和社会心理，使开放、自由、平等、独立成为新媒体时代社会环境的主要特征；从中观讲，新媒体创造了比现实社区更加广泛的虚拟社区，使虚拟社区与现实社区共同成为人们的生活和精神家园；从微观系统讲，新媒体影响了家庭，使得人们的家庭观念、家庭意识以及家庭成员的交流方式发生了变化。从中介系统讲，新媒体对传统媒体产生了具有实质意义的划时代的影响，使得大众传媒成为广大民众可以自由参与的公共的平台，也使得舆论环境更为复杂。新媒体创设了多元的文化环境、潜隐的政治环境、非控的舆论环境、困惑重重的伦理环境，不仅成为影响大学生思想观念、价值取向、思维方式、行为模式、个性心理的重要因素，而且成为影响德育发展的重要方面。新媒体正在改变教师与学生的关系。新媒体吸引了越来越多的大学生，形成“新媒体—学生”这种新的信息机制，同时弱化了传统的“教师—学生”信息机制。在新媒体发展的初期形成的“新媒体—学生”是一种缺乏教师参与的信息机制，大学生信息摄取较个体化、隐蔽化，接受信息的自主性越来越强，在信息的理解上变得多角度化，不再按照教育者制定的目标去理解信息，而是将信息进行分析归纳，得出自己的认识，化为自己的思想进而指导自己的行动，这种机制显然具有促进学生自我教育的优点，同时又有很大的随意性与盲目性，并不是完全意义上的德育信息机制。随着新媒体的迅速发展，必然要建立一种教师参与下的“教师—新媒体—学生”信息机制与传统的“教师—学生”机制互通结合使用的交互模式。同时新媒体传播使得传授双

方在一定程度上成为一体，改变了传统德育的教育者与受教育者的关系，为德育创新创造了条件。新媒体极大地丰富了德育资源和内容，促进了德育手段和模式的现代化，拓展了德育信息的获取渠道，优化了德育信息的传播方式，提高了德育信息的传播效率。新媒体对家庭教育提出了新的要求。家庭对大学生运用新媒体的影响，最直接地表现在大学生除了在学校外能否在家里获得网络资源，这将影响到学生上网地点的选择以及上网时间的长短以及接受网络的深浅和在网上的活动，进而对其接受网络道德影响的程度和方式产生影响。

其次，建立新媒体环境下学校、社会、家庭、学生相结合的立体德育模式。新媒体环境带给德育的挑战之一就是教育影响的多极化和由此产生的教育环境的泛化。新媒体的自由与开放性打破了以往家庭、学校、社会教育之间的界限，使各种教育形式在功能、性质和影响效果与影响机制上变得更加模糊。新媒体环境下迫切需要整合社会各方面的教育力量，构建一个立体化协同作用的教育体系，形成新媒体环境下的德育合力。

新媒体环境的特殊性增加了新形势下社会德育实践探索的难度，新形势下的社会德育必须在实践层面进行革命性转变，以应对新媒体的挑战。一是完善新媒体立法机制，强化政府的管理职能。在新媒体的社会管理中，立法机制和政府部门管理是其中最重要的方面，同时要着重解决法律具体执行过程中的可操作性和政府监督管理的针对性，突出体制与具体化方面的创新。加强对虚拟社区的管理和门户网站的监督和管理力度；注重管理中技术手段的使用，如程序监管技术、埋设跟踪程序等，通过技术控制使新媒体控制具有实用性和可操作性。二是建立新媒体德育的社会支持与辅助系统。大学生参加社区的义务服务和公益劳动有助于大学生养成服务社会、关爱他人的优秀品质，抵消因虚拟交往而带来的道德人格和社会情感方面的消极影响；社会支持和辅助系统的另一方面，就是面向社会的信息咨询机构和心理危机的求助体系。社区应加大对学生因迷恋网络等新媒体而带来的角色混乱、网络依赖等心理问题的救助力度。三是注重社会人文精神的重建，加大人文教育的力度。

新媒体环境下社会道德规范体系的脆弱表现，反映出的是一定程度上文化的缺失。长期以来工具主义和科学至上主义的大行其道，严重削弱了人文科学在构建整个社会价值体系中的作用。新媒体环境下的德育观念必须重新唤起社会范围内对人文科学的关注，加大人文科学在德育内容中的比例，提高大学生的人文科学水平。充分发挥新媒体环境下家庭教育的作用。新媒体的发展为发挥家庭在德育中的作用创造了条件，但家庭却往往是新媒体运用管理比较薄弱的地方。可以酌情对家长进行一些新媒体知识方面的指导，提高家长的知识和意识，运用新媒体平台建立家长与学校定期沟通交流的机制。

（作者单位：江汉大学）

浅论大学生社团在大学新生教育中的作用发挥

罗　亮　廖宇婧　张梦羽

作为1993年后出生的这一代大学新生，其成长环境正是我国改革开放和市场经济发展最迅速的一段时期。优越的物质条件和多样的价值观念充斥着当代大学生的生活环境，造成了新时期大学新生与以往大学生的不同特点，对新生入学教育也提出了更高的要求。大学生社团作为参与度高、覆盖面广的高校学生组织，以其特有的优势，在大学新生教育中尤为重要。

一、新时期大学新生的特点

心理素质方面，当代大学新生大多数是独生子女，家庭条件比较优越，从小生活在相对安逸的环境中。这就造成了这一代大学生大多对物质条件的要求较高，而在心理承受能力和抵御挫折能力方面略为欠缺，在遭遇挫折时，大学新生多会选择逃避，吃苦精神和敬业精神方面稍显不足。当代大学新生在人际交往方面也较为欠缺，多以自我为中心，独立生活适应性较差。学习方面，刚刚结束中学阶段教育的大学新生往往习惯于被动式的接受教育，自主学习的能力有待提高。与中学教育相比，大学教育在课程数量和课程内容更多，老师上课的形式更为多样、进度更快。大学新生往往不能合理安排学习计划易于造成自信心下降，出现失落感，进而产生自我否定情绪，严重者失去学习目标和学习兴趣乃至荒废学业。思想方面，作为“90后”这一代人敢于接受新鲜事物，但是坚持能力方面略显不足。受西方价值观影响较深，但又仅限于较为片面的了解。面对较为复杂的现象，其分析普遍停留于较为浅显的层次，较难深入分析。大学生初入大学校园往往缺乏新的奋斗目标，难以合理规划自己的大学时光，甚至人生理想也尚不明确。

二、大学生社团是一种值得重视的新生教育组织形式

随着江汉大学学分制管理制度的不断推行和改进，作为传统教育组织形式代表的行政班级其集体色彩在一定程度上已逐渐被弱化。大学生社团这一高校学生依据兴趣爱好自愿组织而成群众性团体，凭借着其自身组织形式上的优势，已经逐步成为一种值得重视的教育组织形式。

由共青团中央、教育部颁布的《关于加强和改进大学生社团工作的意见》明确指出："大学生社团是由高校学生依据兴趣爱好自愿组织成，按照章程自主开展活动的学生组织。"大学生社团是社会承认、学校认可、学生积极参与的一种学生组织形式，如今更是已经成为大学精神和校园文化的重要组成部分。在某种意义上，作为大学教育第二课堂重要元素的大学生社团对于相当一部分学生在一定程度上其重要性已经超过了作为第一课堂的传统教学模式。

学生社团是一种大学新生易于接受且乐于接受的新鲜事物，是大学新生依据其共同的兴趣爱好自愿形成的学生组织，是大学新生在中学阶段较少接触到的一种组织形式。大学生社团凭借其独特的组织特点，成为了当代大学生，特别是大学新生开展自我教育、自我管理、自我激励、自我学习的重要途径。按大的类别分，大学生社团可以划分为理论学习型社团、学术科技型社团、兴趣爱好型社团、社会公益型社团。类别繁多，能够为具有不同特点，不同爱好，不同目标的大学新生提供较为多样的选择。在活动形式方面，大学生社团具有开展各种类型活动的功能，文体竞赛、志愿服务、理论学习、专业交流、考察实践等。大学生社团凭借着其开展活动形式的多样性越来越受到大学生的青睐。

三、大学生社团在大学新生教育中的作用

大学生社团是大学生依据兴趣自发组织在一起的群众性学生组

织，具有较强的凝聚力。在新生教育中，学生社团在促进心理健康、提升专业认知、引领学风建设和思想教育方面都起到了积极的作用。

（一）促进心理健康

当代大学新生多为独生子女，其中相当一部分独立生活能力不强，在进入大学后由于刚刚离开陪伴自己多年的父母和家庭，需要相当长的一段时间来适应校园生活环境。学习上由中小学阶段的被动接受教育向大学自主式学习模式转变也需要时间适应。思想上容易受到各种思潮的冲击，多方面的因素造成了大学新生易于产生各种各样的心理困惑和矛盾，造成心理不适。

大学生社团对大学新生有着极大的吸引力，参加社团活动能在一定程度上缓解其心理不适。如果能正确引导，帮助大学新生合理安排参加社团活动的时间和精力能有效提升大学新生的适应能力，获得健康、积极的情感。参加社团活动能够促进和帮助大学新生实现自我成长和自我完善，为发展个性创造了良机，社团内部宽松和谐的氛围，有着共同的兴趣爱好的成员们互相交流和接触过程中能较快地建立起良好的人际关系，有利于大学新生更快适应大学生活。健康有益的社团活动有利于大学生心理的发展、思想的成熟以及身心素质的提高。例如“江汉大学西部支教协会”致力于贵州、恩施地区面向山区学生的志愿服务事业，在开展志愿服务活动的过程中，社团成员在艰苦的环境下相互照顾，实现共同成长。

（二）提升专业认知

部分大学新生在入校后会有转专业的诉求，其中相当一部分不但对自己所在的专业缺乏认知，对本专业所涉及的专业邻域、发展前景和就业方向等不甚了解，对希望转入的专业也仅仅是偏听偏信、人云亦云，自认热门便想方设法地转入。这种现象在一定程度上折射出部分大学新生对于大学各种专业的认知还远远不够。

学术科技型社团和理论学习型社团开展的社团活动专业性较强，为学生提供了一个认识专业、运用专业知识的平台。参与这样的社团活动能有效提升学生的专业知识，帮助其树立专业意识、稳定专业思想，促进其提升专业认知度。例如江汉大学社会工作协会就是依托社会工作专业的相关知识开展各类志愿服务活动的一个大学生社团，学生在参与社团活动的同时，能够认识社会工作专业的从业领域、了解本专业的工作服务对象，提升对于本专业的认知度。

（三）引领学风建设

中学阶段促进学生积极学习的学习目的是考大学、考好大学。对于大学新生这一学习目的已经达成，如果不能尽快找到新的学习目的，大学新生将面临学习目的缺失的问题。造成其不能合理规划自己的大学时光，致使混日子、得过且过成为常态，严重者出现厌学现象以致荒废学业。这种现象一旦传播，将造成班级、学院乃至学校整体学风下降。

学生社团特别是学术科技型社团在推动学风建设方面能够起到积极的作用。通过开展学术科技型社团能够有效开展专业知识教育和学术交流，帮助大学新生提升专业认知度、找到学习目的、进行合理的学崖规划，寻找自己的发展空间不断完善自己。进而树立正确的理想信念和积极进取的人生态度，起到促进优良学风建设的作用。

（四）开辟思政教育新阵地

大学新生处于人生观、价值观、道德观形成的重要阶段，但这一代人的思维方式已不同于过往的大学生，其深受各种思想的影响。特别是西方思潮的冲击，相反对我国当下国情、传统思想、传统文化了解不多。同时大学新生独立意识较强，传统的课堂说教式教育互动性较差已很难被其认同，甚至造成逆反心理起到相反的效果。

学生社团以其广泛的群众性已逐步成为开展高校思想政治教育和德育工作的新的切入点。社团成员在共同的意识引导下，共同参加社团活动实现互动交流增强归宿感和认同感，使得各成员的人生观、价值观、道德观在这个团体中形成积极的“共振”成为了可能。此外，依托“雷锋精神研究会”和“延安精神研究会”这样的政治理论类学生团体开展诸如“思想论坛”、“学习沙龙”等形式的活动能不断扩大政治理论学习的覆盖面，强化大学生社团的思想教育功能。

四、大学生社团在新生教育中面临的主要问题探析

大学生社团帮助大学新生在心理健康、专业认知、明确学习目的、树立正确的人生观方面都起到了积极的作用，帮助其解决初入大学后的适应问题，但依然存在一些需要改进的地方。

（一）大学新生在加入社团过程中缺乏理性思考

大学生社团对于大学新生的吸引力无疑是巨大的。但学生社团数量较多，大学新生在报名参加社团的过程中缺乏理性思考。有些同学同时报名参加多个社团，导致后期无法合理分配自己的时间精力参与社团活动。再加上本身专业学习的压力、初入校园的适应性问题造成更严重的心理困扰，致使大学新生逐渐对社团活动甚至本来的集体活动失去原有的热情。

（二）社团之间良莠不齐

大学生社团数量众多，但部分社团开展的活动较少。社团的数量与质量不成正比，部分社团没有开展有实质意义的活动。新生入校伊始各个社团的宣传海报、宣传横幅铺天盖地，但招生结束后难以兑现。有些社团的活动缺乏实质内容和创意。这些情况使得对社团活动抱有极大热情的大学新生逐渐对社团活动失去兴趣，严重者还会产生受骗的感觉。

（三）社团发展存在较大的物质困难

部分社团存在活动经费不足的情况，社团的正常运作缺乏必要的经费支持，仅仅依靠少数几个主要成员的一腔热忱来维持。同时社团在开展活动的过程中也存在活动场地不够、活动设施不完善的

情况。目前大学校园内学生数量剧增，学生社团的运行和发展存在较大的物质困难。

五、促进大学生社团在新生教育中作用发挥的有效路径

正因为大学生社团在新生教育中作用重大，而面临的问题也纷繁复杂，要探究促进大学生社团在新生入学教育中作用发挥的有效路径。

(一)对大学新生加入学生社团进行理性引导

在入学教育过程中开展学生组织认知活动，向大学新生介绍大学校园中的各类学生组织。由辅导员、高年级学生就大学生社团进行宣讲，在鼓励大学新生积极参加社团活动的同时介绍大学生参加社团的意义、注意事项等。帮助大学新生正确认知社团，了解加入社团的意义，合理规划社团活动在整个大学生活中的比重。

(二)院校两级合力规范社团管理

学校社团数量较多，挂靠到各学院团委的学生社团数量不一，社团成员也存在多寡不一，社团负责人的能力参差不齐。针对这种情况学校可以采取“重点管理”的方法，对于成员数量较多、在学生范围内影响较大的学生社团进行重点建设。对于一般社团由学院依据学校管理制度进行合理引导和必要的扶持。保证新生在社团活动中的权益不受侵害。

(三)重视社团建设，加大经费投入支持社团活动

要解决大学生社团的发展问题，充分发挥其在大学新生教育中的作用，首先领导应重视社团建设，从指导思想到相关政策，一直支持和鼓励学生社团的发展。其次，根据学校财力情况，保证稳定且必要的社团专项经费用于学生社团开展活动，学生社团自身也需要通过各种途径扩大经费来源。

（作者单位：江汉大学）

浅论高职合唱艺术实践中思想政治教育的渗透

程　伟

大学校园从来就是合唱的摇篮。现代的学校音乐生活中，合唱以其吸引力强、参与面广、影响力大等特点，成为一种最受欢迎、最活跃的形式。合唱更以其独特的艺术性，在大学生思想政治教育工作中发挥着巨大作用。有一句名言，“合唱是任何教育工作都不可替代的重要形式”，现在许多高职院校都把校园合唱活动当成培养学生高尚情操和团队精神的一项重要工作。因此，高职大学生思想政治教育工作者要研究如何在合唱艺术实践中渗透思想政治教育，从而提高思想政治教育的实效性。

一、合唱艺术与思想政治教育的关系

1. 合唱艺术为思想政治教育提供丰富资源

从内容上看，中外优秀的合唱曲目中包含了丰富的思想政治教育资源。诸如《四渡赤水出奇兵》、《黄河大合唱》等作品是革命历史的见证，具有强烈的爱国主义和民族主义精神，使同学们领会到今天的幸福生活来之不易。而《我的祖国》、《我们的田野》等作品又让同学们领略到祖国大好河山的壮丽与秀美，激发同学们的爱国主义情怀。《东方之珠》、《北京欢迎你》等富有时代气息的作品，让同学们在歌声中感受到国家日新月异的变化。《茉莉花》、《打起手鼓唱起歌》等又充满了民族特色，同学们体会不同的民族风情的同时，又增强了中华民族的民族认同感。还有很多脍炙人口的国外经典名曲，使大家得到艺术的享受、美的熏陶。合唱曲目题材丰富、内容广泛，为思想政治教育提供丰富资源。合唱者不仅感受到音乐独特的魅力，还在美的感知中陶冶了情操，净化了心灵，并从中产生一种发自内心的幸福感和自豪感。

从形式上看，合唱是一种群体性的表演艺术形式，要求不同声部相互协作共同完成艺术作品的演绎和诠释。“每个人的工作都同样重要，一个人的错误可以毁掉一切。”从指挥到每一位合唱队员都是合唱舞台的主角，但每个人、每个声部都必须有机组合形成完整的统一整体。合唱队员们按照各自的节奏和速度、音量和旋律，相互配合来共同演绎合唱作品，集合多种不同的人声于一体，团体的协同合作在合唱艺术实践中得到了完美的呈现。可见，合唱不仅是一种群体演唱形式的表现，更是一种合作能力的体现。所以，我们必须重视合唱这种艺术实践所带来的群体意识、合作精神的培养。

另外，在合唱排练的过程中为了追求精益求精的艺术效果，往往需要反复改正、磨合，这也在无形之中培养了合唱团员为集体目标而努力的高度自制力、自我约束力和坚韧性。

2. 思想政治教育提升合唱艺术的育人功能

从合唱艺术的教育功能来看，合唱对于心灵的塑造、道德的教化具有独特的功能。但在以往在进行合唱教学或训练时，只注重合唱技能培养，而不太重视学生们的思想道德素质的培养，这种理解是片面的。教师在指导合唱训练时有目的、有计划地设置一些音乐情境，让学生在亲身参与中把握作品的历史背景、创作经过以及包含的真理，使学生思想发生自然的内在转化，这样才能更加准确地诠释和演绎合唱作品。事实上，一首好的合唱作品，都是有一定的思想性，都倾注着作者深厚的思想情感，有些经典曲目更是影响了一代又一代的人们，只有深刻地研究合唱的思想美，才能发挥合唱的教育功能。不仅能使合唱者自身的思想境界得到提升，还能通过自身的歌唱、表演的魅力来影响和感化周围的人。所以，合唱艺术实践不仅是单纯的音乐技巧的训练，更应当发挥思想政治教育作用。

二、合唱艺术实践中思想政治教育的渗透

西方社会学家把合唱看作社会的一种稳定结构，它可以连接不同群体的人、沟通文化情感、昭示共同信仰等。合唱艺术实践正是以其独有的魅力和功能，在培养学生的爱国主义情怀、集体主义精神、促进学生的全面和谐发展等方面发挥着潜移默化的不可替代的作用。

1. 传唱红色歌曲，弘扬高职大学生爱国主义精神

在众多合唱作品中，红色歌曲最能抒发强烈的爱国主义热情。在合唱教学活动中，有针对性地选择红色经典歌曲，如《义勇军进行曲》、《游击队之歌》等抗日歌曲，表现了抗日军民的威武不屈，爱国之情油然而生。《黄河大合唱》那咆哮、怒吼的旋律，让人立刻涌起与国家共存亡的澎湃心情，强烈感受到中华民族的崇高品格和伟大力量。红歌的艺术特性决定了其是宣传革命精神和爱国主义精神的最佳载体。

在合唱艺术实践中，教师通过对红色经典歌曲历史背景的讲解以及曲作者生平的介绍，一步步地使同学们进入歌曲表达意境，体会歌中所包含的爱国主义情操。音乐的感染、艺术的熏陶、激情的震撼，“合唱是任何教育工作都不可替代的重要形式”。通过红色歌曲的传唱，潜移默化中让大学生们感受到生动而有效的爱国主义教育。

2. 训练合唱技巧，培养高职大学生集体主义观念

“一滴水，只有汇入大海，才能掀起海浪；一个人，只有融入集体，才能真正体现个人才华。”合唱是一种最直接体现合作精神与共处意识的素质教育载体，是集体主义教育的形式之一。

在高职合唱团中有不少同学音乐基础很差，甚至是零基础，训练情形和效果可想而知。所以在排练合唱作品之前，首先要对学生个人的发声技巧、乐感、音准、节奏、力度等方面加以训练。在个人掌握了一定的歌唱技巧的基础上才能进行合唱训练。而合唱又是一种整体的艺术活动方式，它需要借助集体共同创造的音响来完成艺术作品的演绎和诠释。这些来自不同系部、不同专业的合唱团队

员，在合唱训练的过程中就要学会正确处理个人与集体之间的关系。这就要求每个合唱队员要有全局观念，从合唱开始就置身于集体中，把自己的歌声作为整体音响组成因素，决不可突出个人的声音或某一部。在音量控制方面，不但自己要把握好力度，同时还要聆听本声部和其他几个声部的发音力度，自己声音太大会破坏本声部的统一，声音太小又会影响到声部间的均衡。在声部配合方面，某一声部有时作为主旋律声部，其声部就应该突出强度和力度，有时又要作为和声声部，其声部就应恰到好处地配合，该强则强，该弱则弱等。因此只有全体学生团结协助，个人与声部之间，声部与整体之间默契配合，方能达到均衡、和谐、饱满的和声效果，否则就失去了声部合唱的整体美。当个人微不足道的声响融入一个大合唱集体中，构成各式各样变化无穷、丰富多彩的音乐形象时，他们能体会到在合唱中，和声比一个人的声音美妙得多，集体的力量大的多。合唱训练"所创造的和谐之美，可以造就集体感和友谊。能给人生带来精神升华的时刻"。因此，合唱的训练过程中实际上又是对学生进行集体主义教育的过程，使同学们认识到合唱中没有"我"，只有"我们"，只有通过集体，才能发挥个人的真正作用，成功的获得是靠大家共同的努力。

3. 发挥合唱优势，促进高职大学生全面和谐的发展

合唱艺术所具有的独特功能和优势，对促进高职大学生全面和谐的发展有着不可替代的作用。

合唱训练可提升学生的审美情趣。作为一种集体参与的音乐艺术形式，合唱是实施审美教育、培养学生审美情趣的重要途径。合唱以其独特而丰富的表现力，给予学生一种其他演唱形式或艺术形式很难达到的综合美感。优美的合唱充分体现了旋律美、复调美、节奏美、和声美的高度综合，虽然学生不能理解和声高深的理论，但他们可以感受到合唱中点与线、动与静、刚与柔、跳与连、粗与细的关系的丰富变化，这种声音是那么美妙、动听、神秘、富有魅力。当自己的个性声音融合在声部内进行着横向的旋律运动、同时保持着纵向的即和声的音响效果。此时，他们能真切地感受到"美是和谐"。

合唱的美育功能不仅仅只来自和声，更重要的是合唱歌曲的内容。合唱所演唱的歌曲大多是描绘美丽的风光，赞美美好的生活，鼓舞人们的斗志，自然的美、生活的美、力量的美通过旋律、和声和复调表达得淋漓尽致。情动于中而声发于外，音乐是心灵最直接的语言。在合唱活动过程中，学生们通过对新歌曲的欣赏、试唱，初步感受音乐的风格及表现力，在排练、演唱过程中，充分感受到音乐作品中所蕴含的美，引发对作品的共鸣、联想、想象，空灵的音响愉悦了同学们的身心，优美的旋律抒发了纯真情感，合唱艺术实践既提高了大学生们感受音乐、表现音乐的能力，又培养了健康向上的审美情趣。

合唱训练可增强学生的自信心。合唱对增强学生自信心也着不可小视。高职合唱团的同学来自不同的班级、不同的专业，大家性格迥异，音乐基础和修养也各不相同。这种差异可能使有的人奔放自信、活泼大方；有的人则胆小害羞甚至自卑孤僻。合唱是一种群体艺术，要求队员之间互相配合。因此，在合唱训练中，要善于引导同学们学会交流沟通、与人相处，特别是给予自卑孤僻的学生更多关心和爱护，经常创造一些让学生上台演出的机会，利用集体表演节目的活动，训练学生的自信心和胆量，让他们敢于表现自己，增加自我认同感。

合唱训练可丰富学生的业余生活。在大学阶段，学生们的课余时间较多，如果没有一个合理的规划，就会显得无所适从，这很容易被社会上一些庸俗文化所包围，整天沉湎于电子游戏、上网聊天等，长此下去，就会导致精神极度空虚，失去生活和学习的目标，失去理想和抱负。合唱训练一定程度上能解决目前某些大学生心灵空虚、精神上无所寄托的状况，不仅丰富了大学生的课余生活，开阔了眼界，提高了音乐修养和音乐审美，而且加深了学生对生活的热爱和对艺术的体验，逐渐建立起良好的审美素质，从而加强了大学生合唱团成员的道德品质教育，并主动地抵制社会上的不良风气，树立起正确的“是非观”。

三、结语

作为大学生思想政治教育的工作者，要结合当代大学生的个性特点和时代发展特点，创新思想政治教育的有效途径和方法。融思想政治教育于合唱艺术实践中，在合唱排练、表演等整个活动中，培养高职大学生的爱国主义情怀、培养集体主义精神、塑造优良品格等，以最终达到提高大学生的思想道德修养，培养人文精神，促进大学生全面发展和健康成长的目的。

参考文献：

[1]吴晨晖．论合唱教育对大学生综合素质的培养[J]．音乐创作，2008(9)

[2]郭锄非．合唱教育对学生群体意识的培养[J]．中国音乐教育，2005(5)

[3]谢婉．浅谈合唱在高职院校素质教育的地位和作用[J]．金山，2011(6)

[4]赵继伟．论音乐教育的思想政治教育价值[J]．学校党建与思想教育，2012(6)

（作者单位：武汉软件工程职业学院）

习近平青年观研究
——以高校德育为视角

李　霞

德育被许多国家视为第一战略产业，探索21世纪德育的新模式已成为世界性的潮流。在经济全球化、政治多极化、文化多元化和信息网络化的新形势下，教育对象利益的多元化、思想观念的多样化及其在信息获取方面的主体化增强等崭新的德育生态环境，使德育面临前所未有的新情况和新问题，其教育的广度和深度受到冲击。用时代发展的高标准和新要求审视高校德育工作，还存在着诸多的不适应：德育理论的学科性不强、针对性不够、实效性不大等问题急需改进和创新；德育实践的非线性和效果的滞后性等特征又使人们对其信度和效度产生了质疑。高校德育如何与时俱进、开拓创新，已成为我们必须认真研究和深入探讨的重大时代课题。

一、当前高校德育存在的问题

德育又称思想政治教育，包括思想教育、政治教育、道德教育、法制教育和心理教育。党的十八大以来，高校德育在师资队伍、学科建设、教学改革和科研工作中均取得显著成绩，当代大学生思想道德状况在总体上是积极、健康、向上的。但是在肯定成绩的同时也应看到存在的问题和不足，这些问题和不足从教育主体方面来看主要表现为：培养建设者意识较强，培养接班人意识较弱；办学意识较强，阵地意识较弱；教书意识较强，育人意识较弱；从实践层面来看主要表现为，德育教学的实际效果与党和国家的重视程度以及教育者所付出的艰辛努力不成正比，与社会的期待、学生的需求存在着较大的差距，与高校教育教学改革的总趋势不相适应。为此，我们必须从对最根本的实际问题思考出发，进一步深入到对最根本的理论问题的思考。

1. 德育目标太高，先进性教育有余而广泛性教育不足。传统德育与计划经济体制下教育对象相对发达的“超我”和相对缺乏的“自我”构成的倾斜的心理结构相适应，一方面表现为片面强调最高理想教育，忽视目标的层次性；以价值的目的性意义掩盖价值的工具合理性意义，使价值观念流于空洞的形式，就其本质而言违背了“最高的价值是最普遍的价值”的逻辑，因为价值的先进性是通过价值的广泛性反衬出来的。另一方面表现为过多看重德育为社会政治服务的“工具性价值”，忽视其塑造完善人格、实现人的全面发展的“目的性价值”，实际上价值的目的性与价值的工具性是内在统一的。德育要循序渐进，把导向性与现实性、先进性与广泛性有机地统一起来，通过修身、齐家、治国、平天下，将德育与社会主义核心价值观教育结合起来，形成以爱国主义为基础，集体主义为中介，共产主义为导向层次递进的教育目标，使社会主义核心价值观成为有着众多个性差异的青年的共有的道德认同。

2. 道德教育的“非道德性”。德育实施方法上表现为智育化、强制化和形式化。德育主体将教育简化为教学，将教学简化为知识传授，甚至将知识传授简化为考试辅导。这种简化行为的运作原理，是将显性的、有形的、易考核的予以保留，将隐性的、无形的、不易考核的予以舍弃，从而导致实践中出现学生思想政治理论课分数高而实际表现差的双重人格现象，即有理想缺行动，有知识缺修养，有文化缺能力，有理论缺实践。社会主义核心价值观所体现的是一种实践精神，在德育过程中，示之以行比晓之以理，动之以情更为重要。德育要大力提倡“力行”、“躬行”和“笃行”的实践精神，促使大学生将获得的道德认识在内化的基础上外化，落实到道德行为之中，这样的道德教育才具有真正的道德意义。

3. 随着国际互联网等现代传媒的迅速发展，以网络为代表的第四媒体异军突起，大学生接受信息的渠道发生了新变化：由集中传递变为分散传递；由纵向传递变为横向传递；由单向传递变为双向交流；由被动接受变为主动选择，使教育者少了知识优势(少有知识积累)、信息优势(大众传媒的普及)和心理优势(不高的工作地位)，这种以低位影响高位的活动本身，就已经使这一活动的功效大打折扣。为此，德育必须进网络，占领网上德育新阵地。同时德育主体也要与时俱进，不断提高自身的综合素质，“学而不厌，诲人不倦”，一方面需要具备“言教”的功底，另一方面需要具备“身教”的素质，真正做到学高为师，身正为范。

4. 随着高校体制改革和弹性学制的推行，招生规模扩大，收费标准提高，学习压力增加，就业竞争加剧，使学习困难学生、经济困难学生、心理困难学生增多。大学生面对的竞争压力、学习压力、经济压力、就业压力、情感压力等普遍加大，生活中的或然性增多，过去的许多“常数”都成了“变数”，使大学生面临着前所未有的心理压力。他们在环境适应、自我管理、学习成材、人际交往、理想现实、交友恋爱、求职择业、人格发展和情绪调节等方面反映出的心理困惑和焦虑问题日益突出。德育必须遵循大学生成长成才规律和教育规律，通过弘扬社会主义核心价值观，对其进行思想上的引导、专业上的辅导、生活上的指导和心理上的疏导，真正达到深入人心。

5. 随着高校后勤社会化改革，组建了按社会化管理的学生社区，学生逐步由“单位人”(班级人)转为“社区人”(宿舍人)，按学生个体需求组合的社区住宿，打破了以往按院系、班级构建的组织形式，这也给高校对学生的管理带来了一定的难度。为此，德育必须进社区、进宿舍，融入学校各方面管理等工作，真正贯彻落实教育部提出的学生党团组织进宿舍、学生辅导员进宿舍、校园文化进宿舍、安全保卫进宿舍、学生自我管理进宿舍等“五进”工作。

6. 德育评价难以“实化”，要求难以“硬化”，奖惩难以“量化”，从而导致德育一般化。德育效果具有显性与隐性并存、即时性与累积性共生、多层次性与多方面性共融等特征。德育的实效性是指教育的预期目的与结果之间的张力关系，是实践活动对于目的的是否实现及其实现程度的检验。实效性表现在效率上，即以一定的人、财、物、时间的投入获得最佳的效果和最大的效益。德育是一种既超前又滞后的事业，“超前”表现为具有长远的观点，把培养未来需要的人才品质作为教育的终极目标；“滞后”表现为培养出来的人需要若干年后进入社会才体现出教育的价值。因此，德育的效果是一个需要经过渗透、积累和转化等不同阶段的较长过程，表现为长远效益。评价德育的效果，要根据德育潜在性和周期性较长、综合性和间接性突出、塑造性和奉献性较强的特点，建立绝对标准和相对标准、共性标准和个性标准相结合的多元化评价体系。这里的绝对标准、共性标准是指是否达到教育目标及达到的程度；相对标准是横向比较的尺度，个性标准是因人而异的个性化标尺。

针对上述情况，高校德育要加强针对性和实效性，增强感染力和吸引力，必须将社会主义核心价值观作为重要切入点并纳入德育的全过程，通过探寻德育的基本途径，以实效求主动，以作为求地位，以改革求加强，以创新求发展。

二、加强与改进德育的基本途径

党的十八大首次把“立德树人”写入党的全国代表大会报告，明确为现代教育的根本任务。这是我们党对教育本质认识的进一步深化。党的十八大以来，习近平同志高度重视培养什么人、怎样培养人这一根本问题，反复强调落实“立德树人”、培养中国特色社会主义事业的合格建设者和可靠接班人。在2014年12月召开的第二十三次全国高等学校党的建设工作会议上，习近平指出，“办好中国特色社会主义大学，要坚持立德树人，把培育和践行社会主义核心价值观融入教书育人全过程；强化思想引领，牢牢把握高校意识形态工作领导权”。社会主义核心价值观展示着实现人的全面发展的丰富性、层次性以及实现过程的历史性。对生存意义的追问是人的思想道德素质的精髓所在，在现实生活中，趋乐避苦是人性的自然，而多苦少乐是人生的必然，如何看待人性的自然和人生的必然，在琐杂的现实世界中不断认识自我和提升自我，在共性的指导下寻求多样化的个性发展。德育必须通过着眼于群体，着力于个体，以实现当代大学生精神成人和专业成才的统一。

1. 树立科学发展的德育新理念。人的思想道德素质的发展，是多种因素综合作用的结果。思想观念本身既有一个较长时间的积累过程，又有以阅历、情感为基础的验证过程，因而相对稳固。我们要牢固树立全面育德、科学发展的德育新理念：从形式上讲，要标新立异，不落俗套；从方法上讲要有机渗透，针对性要强；从内容上讲，要赋予时代特色，增强其新鲜感。通过社会主义核心价值观教育，使大学生认识到信念是人生支柱，责任是人生动力，奋斗是人生幸福，奉献是人生价值。让青年的思想在实践中成熟，知识在实践中运用，才干在实践中增长，事业在实践中建树，青年人才在实践中脱颖而出。

2. 树立全员育人、全过程育人和全方位育人的德育新格局。所有教师都负有育人职责，要坚持教书育人、服务育人、管理育人、齐抓共管、形成合力，这是全面的德育的整体观；高等学校各门课程都具有育人功能，要深入发掘各类课程德育的资源，并坚持实践育人、文化育人、环境育人，这是整体的德育的资源观；要使教育与自我教育相结合、理论教育与社会实践相结合、解决思想问题与解决实际问题相结合、教育与管理相结合，这是系统的德育的方法论。要切实把德育贯通于学校教学、科研、学科建设的全过程，贯通于学生学习、生活、工作的各个环节，做到“横向到边，纵向到底”。

3. 充分发挥课堂教育教学在德育中的主渠道作用。德育要取得成效，必须有相应的教学内容作保证。首先，要发挥思想政治理论课在德育中的主渠道作用，在思想政治理论课中系统化、学科化地进行社会主义核心价值观教育，全面加强思想政治理论课的学科建设、课程建设、教材建设和教师队伍建设。思想政治理论课在社会主义中起着其他课程不可替代的重要作用，从事思想政治理论课的教师承担着对当代大学生进行社会主义核心价值观教育的特殊使命，在高校德育中起着关键作用。其次，要发挥哲学社会科学课程在社会主义核心价值观教育中的重要作用。哲学社会科学是凝聚民族灵魂的旗帜，具有强烈的民族性。在哲学社会科学教学中充分体现马克思主义中国化的最新理论成果，用科学理论武装大学生，用优秀文化培育大学生，抓住教育的各个环节进行社会主义核心价值观教育。再次，要发挥各门课程的育人功能，深入发掘其德育的潜在资源，使传授专业知识与德育结合起来。高等学校各门课程都具有育人功能，所由教师都负有育人职责，要把德育融入到大学生专业学习的各个环节，渗透到教学、科研和社会服务各个方面。

4. 努力拓展德育的有效途径。就当前的社会主义核心价值观教育而言，一是要深入开展社会实践活动，在社会实践活动中进行社会主义核心价值观教育。积极探索和建立社会实践与专业学习相结合、与服务社会相结合、与勤工俭学相结合、与择业就业相结合、与创新创业相结合的社会实践新机制。二是要大力建设校园文化，在校园文化建设中进行社会主义核心价值观教育。建设体现社会主义特点、时代特征和学校特色的校园文化，形成优良的校风、教风和学风。三是要全面加强校园网的建设，使网络成为社会主义核心价值观教育的重要手段。四是在心理健康教育中进行社会主义核心价值观教育。通过开展深入细致的思想政治工作和心理健康教育，帮助学生处理好成长过程中的各种具体问题。五是要在解决学生实际问题中加强社会主义核心价值观教育。要努力解决学生实际问题，形成以国家助学贷款为主体，包括助学奖学金、勤工助学基金、特殊困难补助和学费减免在内的助学体系，帮助经济困难学生完成学业。

5. 充分发挥党、团和学生组织在德育中的优势。首先，要发挥党的政治优势和组织优势，把优秀大学生吸纳到党的队伍中来。把党支部建在班上，努力实现本科学生班级“低年级有党员、高年级有党支部”的目标。使学生党员在德育中发挥先锋模范作用，使学生党支部成为德育的坚强堡垒。其次，要发挥共青团在教育、团结和联系大学生方面的优势，竭诚为大学生的成长成才服务。再次，要充分发挥学生会、研究生会的桥梁和纽带作用，加强对大学生社团的领导和管理，高度重视在大学生生活社区、学生公寓、网络虚拟群体等新型大学生组织中的德育工作，发挥大学生自身的积极性和主动性，增强其自我教育和自我管理的能力。

综上所述，高校必须把加强与改进德育作为一项紧迫而又重要的战略性工程，做到思想落实、措施落实和工作落实。通过大力宣传社会主义核心价值观，以加强和改进当代大学生德育，不断开创高校德育的新局面，使德育真正成为现代化进程的生命线。

（作者单位：江汉大学文理学院）

社会治理中道德与法律之间的支点价值分析

徐　战

道德与法律是调整人们行为并维持社会秩序的两种重要社会规范。社会的进步发展需要科学的治理。在社会治理中，道德与法律各自以特定的方式和约束力量发挥着重要作用。不过，根据我国的现实状况，两者的价值并不能等量齐观。本文拟从道德调节与法律约束的相互关系和作用入手，探究道德在社会治理中的价值所在，以此更好地促进社会治理。

一、重视道德是社会治理的现实之需

道德，是一种特殊的意识形态。它以善恶、荣辱等观念为标准，通过社会舆论、内心信念和传统习惯来评价人们的行为，是调整人与人以及个人与社会之间关系的原则和规范的总和。自党的十八届三中全会提出“社会治理”的理念，道德在社会治理中的作用被凸显出来。不过，自此之后，学术界也出现了社会治理中道德与法律的价值孰轻孰重的争辩。

必须承认，对于社会的治理，道德和法律缺一不可，都是很重要的手段，两者相辅相成、相得益彰。法律是外在的规范，道德是内在的约束。“以法治体现道德理念、强化法律对道德建设的促进作用，以道德滋养法治精神、强化道德对法治文化的支撑作用。”尽管如此，道德与法律的价值却并非等量齐观。要根据现实状况，客观地区分主次轻重。改革开放以来，我国制定了不少的法律制度，但效果不尽如人意，有时还出现“防不胜防”、“罚不胜罚”的现象。原因复杂，最大的根源还是人们的道德认知与道德践行问题。虽说向上、向善是我国道德的主流，但大量的造假、售假现象的出现，一些极端的自私、冷漠行为的出现，也极大地冲击了道德底线。因此，就我国现实状况来说，德治比法治显得更为迫切。

同时，由于人们生活的广泛性、复杂性与发展性，法律只能对其生活领域中的部分行动规范作出强制规定，比如超出道德底线的制裁、公民基本权利的保护。也就是说，法律侧重对外在行为的调控，决定了它是只能治标，不能治本，难以调整人们行为的动机和内心世界，其调整领域有一定的局限性，不可能解决所有的社会问题。与法律相比，道德所作用的范围和调整的对象要广泛得多，它几乎涉及人们工作和生活的所有场域。而且，在日常生活中，人们用来规范自己行动的主要是道德规范，而不是法律条文。事实上，除了法律专业人士，许多人是不太熟悉具体法律条文的。因此，社会治理效果要想有更高层次的提升，需要在法律的基础上更加重视道德。

二、道德在社会治理中的支点价值阐释

支点，原指杠杆发生作用时起支撑作用的固定点。在此借用是要表明道德在社会治理中的支撑作用，体现其重要价值。道德能够满足社会治理的诸多需要，对于社会治理具有重要的意义，其支点价值表现为如下多方面。

1. 道德功能的发挥有助于社会治理目标的实现

十八届三中全会《决定》对社会治理的目标作了明确表述：“着眼于维护最广大人民根本利益，最大限度增加和谐因素，增强社会发展活力……确保人民安居乐业、社会安定有序。”简言之，社会治理的目标就是促进社会的稳定与和谐发展。在这一目标实现的过程中，道德作为社会意识的特殊形态，其所具有的功效和能力是不容忽视的。

首先，道德的认识功能。人在社会化的过程中，会形成认知上的行为准则，引导着自身的思维和行动。这种认知，包括对社会道德规范的了解。无论公共领域，还是私人领域，社会对各种角色都

有相应的、系统的道德规范，如公共道德、各种职业道德、家庭道德，等等。通过这些道德规范，人们可以认识到社会道德生活的原则和规范，区分什么是对与错、什么是可为与不可为、什么是必须提倡与坚决反对的，等等，能够进行正确的道德判断与行为选择。同时，道德能帮助人们认识个人与社会、个人与他人以及个人与自然之间的关系，认识到个人在社会中，对国家、社会、集体、他人和家庭应该担负的责任。

其次，道德的调节功能。道德通过社会舆论、风俗习惯、内心信念等特有形式来规范人们的行为，调节社会关系。人们生活在社会中，形成了多样化的人际关系和利益关系，比如个人之间的关系、个人和集体(包括团体、民族、国家等)之间的关系。在处理这些关系的时候，不可避免地要产生各种各样的矛盾。在非对抗性的矛盾范围内，道德就发挥着调节这些关系的功能。它以“应然”为尺度，来衡量和评价人们行为的现状，并力图使人们的行为现状符合于“应然”的尺度。如果没有道德的调节作用，人们按照本能选择行为，解决问题，社会就会变得一团糟。道德的调节功能，一方面可以指导人们在行动之前采取正确的选择，另一方面在出现矛盾的时候可以纠正错误的行为，使人们的行为合乎道德标准。道德通过调整人们之间的关系来维护社会秩序和稳定，所以道德是社会矛盾的调节器。

道德正是以这两方面特有的功能，对人与人之间的关系进行调整，形成良好的社会风气，维护社会的秩序和稳定，从而促进社会治理目标的实现。

2. 道德践行可降低社会治理的成本

社会治理的法治和德治模式实施，都会有成本付出。从经济学角度看，用法治模式进行社会治理的成本远远高于道德建设的成本。因为任何法律的实施都要支付一定的成本或费用，比如，立法机关和司法机关的设置，打官司的时间及费用等。如果社会关系中的所有问题都需要通过法律途径来解决，社会将为此支付巨大的成本。

相反，通过道德的方式来调解人们交往中的冲突和矛盾，将会节约很多成本。由于道德不是由国家强制执行的，而是依靠社会舆论的力量，依靠人们心中的信念、习惯，依靠传统和文化教育的力量来维持，其调整约束违反道德的行为是不需要支付直接成本的，在社会治理中属于社会自我管理，因而成本远低于法律。如果社会矛盾可以通过人们道德素质的提升来预防或减少，不需要“事事诉诸法律、样样都打官司”，那么对于国家政府以及社会百姓，时间成本、机会成本和交易成本都会减少，社会治理的环节和进程也会简单，社会治理的成本自然也就降低。

有人认为，我国在转型阶段出现的层出不穷的社会问题，不断增加的各类群体性和突发性事件，得不到根本遏制的社会腐败现象，都是因为道德成本太低，失德者不仅没得到应有的惩罚，反而还能从中获得好处。因而必须加大法律制裁的力度，扩大法律惩戒的范围。不可否认，这是策略之一。但换个角度思考，我们可以发现，道德成本低正好说明需要重视道德建设，提高道德成本和道德败坏的代价，而不是等沦落到道德底线之时才进行整治和处罚，比如对腐败官员加强党纪处罚力度，而不是等到触犯国法才来惩处。如果每个道德活动场域都注重规范的严格执行，加强公德和私德建设，发挥道德自律的作用，那就会大大降低问题的风险和社会治理成本。

3. 道德规范能外化为社会治理的具体操作途径

社会治理要取得良好效果，对社会成员的行为应该有所规范。换句话说，社会需要有具体规范，以此引导社会成员的行为，促进社会稳定与有序发展。道德是经过实践检验的，能够协调人们的人际关系和利益关系，因而通过强化道德对行为的约束和规范力量，将其外化为社会治理的具体操作途径。强化道德的力量，就是重视和强调对社会成员进行道德教化。一方面道德教化能使人向善，能使人明人伦、守礼义。另一方面，道德教化能转化社会风气，促使形成良好的社会秩序、祥和的社会氛围。

当前，我国正处在社会深刻变革、经济快速发展的关键时期，原有的社会关系格局被打破，社会逐渐由亲情、友情为纽带联系起来的“熟人社会”逐步发展为由工作、交际为纽带联系起来的“陌生人社会”，人与人之间的关系越来越趋于淡漠。同时，由于过于注重经济发展，忽视道德建设，致使我国一些领域道德失范、诚信缺失，一些社会成员人生观、价值观扭曲，原来恪守的是非标准和善恶尺度已经变得越来越模糊。如果仅仅依赖法律保障体系，治标不治本，这些深层次问题是难以彻底解决的。只有同时开展道德教化，社会才能健康发展。

在道德教化的内容上，应该是历史性与现代性的结合，中国几千年形成的优秀传统道德与先进的社会主义思想道德相结合。从历史性来看，有多种归纳与总结。《中华十大义理》总结了中华民族数千年的基本道德观，就是十个字：仁、义、礼、智、信、忠、孝、廉、毅、和。这十个字概括了社会生活方方面面应有的规范。时至今日，这些基本道德观对于社会治理，仍然具有重要的指导意义。从现代性来看，“八荣八耻”、社会主义核心价值观等，立足于我国现实道德状况，针对公民的具体行为提出的规范要求，极具现实可操作性。有社会主义核心价值观的引领，就能够在全社会形成富强、民主、文明、和谐，自由、平等、公正、法治，爱国、敬业、诚信、友善的道德氛围，从而能够维护正常的社会秩序，也能够有效化解人与人之间的矛盾，构建人与人、人与社会的和谐关系，使道德的价值在社会治理中得到体现。

4. 道德水平能成为社会治理成效的重要评价指标

社会治理是一个有着明确目标的行动过程，成效如何是需要有标准来评价衡量的。2012 年 6 月，中央编译局与清华大学联合发布了“中国社会治理评价指标体系”标准。这个评价体系中提出了六个评价维度，即人类发展、社会公平、公共服务、社会保障、公共安全和社会参与，以此衡量一个社会是否达到了稳定、可持续以及和谐发展的目标。显然，这些标准包含着社会的道德水平问题。

过去，我们评价社会发展时，往往单纯采用 GDP 来衡量。实际上，经济增长只是社会发展的一个方面，因此它不能完全代表或完整体现出一个社会的发展程度。道德水平在一定层面上更直观地体现着社会的发展水平。我国社会的发展历史，特别是改革开放以来的经验教训，已经多次证明仅有经济发展是不够的，社会需要道德建设。我党几代领导人都非常重视的“两手抓”，一手抓物质文明，一手抓精神文明，就是明确了精神文明在社会发展中的重要作用。而衡量社会精神文明发展水平的通常是社会的道德。因为，一个社会的精神风貌总是最先从社会道德风尚中表现出来。

从这层意义上，我们可以将反映社会治理水平的指标之一具体为社会的道德水平。也就是说，可以将社会的道德建设水平、建设的成果，作为衡量社会治理成效的重要评价标准。社会的道德建设水平越高，体现出社会治理的成效越好。

三、道德在社会治理中价值实现的策略

道德要在社会治理中实现其支点价值，发挥作用，需要为道德的践行主体创设良好的道德实现条件。

1. 大力加强道德活动场域的建设

在社会生活中，人们的道德活动尽管涉及很多场域，但还是可以归结为社会公共活动、职业活动和家庭活动三大场域，对应于这三个活动场域的道德，就是社会公德、职业道德和家庭道德。社会公德对于维护人们日常的生活秩序、促进人们道德水平的提高以及改善社会风气，都起着十分重要的作用。职业道德是社会道德在社会职业中的特殊体现，全社会的文明程度，集中反映在各行各业职业道德的遵守上。家庭道德问题，它不仅关系到每个家庭的美满幸福，而且关系到社会的安定和谐。这些不同场域的道德规范，为人们的社会行为提供了道德标准的具体指向。

针对目前社会公德、职业道德和家庭美德的弱化状况，应该将这三方面的建设作为道德建设的着力点。需要采取多种方式宣传和教育，引导人们践行。只有在反复实践的过程中得到普遍的共识、认可和遵守，道德水平才有可能提升。

2. 营造有利于社会成员践行道德的环境

社会环境强烈地影响着人们的道德信念和道德行为，良好的环境对人们的道德塑造有着积极的推动作用，反之，不良的环境会导致人们的道德失范。

在道德环境的营造中，鉴于目前道德的失范状况，需要建立有

效的道德舆论引导机制。实际上，人们从理论上一般都知晓行为道德与否，但知而不行，道德出现知行分离的现象。造成的原因有多种，但缺乏道德的舆论引导教育应该是重要因素。为了使道德的理论认知变为实际的道德践行，就要创设道德的舆论引导机制。

道德的舆论引导机制，就是对现实生活中良好的道德行为进行宣传、褒奖，对不道德行为进行劝诫和谴责，形成有利于道德践行的舆论强势。而且，应当大力宣传好人好事，传播正能量。对于失德行为的新闻，要客观报道，绝不能为吸引眼球而失真夸大。这样会引起误解，甚至影响到人们的思想判断，作出失德行为。同时还可以设置专门的“社会公德基金”，对那些因做好事而使自身利益受损的有德之人提供物质救助与精神支持，不能让英雄流血又流泪。道德的舆论引导机制可为人们德性的养成提供现实的示范、激励和导向。它可以引导人们进行自我判断，对符合道德规范的行为产生自豪感和荣誉感，反之感到羞耻和悔恨，不断反省和调整不符合道德的行为，在惩恶扬善的社会环境中获得相应的道德经验，从而提升自身的道德素质。

3. 建立以法律促进道德的运作机制

由于道德主要依靠公众舆论和内心信念来规范人们的行为，缺乏强制性和可操作性，一旦人们无视道德规范，丧失道德良心，道德在某些时候就难以发挥其应有的作用。如果道德不取得一种外在的权威形式，或通过某种权威性的途径，它也就无法真正对人们进行引导，对个体实现制约。如果人们选择失德这样的低成本，卑鄙成为卑鄙者的通行证，那么给社会带来的一定是“劣币驱逐良币”的负面效应过程。而法律是对人们行为界限的划定，实际上是强化人们对道德的遵守，法律对恶的惩治就是对道德正气的弘扬。因此，在当今法律权威理念日益深入人心的情况下，凭借法律权威的威慑力量，发挥法律的强制性作用，以此来促进道德建设是一条重要的途径。

在运作机制上，一定程度和范围的道德入法，是行之有效的策略。酒驾、醉驾入法，法律在规范驾驶员的道德行为上起到了非常大的作用。当前我国治理道德失范，特别是社会公德领域的失范问题，类似于中国式过马路、中国式乱丢垃圾，老人倒了不敢扶，见义勇为有后顾之忧，等等，都应该加强法律的援助及法律的惩治力度，使违背道德的行为受到制约，从而在全社会形成有利于道德践行的法律机制保障和导向。

（作者单位：江汉大学）

以权力生态平衡破解高校依法治校的现实障碍

刘　松

党的十八届四中全会明确提出了“建设中国特色社会主义法治体系，建设社会主义法治国家”的总目标。全面推进依法治国是国家治理的基本方略，也是大学依法治校的目标价值和本质要求。依法治校作为依法治国的重要组成部分，是推进依法治国的重要途径和有力手段。作为依法治国的具体体现，依法治校是在教育领域的法治实践和法治创新。

一、何为依法治校？

依法治校，是指依照法律对学校各项事务进行管理。2003 年 7 月 17 日教育部发布的《关于加强依法治校工作的若干意见》中明确指出：“实行依法治校，就是要依法理顺政府与学校的关系、在落实学校办学自主权的基础上，完善学校各项民主管理制度，实现学校管理与运行的制度化、规范化、程序化，依法保障学校、举办者、教师、学生的合法权益，形成教育行政部门依法行政，学校依法自主办学、依法接受监督的格局。”依法治校既与学校所处的外部环境条件因素有关(例如政府、社会、市场等因素)，也与内部因素有关，但内部因素是关键。从高校内部因素来看，依法治校可以归结为学校的自主化管理、制度化管理、规范化管理、民主化管理和权益化管理。

二、为何要依法治校？

依法治校是依法治国、依法治教的重要组成部分，把高校的各项管理纳入科学化、规范化、制度化的轨道，是高校发展的必然选择。坚持依法治校不仅可以坚持党委领导下的校长负责制，确保社会主义大学育人的正确方向、坚持以人为本，突出师生员工的主体地位，而且可以维护学校章程权威，健全以章程为核心的高校制度体系，并且在深化治理结构改革，推进高校治理体系和治理能力现代化、以法治思维和法治方式为路径，深入推进高校综合改革等方面都有着重要的意义。

“依法治校”的功能主要有以下几个方面：一是维护秩序功能。学校正常的秩序，需要通过多方面的努力来进行维护和保障，其中最重要的就是规章制度维护和保障。“依法治校”不仅可以调整学校中教学主体的行为，而且还可以适时地对自身的运行做出调整。二是保障活力功能。学校不仅需要正常的教学秩序，而且需要朝气和活力，只有兼具了秩序和活力学校才健康和富有希望。这就需要学校通过制定规章制度来对师生权利进行保护，使得学校在教学上具有活力，人们在工作和学习上具有积极性，也才会有教育教学成果的大量涌现。学校实施“依法治校”正是以保障师生权利和自由为根本使命，由此通过依法对师生个性的宽容，进而激发大家充分施展各自的潜能，以推动学校不断进步。三是规范行为功能。民主办学和依法治校是现代学校的两大标志。民主是法治的前提，法治是对民主的保护和规范。法治会对民主的范围、程序和效力加以规范，会对民主生活中的争议和矛盾进行化解或裁断。学校治校的各项行动都需要有规章制度的支持，这样才是合法的。所谓行为的“合法化”，就是将各项合理的权力执行行为先征得大家公允再达到共同来遵守的制度上的确认。四是化解矛盾功能。化解学校矛盾的机制可以有很多，而依法办事是最具有终局性和权威性选择，它具有引导和矫正化解其他矛盾的作用。学校中的重大纠纷，如果能因为制度的介入而合理和平的解决，那这一过程就具有巨大权威性，能够为大家所接受。五是协调利益功能。制定规章制度，还可以确认和平衡利益关系。利益时常会互相冲突或彼此重叠，所以协调各种利益关系，界定它们的合理性就成了规章制度另一项重要任务。规章制度在协调利益关系时还会涉及各种价值观，如：“自由、平等、公正、法治”等，使各种价值观得到兼顾，这就是学校实施“依法治校”所追求的理想的教育生态。六是引领文明功能。美国法学家罗斯科·庞德认为：要保护文明和发展文明，就必须努力控制各种各样互相冲突的需要和利益。如果对各种欲望不加协调和节制，文明就会停滞或者消亡。所以，随着“依法治国”的全面推进、学校管理普遍选择了法治化模式后，规章制度一定会成为学校走向文明最可靠且最具功效的行为规范，同时它又可以起到推动学校文明进步的作用。

总之，“依法治校”一定会越来越成为学校当下直至未来的客观需要和自觉追求。

三、依法治校的现实障碍有哪些？

虽然各高校均在积极推行依法治校和规范办学活动，人们也认识到了依法治校的重要性，但实际效果却不尽如人意，仍然存在诸多现实障碍。例如：高校管理者和广大师生员工“尚法”意识不强，依法治校还没有内化为自觉行为；高校内部的规章制度不够健全，部分规章制度与现行法律相冲突；高校规章制度执行不力、监督不严、权利救济不实等。但我觉得核心的障碍是权力生态的不平衡问题。当前我国高校依法治校的现实障碍主要是学校政治权力、行政权力、学术权力、民主和监督权力的配置生态失衡，造成权力分配和实现路径的冲突。

（一）高校行政权力与学术权力关系生态的失衡

1. 行政权力对学术权力的挤压

由于高校采用行政管理模式，按照行政机构的组织结构来规划内部组织，按行政组织的方式对校、院、系各层面进行权力分配，并赋予相应的行政级别，确立管理的隶属和服从关系。据李海萍教授对我国约 100 所高校的抽样调查显示，大学学术委员会、学位评定委员会、教学委员会等三大学术机构成员与处级干部、系主任职务的相关系数分别达到0.786、0.910、0.738、0.916、0.721、0.721。学术权力实际为行政权力所取代，学术权力混同、淹没于行政权力之中。这是由于学校行政权在组织内部对学术行为的影响显著，在学术资源的获取与配置上具有优势，于是造成学校学术权力的弱化。行政权力泛化削弱了学术权力对学术事务的管理和决策，淡化了专家学者的作用。作为学术权力的主体专家学者及其组织在学校管理中难以充分发挥作用。在学校重大问题的决策中，他们很少有机会介入各个层次的决策过程，即使是对学术事务也没有太多的发言权。行政权力对学术权力空间的挤占，抑制了教学科研人员的积极性和创造性，不利于高校事业的可持续发展。行政权力膨胀对高校管理的影响，还表现在官本位价值观对学术领域的浸染，导致非学术力量干预学校的学术活动，影响了教育的品位与学术风气。

2. 行政权力和学术权力边界模糊化

高校内部的行政权力和学术权力常常交织在一起，造成分工不明，责任不清，机构重叠，相互越位。实践中要明确区分高等教育系统中所有的行政权力和学术权力并非易事。因为一方面，行政权力常常替代学术权力，用行政权力的方式来管理学术事务，甚至对学术事务进行过多的干预。另一方面，学术权力有时也会使用不当。担任行政职务的学者们在学术事务中如果出现观点偏颇、意见相左，也会对行政权力的行使产生不利影响。学术权力和行政权力往往会出现相互越位和干预，这就很难形成民主、科学、高效的管理运行机制。由于缺乏相关法律制度及其实施细则的保障，学术权力的合法性和可操作性在实践中难以体现。目前高校学术权力的组织机构尚不够健全，高校的行政机构有时既行使行政权力，又行使学术权力，有时甚至代替了学术权力的职能和决策权，混淆了行政权力与学术权力的职能和作用，从而造成两者之间的职责不明。

(二)当代大学学术权力生态自身失衡的主要表现

学术权力生态是学术权力内外部关系及其现状的总称。当前，大学办学的功利性导向明显，学术精神萎缩，学术权力的现状并不乐观。学术权力一方面遭遇挤压和外部力量的干预，具有弱化的倾向。另一方面，学术权力也存在异化的风险。

1. 学术部落间权力分化

学术资本主义是现代大学学术发展的重要特征之一，它意味着学术不再以传统的理性逻辑为根基，反而以市场为依据来全面衡量、要求和评价大学和大学教师。学术研究人员逐渐从真理至上和利他主义的价值观转向市场导向的价值观，并且开始认同和接受学术资本主义的企业化和市场化理念，学术原来的精神和信念遭遇挑战。在这种背景下，学术部落权力开始发生分化，靠近市场、具有实用性的部落越容易获得资金，并因此改善大学的声誉，进而拥有更大的学术话语权。而理论学科，包括基础性学科和永恒学科等学术部落由于其远离市场，难以为学校招揽项目经费，也不能“快速”提高大学声誉，因此其学术话语权较弱。

2. 学术研究组织官僚化

早期学术组织的成立是为了平衡当局和宗教势力的影响，寻求学术自由和学术自治。而当前，学术组织日益具有科层化的特征，按照学术研究人员所掌握的学术资源及专长，学术组织日益演变成金字塔结构，在这个结构中，学术权威和具有行政权力的学术研究者居于金字塔的顶端，在人事安排、学术资源配置及学术成果评价上具有垄断性的话语权，而其他学术研究者则居于被管理的地位。国家行政学院竹立家教授认为：科研组织官僚化的风气越来越严重，当官而非做学术成为一些学者的目标，官越大科研经费就拿得越多，利用行政职权谋取和占有大量科研资源，而真正做科研的人却很难获得资金支持。

3. 学术权力运行同盟化

学术权力运行同盟化就是在资源配置中，在有关学术评价、学术项目的申请及学术交流等学术活动中，以学术利益共同体的形式进行运作，维护自身的最大化利益。学术权力运作同盟化的主要表现有两种：一是拥有相同或相似的学术观点、学术人脉、学术地位而结成的老友同盟，控制本学科的学术标准和学术资源；二是基于学术传承中的门派体系，也就是师徒关系网络，通过学术近亲繁殖而形成的学术联盟。学术联盟一旦形成，正常的学术生态发展就会受它的限制。

四、如何实现依法治校?

(一)以权力生态平衡来推进依法治校

依法治校的实质是运用法治思维和方式治理学校，核心是对权力的约束与监督。要实现权力的生态平衡，必须实行集权与分权相结合的权力配置机制、运行双轨权力机制、创建权力制约机制、健全权力互补机制、构建多元权力结构机制，建构一种以促进学生全面发展为中心的由学生权力、学术权力和行政权力共同组成的，和谐共融的高校内部管理的多元权力结构，势在必行。

(二)以大学章程构建学术权力边界推进依法治校

权力的范围和边界来源于权力的属性，权力的大小取决于制度的规约。大学章程是大学组织内部的宪法，学术权力是大学内部的重要权力类型，理应纳入大学章程要素构成。在章程制定过程中，要有明确的条款内容规制学术权力边界，并进而明晰学术权力机构的功能与职权。

(三)以权力协调机制推进依法治校

如前所述，学术权力与行政权力处于一种纠缠态中，在同一组织体系内，存在两种不同价值取向的活动，因此学术权力与行政权力的冲突难以避免，学术权力与行政权力的这种交互，急需建立协调机制予以解决。为此，要建立内部对话机制、内部仲裁机制、内部权力运行监控机制，保证各种权力按照制度的安排有序运行，防止权力的滥用与寻租腐败。

(四)优化权力运行生态推进依法治校

1. 学术权力主体化

大学是求学、做学问的地方，大学管理绝不能行政化、官僚化，要充分遵循学术自由的基本精神。从世界著名的大学来看，教授对学校管理层具有十分重要的影响，凡涉及教学与科研事务，教授都有发言权，学术权力应该在大学权力结构体系中处于主体地位。这一主体地位的体现和保障就是教授治学与教授治院。要彰显学术权力，确保各项政策向一线教师倾斜，只有这样，才能形成高校健康的权力运行生态。

2. 行政权力服务化

要构建现代大学制度和创建高水平大学，必须实现行政权力向服务取向的回归。要树立“管理就是服务”的理念，在工作中摆正行政部门在高校中的位置，切实为教学科研服务。要实现行政权力的服务取向，必须实现高校行政权力的去官僚化，淡化等级身份。只有这样，才能彰显以学术权力为中心的主体地位，才能在权力执行过程形成良好的权力运行生态。

3. 管理队伍专职化

大学管理队伍的产生是社会发展和大学规模化的产物。目前，中国高等学校学生少则万人，多则三四万，还有一大批教学科研人员、行政管理人员以及后勤人员。如此规模，没有一个有效的管理机制和高素质的专职管理队伍是难以运行的。管理队伍专职化是高校人事制度改革的基本方向。要逐渐改变高校管理人员“双肩挑”的状况，实现高校政治权力、行政权力、学术权力、民主和监督权力边界明显、各安其位而又有协调合作的良性权力运行生态。

（作者单位：湖北文理学院）

“四个全面”：当代中国的马克思主义

周子善

2014 年 12 月，习近平总书记在江苏调研时强调，协调推进全面建成小康社会、全面深化改革、全面推进依法治国、全面从严治党(简称“四个全面”)，推动改革开放和社会主义现代化建设迈上新台阶，至此习近平总书记完整提出“四个全面”战略布局。“四个全面”是以习近平同志为总书记的党中央从坚持和发展中国特色社会主义全局出发提出的战略布局，是党的新一届中央领导集体治国理政的总方略，是实现“两个一百年”奋斗目标、走向中华民族伟大复兴中国梦的“路线图”，是我们党坚持以马列主义毛泽东思想、邓小平理论、“三个代表”重要思想和科学发展观为指导，在准确把握世界发展趋势、认真总结我国发展经验、深入分析我国发展阶段性课题基础上提出的重大战略思想，是对经济社会发展一般规律认识的深化，是指导中国特色社会主义继续前行的马克思主义世界观和方法论的集中体现，是推进社会主义经济建设、政治建设、文化建设、社会建设和生态文明建设必须长期坚持的指导方针，是马克思主义同当代中国实际和时代特征相结合的产物，是中国特色社会主义理论体系最新成果，“四个全面”战略布局的提出标志着我们党对中国特色社会主义建设规律、党的执政规律、人类社会发展规律的认识达到新的高度，提高到了新的水平，开辟了当代中国马克思主义发展的新境界，实现了党的治国理政思想的又一次与时俱进，是当代中国的马克思主义。

一、“四个全面”战略布局的科学内涵及辩证关系

“四个全面”是习近平治国理政思想的理论核心，具有马克思

主义科学世界观和方法论的本质特征，全面把握“四个全面”的合理内涵，是坚持用马克思主义的世界观和方法论指导中国特色社会主义事业健康持续发展的理论根基。全面建成小康社会、全面深化改革、全面依法治国和全面从严治党是以习近平同志为总书记的党中央在我国经济社会发展进入新常态阶段作出的重大战略部署。全面建成小康是目标，习近平总书记指出“中国已经进入全面建成小康社会的决定性阶段。实现这个目标是实现中华民族伟大复兴中国梦的关键一步”。这表明中国共产党第一次把全面小康放在中国梦的大格局中，把全面小康目标升华成民族复兴的重要里程碑。全面深化改革是动力，是路径，“改革开放是决定当代中国命运的关键一招，也是决定实现‘两个一百年’奋斗目标、实现中华民族伟大复兴的关键一招”。党的十八大以来，以习近平同志为总书记的党中央站在全局和历史的高度，明确了全面深化改革的战略布局，实现了改革理论和政策的一系列重大突破，形成了全面深化改革的重要战略思想。全面依法治国是保障，是框架，是轨道，与全面深化改革被视为“鸟之两翼”“车之双轮”，成为上下贯通的“姊妹篇”，推动我们的事业滚滚向前。“依法治国，首先是依宪治国；依法执政，关键是依宪执政”，坚持宪法原则和精神，对执政党推进全面依法治国和国家治理体系的制度化、法律化具有重大作用。“四个全面”战略布局是中国特色社会主义理论体系的核心组成部分，进一步深化了中国特色社会主义理论，这一战略布局的四个方面是紧密联系不可分割的整体，它闪耀着马克思主义哲学的深刻智慧，体现着科学社会主义的基本原则，是深深扎根于中国大地、符合中国实际、凸显中国特色的当代中国马克思主义。

二、“四个全面”是马克思主义哲学世界观和方法论的活的运用

党的十八大以来，中央政治局在第十一次和第二十次集体学习中分别安排学习历史唯物主义和辩证唯物主义，习近平总书记就如何运用马克思主义哲学世界观和方法论深化对社会发展规律、社会主义改革规律、党的执政规律等进行了深刻的阐述，这是饱含深意

的，与“四个全面”战略布局是紧密相关的，“四个全面”反映了我国新阶段的客观要求和客观规律，这都是从哲学高度加以理解的，因此，只要从马克思主义世界观和方法论高度来认识“四个全面”，只有从马克思主义哲学这个根本上加以学习，我们对“四个全面”战略布局才能理解得更深刻、认识得更到位、落实得更有力。习近平同志指出：我们党要带领人民实现“两个一百年”的奋斗目标，成就“中国梦”，就要协调推进全面建成小康社会、全面深化改革、全面依法治国、全面从严治党，要落实“四个全面”就必须从马克思主义哲学智慧中汲取养分，更加自觉坚持和运用辩证唯物主义和历史唯物主义的世界观和方法论，增强辩证思维、战略思维能力。

（一）从辩证唯物论出发，用唯物主义的观点看待“四个全面”

世界统一于物质的原理是马克思主义辩证唯物论的基本原理，它强调世界的物质性，物质的第一性，这就决定了我们做任何工作都必须坚持从现实物质基础出发，必须坚持一切从中国客观实际出发，把握现阶段发展的新变化新特点。我们处于并将长期处于社会主义初级阶段，在我国社会主义初级阶段至少需要上百年时间，这是我国的基本国情，这是我国最大的实际。历史唯物主义认为经济发展状况会影响并最终决定社会等其他领域的状况。因此我们要依据这个判断，坚持党在社会主义初级阶段的基本路线，聚精会神搞建设、一心一意谋发展。但同时要看到，社会主义初级阶段也不是一成不变的，通过30多年的发展，我国的基本国情的内涵已经发生了很大的变化，正如习近平深刻指出的：“既要看到社会主义初级阶段基本国情没有变，也要看到我国经济社会发展每个阶段呈现出来的新特点。”当前我国基本国情的新特点就是经济社会进入到新常态，从唯物论出发把握住新常态就是要全面协调推进“四个全面”的战略布局。

（二）从唯物辩证法的思维方式出发，用辩证的观点看待“四个全面”

唯物辩证法就是发展的、全面的、系统的、普遍联系的方法，就是矛盾的分析方法，它要求正确把握局部和全局、当前和长远、重点和非重点的关系，既要善于抓住事物的主要矛盾和矛盾的主要方面，又要把握住矛盾的两个方面，用全面辩证的观点来看待问题，分析问题。马克思主义唯物辩证法认为，社会总是解决问题和矛盾中发展和前进的。我国经济社会发展暴露出诸多矛盾和问题，城乡失衡、区域失衡、经济发展和人的发展的失衡、人的发展和自然环境的失衡、国内改革和对外开放失衡等问题，以及先富与共富、公平和效率、创新与守旧、治理理论与治理能力等矛盾，正如习近平总书记指出的："中国改革经过三十多年，已进入深水区，可以说，容易的皆大欢喜的改革已经完成了，好吃的肉都吃掉了，剩下的都是难啃的硬骨头。"这就迫切需要必须全面落实"四个全面"战略布局，实现经济社会又快又好发展。"四个全面"战略布局正是习近平总书记运用马克思主义唯物辩证法的基本原理，针对现阶段突出的矛盾和问题，针对人民群众的热切期待，针对我国发展现实需要，针对"硬骨头"，高瞻远瞩，直面矛盾，解决问题而提出来的。唯物辩证法还指出矛盾无时不有、无处不在，但矛盾地位又是不平衡的，这就要求我们必须坚持全局观，同时把握重点，做到两点论和重点论的统一。我国改革循着从易到难、从局部到全局、从增量到存量的顺序展开。"既要注重总体谋划，又要注重牵住'牛鼻子'"处理好"整体推进和重点突破的关系"，"四个全面"既覆盖所有的矛盾和问题，又重点突出、切中要害，每一个问题都抓到了点子上。

（三）从马克思主义历史观出发，用历史的观点看待"四个全面"

众所周知，马克思主义的唯物史观，主要是强调以下几点，一是社会发展与变化的根本原因，是由于人的需要。人的需要是社会发展的动力，是社会发展的动因。人的需要是客观存在的，不是人们的意识决定人们的社会存在，而是人们的社会存在决定人们的意识。二是人们的历史决定论，就认为在历史发展过程中，人类为了满足第一需要而进行的生产和再生产活动，即经济的、物质的东西、生产力的东西决定一切。三是历史辩证法，就是不仅仅经济、物质、生产力是唯一的决定因素，还有上层建筑、精神、文化、道德等因素的作用。四是人民群众是历史的主体，是历史的创造者。从马克思主义历史观的基本原理出发，习近平同志指出：“我们党现阶段提出和实施的理论和路线方针政策，之所以正确，就是因为它们都是以我国现时代的社会存在为基础的。”“四个全面”正是根据这一基本原理提出来的。同时我们也要凝聚中国精神，追求中国梦想，发挥精神、文化、道德等社会意识因素的作用。“四个全面”围绕社会基本矛盾的主要方面展开，坚持解放生产力和发展生产力，坚持生产力与生产关系、经济基础与上层建筑是作用和反作用的辩证关系。历史唯物主义认为社会矛盾运动推动社会的发展，生产关系一定要适合生产力的发展、上层建筑一定要适合经济基础的发展规律是唯物史观的基本原理，“四个全面”遵循这一社会基本矛盾运动规律，要求清醒认识和着力解决不断产生的新的不适应问题。正如习近平同志强调的“改革没有完成时、只有进行时”就是该原理的现实写照。“四个全面”坚持人民群众是历史的主体、是历史的创造者的唯物史观原理，强调从严治党，彰显党的宗旨意识、服务意识和群众观点、群众工作路线，“四个全面”反映的正是人民群众对党的新期待，满足的正是人民群众的新愿望，发挥了人民群众的积极性和主动性，实现的是人民群众的利益和诉求。生动体现了从群众中来，到群众中去，一切为了群众、一切依靠群众的观点和路线。

(四)从马克思主义认识论出发，用实事求是的观点看待“四个全面”

马克思主义认识论、毛泽东同志把它高度概括为实事求是，什么叫实事求是？就是要从客观实际出发，按照客观规律来办事，就是要遵循规律，“四个全面”实际上就是尊重中国社会发展的客观规律的战略布局，就是按照我们中国新阶段发展的新特点来办事，就是把我们对中国新阶段新特点的认识统一到中国特色的社会主义建设的伟大实践中去，坚持实践决定认识，实践第一的观点。“四个全面”是从实践中得出的正确认识，是我们党在实践创新基础上积极进行理论创新的产物，深化了对中国特色社会主义规律的认识达，对中国特色社会主义建设伟大实践起到巨大的指导作用。习近平同志指出：“落实好全面建成小康社会、全面深化改革、全面依法治国、全面从严治党的战略布局，要求全党同志以与时俱进、奋发有为的精神状态，不断推进实践创新和理论创新，继续书写马克思主义中国化、时代化新篇章”“发展21世纪中国的马克思主义”。因此，“四个全面”是完全符合马克思主义尊重实践、遵循规律、实事求是的思想路线和原则的。如果不尊重规律，尊重实践，不坚持认识与实践相统一，搞所谓政绩工程，做表面文章，盲目发展，最后的结果，可想而知。

综上所述，“四个全面”是我们党坚持以邓小平理论和“三个代表”重要思想科学发展观为指导，在准确把握世界发展趋势、认真总结我国发展经验、深入分析我国发展阶段性课题基础上提出的重大战略布局，是对经济社会发展一般规律认识的深化，是指导中国特色社会主义建设的世界观和方法论的集中体现，是推进中国特色社会主义建设必须长期坚持的战略思想，是马克思主义哲学的世界观和方法论的生动写照，是辩证唯物主义和历史唯物主义的杰作，是马克思主义中国化的最新理论成果，是当代中国的马克思主义。

三、“四个全面”是科学社会主义的理论创新

社会主义思想从提出到今天已经有五百多年时间，经历了从空想到科学、从理论到实践、从一国到多国实践探索的历程。习近平总书记将社会主义五百年分六个时段进行了系统回顾和梳理，展现了中国特色社会主义的历史渊源和发展进程。科学社会主义的创立和发展也已有一百六十七年了，马克思和恩格斯把社会主义从空想变成科学；列宁把社会主义从理论变成现实；斯大林把社会主义变成苏联模式，随着时间的推移，苏联模式活力不再，弊端日益显现，体制日益僵化，终因违背经济规律而遭遇重大曲折。新中国成立后，以毛泽东为核心的党的第一代领导集体对社会主义，进行了艰苦卓绝的探索和实践，从学习苏联经验到以苏为鉴，有“左”的

错误，但更有积极宝贵的成果。十一届三中全会以后，以邓小平为核心的党的第二代领导集体把国际的、传统的社会主义变成中国的、当代的社会主义——开创和发展了中国特色社会主义，创立了邓小平理论，邓小平理论初步回答了“什么是社会主义、怎样建设社会主义”这个首要的基本理论问题，逐步形成了建设中国特色社会主义的路线、方针、政策，阐明了在中国建设社会主义、巩固和发展社会主义的基本问题，开辟了建设中国特色社会主义的正确道路。党的十三届四中全会以后，以江泽民为核心的党的第三代领导集体面对复杂国际国内形势，捍卫了中国特色社会主义，确立了党的基本纲领、基本经验、市场经济改革的基本目标和框架，创立了“三个代表”重要思想，把中国特色社会主义推向新世纪。新世纪新阶段，以胡锦涛为核心的党中央，提出构建和谐社会，实现科学发展观，形成中国特色社会主义事业的总体布局，在新的历史起点上坚持和发展了中国特色社会主义。社会主义五百年发展的历史进程告诉我们，中国特色社会主义是科学社会主义理论逻辑和中国社会主义历史逻辑的辩证统一，是历史的结论、人民的选择。中国特色社会主义是不断发展不断前进的，需要一代又一代共产党人接续奋斗，历史的接力棒传到了以习近平为核心的新的党中央这里，面对改革进入深水区、中等收入国家陷阱期、社会转型升级、腐败现象多发等国际国内新形势，习近平总书记及时提出了“四个全面”的战略布局，强调中国特色社会主义是社会主义而不是其他什么主义，中国特色社会主义既坚持了科学社会主义的基本原则，又根据时代条件赋予了鲜明的中国特色，要继续把中国特色社会主义这篇大文章写下去，事实证明，中国特色社会主义这条路走得对，走得好。经过几代共产党人的理论和实践探索，我们对社会主义的认识，对中国特色社会主义规律的把握，已经达到了一个前所未有的新高度，但随着事业的前进和发展，我们还面临着许多没有搞清楚的问题和难题，“四个全面”正是应这些问题和难题而发，是在深入把握中国特色社会主义科学性和真理性的基础上，坚持道路自信、理论自信、制度自信，不断开创中国特色社会主义事业新局面所结出的硕果，“四个全面”深刻体现了中国特色社会主义道路、理论体系和制度的精髓，是中国特色社会主义的核心内容和重要组成部分，是对中国特色社会主义的理论深化和理论创新，使科学社会主义发展到新的境界和水平。

中国特色社会主义是植根于中国大地、反映中国人民意愿，适应中国和时代进步要求的科学社会主义。“中国特色社会主义特就特在其道路、理论体系、制度上，特就特在其实现途径、行动指南、根本保障的内在联系上，特就特在这三者统一于中国特色社会主义伟大实践上。”“四个全面”是中国特色社会主义道路、理论体系和制度在我国改革开放和现代化建设的新的实践和新的发展，是马克思主义中国化的最新成果，这道路、理论体系和制度写出了科学社会主义的“新版本”，是深深扎根于中国大地、符合中国实际的当代中国马克思主义，在当代中国，坚持中国特色社会主义道路、理论体系和制度，贯彻落实“四个全面”战略布局，就是真正坚持马克思主义。

（作者单位：北京理工大学珠海学院）

在“四个全面”中推进社会主义核心价值观建设

邱国勇

全面建成小康社会、全面深化改革、全面依法治国、全面从严治党，是习近平总书记站在时代和全局的高度，以政治家的敏锐思维和战略家的深邃眼光，深刻分析历史中国、准确把握当代中国、科学谋划未来中国而提出的重大战略思想；是在总结中国经验、直面中国问题、发展中国道路、引领中华民族伟大复兴的历史进程中提出的宏大战略布局，是在具有许多新的历史特点的伟大斗争中科学统筹国内国际两个大局，科学统筹改革发展稳定、内政外交国防、治党治国治军的基础上提出的治国理政总方略。“四个全面”，统一于中国特色社会主义伟大事业和党的建设新的伟大工程，承接于“两个一百年”奋斗目标和中华民族伟大复兴中国梦，是从我国发展现实需要中得出来的战略抉择，是从人民群众的热切期待中得出来的历史使命，是为系统解决面临的突出矛盾和问题提出来的顶层设计，鲜明确立了新的历史起点上党和国家各项事业的战略方向、重点领域和主攻目标，是统领中国发展的总纲，是我们党治国理政方略与时俱进的新创造，是马克思主义与中国实践相结合的新飞跃。

“四个全面”中的每一个“全面”，都是一个重大命题，其历史意义、理论意义、现实意义重大而深远；都是一项系统工程，其艰巨性、繁重性、复杂性世所罕见。实现“四个全面”不仅为物质文明提出了新任务、规划了新蓝图，而且为精神文明建设打开了新视野、拓展了新空间。“四个全面”以其独特的价值视角抓住了社会利益的关切点、矛盾问题的聚焦点、人们思想的共鸣点、社会共识的集合点，以其鲜明的价值立场回答了当代中国用什么样的战略举措、战略布局来实现战略目标等带有根本性全局性的重大问题，内在地表达了社会主义核心价值观在国家层面的价值目标、社会层面的价值取向和公民层面的价值准则，清晰地标示了社会主义核心价值观建设的着力点、聚焦点和落脚点。“四个全面”，不仅是我国经济社会发展的总棋局，也是社会主义核心价值观建设的总坐标。

一、全面建成小康社会：确立了社会主义核心价值观建设的工作方位

全面建成小康社会，是党的十八大作出的重大部署，是我们党对人民的庄严承诺。全面建成小康社会，是经济建设、政治建设、文化建设、社会建设、生态文明建设五位一体协同推进的小康社会，是经济发展、政治昌明、文化繁荣、社会和谐、生态良好全面呈现的小康社会，是改革发展成果惠及十几亿人口的小康社会，是为中华民族伟大复兴奠定坚实基础的小康社会。当前，我国已经进入全国建成小康社会的决定性阶段，实现这个目标是实现中华民族伟大复兴中国梦的关键一步。全面小康之于民族复兴的中国梦，可谓奠基之作，具有里程碑的意义。

全面小康，核心是全面。不仅人们物质生活要富足，而且人们精神生活要富有；不仅物质文明建设要丰收。精神生活之于全面小康，是重要内容；精神力量之于全面小康，是重要支撑。没有精神上的小康，小康社会将是残缺的、畸形的。可以说，精神因素是衡量全面小康的重要尺度，反映着小康社会的品质品位。如何铸造小康社会的品质品位。如何铸造小康人的精神之魂，如何让小康社会的前进动力更加强劲，就需要大力培育和弘扬社会主义核心价值观，激发起中华民族永远朝气蓬勃迈向未来的“精、气、神”。社会主义核心价值观建设，铸造的是理想信念，塑造的是道德素质，培育的是文明风尚。简而言之，它建设的是小康社会的精神家园，构筑的是小康社会的精神高地。开展社会主义核心价值观建设，必须对接全面建成小康社会这个大目标，找准自身的站位、找到自身的方位，铆足力气、下足工夫，不断地为全面建成小康社会筑牢团结一心的精神纽带、增强自强不息的精神动力。

二、全面深化改革：打开了社会主义核心价值观建设的新空间

改革开放是决定当代中国命运的关键一招，也是决定实现“两个一百年”奋斗目标、实现中华民族伟大复兴的关键一招。党的十八届三中全会做出了全面深化改革的重大部署，推动我国改革开放在更高层面、更广领域、更深程度上展开。以更大政治勇气和智慧推进改革，用全局观念和系统思维谋划改革，让人民群众有更多获得感，已成为全国深化改革的鲜明特征。

全面深化改革的总目标是完善和发展中国特色社会主义制度，推进国家治理体系和治理能力现代化。实现这一目标的过程，是巩固改革成果、续写改革辉煌的过程，是突破利益瓶颈、打通改革梗阻的过程，是克服改革惰性、激扬改革斗志的过程。今天的改革，一点也不比改革开放之初遇到的阻力小、面临的问题少；今天的发展，一点也不比没有发展起来的时候遇到的制约少、面临的矛盾少。完成全面深化改革的历史任务，必须有“冲破思想观念束缚、突破利益固化藩篱”的勇气，有“敢于啃硬骨头、敢于涉险滩”的决心，有“改革开放只有进行时没有完成时”的韧劲，有“没有比人更高的山、没有比脚更长的路”的气魄。改革品质靠什么来打造？改革力量靠什么来凝聚？全面深化改革犹如一座巨大的熔炉，锻造和升华着社会主义核心价值观；也犹如一只进军的号角，催促和呼唤着社会主义核心价值观。我们相信，经受全面深化改革的磨砺，社会主义核心价值观这把精神之剑将更加鲜亮锋利；经由社会主义核心价值观的引领，全面深化改革的征途将会建构起无坚不摧的精神力量。社会主义核心价值观建设一定要在全面深化改革的大天地中，走在前列、展理作为，努力铸造共产党人的改革品格、焕发中国人民的改革精神、增强全社会的改革自觉、传导当今时代不变的改革旋律，从思想上精神上当好全面深化改革的冲锋手、先遣队。

三、全面依法治国：夯实了社会主义核心价值观建设的法治保障

全面依法治国与全面深化改革，是上下贯通的姊妹篇，是推动

中国梦的双引擎。党的十八届四中全会作出了全面推进依法治国的重大部署，提出了建设中国特色社会主义法治体系、建设社会主义法治国家的总目标。依法治国的全面推进，开启了国家治理领域一场广泛而深刻的革命，标志着国家治理迈向了新境界。

法律是治国之利器，道德是治国之良方，开展国家治理和社会治理，既要厉行法治，又要倡行德治，做到依法治国与以德治国相结合。法律具有强制规范力、刚性约束力，是推广社会主流价值的重要保证。社会主义核心价值观建设要抓住全面依法治国这一大契机，强化法治思维、法治理念，注重用执法的严厉性彰显法治的震慑力，用司法的公正性彰显社会的公信力，实现以法治促德治。同时，法治也需要道德的滋养和支撑，离开了道德这一基石，法治也难以施展拳脚、打开局面。无论从法律的生成机制看，还是从法治的作用机理看，都离不开道德这一基础。法律条文内含着道德理念，法治精神昭示着价值导向，法治信仰传递着价值信念。实践表明，缺乏深厚道德基础的法律、缺失正确价值导向的法治，是推行不开的、持续不了的。厉行法治，就是诏告全社会要捍卫着公平正义、每个人要守护着内心的道德律令；倡行德治，就是要用道德来滋养法治精神、涵育法治文化，增强人们对法治的价值认同、文化认同，树立起法治的尊严和信仰。开展社会主义核心价值观建设，既要善于借力法治，构筑起主流价值的坚强法治支撑，又要大力培育社会公德、职业道德、家庭美德、个人品德，为依法治国创造良好的人文环境。

四、全面从严治党：锻造了社会主义核心价值观建设的“火车头”

党的十八大以来，我们党郑重地向全党全社会发出了从严治党、从严治吏的总号令。“打铁还需自身硬”告诫全党要练就金刚不坏之身，“踏石留印、抓铁有痕”亮出“老虎苍蝇一起打”的反腐铁拳，“八项规定”筑起作风建设的铜墙铁壁，“群众路线教育实践活动”涤荡“四风”污泥浊水，“三严三实”专题教育铸就党员干部坚强党性，用一项项制度扎牢党风廉政篱笆，用一把把利剑直插沉疴顽疾，猛药去疴、重典治乱，利剑高悬、震慑常在，正风肃纪、除恶务尽，提升了党的执政威望、夯实了党的执政基础，全面从严治党成为党建新常态，党风政风日益呈现新气象。

全面从严治党，关键在治、要害在严。治就是治理想信念、治政治规矩、治党风政风、治品行修养，严就是制度要严、纪律要严、教育要严、惩治要严。唯有真治、严治、全面治，方能永葆党同人民群众的血肉联系，永葆党的先进性和纯洁性，永葆党的创造力、凝聚力和战斗力。全面从严治党，旨在锻造当代共产党人坚定的理想信念、坚贞的政治信仰，塑造党员干部正确的价值取向、高尚的精神追求，并通过抓住党员干部这一“关键少数”，进而带动普通群众这一“广泛多数”，形成全社会弘扬和践行社会主义核心价值观的生动景象。我国自古就有以士为师、以吏为师的风气。党员干部在弘扬和践行社会主义核心价值观上作出表率、见诸行动，是无声的号召、有力的感召。蓬勃展开的全面从严治党，是一次大冶炼，将为社会主义核心价值观建设铸造出强劲的“火车头”；是一支强心针，将极大地曾强全社会践行社会主义核心价值观的信心与定力。全面从严治党的显著成效正在迅速地转化为社会主义核心价值观建设的强大推动力，正在快速地生成为社会主义核心价值观对全党全社会的强大引领力。

现在，我们正行进在民族复兴的时代列车上。要让满载全面小康希冀和中华百年梦想的列车驶向远方，就必须用全面深化改革来升级动力引擎，用全面依法治国来稳控稳压，用全面从严治党来把向定航。全面建成小康社会是我们的战略目标，全面深化改革、全面依法治国、全面从严治党是我们的战略举措。社会主义核心价值观建设，必须放在“四个全面”的战略布局中来认识、来把握，必须在“四个全面”的统摄指导下来推进、来深化，以实现“四个全面”筑牢对社会主义核心价值观的自信，为全面建设小康社会提供坚强的思想保证和强大的精神力量。

（作者单位：江汉大学）

关于社会主义核心价值体系的理论创新

周霜梅

2006年10月，党的十六届六中全会通过的《中共中央关于构建社会主义和谐社会若干重大问题的决定》，第一次提出了“建设社会主义核心价值体系”这个重大命题。2007年，胡锦涛总书记在“6·25”讲话中，将社会主义核心价值体系包括四个方面的基本内容；2012年11月，中共十八大报告明确提出“三个倡导”，即“倡导富强、民主、文明、和谐，倡导自由、平等、公正、法治，倡导爱国、敬业、诚信、友善，积极培育社会主义核心价值观”，这是对社会主义核心价值观的最新概括。

关于社会主义核心价值体系的基本内容，从四个方面到“三个倡导”，体现了党的理论的不断创新。

一、提出建设社会主义核心价值体系，具有重要的理论意义和极强的现实针对性

中国共产党重视政治思想工作，特别重视世界观、人生观、价值观的“三观”教育。

从2002年10月开始，中央电视台每年推出的“感动中国”年度人物评选，在社会上均引起强烈反响。虽然获奖人物的身份不同，经历不同，但他们的故事都让人热泪盈眶，心灵震撼。在他们身上，人们看到了一种理想，一种信念，一种精神，一种力量。“感动中国”年度人物以自己的行动从不同角度诠释了社会主义核心价值体系的真谛。

2006年10月，党的十六届六中全会通过的《中共中央关于构

建社会主义和谐社会若干重大问题的决定》，第一次提出了“建设社会主义核心价值体系”这个重大命题和战略任务。2007 年，胡锦涛总书记在“6・25”重要讲话中强调，要大力建设社会主义核心价值体系，巩固全党全国人民团结奋斗的共同思想基础。他还将社会主义核心价值体系概括为四个方面的基本内容，即马克思主义指导思想、中国特色社会主义共同理想、以爱国主义为核心的民族精神和以改革创新为核心的时代精神、社会主义荣辱观。

“6・25”讲话在全社会引起了广泛关注。当今中国，社会主义核心价值体系是社会主义制度的内在精神和生命之魂，是社会主义制度在价值层面的本质规定，它揭示了社会主义国家经济、政治、文化、社会的发展动力，体现了富强、民主、文明、和谐的社会主义现代化国家的发展要求，反映了全国各族人民的核心利益和共同愿望。在当前经济体制深刻变革、社会结构深刻变动、利益格局深刻调整、思想观念深刻变化，思想大活跃、观念大碰撞、文化大交融的背景下，提出建设社会主义核心价值体系，具有重要的理论意义和极强的现实针对性。

然而，社会主义核心价值体系的表述却有着不容忽视的缺点：其一，不好记，即使花费很大气力也难记忆；其二，不能清晰地反映内在的联系，因而难以宣传，难以推广。于是，怎样使社会主义核心价值的内容朗朗上口，好记好背，容易被广大的群众所接受，就成了理论工作者必须解决的课题。

二、积极培育和践行社会主义核心价值观

为此，中国社会科学院组织专家进行调研工作。有的理论工作者提出，以中国儒家的“仁义礼智信”作为当今的价值取向。但是，有专家指出，中国古代的道德准则虽然简单易记，影响深远，却不能反映时代的精神与特点，比如缺少民主、自由等。

有关课题组还做了调问卷查。关于哪些词汇最能反映当今价值取向的调查问卷显示：富强、民主、文明、和谐、自由、平等、公正、法治、爱国、敬业、诚信、友善等，都占有很高的比例。

在广泛调查研究、征求民意的基础上，中共十八大报告在这个

问题上有所创新。报告从中国特色社会主义旗帜与方向的战略高度论述了社会主义核心价值体系的重要地位，指出："社会主义核心价值体系是兴国之魂，决定着中国特色社会主义发展方向"；报告进一步丰富和发展了社会主义核心价值体系的内涵，提出要"广泛开展理想信念教育"，"大力弘扬民族精神和时代精神，深入开展爱国主义、集体主义、社会主义教育"，"倡导富强、民主、文明、和谐，倡导自由、平等、公正、法治，倡导爱国、敬业、诚信、友善，积极培育和践行社会主义核心价值观"。

中共十八大报告关于社会主义核心价值体系基本内容的理论创新主要有两点：

其一，将社会主义核心价值观分为三个层面，提出"三个倡导"。十八大报告分别从国家、社会、公民三个层面，对社会主义核心价值观进行了新的概括。

"富强、民主、文明、和谐"，是我国社会主义现代化国家的建设目标，也是从价值目标层面对社会主义核心价值观基本理念的凝练，在社会主义核心价值观中居于最高层次，对其他层次的价值理念具有统领作用。

"自由、平等、公正、法治"，是对美好社会的生动表述，也是从社会层面对社会主义核心价值观基本理念的凝练。它反映了中国特色社会主义的基本属性，是我们党矢志不渝、长期实践的核心价值理念。

"爱国、敬业、诚信、友善"，是公民基本道德规范，是从个人行为层面对社会主义核心价值观基本理念的凝练。它覆盖社会道德生活的各个领域，是公民必须恪守的基本道德准则，也是评价公民道德行为选择的基本价值标准。

"三个倡导"既体现了国家层面、制度层面、公民道德层面的价值取向，又涵盖了最广大人民群众的普遍愿望，对于培育和践行社会主义核心价值观是一个很好的指引，令人耳目一新。

"三个倡导"使新时期社会主义的核心价值体系得以具体化，可以说是对民族精神、时代精神以及爱国主义、集体主义、社会主义的一种具体阐释。

2013年12月，中共中央办公厅印发《关于培育和践行社会主义核心价值观的意见》，明确提出，以“三个倡导”为基本内容的社会主义核心价值观，与中国特色社会主义发展要求相契合，与中华优秀传统文化和人类文明优秀成果相承接，是我们党凝聚全党全社会价值共识作出的重要论断。

其二，将四个基本方面改为24个字，更易被群众接受。胡锦涛的“6·25”重要讲话，将社会主义核心价值体系包括四个方面的基本内容；而十八大报告则概括为整齐划一的12个词，24个字：富强、民主、文明、和谐、自由、平等、公正、法治、爱国、敬业、诚信、友善。四个方面与24个字，虽然基本精神一脉相承，但更容易被人民群众接受、理解和掌握并转化为社会群体意识。

2014年5月4日，习近平在北京大学考察时强调：每个时代都有每个时代的精神，每个时代都有每个时代的价值观念。一个民族、一个国家的核心价值观必须同这个民族、这个国家的历史文化相契合，同这个民族、这个国家的人民正在进行的奋斗相结合，同这个民族、这个国家需要解决的时代问题相适应。习近平还指出，确立反映全国各族人民共同认同的价值观，关乎国家前途命运，关乎人民幸福安康。我们提出要倡导富强、民主、文明、和谐，倡导自由、平等、公正、法治，倡导爱国、敬业、诚信、友善，积极培育和践行社会主义核心价值观。社会主义核心价值观把涉及国家、社会、公民的价值要求融为一体，既体现了社会主义本质要求，继承了中华优秀传统文化，也吸收了世界文明有益成果，体现了时代精神。中华文明绵延数千年，有其独特的价值体系，我们提倡和弘扬社会主义核心价值观，必须从中汲取丰富营养，否则就不会有生命力和影响力。要在全社会牢固树立社会主义核心价值观，全体人民一起努力，通过持之以恒的奋斗，把我们的国家建设得更加富强、更加民主、更加文明、更加和谐、更加美丽，让中华民族以更加自信、更加自强的姿态屹立于世界民族之林。

（作者单位：江汉大学）

弘扬中华优秀传统文化
积极培育社会主义核心价值观

李　俊

中华民族在几千年的发展历程中，铸就了源远流长独具特色的优秀传统文化，为人类文明发展史上留下了宝贵的精神财富。这些精神财富，内涵丰富、异彩纷呈，蕴含丰富的人生哲理，至今仍被现代人奉为行为的准则。在建设有中国特色主义的今天，充分挖掘和提炼中华传统文化中的精华，并赋予其时代内涵，把中国传统优秀文化精神融入到社会主义核心价值观建设中是非常必要的。

一、社会主义核心价值观的内涵

核心价值观是一定时期社会形态和社会性质的集中体现，在思想观念体系中处于核心地位，代表着社会价值体系的内核和灵魂，体现着社会价值体系的基本价值倾向。社会主义核心价值观是社会主义核心价值体系内核的最高抽象，体现了全国各民族各阶层的共同价值追求。任何国家和民族都有其赖以支撑的核心价值观，这是经济社会发展得以运行和维护的基本精神支柱。否则，就会失去经济社会存在发展的支撑价值力量，就会导致人心涣散、社会动乱。历史的经验告诉我们：社会主义核心价值观是经济发展的方向盘、社会国家的稳定器，涉及经济、政治、文化、思想等社会生活的方方面面，关系到人心向背和社会的长治久安。因此，正确理解社会主义核心价值观的内涵，对于我们坚持马克思主义在意识形态领域的指导地位，继承和弘扬中华优秀传统文化，使社会主义价值观的内容在实践中不断丰富有着重要的理论和现实意义。

我国对社会主义核心价值观内涵的提炼和概括经历了一段时期的探索。从党的十六届六中全会明确提出的社会主义核心价值体系包括马克思主义指导思想，中国特色社会主义共同理想，以爱国主义为核心的民族精神和以改革创新为核心的时代精神，社会主义荣辱观在内的四方面的内容，深刻揭示了社会主义核心价值体系的内涵。到党的十七大报告提出了建设社会主义核心价值体系的重大历史任务。继而党的十七届六中全会提出，社会主义核心价值体系是“兴国之魂”，是社会主义先进的“文化精髓”。最后到党的十八大报告从推进社会主义文化建设的高度分别从国家、社会、公民三个层面对社会主义核心价值观进行了最新提炼，即：“倡导富强、民主、文明、和谐，倡导自由、平等、公正、法治，倡导爱国、敬业、诚信、友善，积极培育社会主义核心价值观。”十八大报告提出的这24个字简明扼要、科学准确地概括了社会主义核心价值观的内涵，既涵盖了经济、政治、文化与社会领域，又包含党了在精神和价值方面的探索成果，反映了中国特色社会主义事业的总体布局，这在一定程度上为多元文化影响下人民群众指明了方向，是党对社会主义核心价值理论体系认识上的进一步与时俱进。

二、中华优秀传统文化对于积极培育社会主义核心价值观的重要意义

中华优秀传统文化是中华民族在漫长历史过程中形成的反映民族特质和风貌的民族文化，是一个民族的灵魂和血脉，是民族精神的历史沉淀，为中华民族世世代代所继承发展。中华优秀传统文化蕴含着中华民族深厚的思想底蕴，体现着中华民族独特的精神气质。中国传统文化源远流长，博大精深，是一座丰富的文化资源宝库。中国传统文化不仅仅为中华民族的进步作出了巨大贡献，也在建设中国特色社会主义的今天发挥积极作用，体现着当代价值。

1. 中华优秀传统文化是社会主义核心价值观的基础

从思想来源上看，我国社会主义核心价值观是对中华优秀传统文化的继承和弘扬，以及吸收和借鉴西方优秀价值观的基础上依据我们经济社会发展的实际进行概括和总结。中国传统优秀文化深深

地植根于中华民族的传统社会历史，具有强大的生命力和稳定性的精神力量，是中华民族几千年繁荣富强特有的价值体系，也是中华民族生存和发展过程中，维系、协调和推动作用的一种精神力量。所以，作为一种带有浓重的民族特色，并且符合社会发展和时代潮流的社会主义核心价值观不会是自发产生的，其必定是对中国传统价值观进行的改造和提升，整合和现代转换的超越，是社会主义核心价值观得以构建的基本途径。任何社会的价值观，都深深烙上了前代人留下来的难以磨灭的精神印记和写照，深刻体现着一种精神传统，传递到后代继承者的身上。价值观建设更加不能够完全地与历史相割裂，这就要求社会主义的价值规范既要体现时代的精神，反映出时代的气息，又要继承和发扬民族传统的美德，体现出民族的特点。当今，我国在构建社会主义核心价值体系过程中，仍然要加强弘扬中华民族传统优秀文化，使其在实践中能够与现在社会的价值观相互融合，并随着实践的发展不断创新，能通过实践的检验，很好地为社会服务。

2. 中华优秀传统文化是社会主义核心价值观的核心

在中华五千多年的历史发展过程中，我国各族人民在改造客观世界的实践基础上，特别是在抗击外来侵略、争取国家独立自强和民族解放的斗争中，逐渐形成了中华民族大众所能认同和接受的优秀价值取向，并形成了以爱国主义为核心的爱好和平、团结统一、自强不息、勤奋勇敢的传统优秀价值观。

在中华民族五千年的历史发展过程中，无数中华儿女为了民族的独立、国家的解放不惜抛头颅、洒热血，前赴后继，形成了以爱国主义为核心的刚健有为、自强不息、团结统一、和平友爱的民族精神。这种民族精神深深地植根于中华儿女心中，千百年不断积淀成为一种深厚的民族感情，将各民族、国家和社会牢固地凝聚在一起又不断传承，是中华民族凝聚力和创造力的源泉。直到今天，这种以爱国主义为核心的民族精神始终是传统文化价值体系的核心，它对中华民族发展有着重要的意义。天行健，君子自强不息。这种独立自主、不断进取、奋发向上的精神一直是中华民族不屈不挠的优秀品质。也正是在这种民族精神的激励下中国人民不懈奋斗，战胜各种艰难险阻，从而使中华民族能够在五千年的历史进程中历经挫折而不屈挠，屡遭坎坷而不气馁。当然，时代不同，自强不息应该赋予新的内容，使古老的民族精神生发出渗透现代意识的文明之花。

在建设中国特色社会主义的进程中，中华优秀传统文化对于中华民族的价值显得越来越重，是维系中华民族薪火相传、繁荣昌盛的精神动力，已经成为社会主义核心价值观发展过程中不可或缺的一环。坚持继承传统，力求不断创新，根据时代的要求不断赋予新的内涵，符合国家和人类社会发展的必然趋势。因此，弘扬中华优秀传统文化，在建设中国特色社会主义核心价值观过程中既有理论的逻辑必然性，又有历史的客观必然性。

三、弘扬中华传统文化与积极培育社会主义核心价值观是辩证统一的

1. 弘扬中华传统文化离不开社会主义核心价值观的指导，积极培育社会主义核心价值观有赖于中华传统文化的支撑

历史经验告诉我们：一个国家、一个民族不仅要有强大的物质基础，更要有强大的精神力量，否则难以立于世界强国之林。这种精神是一个民族的灵魂和血脉，是一个民族在一定时期所能达到的共同的精神高度。中华传统文化所彰显的正是中华民族共有的精神状态、意志品质和内在凝聚力。社会主义核心价值观是社会主义制度的内在精神和生命之魂，指引着建设有中国特色社会主义的前进方向。因而，社会主义核心价值观是社会主义意识形态的本质表现，这对于弘扬中华传统文化具有根本的指导作用。这种指引性作用是由社会主义核心价值观的深刻内涵决定的。社会主义核心价值观的内容实现了政治理想、社会导向、行为准则的统一，兼顾了国家、社会、个人三者的价值愿望和追求，实现了国家、集体、个人在价值目标上的统一。在社会主义核心价值观这一有机整体中，“富强、民主、文明、和谐”体现了社会主义核心价值观在发展目标上的规定，是立足国家层面提出的要求。“自由、平等、公正、法治”体现了社会主义核心价值观在价值导向上的规定，是立足社

会层面提出的要求；“自由、平等、公正、法治”反映了社会主义社会的基本属性，始终是我们党和国家奉行的核心价值理念，体现了当代中国最广大人民群众的共同利益和根本要求。“爱国、敬业、诚信、友善”体现了社会主义核心价值观在道德准则上的规定，是立足公民个人层面提出的要求；也是公民应当树立的基本价值追求和应当遵循的根本道德准则，是公民基本道德规范的核心要求，体现了社会主义价值追求和公民道德行为的本质属性。

因此，弘扬中华传统文化，必须把积极培育社会主义核心价值观作为根本。这样中华优秀传统文化才能通过社会主义核心价值观的发展得到认同，形成共同的民族品格和民族意识，推进中国特色社会主义建设和中华民族的伟大复兴。同时，弘扬中华传统文化，必须坚持用社会主义核心价值观引领中华传统文化的发展方向，更好地把核心价值体系的基本要求贯穿于弘扬中华传统文化精神的各个方面，渗透到社会生活的各个领域，使之成为全社会普遍理解接受和自觉遵守奉行的价值理念，为弘扬中华传统文化的提供强有力的思想保障。

2. 积极培育社会主义核心价值观是弘扬中华传统文化的必然选择，中华传统文化是社会主义核心价值观的内在要求

社会主义核心价值观在我国社会价值体系中居于核心地位，决定整个价值体系的基本方向，并作用于经济、政治、文化和社会生活的各个方面，是引领人们的思想行为、社会的精神风尚和发展方向的灵魂，是增强民族凝聚力的重要动力，也是关系社会稳定与国家兴旺的决定性因素。在中华民族五千年的历史发展过程中，中华民族历经挫折而不屈，屡遭坎坷而不馁，都源于以爱国主义为核心的自强不息、团结奋斗、万众一心的中华优秀传统文化。今天，随着改革开放的不断深入，各种社会思潮相互交织，相互影响，但社会主义核心价值观在社会价值体系中始终居于主导地位，成为全国人民团结奋斗的共同思想基础。正是有了社会主义核心价值观的指导，以爱国主义为核心民族精神和以改革创新为核心的时代精神才得以不断传承。因此，坚持社会主义核心价值观在我国意识形态领域的指导地位，是党带领全国人民始终沿着正确方向前进的根本思

想保证。忽视社会主义核心价值观的指导地位，中华传统文化就失去了传承和发展的思想基础，建设有中国特色社会主义就会迷失方向。

同时，弘扬中华传统文化是积极培育社会主义核心价值观的内在要求。任何一种价值观都需要一种文化作为理论支撑，社会主义核心价值观也是如此。社会主义核心价值观植根于中华民族优秀传统文化，充分反映了中华民族最根本的价值取向和行为规范，符合民族心理，体现民族特性。尤其是在建设有中国特色社会主义的今天，中国优秀传统文化仍然发挥着积极的作用，体现了时代的价值。党的十八大提出了"建设优秀传统文化传承体系，弘扬中华优秀传统文化"的重大任务。也就是说，弘扬中华优秀传统文化，必须要对源远流长、博大精深的传统文化进行全面、系统地分析，在此基础上充分挖掘其蕴含的思想价值，并融入新的时代精神，这样充分体现了社会主义核心价值观的本质要求，丰富了社会主义核心价值观的科学内涵。社会主义核心价值观，是建设有中国特色社会主义的根本指导思想，是实现中华民族伟大复兴的精神力量。我们只要将积极培育社会主义核心价值观与弘扬中华传统文化强大的精神有机结合起来，为实现中华民族伟大复兴提供强大的精神力量。

（作者单位：武汉软件工程职业学院）

新时期“两个必然”论断与全面从严治党

余龙进　王　欢

一、马克思“两个必然”论断的基本内涵

1848年《共产党宣言》的问世在马克思主义传播和发展过程中起着非常重要的作用，它是作为指导国际工人运动的纲领性文件而问世的，其所阐述的理论原理既鲜明深刻又振奋人心。在阐述资产阶级和无产阶级的产生、发展及矛盾斗争运动的过程中，得出了“两个不可避免”，又称作“两个必然”，即“资产阶级的灭亡和无产阶级的胜利是同样不可避免的”。这是马克思在分析资本主义基本矛盾运动变化后总结出的关于人类社会发展的一般规律，揭示的是资本主义被社会主义所代替的必然发展态势。这一论断，从资本主义或唯物史观的角度来看，资产阶级走向灭亡是一定的，只是在它所能承受的生产力还没有爆发完以前它还是会存在的。近几十年来，新的科技革命给资本主义注入了新鲜血液，资本主义在政治、经济、社会等方面都发生了翻天覆地的新变化。而在20世纪末，社会主义内部也遭遇了许多挫折和困难，世界的社会主义运动濒临危机。然而，这都不能否定“两个必然”实现的必然性。“两个必然”的实现既是人类历史发展的必然趋势，也是艰苦、曲折的资产阶级与无产阶级矛盾斗争过程。“两个必然”是对资本主义必然灭亡，社会主义必然胜利这一社会历史发展规律的揭示和总结，这一规律是不为人的意志改变而改变，是社会历史肯定会这样的发展趋势，坚信“两个必然”也就是坚信社会主义，坚信共产主义。

二、马克思“两个必然”论断对全面从严治党的几点启示

办好中国的事关键在党。中国共产党是中国特色社会主义事业的领导核心，是这一伟大事业取得胜利的关键所在。2014 年 12 月 14 日，习近平总书记在江苏考察调研时首次提出“全面从严治党”，将其与全面建成小康社会、全面深化改革、全面依法治国一起，作为“四个全面”的重要内容高度重视。“四个全面”的内容相辅相成、相得益彰，有着丰富的科学内涵。

1. 全面从严治党，就要坚持马克思主义指导思想，坚定共产主义理想信念，坚持中国特色社会主义道路自信

社会意识是社会存在的反映和体现，并且对社会存在有着不可忽视的反作用。错误的指导思想会致使国家意识形态偏离正轨，使得国家、政治、经济、社会等方面遭受严重损失。一个政党内部的意识形态工作关乎整个国家生死存亡息息相关。中国共产党是马克思主义性质的政党，将马克思主义科学理论作为自己的行动指南，将马克思主义哲学作为自己的看家本领。共产主义理想并不是什么空想或幻想，它是依靠人民群众的实践可以实现的伟大理想。对理想信念，习近平总书记有个形象的比喻：理想信念是共产党人精神上的‘钙’。他反复强调，理想信念坚定，骨头就硬，没有理想信念，或理想信念不坚定，精神上就会缺‘钙’，就会得‘软骨病’。在当代中国，坚定共产主义理想信念，就是领导广大干部群众把思想认识统一到建设中国特色社会主义上来，牢固树立中国特色社会主义道路，就是真正坚持社会主义道路。中国特色社会主义道路，与苏联模式不同，苏联对待马克思主义的态度是僵化式、教条式的，而中国特色社会主义道路是将马克思主义基本原理同中国实际相结合的适合中国国情的具有中国个性的社会主义发展道路，是中国共产党鲜活地将马克思主义运用到中国实践中去形成的带有中国特色的社会主义发展道路，它与中国特色社会主义理论体系，中国特色社会主义制度一起，深深植根于中国这片土壤中，并在改革开放三十多年的进程中，取得了前所未有的成就，这就足以表明：中

国特色社会主义道路是实现社会现代化的必由之路，是创造人民美好生活的必由之路，是完全正确的。中国共产党人必须坚持道路自信、理论自信、制度自信，将最低纲领与最高纲领相结合，用最低纲领鼓舞斗志，用共产主义最高纲领引领方向。思想上，坚定共产主义理想信念不动摇，坚持马克思主义指导思想不教条，才能保证中国共产党人齐心协力实现伟大中国梦。

2. 全面从严治党，就要坚持马克思主义群众观，坚持党的群众路线，相信群众，依靠群众

马克思主义群众观认为人民群众是历史的推动者和创造者。中国共产党之所以能走到今天，能领导中国特色社会主义建设取得如此之大的成就，使中国成为超越日本，仅次于美国之后的世界第二大经济实体，这一切的一切都要归功于人民大众的支持与努力。中国共产党自成立之日起，就是代表广大人民群众的利益，全心全意为人民服务的。正因为人们真切地感受到了这一点，才支持中国共产党成为我国的领导力量。中国共产党不仅过去要与人民群众共命运，当下甚至于以后都要密切联系群众，不仅做人要实，要对党、对组织、对人民、对同志忠诚老实，做老实人、说老实话、干老实事，襟怀坦白，公道正派，发扬钉钉子精神，保持力度、保持韧劲，善始善终、善作善成；更要注重谋事要实，要从实际出发谋划事业和工作，使点子、政策、方案符合实际情况、符合客观规律、符合科学精神，不好高骛远，不脱离实际。

3. 全面从严治党，就要不松懈地抓作风建设，严以修身，严以用权，严以律己

世界观、人生观、价值观是作为人最起码的对世界的看法和观点，树立正确的“三观”是实现人自身价值的前提和保证，作为共产党人更应如此，对世界、人生和价值有正确的认识和坚持。不这样，怎么才能成为有坚定意志的共产党人？怎么才能在金钱及其他诱惑面前不为其所动？由此，把好这“三观”是建党和治党的“总阀门”和“总开关”。

广大共产党员不仅要心系群众，而且要站得稳，行得端，坐得正。勤俭节约是中华民族的传统美德，也是中国共产党的优良作

风。党内生活腐败迷乱，讲阔气比排场，这一现象严重违背中国共产党的宗旨和形象。惩治腐败，首先政治立场一定要鲜明，一查到底，绝不纵容，绝不姑息；其次，个党员干部要敢于担当责任，不怕直面矛盾和冲突，勇于解决问题。

十八大以来，众多省部级官员纷纷落马，表明了我们党惩治腐败的决心。反腐倡廉建设，一直是我们党的执政课题，解决得不好，就会慢慢地失去人民群众的信赖。腐败一直以来都是一颗社会毒瘤，不仅会麻痹个人的思想，而且会在全社会蔓延开来，影响整个社会的风气，长此以往，必定威胁到国家的长治久安。加强反腐倡廉建设和反腐败的体制机制创新的任务显得十分迫切和必要。党性修养是党员的终身必修课。严以修身，就是要加强党性修养，坚定理想信念，提升道德境界，追求高尚情操，自觉远离低级趣味，自觉抵制歪风邪气。只有加强党性教育，才能在根本上稳固党员的思想道德防线。开展党的群众路线教育实践活动，是贯彻党的十八大精神，为保持和发展党的纯洁性和先进性而实施一项非常有意义的活动，让广大党员干部严格按照八项规定的相关内容，“照镜子，正衣冠，洗洗澡，治治病”，从而达到治党的良好效果。“八项规定”不是最高标准，也不是最终目的，目的是想要让广大党员认识到：我们为人民服务，不是想要从他们那里获取一针一线，而是为国家、社会的繁荣发展作出贡献，做到个人利益与集体利益、社会利益的有机统一，社会好了发展了，我们个人才能更好地实现自身发展。否则，随着我国改革开放的不断推进，成就越来越显著，面对着越来越多市场经济、外部环境和执政等各方面的考验，中国共产党人的意志如若不坚定，难免会抵挡不住权益的诱惑，腐败堕落下去。为了防止这种情况发生，就需要各党员干部严以律己，要心存敬畏、手握戒尺，慎独慎微、勤于自省，遵守党纪国法，做到为政清廉严以用权；要坚持用权为民，按三严三实规则、按制度行使权力，把权力关进制度的笼子里，任何时候都不搞特权、不以权谋私。各级领导干部要认真做事，正直做人，公私分明，廉洁奉公。在大是大非面前，坚持原则，表里如一，处事公道正派。坚决做到心不贪、嘴不馋、手不伸、身不斜，耐得住清苦，顶得住诱惑。坚持自重、自省、自警、自律、自励。既管好自己，又管好班子，管好亲属和下属，带头执行中央“八项规定”等领导干部廉洁自律方面的有关要求，树立正确的权力观、政绩观，做思想上的“坚定人”、政治上的“明白人”、工作上的“实干人”和律己上的“老实人”，努力做党和人民信得过的好党员、好干部。

建立有效的反腐体制机制，牢固树立党的制度体制权威是反腐倡廉的重要举措。在内抵制腐败思想，在外制定防治腐败的制度相结合，即思想治党与制度治党要紧密结合，才能从源头上彻底杜绝腐败。建立健全党内党外的监督机制，完善民主监督、舆论监督和法律监督体系，全方位无死角的防范打击腐败行为，把治党与人民群众监督的积极性、主动性结合起来，把从严治党逐渐变成党内习惯，并扎根于广大党员干部的行为方式和思维定势中。同时，坚持在法律面前一律平等，不管是谁，都要按纪按律查出，一旦查到腐败人物，一定要追究到底并严厉惩处，不要让腐败成为一句空话。

中国共产党从国际社会主义失败中汲取经验和教训，用以指导新时期我国党的建设，对于一个马克思主义政党来说，受益匪浅，有助于我们党正确认识“两个必然”所蕴含的丰富内涵和当前资本主义发展的历史暂时性，以坚定共产主义理想信念，坚持群众路线和群众观点，坚守党性，为实现伟大的中国梦不断努力奋斗！

（作者单位：杭州师范大学）

主体性视野中价值论的性质、价值思维与价值逻辑

——《价值哲学方法论》①读后

张永奇

对于价值问题的关注几乎与人类认识世界与自我追问的历史一样长久，但是对价值问题进行专门研究，以价值论(亦称价值哲学)的形态进入学术殿堂却始于20世纪之交德国哲学家洛采关于在哲学研究中重视价值问题研究的提议。从此伊始，价值论日渐成为西方哲学研究中的“显学”。国内学界对价值论的探究发端于20世纪70年代末“实践是检验真理的唯一标准”的大讨论。之后，对此研究不断深入，成果丰硕。但由于受西方哲学研究中“唯科学主义”思维方式和传统逻辑等因素的影响，对价值思维、价值逻辑转换的重视不够，在一些“元问题”，“基础理论”研究中还存在着较大争议。这一方面反映了价值论研究的复杂性，另一方面也导致了国内价值论研究难以取得突破性进展。近年来，反复出现的价值“实体说”与“关系说”，“普世价值”与“核心价值”等争论背后反映的正是对价值论性质、价值思维、价值逻辑的不同认识和研究理路的差异。可见，学科性质的明确、思维方式的创新，价值逻辑的构

---

① 《价值哲学方法论》由青年哲学家孙伟平教授所著，是迄今为止国内唯一一本系统论述价值哲学方法论的著作。作者缜密地探讨了价值论的诸多前沿问题，特别是在价值论的性质、价值思维与价值逻辑等方面有着独到见解。此书的出版对于完善我国价值哲学学科体系，深化理论研究，指导价值生活意义重大。

建在学术研究中的重要价值。孙伟平教授的《价值哲学方法论》就是这样一部以全新的视野在批判的继承了国内外价值哲学研究的基础上，提出了实践方法、历史方法、人学方法、主体性方法、主体际方法等五大“新方法”，并在此基础上凝练出价值思维应向“实践的主体性的生成性思维”转换，价值逻辑应当是“主体性的实践逻辑”等诸多新见解的著作。这一理论成果深化了对价值哲学方法论的认识，契合了价值论研究从自发到自觉对思维方式，逻辑转换的需要，可以说具有重大学术“价值”，是一把打开价值论研究未来之门的新钥匙，历时愈久，愈见珍贵。

一、价值论的兴起构成了完整的哲学图景

（一）价值论的核心范畴

什么是价值论，它的学科特征有哪些，是回答它的兴起对“哲学王国”有什么影响的前提。“价值”概念是价值论研究中的核心范畴，对于界定价值论的学科性质意义重大。围绕价值定义，学术界展开了长期争辩，时至今日依然难以达成共识，足见阐明“价值”概念的复杂性和重要性。针对“价值”是否可以定义，如何定义聚讼纷纭，其中价值“实体说”、“不可定义说”、“关系说”影响最大。“实体说”否定价值与主体的必然联系，把价值看成是具有价值的事物本身或存在着的某种东西。它的根本错误在于把有价值的事物与价值本身混淆在一起，造成了摩尔所说的“自然主义谬误”。价值“不可定义说”认为善（价值）是不可定义的，这就导致了“价值定义悖论”。价值“关系说”代表了对价值认识的新视角，它站在主体的立场上反映了价值的本质特征。从“关系说”的角度来看，“价值是对主客体相互关系的一种主体性描述”。[1]它的内涵是客体的存在、属性和变化对满足主体需要、发展、目的之间形成的关系的性质和程度。这一定义反映了价值的实质。也就是说理解价值内涵应当从主体的立场，需要，目的出发审视客体的属性、功能以及满足主体需要的可能性。价值不是单一的，固定的，永恒的，而是因人而异，层次多样，动态变化的，它追求的不是统一性，而是一种

与主体相关的适宜性。在孙伟平教授看来，主体是价值形成的前提，没有主体的存在和发展，价值就无从定义，这并不意味着排斥客体的存在，而是指明主体在价值形成中占据主导作用。当然，对客体的认识是一个不断深化的过程，“认识你自己”更是一个尚待解开的迷团，对主客体之间形成的“关系态”、“关系质”的把握也有待提高，关于价值“关系说”的定义需进一步拓展。

（二）何谓价值论及其哲学地位

从对价值定义的分析中已经可以看出价值论及其学科性质的轮廓了。价值论是一门以价值的存在、价值的认识、价值的实践为主要研究对象，揭示意义世界的规律为任务的学科。确定价值论的学科性质，至少应该从“属人性”、“主体性”、“实践性”等几个维度进行概括。因为自然科学和“自然哲学”既不关注也没能力解决价值领域的问题。以作为价值论之具体学科的伦理学为例，近代以来许多伦理学家都想参照自然科学构建一门“科学的伦理学”，他们的尝试虽有意义但最终都因无法解决价值问题而失败了，原因就在于价值世界是不同于“纯客观世界”的属人的、与人的生活实践密切相关的领域，数学等自然科学在单向度的客观世界如鱼得水，却在价值论研究中举步维艰。依法国哲学家阿尔贝特·施韦泽之见，伦理学和美学等价值论学科都不是科学，“因为，在伦理学和美学之中，考虑的始终只是主体的唯一的事实，它们的关系在于神秘的人类自我之中”。[2]这一说法夸大了主体在价值论中的作用，但也指出了价值论与自然科学的异质性。美国哲学家宾克莱也曾说像“应该做什么?”这类问题不属于事实科学和自然哲学的范围，解决这类问题应当在价值哲学中寻找答案，这一反思也许是恰当的。

价值论不能直接等同于科学(自然科学)，也不同于自然哲学，但这并不意味着像罗素等情感主义学派标榜的那样，价值论讨论的是科学之外的问题，研究价值论不需要科学主义精神。相反，价值论研究应当以尊重科学精神为前提，因为任何学科如果不尊重科学而违反普遍常识，最终都将引发生存危机。可见，价值论的“科学主义化”与“非科学论”都有失偏颇。应当承认价值论与自然科学和自然哲学之间存在着实质性的学术差异，但同时也要看到价值论作为认识价值现象及其本质的“科学”，并不反科学。孙伟平教授认为价值论超越了自然科学和认知论的局限，“但是绝不是‘反科学的’、‘反认知论的’，它绝不‘与科学为敌’”。[3]从学科性质来看，价值论很难与自然科学、甚至社会科学划等号，而列为人文科学、实践科学更为贴切，用主体性、实践性的视野透视价值论更为合理。当然，在强调价值论兴起对哲学的意义时，也应该承认哲学研究中科学主义的路线在探究世界本质，发现自然界、人类社会、思维活动规律中所取得的重要成就是哲学领域中不可忽视的组成部分。取消了这一路线和组成部分就等于否认了规律的普遍性和认识的可能性，那么社会发展的客观必然性，人类终将走向何处也就被消解了。就价值论研究本身而言，它的客观性基础也会随之消失，哲学终将倒向“主观主义”、“怀疑论”与“不可知论”，最终走向虚无主义。依孙伟平教授之见，正确的看法应当是承认价值论的兴起所引起的哲学变革，要看到“人学价值观”与“科学的世界观”的有机统一使“整全哲学观”得以形成。[4]价值论作为主体性突出的哲学形态，它的兴起构成了完整的哲学图景，特别是伴随着这一图景而形成的“价值思维”和“价值逻辑”将克服“唯科学主义”思维方式和传统逻辑形式的不足和缺陷，为哲学发展作出突出贡献。

二、价值思维对“唯科学主义思维”不足的超越

（一）“唯科学主义思维”的短缺

长期以来在哲学研究中，“唯科学主义思维”占据着主导地位，这与人们如何看待哲学是分不开的。哲学形成之初就以成为人类认知世界的“科学的科学”为追求。如亚里士多德就认为哲学应当以“实是之所以为实是”和“实是由于本性所应有的禀赋”自居，除此之外便是“专门学术”。文艺复兴后，实验科学获得喷发式发展，科学在人类认识世界的过程中树立了至高无上的权威，追求逻辑的严密性，结论的可验证性成为任何学科发展的标准和范式。“唯科学主义思维方式”在哲学研究中进一步强化了。“唯科学主义思维”

浸染哲学研究，对深化哲学在某一领域的研究和确立“科学的世界观”起到了积极作用，但同时隐藏着巨大危机。它的后果就是哲学作为解释世界，认识世界的功能在科学的急速发展中逐步的弱化了。孙伟平教授提出在世界是什么以及人们可以获得哪些知识等问题上，“哲学并不会知道得比科学更多”。[5] 的确，随着科学的发展，在解释和认识世界的功能上，科学止步之地就是哲学停靠之处。既然如此，哲学存在的合法性就受到极大挑战。哲学的生存危机倒逼它寻找新的领域，哲学研究的价值论转向成为了可能和必然。但是“唯科学主义思维”并没有因此而得到检省，它以固有的强大惯性力嵌入到价值论研究中。信息论、系统论、控制论等新的科学思维方式的出现更加固了这一趋势，价值论科学化的追求成为重要的学术指向，类似于“价值科学”等词语的出现便是明证。然而价值论不是自然科学，“唯科学主义思维”显然解决不了价值问题，因为科学追求的是必然性，要求主体符合客体的确定性，而价值论则不同，它要研究的是价值关系，强调的是客体的存在、作用、变化对主体存在、需要、目的的满足。“唯科学主义思维”导致了在价值论研究中存在着严重的非实践性，无历史性，人的缺场，主体缺失等后果已经成为价值哲学跳出“实体思维”、“科学定势”的自发状态向符合价值论特点的自觉阶段发展的最大屏障。

(二)价值思维的特点及优长

马克思主义认为思维方式根植于人的社会实践，实践决定着思维的形式和内容。价值思维也一样，它源于人们的价值生活实践，是人们在价值活动过程中形成的方法和规则等观念化的反映。价值论是不同于自然科学的实践科学、人文科学，必然要求价值论研究摆脱“唯科学主义思维”的束缚，向实践思维、关系思维、主体思维、生成性思维等价值思维方式转变。实践思维要求在价值论研究中用实践的观点看问题，在实践中解开价值形成，发展，变化之谜。关系思维认为解决价值问题，要从主客体之间形成的各种价值关系中寻找答案，离开了一定的价值关系把价值问题引向主体或客体的任何一方都不可能真正地解决问题。主体性思维则要求在对价值问题的认识中要突出价值主体性的根本特征和以主体尺度为价值标准的导向，离开了主体性，价值问题就不可能得到合理解释。生成性思维强调考虑价值问题的过程中要用历史的，发展变化的眼光看待价值问题，纠正那种宣扬永恒价值、绝对价值背后的错误思维方式。以实践思维、关系思维、主体思维、生成性思维为主要内容的价值思维方式被孙伟平教授概括为“实践的主体性的生成性思维”[6]，它要求价值论研究中要从主客体之间互生互成，变化发展的动态过程中把握价值关系的生成和本质。这种思维方式弥合了“唯科学主义思维”的不足，突出了实践性、主体性、生成性，耦合了价值论的学科特色和处理价值问题的需要。价值思维方式突出的特点在于坚持了在认识价值问题时贯穿了辩证唯物主义和历史唯物主义方法论，认为价值思维不过是在现实社会关系和实践活动中，思维者以主体“自我”为轴心，从而构建起以主体的尺度为尺度但又与客体密不可分的主客一体化结构，并在其中体现主体的需要、发展、目的，促成价值实现的心理过程和思考活动。[7]

三、价值逻辑对“客体性逻辑”缺陷的弥合

(一)“客体性逻辑”的缺陷

逻辑是思维进一步凝练的结果，思维方式提升到形式化、结构化水平是逻辑形成的标志。传统逻辑是无关主体的“客体性逻辑”，它与数学等自然科学密切相关，与人文科学则没有牵连。在孙伟平教授看来这种逻辑形式是客体化、线性化、静态化、程式化逻辑[8]，只能处理那些纯客观的，与主体无涉的，必然的，静态的问题。这是它的特点，也是它在自然科学领域发挥作用的长处。但是把它应用在主体性突出的价值论研究中就存在着重大缺陷，因为价值论是以主体性为根本特征，偶然性突出，动态化鲜明，变化性极强的一门学科。尽管如此，并不是说价值论研究中不需要逻辑，恰恰相反，在价值论研究中无视和忽略逻辑必定会造成缺乏必要的严密性和具有说服力的论证而停滞不前。价值逻辑好比是支撑价值论的钢筋结构，没有这一支撑，价值论大厦就不能牢固建立起来。

价值论研究要在学术之林占据一席之地无法完全依赖“客体性逻辑”，但没有与之相适应的逻辑形式也是不可能的。

(二)价值逻辑的构想与特点

作为主体性突出的价值论虽然可以从传统逻辑那里寻找资源，但从根本上来说，二者是不同的。价值论的研究需要在分析价值思维方式的基础上，提炼出具有自身特点的“价值逻辑”，这种逻辑最鲜明的特点就是“主体在场”。图尔闵认为传统逻辑无力解决价值问题，强调价值论研究中的逻辑不仅涉及“主体关系”，涉及“有吸引力的”或“似乎正当的”等语词，而且涉及与科学研究中描述性概念不同的具有主体意味的概念，他把这样一些概念归划为“动词形容词”(gerundive)。他所说的“动词形容词”指的是可以表达为“值得如何”一类的语词，这类语词反映的是主体性的逻辑形式，像“值得爱的”、“值得赞赏的”等都暗含着主体参与。[9]孙伟平教授主张与传统逻辑相比，价值逻辑的构建至少应该体现实践性、主体性、辩证性、生成性等特点，它应当是弥补了“客体性逻辑”缺陷的“主体性的实践逻辑”。[10]当前对价值逻辑的研究还在初始阶段，构建价值逻辑的努力才刚刚开始，随着价值实践的积累，人们对价值论认识的升华，价值逻辑会逐步明晰。

孙伟平教授认为被誉为“爱智慧”的哲学，只有为探求宇宙奥秘，世界本原提供科学的“自然智慧”是不够的，还应当包括为社会和谐，人生幸福贡献指路导航的“实践智慧”与“人生智慧”，价值论是后一种智慧的典型表现，它的兴起使哲学真正成为“智慧之学”。价值论研究中形成的价值思维与价值逻辑将克服以往哲学研究中思维与逻辑的不足和缺陷，对形成完整的哲学图景有着重要的哲学价值。这种转变使哲学研究把解释“是什么”与追求“应当怎样”两种视界结合起来。从价值论的角度来看，马克思主义哲学正是向人类提供了一套共产主义价值体系并指明了实现路径才完成了一场“哲学革命”。这种解读方式使马克思主义学说更加完整和丰满，是“人的自由全面发展”这一价值追求真正得到彰显并在实践中体现的前提。自觉运用这一视角看问题将为和解“世界为我存在”与“我为世界存在”的较量提供着来自价值论的智慧资源，使人们在面对“价值冲突”的过程中能够尊重彼此，站在“他者”的立场考虑问题，在作出价值判断时多了一份从容与平和。使人们认识到理解、沟通、对话在构建“价值包容性社会”中的力量，这对于改革迈入深水区，社会进入新常态的情境下，协调价值主体的利益纠葛，达成价值共识，推动核心价值认同，促进社会持久稳定，和谐发展提供着深厚的内在动力。

总之，价值论作为一种新出现的哲学形态伴随着相应的思维和逻辑形式的运用，为哲学的发展输入了新鲜血液。“价值思维”、“价值逻辑”的转换既是价值论真正确立的标志，也是实现哲学实质性变革的根据，有着重要的哲学价值。

注：本文系2014年度湖北省教育厅人文社会科学研究项目阶段性研究成果，项目编号14G570

参考文献：

[1]李德顺．价值论[M]．北京：中国人民大学出版社，2013：53.

[2][法]阿尔贝特·施韦泽．文化哲学[M]．陈泽环译．上海：世纪出版集团，上海人民出版社，2013：127.

[3]孙伟平．价值哲学方法论[M]．北京：中国社会科学出版社，2008：33.

[4]孙伟平．价值论与哲学的实质性“变革”[N]光明日报，2014-10-22：15.

[5]孙伟平．价值哲学方法论[M]．北京：中国社会科学出版社，2008：23.

[6]孙伟平．价值哲学方法论[M]．北京：中国社会科学出版社，2008：272.

[7]王小平．论价值思维[J]．湖南师范大学社会科学学报，1990(9)：1~2.

[8]孙伟平．逻辑学的革命：从形式逻辑到价值逻辑[J]．自然辩证法研究，2011(5)：111~112.

[9]转引自万俊人．现代西方伦理学史[M]．北京：中国人民大学

出版社，2011：372.
[10]孙伟平．价值哲学方法论[M]．北京：中国社会科学出版社，2008：285.

（作者单位：武汉软件工程职业学院）

孔子"和而不同"思想对党的群众工作的现代启示

万 娟

"和而不同"思想是我国传统文化的重要内容，它起源于我国春秋时期，在实践中得以不断深化发展。作为中国优秀传统文化的核心观念之一，"和而不同"思想在革命和实践中得到了广泛的应用，发挥了积极的作用。国家的现代化离不开优秀传统文化的现代化，做好新时期党的群众工作，同样要注重"和而不同"思想的现代运用。

一、"和而不同"思想的丰富内涵

"和而不同"思想是我国文化宝库中的重要成果，究其源头，可追溯到公元前800年左右的西周时代，当时郑国太史史伯在《国语·郑语》中提出了"和实生物，同则不继"的思想，意为世界实现了和谐，则万物可生长发育，如果完全相同一致，则无法发展、继续。300年后的春秋时期，齐国的晏婴进一步阐明了"和"与"同"的关系，他说："若以水济水，谁能食之？若琴瑟专一，谁能听之？"(见《左传·昭公二十年》)，明确指出：只有承认不同，才能达到和的结果。在此基础上，孔子将"和"与"同"的差别运用到人际关系中，提出"君子和而不同，小人同而不和"，认为只有承认人与人之间的差异性和多样性，提倡求同存异，在互谅互让的基础上寻求和谐统一，才能实现人际关系的和谐。

"和而不同"包含着丰富的辩证法思想。它揭示了一切事物都是由不同要素组成的不可分割的系统。要素之间的相互联系、相互作用的方面，是矛盾的同一性；要素之间的相互区别、相互排斥的方面，是矛盾的斗争性。系统中各个不同的要素之间相互作用，从而推动事物发展。没有了各个不同的要素共同存在并相互作用，事物也就无法存在，更谈不上发展。一个社会，如果没有经济、政治、文化等物质和精神层面的有机构成，没有经济、政治、文化诸因素的相互促进、相互作用，就称不上社会；一个大学生，如果不实现德智体美等方面的综合发展，就难以成为社会需要的人才。

二、"和而不同"思想的实践意义

"和而不同"思想是中华文化源远流长的力量之源和中华民族不断前进的坚强保证。"和而不同"思想告诉我们，不管面对什么工作，我们都要在坚持原则的基础上，承认事物各要素之间的区别和差距，尊重各要素的发展规律，努力促成各要素朝着有利于大局的方向发展，最终实现共存共荣的目的。

1."和而不同"思想是我国革命取得成功的重要指导方针。1939 年 10 月，毛泽东在《(共产党人)发刊词》一文中指出：统一战线、武装斗争、党的建设是中国共产党在中国革命中战胜敌人的三个法宝。在三大法宝的概括中，毛泽东同志把统一战线放在首位，由此可见其重要性。统一战线就是不同的社会政治力量在一定的历史条件下，在共同利益的基础上，组成政治联盟，实现共同目标的策略方针。统一战线把在某些方面利益一致的不同力量在特定时期联合起来，体现了丰富的"和而不同"思想。事实证明，党在什么时候重视统一战线工作，党领导的工作就会前进，忽视了统一战线工作，工作就会停滞不前。

2."和而不同"思想是我国政治生活的基本依据和思想基础。政治是各种团体进行集体决策的过程，其本质是规范化的管理，是在社会存在各种利益主体的情况下，通过高效的管理实现利益的均衡，从而实现社会的稳定和国家的发展。不同阶级、阶层的利益诉求不同，只有找到了合适的途径，使应该保证的利益得以实现，不应该存在的利益得到消除，才能实现社会的稳定发展。这就决定了一个国家在确立政治体制和政治制度时，必须解决好在"不同"的基础上实现“和”的问题，找到实现“和”的科学有效途径。我党在社会主义农业社会主义改造中制定并贯彻的“依靠贫农、下中农，团结中农、限制并逐步消灭富农剥削”的农村阶级政策，立足于“不同”，采取科学的策略实现了“和”的目标，使改造得以顺利完成。民主集中制、“一国两制”等重要政治制度也是建立在“和而不同”的思想基础之上。同时，“和而不同”思想也是我国构建和谐社会必须遵循的思想准则，只有尊重“和而不同”，尊重每个人的利益诉求，通过积极有效的社会管理消除各种社会矛盾，才能实现社会的真正和谐。

3.“和而不同”思想是我国实现经济“又好又快发展”的重要依据。完善的“市场经济”必然处处表现为“和而不同”，只有使市场经济各方面始终保持“和而不同”的状态，各种不同经济形式协调发展，才能实现市场经济的持续、快速、健康发展。首先，市场经济中存在不同利益主体、客体，使交换成为可能，使优胜劣汰的竞争和合理的资源配置成为必须；另外，各类市场主体共守市场规则，才能各自实现效益的最大化和利益的最大化。经济生活中，我们经常提到要“优化产业结构”、“统筹城乡发展”、“推动区域协调发展”，就是紧密结合中国国情，努力使市场经济中各个“不同”的要素在发展过程中实现“和谐”，从而实现经济“又好又快发展”。

4.“和而不同”思想是我国打造文化强国的必然要求。十八大报告指出，建设社会主义文化强国要继续坚持百花齐放、百家争鸣的方针。“百花齐放，百家争鸣”的方针，既是我党发展社会主义文化必须长期坚持的基本方针，也是我国在文化建设过程中总结出来的宝贵经验。“百家争鸣、百花齐放”方针是“和而不同”思想的具体体现，经济全球化必然带来文化的全球化，我们必须充分正视和重视各民族文化间相互影响、相互交流的巨大作用，在努力发展自身文化的同时积极推动其与各民族文化的交流，通过学习各民族先进文化来发展壮大自己的民族文化。在发展自身文化的过程中，也要考虑不同地区、不同对象的特点，兼收并蓄，协调发展。

三、运用"和而不同"思想做好党的群众工作

卓有成效的群众工作，是我党力量的源泉和建设事业的坚强保证。毛泽东同志说："群众是真正的英雄，而我们自己则往往是幼稚可笑的，不了解这一点，就不能得到起码的知识。"党的群众工作，说起来简单，做起来并不容易。随着我国社会主义市场经济体制的不断健全完善和改革开放的稳步推进，党的群众工作面临着崭新的形势，出现了一些新问题，面临着许多新挑战，任务加重，难度加大，只有充分把握群众工作新特点，坚持"和而不同"，才能有利于化解矛盾把党的群众工作落到实处。

1. 始终具备"和"的目标意识

做群众工作，最终的目的是要在社会日益多元化的背景下，努力调动群众的积极性，团结和带领群众，投身社会主义建设，构建和谐社会，实现百年中国梦。简单来说，就是要达到"和"的目标，凝聚起推动社会主义事业的强大力量。邓小平同志说，中国最大的政治是稳定，有了"和"，有了社会的稳定，才会有社会主义事业的推进。因此，党员干部必须具备"和"的目标意识，始终把我们的群众工作置于"和"的目标之下，顾全大局，着眼和谐去开展工作。在工作中，党员干部一定要时刻牢记"和"的目标，牢记党和国家赋予我们的重任，严于自律，始终维护党的形象，深刻领会做好群众工作的重大战略意义，从推动民族振兴和国家富强的高度做好群众工作。

2. 了解群众需求的"不同"性及其变化

现实生活中，群众的需求是不一样的。人的需求受到多种因素的影响。不同的人，由于成长环境、家庭背景、受教育程度、人生经历等方面的区别，需求也不一样。经济富裕的人偏向于精神需求，相对贫穷的人倾向于物质需求；大学生最需要的是一份稳定无忧的工作，教师需要和谐的教学环境和优越的教学条件；农民盼望农作物增收，经商者希望有良好的经营环境。我国人口众多，社会主义尚处在初级阶段，物质和文化生产还不发达，人民群众的需求更是呈现出复杂多样的特点。改革开放以来，我国经济发展迅速，

社会变革加快，社会面貌发生了翻天覆地的变化。一方面，人们的生活水平大幅度提高，另一方面，人们的思维模式、生活方式、思想观念也随之变化，特别是市场经济的日益完善，使人们思想观念、价值观的多元化成为现实，人们的诉求更加复杂，表达渠道更加多样。人民群众目睹社会主义建设的伟大成就，迫切要求共享社会主义改革开放的成果，他们希望政府切实解决就业问题、教育问题、房价问题、养老问题、医疗问题，对执政党提出了更高的要求，使党员干部做好群众工作增加了难度。因此，党员干部应该经常性地深入群众倾听群众的呼声，丢掉官架子，真心实意地与群众交朋友，了解群众的诉求，开展有效的调查研究，从而在工作中做到胸中有数、有的放矢，增强群众工作的针对性和实效性，通过解决群众的多样性“不同”需求，达到“和”的效果。

3. 注重群众工作方法中“和”与“不同”的统一

做好群众工作，关键是要有爱心，我们只有怀着对群众的深厚感情深入群众之中，真正融入群众之中，才能获得群众的拥护，把群众工作做好。但是，在具体的工作实践中，除了感情和爱心，还需要掌握工作的技巧和方法。做好群众工作，既要牢记“和”的要求，坚持原则性，也要正视“不同”，讲究灵活性。

首先，做群众工作，要把握“和”的标准，坚持原则性。我国宪法规定，一切权力属于人民。党章也明确规定，中国共产党党员必须全心全意为人民服务。所以群众工作的核心要求，是要把群众的需求放在首位，党员干部要甘于做群众的学生，要当好公仆，切实为群众服务，这是群众工作的出发点和根本要求。但同时我们也要看到，做群众工作，实现“和”的目标，并不是一味的迁就，更不是抛弃判断事物的标准，而是要在服务群众的同时，积极地帮助群众，教育和引导群众。党的十三届六中全会曾经指出：“党要依靠群众又要教育和引导群众前进。”教育和引导群众，不是对群众的不尊重，恰恰是对群众的帮助和服务。我们经常说群众利益高于一切，这里的人民群众是一个整体概念，整体包含个体，但个体并不代表整体，我们不能把群众的个体当作整体。只有我们的工作符合了绝大多数群众利益，才是对群众的真正负责。做群众工作，我们既要当好公仆，热情地为群众服务，在遇到极少数素质欠缺的群众时，我们不能盲目迁就，要积极教育和引导好，帮助他们提高素质，立足于国家和民族发展的大局，坚持原则性。

其次，做群众工作，要注重解决群众最现实的需求。群众路线是我党的生命线和根本工作路线，其重要性不言而喻。民主革命时期，毛泽东就指出：无产阶级革命要得到农民群众的支持，必须首先处理好农民群众与物质利益的关系，要解决群众的生产和生活的问题，“关心群众的痛痒”，“真心实意地为群众谋利益”，为此，他经常到田间地头同农民群众共同劳动，及时了解农民群众的生产生活情况以及他们对政府和干部的态度，开展农村社会调查，作决策时也常常请农民、工人、战士阅读并征求修改意见。现实生活中，绝大多数党员干部能急群众所急，想群众所想，把服务群众落实到行动上，但不可否认，也有少数干部对待群众工作说得多、做得少，检查得少，存在程度不同的官僚主义和形式主义倾向。做好群众工作，必须从人民群众最关心、最直接、最现实的问题入手，真正把群众当做亲人，脚踏实地，变人民群众的迫切需求为美好的现实，让人民群众看得见、摸得着，真正享受国家发展成果，感受实实在在的服务，实现“和”的目标。

最后，做群众工作，要重视“不同”，讲求方法的灵活性。毛泽东同志是灵活运用工作方法的典范。在《党委会的工作方法》一文中，他提出领导干部一定要学会“弹钢琴”，既要抓住中心工作，又要把其他的方面兼顾好。他还说，任何有群众的地方，大致都有比较积极的、中间状态的和比较落后的三种人，做群众工作的行之有效的方法，就是“抓两头，带中间”，把两头的人抓好了，中间力量就好争取和带动了。灵活的工作方法是一门艺术，新形势下的群众工作，尤其要注意方法的灵活性。各级党员干部要积极开展调查研究，根据群众的不同需求、不同家庭背景、不同人生经历、不同性格特征做足功课，面对不同的对象运用灵活有效的工作方法，真正把工作做到群众的心坎上，达到良好效果。

做好新时期党的群众工作，凝聚起人民群众的强大力量，是新形势下我党巩固执政地位，带领全体中华儿女不断推进社会主义建设伟业，实现“两个百年”目标和民族复兴伟大梦想的重要保障。全体党员干部要充分尊重和积极运用“和而不同”思想，踏踏实实做好群众工作，早日实现十三亿中华儿女的伟大梦想。

（作者单位：武汉商学院）

思想政治理论课教学改革篇

《中国近现代史纲要》教学改革的探索和实践

彭　沛

高校思想政治理论课是对大学生进行思想政治教育的主渠道和主阵地。《中国近现代史纲要》作为高校思想政治理论课的重要组成部分，承担着对大学生进行思想政治教育的重要使命。课程主要通过讲授中国近代以来抵御外来侵略、争取民族独立、推翻反动统治、实现人民解放的历史使大学生在了解中国国史、国情的基础上，深刻理解和领会历史和人民是如何选择了马克思主义、选择了中国共产党、选择了社会主义道路、选择了改革开放。为了进一步增强《中国近现代史纲要》课程对大学生的吸引力和感染力，提高该课程教学的实效性，授课教师在教学过程中必须不断改革教学方法，充分调动学生学习的积极性和主动性。

一、教学改革采取的主要措施

为了增强《中国近现代史纲要》课程的吸引力，提高教学效果，教师在教学过程中不能再遵循传统灌输式的教学，而必须改革教学方法，采取多种措施充分调动学生的积极性和参与的兴趣。具体而言，主要采取的措施有以下几方面：

第一，切实注重发挥学生的主体作用。一方面，组织学生根据专业成立不同特色的调研小组，并布置安排具体任务。在第一周上课时，教师在介绍本学期本课程的内容、特点、学习要求和学习安排时，就组织学生成立 10 人左右的调研小组，并选出组长和副组长负责本小组的调研。要求每个小组在一到两周之内确定好选题，根据本组专业的特色可以制作调研PPT，或者撰写调研报告，甚至拍摄情景剧等多种形式的成果，从第四周开始根据教学的进度由各小组在课堂上展示其成果。另一方面，开展多种形式的课堂讨论。可以根据教学内容的一些重要问题和有争议的问题，并联系当前国内国际的时事热点开展多种形式的课堂讨论。例如在第三章对孙中山让位于袁世凯的问题展开讨论，在第六章对中日关系展开讨论等。

第二，将地方历史适当引入到教学过程中，充分调动学生学习的兴趣和积极性。《中国近现代史纲要》主要从宏观角度演绎中国近现代历史的发展进程，不可能兼顾及各地方历史的个性差异。因此，在《中国近现代史纲要》教学过程中适时有机地融入地方历史资源，有助于激发学生的学习兴趣和积极性，从而提高教学效果，推进课堂教学改革的深化。武汉是具有悠久历史的古都，是楚文化发祥地之一。在中国近现代历史上，武汉风云际会，曾经几度成为中国政治风云中心。从辛亥革命的首义之区，到国民政府的"红色赤都"，再到抗日战争时的临时首都，武汉在中国近现代史上占据着举足轻重的位置；武汉也是工商业繁荣、文化昌盛的华中经济文化中枢，享有"东方芝加哥"的美誉。在《中国近现代史纲要》教学中，一方面可以在课堂教学中适当补充、穿插地方史内容。例如讲解鸦片战争起因时补充讲解林则徐担任湖广总督时在武汉推行的禁烟运动，讲解洋务运动时介绍张之洞督鄂时在武汉推行的早期近代化事业以及武汉现存的纪念张之洞的历史遗迹。另一方面，积极发动学生以小组的形式在周末、节假日对武汉地方历史资源展开调查，撰写调研报告、制作PPT等，根据情况选取精彩的内容让学生展示其成果。

第三，重视教学内容的更新和形式灵活的课堂讲授。教师必须及时根据当前学术动态、社会发展的趋势和自己的科研成果，围绕"90后"大学生思想价值取向特点，满足大学生对本课程的不同要求，及时更新教学内容。讲授内容突出"少而精"的原则，重在对学生进行适当引导，主要是理清线索，突出重点和讲明白难点；教师在课前制作高质量的多媒体课件，信息涵盖量要大，并可随时进行链接。

第四，在考核方式上增加平时成绩的比重。平时成绩由课堂讨论的参与度、小组调查报告的贡献大小、出勤、作业完成的情况等多个板块构成，由此把学生的注意力吸引到平时的教学过程中，而不是只专注于最后的期末考试。例如在教学过程中，各小组制作调研报告的优劣，课堂展示的情况、课堂上对老师问题的反应等都是重要的组成部分。另外还要求所有组长对展示小组的调研报告进行评分，老师将分数汇总后评出一、二、三等奖，由此激励学生。

第五，注重于学生的交流和沟通。一方面，专门建立本课程学习交流的 QQ 群。QQ 群的建立既方便了老师与学生之间的联系和沟通，也方便了学生相互之间的交流和学习；另一方面，尽可能利用所有机会了解学生的所思所想，例如在课前提早十到二十分钟到教室与早到的学生聊天，两节课间的休息时间多与学生进行交流，既拉近了与学生的距离又可以了解学生的思想状况，由此可以更有针对性地安排教学内容。

二、教学方法改革取得的主要成效和仍然存在的问题

通过近几年来在《中国近现代史纲要》教学过程中不断地探索和实践，教学改革方面取得了一定的成效，主要体现在以下两方面：

首先，学生的学习兴趣和积极性被充分调动起来。一些调研小组将中国近现代史与武汉地方历史相结合，经过对武汉地区一些红色遗迹的实地考察调研后，制作出了非常优秀的调研报告和 PPT，如张之洞与武汉近代的发展、武汉在辛亥革命中的地位、武昌首义、孙中山与武汉、八七会议、武汉会战、毛泽东与武汉等；有的小组则根据历史情境对外国侵略者对中国的侵略进行模拟时事报道“侵略与反侵略”；还有小组担任模拟导游，带领着全班同学“重走长征路”；另一小组则拍摄了有关重庆谈判的历史剧，由组员扮演不同的历史人物用情景剧的形式再现了重庆谈判的场景。

其次，教学的实效性显著增强。通过充分发挥学生的主体作用、形式灵活的课堂讲授、多种形式的课堂讨论等，既活跃了课堂

气氛，激发学生的参与意识，又加深了学生对教学内容的理解和掌握，提高了学生思考能力和分析问题的能力；通过学生分组进行调研、撰写调研报告、制作 PPT、走上讲台展示其调研成果等，又充分锻炼了学生多方面的能力。由此使教学效果显著增强。

尽管教学方法改革取得了一定的成效，但是也还存在一些问题，比较突出的是以下两点：

第一，如何更好地组织和管理好课堂。大部分学校实行学分制由学生自主选课后，《中国近现代史纲要》课程主要采取大课堂教学，不仅学生来自于不同专业，而且人数非常多，大约都在 120 人以上。如此庞大的课堂如何实行有效的教学组织和管理是老师面临的重要难题。尽管在教学过程中已经采取了一些措施加强教学的组织和管理，如分成 10 人左右的小组，选出组长和副组长负责考勤以及组织组员完成小组的调研报告等，但在实际操作中仍然有很多问题存在。庞大的课堂使课堂上讲小话、玩手机、看课外书等的学生仍然存在并影响了整个课堂的教学，小组制作的调研报告也可能没有充分体现所有组员的工作，个别小组很可能就是一两个组员承担了全部的工作。

第二，如何更好地确定调研选题。为了充分发挥学生的主体作用和调动学生的学习兴趣，将学生分组后，教师提供一系列参考选题供各小组根据情况选取。如何确定既与课程内容紧密相关又能激发学生兴趣的调研选题非常重要。在近几年具体教学改革的实践中，发现与历史人物有关的选题以及与当前时事热点相联系的选题更受学生的青睐，单纯的历史事件似乎无法提起学生太大的兴趣。

总体而言，近几年来《中国近现代史纲要》课程教学方法的改革取得了较好的效果。尤其通过学生分组制作调研 PPT 并走上讲台展示其调研成果的环节，不仅使学生加强了对本课程相关内容的掌握，而且使学生多方面的能力得到了锻炼，从而有效地增强了教学实效性。同时，针对存在的两个主要问题，在以后的教学过程中必须有针对性的采取应对措施，逐步地解决。例如，对于授课班级太大而使课堂组织和管理难度大的问题，能否在课程安排时就尽量的避免，适当控制每个班级的人数呢？教师能否找到更有力的措施加强教学的组织和管理呢？另外，教师要注意就学生感兴趣的问题在学生广泛地开展调查，并逐步收集和积累资料，从而能够提出更多更好的参考选题供学生选取，由此最大限度地调动学生学习的兴趣和积极性，进一步增强教学实效。

（作者单位：江汉大学）

试析价值澄清教学法在高校德育课中的应用
——以复旦大学投毒案为例

李建国　林艳永

一、价值澄清理论概述

价值澄清理论产生于20世纪60年代的美国，它迎合了当时美国社会对学校教育革新的强烈要求。在理论上，它以杜威的经验主义、萨特的存在主义伦理学、罗杰斯的人本主义心理学为基础。其主要代表人物是拉思斯（L. Raths）、哈明（M. Harmin）和西蒙（S. simon）。这三人合著的《价值与教学》是一部系统论述价值澄清理论和方法的著作。

价值澄清学派的代表人物认为，价值澄清的目的是帮助人们澄清自己混乱的价值观。通过价值澄清的过程，使人们明白自己应该支持什么，反对什么，明确生活的方向，能够更好地与人相处。哈明和西蒙认为，“价值澄清法”的主要任务是帮助学生澄清自身的价值观，而不是认同和传授“正确的”价值观。通过“价值澄清法”，学生可获得较为适合于他(或)她自己的环境的价值观，他可以调整自身去适应变化着的世界，能够在影响世界变化的方式中扮演一个理智的角色。”概括来讲，他们认为，“如何获得观念”比“获得怎样的观念”更重要，认为价值澄清是一种使人经过明智的过程来获得相应价值的教学策略。

价值澄清理论的核心观点是“四个要素”、“三阶段七步骤”(三个阶段包含七个步骤)以及一些相应的教学策略。具体来讲，“四个要素”分别是：以生活为中心；对现实的认可；鼓励进一步思考；培养个人能力。“三阶段七步骤”分别是：选择(第一阶段)第一步骤，自由地选择。第二步骤，从各种可能的选择中进行选择。第三步骤，对每一种可能选择的后果进行审慎思考后作出行动。珍视(第二阶段)第四步骤，珍爱，对选择感到满意。第五步骤，愿意向别人确认自己的选择、行动。第六步骤，根据选择行动。第七步骤，以某种生活方式不断重复。相应的教学策略分别是：对话策略、书写策略、讨论策略等。

价值澄清学说侧重鼓励教师在课堂教学中形成一种非权威的氛围，避免对学生进行系统的价值灌输，目的是让学生可以根据自己的生活实际作出自己的价值判断，形成自己独立的价值观。

二、价值澄清教学法在我国高校德育课中的具体应用

为了更好地推进价值澄清教学法在我国高校德育课中的应用，本文将结合复旦大学投毒案，以价值澄清教学策略中的对话策略为例，尝试构建展示价值澄清法的七步骤在现实教学中的运用，从而为价值澄清法在我国高校德育课中的具体应用提供有益的参考和借鉴。

案例分析：复旦大学投毒案

创设情境，提供主题。

多媒体呈现教学案例：

2013 年 4 月 1 日，复旦大学研究生黄某引用饮水机的水后出现中毒症状，后经医院治疗无效，他于 16 日下午去世。经警方调查，发现林某有重大作案嫌疑，4 月 25 日，黄浦区检察院以涉嫌故意杀人罪对复旦大学“4. 1”案犯罪嫌疑人林某依法批准逮捕。警方透露，已初步查明，林某因生活琐事与黄某关系不和，心存不满。林某将其做实验后剩余并存放在实验室内的剧毒化合物带至寝室，注入饮水机水槽，黄某误饮水中毒。

步骤 1：自由的选择：针对所提供主题，引导学生认真思考问题，找出各种可能的回答。学生思考问题的前提是“对现实的认可”，即承认所提供主题的合理性，相信它的真实性，愿意正视这

个问题，才可能进行进一步的思考。同时对于学生来说，就进入了选择阶段，可以自由选择自己支持的观点，并将其表达出来。

教师：对于复旦大学投毒案，我们可以从多个角度思考，你们能想到什么呢?

学生A：我认为此案例反映了当前我国教育存在一些的弊端：学校过分注重学生的考试分数，忽视了对学生心灵成长的关注。

学生B：我认为此案例反映了当前我国的法律并没有深入每个人的内心，至少对林某来讲，他在当时并没有考虑他那么做会承担怎样的法律后果。

学生C：我觉得这跟他学的专业有关系，他将其做实验后剩余的剧毒化合物带入寝室，注入饮水机内，这可不是一般人能够想到的。

学生E：我觉得此案例反映了当前我国大学生的道德信仰产生危机。

学生F：其实从林某个人来看，更多的是他内心原因：自卑、嫉妒、小心眼等。

学生G：我认为是林某内心的冷漠造成的，他经常在实验室拿小白鼠做实验，这在一定程度上会影响他对生命的珍视。

……

步骤2：从各种可能的选择中进行选择：在步骤1中，学生自由地选择了自己支持的观点。步骤2紧接上述步骤，让学生在自由选择观点的基础上深入思考复旦投毒案的原因。

教师：刚刚你们从不同的角度思考了这个案例，下面请试着思考一下发生复旦大学投毒的主要原因是什么?

学生思考中……

学生I：我觉得此案例主要原因在于人心冷漠和漠视生命价值。如果林某珍爱自己和别人的生命，那么他在做此事的时候就会有所顾忌，不会盲目行事。

学生J：我觉得大学生道德信仰产生危机应该是主要原因。现在社会越来越浮躁，对许多人来说，道德已经没有了最低的下线。

学生K：我觉得林某个人品质较差是其主要原因。一个人在学习、生活和工作中，如果不能容忍别人比自己强，嫉妒心强烈，这对个人和他人来说都是有有害的。

……

在学生说的过程中，教师可以在黑板上写下学生发言的主要内容。

步骤3：对每一种可能选择的后果进行审慎思考后作出行动：在步骤2的基础上，教师要引导学生认真思考每一种原因可能带来的后果，并选择自己的认同的价值观。

教师：刚刚同学们已经思考了该案例的主要原因。现在我们逐一分析每种原因可能引起的后果。你们认为一个人内心冷漠，漠视生命价值，长此以往，会有什么影响吗？

学生C：一个人的生命价值可以分为两种，即个人价值和社会价值。一个人如果两种价值都不热爱，那他会觉得生活没有意义，没有追求。假设在任何矛盾都不存在的情况下，他或许能很好的生活下去。然而，矛盾存在于我们生活的方方面面，当这种人和他人产生很多摩擦，甚至发生严重冲突的时候，他会过得非常痛苦。这时他会有两种选择：一种是放弃生命，另一种是报复社会。如果他只重视个人价值，那么他只会顾及自己的利益，在涉及利益纷争的时候，这种人可能会为了达到自己的目的而不择手段。如果他只重视社会价值，为了社会的利益一味的奉献和牺牲，不注重自己的合理需要，等到他生活得很艰辛的时候，他会开始怀疑自己当初的坚持，有可能走向另一个极端。

学生J：如果一个人内心冷漠，他会经常在心理和周围的人保持一定的距离，对他人的事情漠不关心。

……

教师：针对大学生道德信仰发生危机这个原因，你们怎么看？

学生A：我想问一下大家，你们有信仰吗？我觉得信仰离我们实际生活比较远。社会上一味的倡导大学生要有信仰，可是整个社会都没有信仰了，为什么要求我们必须有呢？

学生M：信仰这个词的提法是高了点，我觉得如果换成是道德底线会好一点。每个人只要有自己合理的价值诉求，在不违反法律和道德底线的情况下去做事情就很好。

学生 N：如果换成大学生失去道德底线，我觉得有点过了，毕竟大多数大学生的道德底线还是分明的。这样子说会有点以偏概全。

教师：嗯，如果一个人失去道德底线，那么又会怎么样呢？

学生 M：如果一个人失去道德底线，他会为了自己私利作出许多危害他人的事情。

学生 G：如果很多人失去道德底线，每个人都为了自己的私利而不顾及他人的利益，这个社会迟早会变乱的。

……

教师：谈到个人品质，大家想说什么呢？

学生 C：日常生活中，我们与他人交流与合作，宽容和大度这些品质是非常重要的。一个人不能容忍周围的人比自己强，这是小心眼的原因。这种小心眼控制在一定的范围内还好，如果超出一定的限度，他会对当事人造成较为不好的影响。

学生 A：一个人要学会欣赏别人，接纳别人的不足，这样子才可以和他人更好地相处。

……

教师：我们已经详细地探讨了每种原因可能带来的后果，那么你们愿意成为什么样的人呢。我给大家准备了一些小卡片，希望大家可以把自己的所想写下来。

（教师给每个同学发小卡片）

步骤 4：对选择感到满意：上述环节学生已了解了他们选择出来的每种原因可能带来的影响。在此基础上，教师给学生分发价值小卡片，让学生把自己的想法写在价值小卡片上，以达到澄清学生价值观的目的。

教师：你们写下自己的想法了吗？

学生：嗯，写下了。

教师：你们对你们想法满意吗？

学生齐声说满意。

教师：你们愿意把自己的想法和大家分享吗？

部分学生举手表示愿意。

步骤5：愿意向别人确认自己的选择：此步骤主要是让学生主动从内心认同自己坚持的价值观。

学生A：我愿意做一个宽容的人，看重生命的价值。

学生F：我愿意做一个有信仰的人，在实现自己价值的同时为他人做点好事。

学生D：我愿意做一个平凡的人，在法律和道德约束的范围内生活。

学生K：我愿意做一个比较自我的人，有自己的人生追求，用自己的努力去争取属于自己的机会。这并不是说我会为了自己的目的损害他人的利益，我会坚守一定的道德底线的。

……

步骤6：根据选择行动：学生通过确认自己的选择，更加明晰自己的价值观，他们认同的价值观会对他们以后的生活起一定的指导作用。

教师：大家已经分享了自己的想法，你们会根据你们的选择行动吗？

学生A：嗯，老师，我们应该会的，这是我们自己的选择，也是我们自己认可的价值观，我想我们没有理由不坚持。

学生B：这样的课堂没有灌输一些假大空的理论，我很喜欢。我们分析了发生在我们生活中的真实案例，不同的人对此案例持的观点和态度不同。我们分享了自己的看法，在某种程度上我们会坚持自己的选择的。

……

教师：你们认可的东西，我希望你们可以坚持下去。

步骤7：以某种生活方式不断重复：学生选择了自己认可的价值观，这种价值观会作为他们的行动指南，并在日后的生活中以某种生活方式不断重复。

教师：你们愿意坚持自己的选择吗？

学生M：我愿意坚持自己的选择，我觉得这样子很好。

教师：那么你们可以把你们在小卡片上写的东西大声念出

来吗?

学生 N：为什么要这么做呢?

教师：可以试试，看看什么感觉。

教师示范……

学生受到鼓舞，开始小声念，之后越来越大声……

教师：希望大家以后可以坚持自己的价值观。本节课有一个小的课外作业：大家自由成立小组，每组人数控制在 5 人以内，分组后，每个小组都要编一个八到十分钟的情景剧，情景剧主题要和我们今天讨论的内容相关。下周上课的时候，小组要上台表演。希望大家在编情景剧的过程中重复你们坚持的价值观。

三、运用价值澄清法需要注意的问题

把价值澄清教学法应用于高校德育课，我们需要注意价值澄清理论应用于高校德育课的边界。换而言之，就是需要注意价值澄清理论运用于高校德育课的可能性及限度。

第一，从可能性方面看，源于美国土壤中的价值澄清理论要应用于我国高校德育课教学中，两者必须有一些相似之处，具体来讲有两个方面：

首先，两者都要注重对人们进行价值观教育，以帮助人们澄清自己混乱的价值观。价值澄清理论的倡导者认为学校教育要想帮助学生澄清个人混乱的价值观，可以通过更新传统的教育方法，运用一系列的价值澄清策略来达到目的。在价值澄清的过程中，学生通过批判性的思考，学习自我评价和分析，从而实现自我价值观的澄清。在我国价值多元化的今天，高校德育课更注重在教学中引导学生在多元价值的并立中坚持正确的价值观。

其次，两者都注重生活化。在价值澄清理论中，教育者通常以现实生活中的问题为基础，运用价值澄清的一些方法引导学生思考一些与自身相关的问题，同时创造一种和谐的课堂氛围，让学生在课堂中澄清自己的价值观。我国高校开设的德育课以现实生活为立足点，它将现实生活中的问题作为教学素材引入课堂，让学生运用所学的原理对这些问题进行分析，得出自己的观点。注重将理论和现实结合，易受学生欢迎。

此外，价值澄清法详细而具体的操作步骤和策略为高校德育课教学方法的改革提供了借鉴的可能性。在课堂教学中，价值澄清学派提倡尊重学生的个性，以生活中的问题为原点，在课堂上引导学生思考生活中的问题，这样可以调动学生学习的积极性，教师要鼓励学生思考这些问题，并作出自己的选择。在这一过程中教师要保持自己的价值中立，不能以自己的价值观去影响学生。价值澄清理论中的许多教学策略，可以供我国德育课教师使用，可促使他们注重引导学生树立正确的价值观，发展学生的主体意识，锻炼学生的价值判断和价值选择能力。

第二，从限度方面来看，源于美国的价值澄清理论存在着一些不适合我国高校德育课的地方，具体来讲有以下几个方面：

首先，它侧重评价过程，忽视具体德育内容。在整个价值澄清理论中，拉思斯等人重点讲授了价值澄清的方法，他们对道德教育的内容涉及较少。他们认为“如何获得价值观”比“获得怎样的价值观”更重要，他们注重学生澄清自身的价值观，而不是认同和接受正确的价值观。我国高校德育课，要对学生进行正确的价值观教育，为达到这一目标，就需要有一些具体的德育内容。

其次，它过分强调学生的主体性，弱化教师的主导地位。价值澄清法注重评价过程，注重学生根据自己的价值判断作出价值选择，教师在价值澄清的过程中要保持中立，不能以自己已有的价值观去引导学生。我国高校德育课教师在对学生进行价值观教育的过程中，要注重发挥学生的主体地位，引导他们作出自己的价值选择。对于错误的价值观，教师要注意将学生引向正确的方向。在复旦大学投毒案例中，笔者根据价值澄清法的七个步骤尝试构建了适合我国高校德育课的课堂模式，此模式是一个较为理想化的课堂模式。在现实的课堂教学中，我们会碰到一些极端的教学特例，比如说有些学生认同错误的价值观，或者价值观混乱，我们教师就要对其进行正确的价值引导。排除极端的教学特例，笔者尝试构建的“七步骤课堂讨论法”对于高校德育课的课堂教学有着重要的借鉴作用。在课堂教学中，教师处于引导地位，学生是课堂的教学主体，他们可以对现实生活中发生的真实案例，发表自己的观点，进行自由的价值选择。这样的课堂模式容易引发学生的学习兴趣，从而也有助于德育课老师课堂教学的开展。

此外，我们在课堂中运用价值澄清法的时候要注意以下几点：教师应营造一种民主和谐的课堂氛围，鼓励每位学生踊跃发言；提供多种途径让学生明白生命的价值，从而让他们珍爱生命；教师要能够理解学生的情感，通过课堂中情感的共同参与达到课堂教学的目的。

（作者单位：李建国　华中科技大学；林艳永　武汉软件工程职业学院）

浅谈增强高校思政课教学生动性的语言艺术

王如平

语言是人们交流思想、传达信息的主要工具。高校思政课教学效果如何，授课人的语言生动与否是重要的一环。教育家苏霍姆林斯基曾经深刻地指出："如果你想使知识不变成僵死的静止的学问，就要把语言变成一种最重要的创造工具。"就语言来讲，一堂效果好的思想政治理论课，除了授课人的语言要讲究准确性、逻辑性外，注意语言的生动性也是重要方面。生动的语言，可以引发学生的兴趣，引起学生的深思，使学生产生共鸣，从而增强吸引力和战斗力，把思政课打造成为大学生真心喜爱、终身受益的优秀课程。因此，生动的语言是增强思政课效果的一剂良方，而要增强思政课语言的生动性，必须从以下方面着手：

一、重视修辞，增强语言的感染力

修辞可以使语言变得生动、形象。修辞运用得当，不仅可以使枯燥的话语变得生机盎然，而且富于感染力。比如，在讲述党的十一届三中全会以来的成就时，笔者就运用了排比的修辞手法，即用10个"动词(形容词)+了"的排比句，说明老百姓生活的变化："改革开放30年来，我们大伙儿的钱袋鼓了、恩格尔系数降了、吃的精了、寿命长了、住房宽了、衣着靓了、文化高了、旅游热了、通信快了、车子多了。"然后，我再就用数据加以说明，使大家对30年来我国的成就有了具体直观的认识。在讲端正人生态度问题时，笔者也引用了五个排比句：生活需要游戏，但不能游戏人生；生活需要歌舞，但不需醉生梦死；生活需要艺术，但不能投机取巧；生活需要勇气，但不能鲁莽蛮干；生活需要重复，但不能重蹈覆辙。此外，在思政课教学中还可以使用拟人、比喻、夸张等修辞手法。比如，笔者在讲生态文明建设问题时，讲了一个拟人的幽默小品：上帝对地球现状很不满意，便让时光倒流一千万年。于是，地球上又出现了原始的森林、草地、兽类、昆虫……上帝要离去时，对所有的动物说："我把这个世界交给你们了，你们还有什么需求吗？"动物们立刻一群群地朝上帝跪下，指着森林边的一群猿猴齐声叫道"上帝呀！请您把猿猴们灭绝吧！"在学生的笑声过后，笔者分析指出，人类与其他动物之间关系为何搞到如此势不两立的地步？稍微一想便不难看出，这是因为人类糟蹋自然，残杀异类动物，破坏了生态平衡。动物们为了自身的生存和有立足之地，才出此下策，请求上帝灭绝人类的祖先，以消除"隐患"。

二、巧用幽默，增强语言的吸引力

法国著名演讲家海茵兹·雷曼麦说过："用幽默的方式说出严肃的真理，比直截了当地提出更为人所接受。"苏联著名教育家斯维特洛夫认为："教育家最主要的，也是第一的助手是幽默。"幽默是一种艺术，是一种风趣、形象的表达方式。它基于明理，又不强词夺理，固执己见；它合情合理，出语机智、风趣，让学生在会心的大笑中获得心灵的启迪。幽默的教学语言，可以活跃课堂气氛，拉近师生的心理距离；可以使思政课枯燥、严肃的教学内容通俗易懂、妙趣横生；可以凝聚学生的课堂注意力，激活思维，张开心灵的翅膀飞翔；可以振奋学生的精神，大大提高学习的效率。

教学幽默的素材很多，一是来源于艺术作品中的幽默。许多笑话、漫画、相声、格言、警句、歇后语、谜语等妙趣横生。教师拈手拿来，便可获得良好的幽默效果。如讲述教条主义的危害时，跟学生讲个笑话：粮店的职工对经理说："经理，老鼠跑到油缸里去了。"经理问："你把它捞出来了吗？"职工回答："没有，我把猫放下去了。"学生在笑声中认识了教条主义的危害。二是来源于生活中幽默。如教师、学生和周围其他人在日常生活中所发生的轶闻趣事和出现的形象比喻、俏皮话、顺口溜、打油诗等。对于这些活的幽默素材，教师应独具慧眼、善于发现，精心运用。如在讲述我国原有经济体制的弊端时可以运用一句顺口溜：“外国有个加拿大，中国有个‘大家拿’。”又比如在讲述我国农村生产力落后状况时，把农民形象地比喻为“1007 部队”，“1”是一条扁担，“00”是两只水桶，农民种地就是拿一把锄头，刨一个坑，撒上种子，然后挑水浇地。这一比喻形象地揭示出我国几亿农民搞饭吃的落后生产状况，说明了改革开放是我国发展的必由之路。

三、妙用俗语，增强语言的亲和力

俗语也称流行语。它来自生活，生动形象、通俗易懂，人们喜闻乐见。讲课时若能适当地运用一些俗语民谚，把书本知识与社会热点问题、焦点问题或学生的关注点、兴趣点结合起来，就能使学生在生动活泼的气氛中消化理解学习内容；就能培养学生关心社会、学以致用的精神和解决问题的能力。如笔者在讲述“环境污染”时，我用顺口溜制作了投影片，展示给学生：“50 年代淘米洗菜；60 年代水质变坏；80 年代鱼虾绝代；90 年代身心受害。”通过正反两方面的对比，揭示了环境污染、特别是水污染的严重性，从而启示学生：改善环境，迫在眉睫，必须进一步增强环保意识。又如讲“改革开放的起步”时，为了说明家庭联产承包责任制的好处，我选用俗语：“大锅饭，养懒汉，没人干；责任制，出好汉，抢着干。”通过这一鲜明对比，使书本知识通俗易懂，饶有兴趣。笔者在讲党的思想路线“与时俱进”的问题时，就引用了“争上游，辛苦；落下游，受苦；居中游，舒服”这一俗语，然后指出这种思想与“与时俱进”的时代要求格格不入、背道而驰，必须加以改变和修正。

四、引用名言，增强语言的感召力

名言富有知识性，包含着丰富的社会知识，是思想的火花，语言艺术的精华，人类世代经验的总结；名言富有哲理性，它们以简洁、优美、明快的语言形式表述了做人、做事、成才等丰富深刻的人生哲理，处处闪耀着人类聪明睿智的理性光芒；名言富有激励性，它们可以激发青年学生积极向上、奋发努力的进取精神。所以，恰当地运用一些名言名句，可以增强思政课的说服力和感召力。一是可以引用名言导入新课。例如，笔者在讲爱国主义的课题时，引用了车尔尼雪夫斯基的名言："爱国主义的力量多么伟大呀！在它面前，人的爱生之念，畏苦之情，算得了什么呢！"同时还引用了裴多菲的著名诗句："我是你的，我的祖国！都是你的，我的这心、这灵魂；假如我不爱你，我的祖国，我能爱哪一个人?"这些优美而富有激情的名言名句，不但强烈地吸引了听课人的注意力，更使大家内心升腾起一股爱国主义激情和力量。二是可以利用名言概括主题。笔者在讲道德的作用时，先进行理论的阐述，再引用一些名言加以概括总结，使理论得到升华。如笔者引用爱因斯坦的名言："光靠科学技术，不能把人类带向幸福与高尚的生活。人类有理由将崇高的道德准则的发现置于客观真理的发现之上。"还引用了卢梭的名言："要使人真正成为有修养的人，必须具备三个品质：渊博的知识、思维的习惯和高尚的情操。知识不多，就是愚昧；不习惯思维，就是粗鲁和愚笨；没有高尚的情操，就是卑俗。"三是可以利用名言进行师生互动。如笔者在讲理想信念问题时，先引用了托尔斯泰的一句名言："理想是指路明灯。没有理想，就没有坚定的方向；没有方向，就没有生活。"然后提问学生，让他们谈谈对这句名言的理解，并举例说明。

五、运用典故，增强语言的说服力

讲思政课要善于运用典故。思想政治理论课的许多观点都比较抽象、概括，在剖析观点时恰当地引用一些寓言典故，可避免教学内容的机械重复，在愉快轻松的气氛中结束新课，令人回味无穷。中国是一个文明古国，有丰富的典故资源。在授课过程中，恰当地运用典故来阐释自己的观点，有事半功倍之效。在讲课时要多用通俗易懂的典故，尽量少用晦涩难懂的典故，以取得让大家一听就明白的效果。比如笔者在讲关于大学生诚信问题时，就引用了古代商鞅变法、立木为信的典故。在讲制度创新的问题时，就给学生讲了“七个人分粥吃”的典故：有七个人曾经住在一起，每天分一大桶粥。要命的是，粥每天都是不够的。一开始，他们抓阄决定谁来分粥，每天轮一个。于是乎每周下来，他们只有一天是饱的，就是自己分粥的那一天。后来他们开始推选出一个道德高尚的人出来分粥。强权就会产生腐败，大家开始挖空心思去讨好他，贿赂他，搞得整个小团体乌烟瘴气。然后大家开始组成三人的分粥委员会及四人的评选委员会，互相攻击扯皮下来，粥吃到嘴里全是凉的。最后想出来一个方法：轮流分粥，但分粥的人要等其他人都挑完后拿剩下的最后一碗。为了不让自己吃到最少的，每人都尽量分得平均，就算不平，也只能认了。大家快快乐乐，和和气气，日子越过越好。学生听了这一典故，就很容易理解在当前改革创新时代进行制度创新的必要性和重要性。

六、善用寓言，增强语言的启迪力

寓言故事往往蕴含着丰富而深刻的人生哲理，让人回味无穷。在思政课教学中运用寓言故事来说理、分析，就会使枯燥、抽象的理论形象化、通俗化，能激发学生的想象力和领悟力，让学生在潜移默化中获得真、善、美的熏陶。如笔者在讲关于确立人生目标重要性时，就给学生讲了一个寓言故事：在唐太宗贞观年间，有一匹马和一头驴子，它们是好朋友。贞观三年，这匹马被玄奘大师选中，出发前往印度取经。17 年后，这匹马驮着经书回到长安，重到磨房会见驴子朋友。老马谈起这次旅途的经历，浩瀚无边的沙漠，高耸云霄的山岭，凌云的冰雪，壮阔的波澜……神话般的一切，让驴子听了大为惊异、好生羡慕！驴子惊叹道：“你有那么丰富的见闻呀！那么遥远的道路，我连想都不敢想。”老马说：“其实，我们跨过的距离是大体相等的，当我向西域前进的时候你一步也没停止。不同的是，我同玄奘大师有一个遥远的目标，按照始终如一的方向前进，所以我们走进了一个广阔的世界。而你被蒙住了眼睛，一生就围着磨盘打转，所以永远也走不出这个狭隘的天地。”通过讲述这个寓言故事，让学生联想到我们人生，使他们领悟到杰出人才与平庸之辈，最根本的差别，不在于天赋，也不在于机遇，而在于有无目标，从而教育青年学生要确立远大的人生目标。

（作者单位：福建电力职业技术学院）

历史虚无主义思潮对大学生的危害及对策研究

牛建立

历史虚无主义是虚无历史，否认历史的规律性，对历史事实和历史人物任意解释甚至刻意歪曲，其本质是历史唯心主义，以否定党的领导和社会主义为目的，具有很大的欺骗性、迷惑性，对大学生思想的负面影响很大。我们应以历史唯物主义为指导，采取多种措施，抵制历史虚无主义，降低对大学生的危害，为实现中华民族伟大复兴的中国梦而努力。对历史虚无主义的研究，已经引起很多学者的关注，取得了很多成果，包括它在中国泛起的背景、特点、影响及抵制其危害的对策，但其对大学生这个重要群体的危害关注较少。笔者对这个课题进行研究，请各位专家批评。

一、历史虚无主义思潮的泛起及特点

在近代中国，历史虚无主义是作为同“全盘西化”论相呼应而出现的一种错误思潮，通过对我国一定历史阶段的错误的分析，全面抹杀我们先辈的革命成果，抹杀我们民族独立斗争的历史，是一种违反历史事实和历史唯物主义的社会思潮。持“全盘西化”论者往往对民族文化、历史遗产采取轻蔑、虚无的态度，表现为民族文化虚无主义。

历史虚无主义产生于西方社会，在 19 世纪末 20 世纪初伴随着西方列强的侵略传到中国。新中国成立后，其一度沉寂。“文化大革命”结束后，历史虚无主义开始在中国重新泛起。一些人借我们党拨乱反正和纠正毛泽东晚年错误之机，以“反思历史”为名，歪曲“解放思想”的真意，从纠正“文化大革命”的“左”的错误，走到“纠正”社会主义；从纠正毛泽东晚年的错误，走到全盘否定毛泽东和毛泽东思想；从诋毁新中国的伟大成就，发展到否定中国革命的历史必然性；从丑化、抹黑中国共产党领导的革命和建设的历史，发展到贬损和否定近代中国一切进步的、革命的运动等。改革开放30多年来，历史虚无主义思潮时隐时现，但从未停止。重新泛起的历史虚无主义思潮有以下特点：

1. 以唯心史观为理论基础，否定和歪曲中国革命历史。历史虚无主义者鼓吹“告别革命”，贬损、否定中国人民争取民族独立和人民解放而进行的反帝反封建斗争，把五四运动以来中国选择社会主义发展方向视为误入歧途；歪曲中国共产党领导的革命和建设的历史，把它说成是一系列错误的延续，否定或掩盖它的本质和主流；甚至有人随意丑化革命领袖、先驱和先贤烈士。

2. 刻意编造和假设历史。为否定中国的历史成就，编造和夸大“人祸”，杜撰出毫无根据的“非正常死亡人数”。有人提出“重写历史”，人为把革命和现代化对立起来，经过这样的历史“解构”，中国近现代史上的革命便成了制造社会动荡、破坏经济发展、阻碍社会进步的消极力量。

3. 打着“还原历史”的幌子，作翻案文章。历史虚无主义者以纠正改革开放以前的一些历史结论为由，为已经被中国历史发展所证明了的一些历史结论“翻案”，蓄意扭曲和颠倒历史是非；甚至以人性化为由，编排历史情节，对历史进行随心所欲的剪裁和虚构，为历史上已有定论的叛徒、反动历史人物评功摆好。这些都是违背历史事实的颠倒和虚构。

4. 追求所谓的“价值中立”和“纯客观”。历史虚无主义者对人民革命战争只是一般性的描述，把战争和和牺牲都写成“中性”和“纯客观”的现象，而没有挖掘为正义而牺牲的价值意义，把中国人民为民族独立和人民解放而奋斗的正义性和崇高价值虚无化了。

5.“戏说”、“恶搞”历史。历史虚无主义者通过各种方式对历史人物和历史事件进行肆意戏说，对中国近代历史上的革命先驱进行讥笑、调侃、贬损，用主观臆想随意去改写历史；甚至在学术界，有人更是以恶搞为噱头，以颠倒历史为“创新”，对历史取其一点，或无中生有，或捕风捉影，历史事实和历史真相变得模糊和轻佻起来。

二、历史虚无主义思潮对大学生思想的危害

清代著名思想家龚自珍说过：“欲知大道，必先为史。”“灭人之国，必先去其史；隳人之枋，败人之纲纪，必先去其史；绝人之材，堙塞人之教，必先去其史；夷人之祖宗，必先去其史。”这是对古往今来历史经验的深刻总结，指明能否正确对待历史是关系国家治乱兴亡的大问题。一个国家，一个民族，如果历史被否定，也就失去了存在的立足点。

1. 历史虚无主义动摇了部分大学生的政治信仰

历史虚无主义是与马克思主义相背离的，本质上是历史唯心主义。大学生在中小学接受的历史教育是马克思主义的唯物史观，强调人民群众是历史的创造者，阶级斗争是社会发展的直接动力。而历史虚无主义者放大领导人的缺点和错误，忽略人民群众的力量，否定革命，极大地冲击了学生心中的原有价值判断。受历史虚无主义的影响，大学生看待一些历史问题，容易混淆主次，用碎片化的思维方式，盲从非主流思想，以致造成思想混乱，动摇其政治信仰。如笔者在大学生中调查，对于“你是否认为马克思主义可以继续作为社会主义现代化建设的指导思想?”这个问题，有约49%的学生表示“我国社会主义建设必须坚持以马克思主义作为指导”，有大约36%的学生认为“社会主义建设中，应该更加开放，凡是实用的、有指导意义的思想理论都能作为我们的指导思想”，有大约15%的学生认为“我国应该在指导思想上实现多元化”，甚至大约7%的学生认为“马克思主义理论已经过时，不能作为指导思想”。这说明，大部分学生是有坚定的马克思主义信仰，反映出马克思主义在意识形态领域的指导地位，但也反映出部分大学生对马克思主义信仰已经产生动摇。

2. 历史虚无主义动摇了部分大学生对共产党领导地位的认同

习近平总书记在西柏坡考察曾指出：“对于我们共产党人来

说，中国革命历史是最好的营养剂。”而历史虚无主义却极力否定中国革命历史，对毛泽东抹黑和妖魔化，对中国共产党历史肆意歪曲丑化。这样就动摇一部分大学生对共产党领导地位的认同。如笔者在调查中，对于“你是否认同中国共产党会带领中国人民实现民族复兴?”这个问题，75%的学生选择了“中国共产党是中国特色社会主义的领导力量，一定能够领导中国人民实现民族复兴”，9%选择了“我对此很模糊，说不清楚”。对于“你是否认为中国共产党代表了中国最广大人民的根本利益?”这个问题，68%的学生认为“中国共产党是代表中国人民的利益，全心全意为人民服务”，28%的学生认为“中国共产党代表的是富人、官僚的利益”，4%的学生选择了“目前还说不清楚”。由此可见，大部分学生还是认同中国共产党的领导的，但也有接近三分之一的学生对共产党的领导产生了怀疑，甚至不认同。这种历史虚无主义甚至造成一些大学生散播入党无用论，更极端的是打击排斥、中伤入党的学生。如果一旦让历史虚无主义成为大学生的一种普遍意识，其危害之大、之深远是可想而知的。

3. 历史虚无主义使部分大学生对社会主义产生了质疑

历史虚无主义否认中国革命，也否定新中国成立后的取得的巨大成就，继而对社会主义产生质疑。如笔者在调查中，对于“我国还是不是社会主义国家?”这个问题，有67%的学生认为“我国自1956年底三大改造完成以后，就一直是社会主义社会”，有23%的学生认为“我国现在已经不是社会主义社会了，甚至比资本主义社会还要资本主义”，有10%的学生认为“我国现在的社会性质既不是社会主义社会，也不是资本主义社会，而是新民主主义社会”；对于“在人民民主专政的国体下，我国人民真正实现了民主权利?”这个问题，有64%的学生选择了“我国人民实现了真正的民主”，但是也与28%的学生选择了“说不清楚”，更有8%的学生选择了“这个民主是虚假的民主”。由此可见，部分大学生对我国社会主义社会和国体产生了质疑。对于“你怎样看待我国社会主义经济发展和建设成就”这个问题，有51%的学生认为“公有制是社会主义制度的经济基础，必须坚持其在我国经济发展中的主体地位和统领地位”；30%的学生认为“什么性质的经济成分并不重要，只要能够强国富民就可以选择和坚持”；有 19%的学生认为“私有制经济更有活力和潜力，我们应该大力推进私有化”。对于社会主义建设成就，竟然有 11%的学生认为“都是新闻媒体宣传的结果”、“真想活在新闻联播中”。有 14%的学生认为“建设中国特色社会主义没有体现出什么创新，就是在补新民主主义的课”，有 8%的学生认为“社会主义搞不下去了，就在前面加上‘中国特色’，实质上就是在走资本主义道路”。这说明在历史虚无主义的影响下，部分大学生对发展社会主义的前途感到渺茫。这种质疑会使大学生对中国特色社会主义事业缺乏信心，毕业以后难以投身于中国特色社会主义建设事业中。

4. 历史虚无主义扭曲部分大学生的价值观，消解了大学生的爱国主义精神

历史虚无主义者通过“戏说”、“恶搞”历史，对历史人物、历史事件进行肆意歪曲，对仁人志士、革命先烈进行调侃、讥笑和贬损，而对那些早已被订在历史耻辱柱、遭到人民唾弃的人物却大加颂扬，用主观臆造去改写历史，去解构历史，去恶搞历史，如此颠倒是非，使部分大学生扭曲了荣辱观，迷失了评价是非标准。历史虚无主义主张在中国近现代史研究中进行“革命范式”向“现代化范式”的转变，来否定革命，进而颂扬改良，有的人甚至提出“侵略有功论”，美化侵略，丧失起码的爱国主义和民族大义。这就消解了部分大学生的爱国主义精神。

历史虚无主义否定党的领导，否定社会主义道路，散布社会主义失败论，混淆是非，颠倒黑白，动摇大学生对中国特色社会主义共同理想的坚定信念。如果听之任之，必然摧毁中华民族伟大复兴的中国梦。

三、抵制历史虚无主义思潮的对策

2013 年，习近平在全国宣传工作会议上强调，意识形态工作是党的一项极端重要的工作。历史虚无主义就是通过对意识形态进行影响，实现其政治目的。因此，要加强对大学生意识形态的教

育，对于大学生来说，要有效地抵御历史虚无主义的影响，既需要学校给予更多的教育，更要加强自身的学习，形成抵御历史虚无主义思潮的强大合力。

1. 坚决清除党内腐败，维护公平正义，铲除历史虚无主义产生的社会土壤。

在现代社会环境下，社会上出现的各种矛盾及其思想、理论，特别是与政治有关的思潮，借助于网络对大学生产生巨大的影响。历史虚无主义思潮之所以在部分大学生中存在，就是一部分党员干部严重贪污腐败，以权谋私和官僚主义，影响了共产党的形象和在人民群众中的威信，现实生活中实际情况与新闻联播和报纸上宣传的不一样，一部分大学生不再相信共产党，不再支持共产党，对各种思想政治教育听不进去，甚至有学生说“真想活在新闻联播中”。所以，只有加强政治文明建设，维护社会公平正义；缩小社会收入分配差距，让其控制在合理范围内；坚决清除共产党内的腐败，严惩害群之马；用中国社会各方面的建设新成就，特别是民主法治、公平正义、社会保障、反腐败的新成就取信于民，铲除历史虚无主义思潮存在的社会土壤，重新树立共产党在大学生心中的地位。这样，历史虚无主义思潮就没有了市场，就会退出历史舞台。

2. 充分发挥思想政治理论课的主渠道作用，正本清源，以增强抵制历史虚无主义思潮的能力。

课堂教学是大学生接受思想政治教育的主渠道。通过课堂教学，既能给大学生以正确的思想引导，又能使大学生获得全面、系统的信息资源。要发挥课堂教学的主要引导作用，学校需要加强三个方面的工作：一是要大力推进马克思主义理论学科建设，开展马克思主义理论体系研究，开展马克思主义中国化和思想政治教育研究，为加强大学思想政治课建设提供学科支撑。二是学校要抓好思想政治理论课程的教学，提高这些课程在加强大学生理想信念教育、历史观教育等方面的实效性。让《中国近现代史纲要》成为抵制历史虚无主义思潮的主阵地，通过该课程教学，让大学生了解国史、国情，深刻领会历史和人民怎样选择了马克思主义，选择了中国共产党，怎样选择了社会主义道路，怎样选择了改革开放。三是提高教师队伍素质。高素质教师能够结合大学生群体的特点，采用多样化的教学方法，以大学生喜闻乐见的形式来开展教学，除了在理论上能够给予大学生深厚的知识和科学的方法，还能通过与学生互动的形式提高学生学习的积极性和有效性，让这些理论知识更快地内化成大学生的思想观念。

3. 用社会主义核心价值体系统领大学校园文化建设，构筑抵制历史虚无主义思潮的坚强堡垒。

大学校园文化对大学生的影响是全方位的，因此，学校要坚持以社会主义核心价值体系统领大学校园文化建设，形成有利于抵御历史虚无主义思潮影响的校园文化，在日常校园生活中对大学生开展潜移默化的教育。为此，学校需要加强几个方面的工作：一是加强校园网络文化建设，净化大学生的网络空间。现代传媒特别是互联网的迅猛发展，极大地改变了人们的生活方式、学习方式、交往方式，越来越成为大学生接收外界信息的主要方式，影响深远。网络是一把双刃剑，在传播文化信息的同时，也为历史虚无主义提供了平台。学校需要建设防止不良社会思潮干扰的“防火墙”，对一些不利于国家主流意识形态传播的网站、论坛等进行有效地屏蔽，同时利用各种学校网络平台开展马克思主义和中国特色社会主义理论的宣传教育，推进思想政治教育入网络，为大学生的健康成长创造良好的校园网络文化，使大学生确立社会主义主流意识形态，坚定他们对共产党的热爱、对社会主义的信心，让马克思主义占领校园文化的主阵地。二是举办多种多样的校园文化活动，吸引更多的大学生参与。形式多样的校园文化活动是学校进行思想教育的重要载体。学校可以围绕“抵御历史虚无主义思潮”的主题，通过举行辩论赛、举办讲座、观看历史电影等形式，让大学生了解这些社会思潮的起源、特点、表现形式、危害性等，提高警惕性；同时普及马克思主义和中国特色社会主义理论，并积极以社会主义核心价值观引领大学生的思想观念，帮助他们抵御历史虚无主义思潮的侵蚀。

（作者单位：洛阳理工学院）

红色美术文化在高校思想政治理论课中的应用价值

吴继金

红色美术文化是指中国共产党领导的革命美术文化，是中国共产党领导的革命和建设历史的真实写照和形象史料，是体现社会主义核心价值体系的美术文化。它不仅在革命斗争和社会主义建设中发挥了宣传鼓动的作用，而且也是高校思想政治教育的生动教材。红色美术文化在高校(尤其是美术类专业院校)思想政治理论课教学中的运用，不仅有助于大学生了解中国共产党领导的革命美术的历程，坚定对党的信念和热爱，而且还可以改进思想理论课的教学形式和方法，增强思想政治理论课的吸引力。

一、通过红色美术文化了解和理解中共党史和中国近现代史

红色美术文化的发展史其实就是一部中国共产党领导人民为争取民族独立、人民解放和实现国家富强、人民富裕而奋勇抗争、屡创佳绩、勇攀高峰的历史。中国共产党历史上几乎所有的重要历史事件和历史人物，都在红色美术作品中得到了体现和反映。红色美术文化既是中国近现代中国共产党领导中国人民革命和建设事业的重要组成部分，又是其历史的真实记载和形象史料。

例如，1934 年中央苏区《红星画报》上刊登的《支部应成为游击队中的火车头》漫画，巧妙地运用了漫画创作中的象征和比喻法，以火车头象征共产党的领导，车厢象征着革命军队，并且以火车头带动车厢的机械工程原理，比喻共产党和军队的关系。画的是一列

正在前进的火车，在车头上写着“党支部”或“共产党”三个字，在车厢上写着“革命群众”或“游击队员”四个字，以生动形象的比喻，说明了共产党的领导作用，以及革命群众与共产党不可分割的一体关系；向前行驶的火车还预示着共产党和红军向前发展的必然趋势，人民军队有了坚强正确的共产党的领导，就一定能够从小到大、从弱到强，不断发展壮大。这幅漫画真实记载了共产党对军队领导、党指挥枪的历史，可以加深学生对中国共产党领导的武装斗争的历史的了解。又如，董希文创作的油画《开国大典》。画面中毛主席端庄的身躯，气度非凡，“中国人民从此站起来了”的庄严宣言，艺术形象地概括出来了。它向全世界宣布了中国人民经过近半个世纪的浴血奋战，终于迎来了民主国家的诞生，东方大地升起了一颗闪亮的新星，这是何等雄伟壮观的场面、何等喜庆热烈的场面、何等激动人心的场面。这幅歌颂新中国成立的世纪杰作，形象地揭示了光辉灿烂的中华民族新世纪，鼓舞了中国各民族人民自信心和自豪感。再如，近年来组织实施的“国家重大历史题材美术”创作工程，以我国波澜壮阔的反帝、反封建、反殖民主义斗争和社会主义革命、建设的重大历史事件为主题内容，集中创作完成一批表现自1840年至今我国重大历史事件的大型的主题性美术作品。其中主体部分是红色美术作品，如《五四运动》，到《启航——中共一大会议》、《北伐》、《南昌起义》、《会师井冈》、《遵义之春》、《黄河大合唱——流亡——奋起——抗争》，直至《百万雄师过大江》、《新中国诞生》；从《跨过鸭绿江》、《大庆人》，到《青春记忆——上山下乡》、《生死印——1978·安徽凤阳》、《夏夜——恢复高考的历史》，再到《南巡途中》、《香港回归》、《澳门回归》、《抗击非典的日子》……这些红色美术作品，不仅形象地反映了共产党领导人民进行革命斗争的历史，见证了“没有共产党就没有新中国”的历史，昭示了“只有社会主义才能发展中国”的真谛，坚定大学生对党的信念和热爱。

红色美术文化对于中共党史和中国历史来说是不可忽视和不可或缺的，缺乏（或没有充分展示）红色美术文化对于历史来说是不完整的，其论证也不可能是充分的。在和平时期与改革开放新的时代，对于中国共产党的历史，对于近代中国的屈辱历史，许多人都淡忘了，不太重视了。诚如 1990 年 7 月江泽民在参观中国革命博物馆时所说："现在有不少年轻人，对于我们国家和民族过去饱经忧患的历史，争取独立和解放的历史，不了解，不熟悉，甚至有些年纪大的人也渐渐淡忘了。"[1] 他们不知道，近代中国人如果没有对马克思主义、对中国共产党的正确选择，怎么会有新民主主义革命的胜利和新中国的诞生？现代中国人如果没有对"四项基本原则"一如既往的坚持，我国现在怎么会取得社会主义现代化建设的伟大成就？历史不能忘记！在多元文化并存、国际国内意识形态纷争日趋激烈的今天，把红色美术文化引进引入高校思想政治理论课的课堂，其目的就是为了让大学生懂得：马克思主义、中国共产党和建设有中国特色的社会主义，这是近现代中国人唯一正确的历史选择。

二、通过红色美术文化学习红色精神

红色美术文化不仅记录着红色历史，而且凝聚着红色精神，其中折射的爱国主义、集体主义精神，以及为共产主义理想信念而奋斗的革命精神，是思想政治理论课教育的重要内容。

爱国主义精神是中国近现代美术界的传统和时代主题，也是红色革命精神的重要体现。"德成而上，艺成而下。"艺以人重，中国绘画艺术非常讲究人品、人格。没有人格的支撑，艺术的精神品质就会消解和弱化。在中国革命和建设中，一大批美术工作者以强烈的社会责任感和政治激情投身其中，不仅以其优秀的作品鼓舞人，而且以其高尚的人格感动人，产生了很多可歌可泣的英勇事迹。例如，抗战时期，广大美术工作者以强烈的社会责任感和政治激情投身到这场伟大的社会变革中来，他们或者一手拿笔、一手拿枪，奔赴前线英勇杀敌；或者举办爱国画展，募集捐款支援祖国抗战；或者创作抗战作品，抒发祖国之情，激励人们的爱国主义情怀……日本友人三下志朗曾赞扬说："中国版画家在非常艰巨的恶劣环境下，以大无畏的气概，不向黑暗势力低头，用鲜血和献身精神谱写了中国新兴版画史。中国版画家，是艺术家中的强者，在他们身上体现的是中国人民之魂，也是中国民族之魂。陈列的史料中，有一份《敌后方木刻》的报刊，是中国版画家到敌后开展版画活动的出版物，使我特别肃然起敬。在世界的反法西斯、反侵略的战争中，有哪一个国家的版画家到敌人后方去战斗？只有中国。”[2]有的甚至为革命的艺术事业献出了宝贵的生命。如新四军中的美术工作者张芸石，在1944年苏中前线对敌喊话时被敌打死；新四军军部战地服务团成员张祖尧，在1941年1月皖南事变中牺牲；八路军美术工作者陈九于1943年10月在河北省阜平县反扫荡不幸牺牲；刘韵波在赴太岳途中，路遇日兵，展开搏斗，因寡不敌众，壮烈牺牲；在《新华日报》(华北版)做美术工作的赵在青，在1942年反扫荡战斗中因被日本侵略军包围，跳崖献身……革命美术工作者这种为远大理想而献身的精神和高尚的品德，无疑使学生受到了强烈的爱国主义精神的教育。

红色美术作品折射着革命先辈崇高理想、坚定信念、爱国情操的光芒。例如，傅抱石、关山月创作的国画《江山如此多娇》，不仅可以看到一轮红日普照大地，连绵不断的群山浩瀚巍峨，古老的长城、奔腾的黄河、蜿蜒的长江、擎天的珠峰等祖国河山的雄壮、辽阔，而且还能了解到画中渗透着艺术家对祖国山河无比热爱的深情，它不只是对崇高壮美山川的形象描绘，而且是对社会主义祖国的一曲颂歌，画中的自然形象不仅能引起学生的惊喜振奋，而且还能激发对祖国的无限热爱之情，既开阔了视野，又增强了爱国主义精神。这幅红色美术作品从另一个角度传递出深刻的思想性、艺术性、崇高的人生观念和远大理想，以其生动形象、愉悦有趣的艺术形式，激发当代大学生兴趣，激励情感，在“春风化雨”的艺术熏陶中受到了爱国主义教育。又如，荒烟的木刻《末一颗子弹》，描绘抗日战争中一个惊心动魄的场面：一场浴血战斗将近尾声，抗日勇士大多壮烈牺牲了，身负重伤的一位战士扶着被炸弹劈掉树冠的树干挣扎着站了起来，用仅有的最后一颗子弹，射中了来犯的敌人。画家选取了一个十分悲壮的场面来歌颂中华民族不屈不挠的精神。再如，林岗、庞涛创作的油画《峥嵘岁月》，作品把人们带回那乌云翻滚、冰冷茫茫的大草原：画面主体是举世闻名的中国工农红军二万五千里长征途中过草地的队伍，朱总司令沉着的目光，右手搀扶受伤的小号手，左手撑着拐棍艰难前行，而他的战马驮着伤员，充分地再现了当时的峥嵘岁月，革命者不论职位高低，为着共同革命理想，团结协助、克服困难、勇往直前的大无畏革命英雄主义精神。

总之，在高校(尤其是美术类专业院校)思想政治理论课教学中，要充分挖掘和运用红色美术文化资源内涵的丰厚性和表现形式的多样性，采取灵活多样的教学形式，对大学生进行中国革命传统教育、中国近现代史教育、共产主义理想信念教育和艰苦奋斗精神等教育，帮助他们认识中国国情，使之认识到现在的幸福生活是无数革命先烈用鲜血和生命换来的，必须倍加珍惜，从而树立正确的世界观、人生观、价值观。

(本文系2015年度湖北省教育厅高校思想政治理论课教学方法改革项目“择优推广计划”入选项目《思想政治理论课教学中美术资源的运用》(项目编号15JT023)的部分研究成果。)

参考文献：

[1]葛晨虹．公民道德建设笔谈：公民道德中的爱国与守法[N]．中国教育报，2001-11-11.

[2]李允经．中国现代版画史[M]．太原：山西人民出版社，1996：176.

(作者单位：湖北美术学院)

后　记

中国伦理学会地方高校德育专业委员会和江汉大学主办的中国伦理学会地方高校德育专业委员会 2015 年年会暨学术研讨会，于 7 月 22—23 日在江城武汉召开。会议主题为“中国梦与高校德育”。会议收到论文 70 余篇。经筛选、修改后，编辑出版了本论文集。

论文作者以全国地方高校思想政治理论课教师为主，也有辅导员和其他德育工作者。收入本论文集的论文，多数突出了“中国梦与高校德育”这一主题，有较高的学术价值，并有很强的针对性和现实意义。当然，由于种种原因，有些论文难免会存在不足之处，恳请读者批评指正！

论文集的编辑和出版，得到武汉大学出版社的大力支持，在此表示衷心感谢！

编委会

2016 年 3 月